高等院校工商管理类创新课程体系教材

财务管理基础

Fundamentals of Financial Management

薄建奎　田欣欣　主　编
冯海虹　石文慧　副主编

东北财经大学出版社
Dongbei University of Finance & Economics Press
大连

图书在版编目（CIP）数据

财务管理基础 / 薄建奎，田欣欣主编. —大连 ：东北财经大学出版社，2018.5（2021.2重印）
（高等院校工商管理类创新课程体系教材）
ISBN 978-7-5654-3119-7

Ⅰ. 财… Ⅱ. ①薄… ②田… Ⅲ. 财务管理-高等学校-教材 Ⅳ. F275

中国版本图书馆CIP数据核字（2018）第055709号

东北财经大学出版社出版
（大连市黑石礁尖山街217号 邮政编码 116025）
网 址：http://www.dufep.cn
读者信箱：dufep@dufe.edu.cn
大连雪莲彩印有限公司印刷 东北财经大学出版社发行

幅面尺寸：185mm×260mm 字数：386千字 印张：16.75 插页：1
2018年5月第1版 2021年2月第3次印刷

责任编辑：王 莹 孔利利 周 慧 责任校对：贺 欣
封面设计：张智波 版式设计：钟福建

定价：40.00元

教学支持 售后服务 联系电话：（0411）84710309

如有印装质量问题，请联系营销部：（0411）84710711

“高等院校工商管理类创新课程体系教材”

前言

随着我国社会主义市场经济的发展，财务管理在整个企业管理中的核心地位日益明显，并发挥着越来越重要的作用。从教育部1999年正式批准高校开设财务管理专业以来，很多高校都开设了财务管理专业。经过多年课程建设与教学改革的探索和实践，我们深感教材内容及结构随着教学改革需要同步改革的重要性。为了能更好地服务于我国财务管理实践和高等学校财经类专业财务管理课程教学改革的需要，也为了更加方便教师和学生使用，经过认真研究和讨论，我们编写出版了《财务管理基础》这本教材。

本教材从企业财务管理的基本要求出发，以财务管理的基础理论体系为框架，以财务管理的财务预测、财务决策、财务预算、财务控制、财务分析等主要环节为主线，以筹资管理、投资管理、营运资金管理、利润分配管理为主要内容，系统介绍了企业财务管理的基本理论、基本方法和财务管理实践的最新发展动态，力图做到理论知识与实际应用紧密结合，突出针对性、应用性、先进性和整体性，便于为读者以后深入学习研究财务管理奠定基础。

本教材在体系与内容构建上突出以下特色：第一，在课程定位上体现财务管理学科的基础性与知识性，使学生全面、系统地了解财务管理的知识结构和整体框架，为学生未来的学习指明方向；第二，在教材体系上体现财务管理知识的层次性，为了循序渐进地学习和研究问题，我们把财务管理学分为初级、中级和高级财务管理学以及财务管理专题等，本教材属于财务管理学的初级教材，是进一步学习中级和高级财务管理以及财务管理专题等的前导教材；第三，在教材内容上体现实用性，使学生通过对本课程的学习明确财务管理的概念、原理、原则、程序、方法和技能等。

全书总共分12章，分为四大部分。第一部分为财务管理基本理论和方法部分，包括第1章至第6章，主要讲述财务管理的基础理论和方法。第二部分为财务管理工作环节部分，包括第7章至第10章，主要介绍财务预测、财务决策、财务预算和财务控制等内容，财务分析环节综合性强、内容多，将在后续的中级财务管理或单独的财务分析课程中学习，不在本部分论述。第三部分为财务管理内容部分，在第8章中按财务决策的内容，主要介绍筹资决策、投资决策、营运资金决策和收益分配决策等财务管理的核心内容。第四部分为财务管理基础内容的扩展，包括第11章和第12章，主要讲述增长管理和财务管理的体制。长期以来，人们对增长的认识存在误区，把增长看作必须最大化的事情，忽视了增长的财务约束，从而陷入增长的陷阱，结果是“大而不强”，甚至陷入困境、破产倒闭，本教材将增长管理单独作为一章进行论述。我国著名经济学家吴敬琏先生曾出版《制度重于技术》一书，强调制度安排的作用重于技术演进自身，作为财务管理的基础教材，为了强调财务管理的体制与组织的重要性、基础性，特将这方面的内容单独作为一章。

本书由薄建奎、田欣欣担任主编，冯海虹、石文慧担任副主编。各章的编写分工为：第1、3章由冯海虹、薄建奎编写；第12章由冯海虹编写；第2、4、7、9、10章由田欣欣编写；第5、6、11章由薄建奎编写；第8章由石文慧编写。

本书可以作为财务管理与会计学专业的初级财务管理或财务管理概论的教材，也可作为其他专业学生及管理、证券、金融、保险等实务工作者系统学习财务管理知识的教材和参考资料。

在编写本书的过程中，我们参考了大量国内外专家学者的研究成果及相关文献，主要参考文献列于书后，在此表示衷心的感谢。在本书的出版过程中，得到了青岛理工大学商学院领导及东北财经大学出版社的大力支持，在此一并表示衷心的感谢。同时，也要特别感谢青岛理工大学商学院财务管理系的同事们为本书提供大量的资料和建议与意见。

限于编者的水平和编写时间较为仓促，书中难免存在缺点和错误，恳请广大读者批评指正。

编　者

2018年1月

目 录

第1章　财务管理概论/1

1.1　财务管理的概念/1
1.2　财务管理的内容/3
1.3　财务管理的产生与发展/9
1.4　财务管理的原则/12
1.5　财务管理的环节/18
1.6　财务管理与其他学科的关系/20
【思考题】/21
【章末习题】/21

第2章　财务管理环境/25

2.1　财务管理环境概述/25
2.2　财务管理的宏观环境/27
2.3　财务管理的微观环境/39
【思考题】/44
【章末习题】/44

第3章　财务管理的目标/48

3.1　财务管理目标与企业目标的关系/48
3.2　财务管理目标的各种观点及其比较/49
3.3　代理冲突与财务管理目标/53
【思考题】/57
【章末习题】/58

第4章　货币时间价值/62

4.1　货币时间价值的内涵/62

4.2 货币时间价值的计算/64
4.3 货币时间价值计算中的特殊问题/76
【思考题】/82
【章末习题】/83

第5章 风险与收益/88

5.1 风险与收益的含义/88
5.2 单项资产的风险与收益/94
5.3 投资组合的风险与收益/97
5.4 资本资产定价模型/106
【思考题】/112
【章末习题】/113

第6章 财务估价/119

6.1 财务估价的原理/119
6.2 财务估价基本参数及其确定/121
6.3 债券估价/129
6.4 股票估价/135
【思考题】/144
【章末习题】/144

第7章 财务预测/150

7.1 财务预测概述/150
7.2 财务预测方法/152
7.3 财务预测的应用/157
【思考题】/161
【章末习题】/162

第8章 财务决策/166

8.1 财务决策概述/166
8.2 筹资决策/170
8.3 投资决策/173
8.4 营运资金决策/176
8.5 收益分配决策/179
【思考题】/182
【章末习题】/182

第9章　财务预算/186

9.1　预算概述/186
9.2　财务预算的内容及编制方法/189
9.3　现金预算的编制/193
【思考题】/196
【章末习题】/197

第10章　财务控制/201

10.1　财务控制概述/201
10.2　财务控制方法/203
10.3　责任控制/207
【思考题】/213
【章末习题】/213

第11章　增长管理/217

11.1　可持续增长/217
11.2　基于可持续增长的增长管理/220
【思考题】/226
【章末习题】/226

第12章　财务管理的体制与组织/230

12.1　企业财务管理体制/230
12.2　企业财务分层分权管理/233
12.3　企业内部财务管理方式/237
12.4　企业财务管理机构/239
【思考题】/241
【章末习题】/241

附录A　资金时间价值系数表/246

附录B　标准正态分布表/258

主要参考文献/259

第1章/
财务管理概论

学习目标：理解财务管理的概念，掌握财务活动和财务关系所包含的内容；了解财务管理的产生发展、与其他学科的关系以及财务管理的环节；理解财务管理的原则。

1.1 财务管理的概念

财务管理是组织企业财务活动、处理财务关系的一项经济管理工作。因此，要了解什么是财务管理，首先要了解企业的财务活动和财务关系。

1.1.1 企业财务活动

企业财务活动是以现金收支为主的企业资金收支活动的总称。在商品经济条件下，拥有一定数额的资金，是进行生产经营活动的必要条件。企业生产经营过程，一方面表现为物资的不断购进和售出；另一方面则表现为资金的支出和收回，企业的经营活动不断进行，也就会不断产生资金的收支，企业资金的收支构成了企业经济活动的一个独立方面，这便是企业的财务活动，具体可以分为以下四个方面：

1）企业筹资活动

筹资即筹集资金，是指企业通过各种融资渠道，运用不同融资方式从企业内部或外部获取所需的资金。在商品经济条件下，企业要想从事经营，首先必须筹集一定数量的资金，企业可以通过发行股票、发行债券、吸收直接投资等方式筹集资金，这些表现为企业资金的收入。企业偿还借款，支付利息、股利以及付出各种筹资费用等，则表现为企业资金的支出。这种因为资金筹集而产生的资金收支，便是企业的筹资活动。

2）企业投资活动

投资是指以收回现金并取得收益为目的而发生的现金流出。企业筹集资金的目的是把资金用于生产经营活动以便取得盈利，不断增加企业价值。企业把筹集到的资金投资于企业内部用于购置固定资产、无形资产等，便形成企业的对内投资；企业把筹集到的资金投资于购买其他企业的股票、债券或与其他企业联营进行投资，便形成企业的对外投资。无论是企业购买内部所需各种资产，还是购买各种证券，都需要支出资金。当企业变卖其对内投资的各种资产或收回其对外投资时，则会产生资金的收入。这种因企业投资而产生的资金收支，便是企业的投资活动。

3）企业经营活动

企业在正常的经营过程中也会发生一系列的资金收支。首先，企业要采购材料或商品，以便从事生产和销售活动，同时，还要支付工资和其他营业费用；其次，当企业把产品或商品售出后，便可取得收入，收回资金；再次，如果企业现有资金不能满足企业经营的需要，还要采取短期借款方式来筹集所需资金。上述各方面都会产生企业资金的收支，这些属于企业的经营活动。

4）企业分配活动

企业在经营过程中会产生利润，也可能会因对外投资而分得利润，这表明企业有了资金的增值或取得了投资报酬。无论是何种方式获得的利润，企业在期末都要按规定的程序进行分配，具体分配顺序是：第一，要依法纳税；第二，要用来弥补亏损，提取公积金；第三，要向投资者分配利润。这种因利润分配而产生的资金收支属于企业的分配活动。

上述财务活动的四个方面，不是相互割裂、互不相关的，而是相互联系、相互依存的。企业这四个方面的活动，构成了完整的企业财务活动，对这四个方面的管理也构成财务管理的基本内容。

1.1.2 企业财务关系

企业财务关系是指企业在组织财务活动过程中与各有关方面发生的经济关系。企业的筹资活动、投资活动、经营活动、利润及其分配活动与企业内部和外部的各方面有着广泛的联系，如图1-1所示。

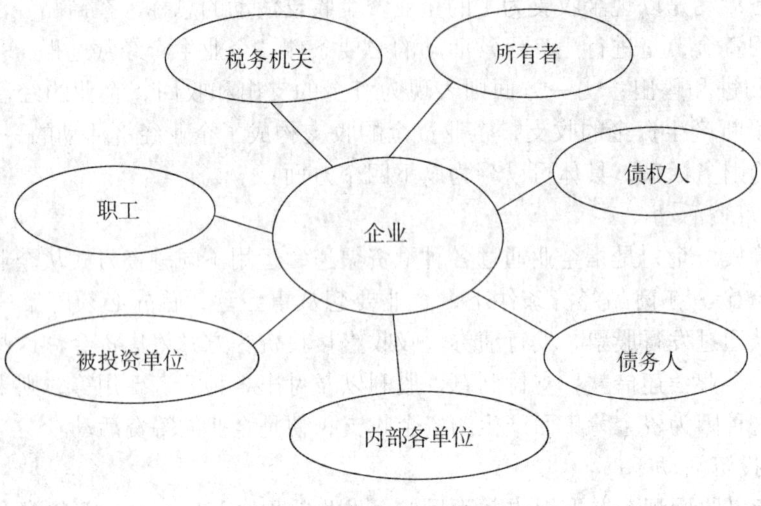

图1-1 企业财务关系图

企业的财务关系可概括为以下几个方面：

1）企业与所有者之间的财务关系

这主要是指企业所有者向企业投入资金，企业向其所有者支付投资报酬所形成的经济关系。企业所有者主要有四类：（1）国家；（2）法人单位；（3）个人；（4）外商。企业同其所有者之间的财务关系，体现着所有权的性质，反映着经营权和所有权的关系。

2）企业与债权人之间的财务关系

这主要是指企业向债权人借入资金，并按借款合同的规定按时支付利息和归还本金所形成的经济关系。企业债权人主要有：（1）债券持有人；（2）贷款机构；（3）商业信用的提供者；（4）其他出借资金给企业的单位或个人。企业同其债权人的关系呈现的是债权与债务的关系。

3）企业与其他被投资单位的财务关系

这主要是指企业将其闲置的资金以购买股票或直接投资的形式向其他企业投资所形成的经济关系。企业向其他单位投资，应按约定履行出资义务，参与被投资单位的利润分配。企业与被投资单位的关系是体现所有权性质的投资与受资关系。

4）企业与债务人的财务关系

这主要是指企业将其资金以购买债券、提供借款或商业信用等形式出借给其他单位所形成的经济关系。企业将资金借出后，有权要求其债务人按约定的条件支付利息和归还本金。企业同其债务人的关系体现的也是债权与债务关系。

5）企业内部各单位的财务关系

这主要是指企业内部各单位之间在生产经营各环节中相互提供产品或劳务所形成的经济关系。企业在实行内部经济核算制的条件下，企业供、产、销各部门以及各生产单位之间，相互提供产品和劳务要进行计价结算。这种在企业内部形成的资金结算关系，体现了企业内部各单位之间的利益关系。

6）企业与职工之间的财务关系

这主要是指企业在向职工支付劳动报酬的过程中所形成的经济关系。企业要用自身的产品销售收入，向职工支付工资、津贴、奖金等，按照提供的劳动数量和质量支付职工的劳动报酬。这种企业与职工之间的财务关系，体现了职工和企业在劳动成果上的分配关系。

7）企业与税务机关之间的财务关系

这主要是指企业要按税法的规定依法纳税而与国家税务机关所形成的经济关系。任何企业，都要按照国家税法的规定缴纳各种税款，以保证国家财政收入的实现，满足社会各方面的需要。及时、足额地纳税是企业对国家的贡献，也是对社会应尽的义务。因此，企业与税务机关的关系反映的是依法纳税和依法征税的权利义务关系。

1.2　财务管理的内容

1.2.1　财务管理的对象

财务管理主要是对资金的管理，其对象是资金及其流转。资金流转的起点和终点是现金，其他资产都是现金在流转中的转化形式。因此，财务管理的对象也可以说是现金及其流转。财务管理也会涉及成本、收入和利润等问题。从财务的观点来看，成本和费用是现金的耗费，收入和利润是现金的来源。财务管理主要在这种意义上研究成本和费用及收入和利润等，而不同于一般意义上的成本管理和销售管理，也不同于计量收入、成本、费用和利润等的会计工作。

1）现金流转的概念

在建立一个新企业时，必须先要解决两个问题：一是制定规划，明确经营的项目和规模；二是筹集必须的现金，作为最初的资本。没有现金，企业的规划无法实施，不能开始运营。企业建立后，现金变为经营用的各种资产，在运营中这些资产又陆续变回现金。

在生产经营中，现金变为非现金资产，非现金资产又变为现金，这种流转过程称为现金流转。这种流转无始无终，不断循环，称为现金循环或资金循环。

现金循环有多条途径。例如，有的现金用于购买原材料，原材料经过加工成为产成品，产成品出售后又变为现金；有的现金用于购买固定资产，如机器等，它们在使用中逐渐磨损，价值计入产品成本，陆续通过产品销售变为现金。各种流转途径完成一次循环即从现金开始又回到现金所需的时间不同。购买商品的现金可能几天就可流回，购买机器的现金可能要许多年才能返回现金状态。

现金转变为非现金资产，然后又恢复到现金，根据所需时间不同，可分为现金的短期循环和现金的长期循环。

2）现金的短期循环

现金转变为非现金资产，然后又恢复到现金，所需时间不超过一年的流转，称为现金的短期循环。短期循环中的资产是短期资产，包括现金本身和企业正常经营周期内可以完全转变为现金的存货、应收账款、短期投资及某些待摊和预付费用等。图1–2是现金短期循环的最基本形式。

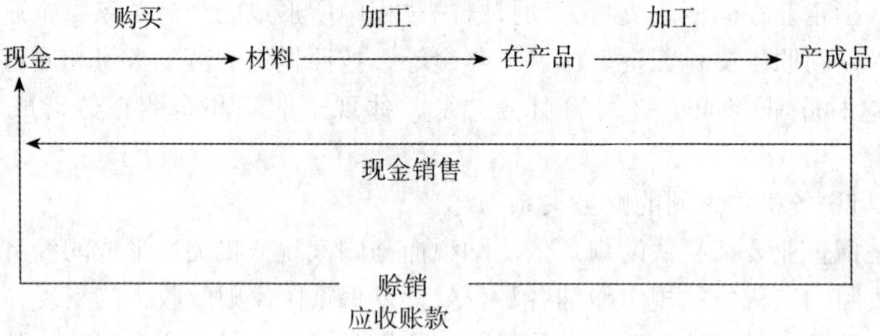

图1–2 现金短期循环的最基本形式

这个简化的图示省略了两个重要情况：

一是只描述了现金的运用，没有反映现金的来源。股东最初投入的现金，在后续的经营中经常不够使用，需要补充。补充的来源包括增发股票、向银行借款、发行债券或利用商业信用等。

二是只描述了流动资产的相互转换，没有反映资金的耗费。例如，用现金支付人工成本和其他营业费用等。企业不可能把全部现金都投资于非现金资产，必须拿出一定数额用于发放工资、支付管理费用等。这些现金被耗费了，而不是投入非现金资产。它们要与原料成本加在一起，成为制定产品价格的基础，并通过出售产品收回最初支付的现金。

如果把这两种情况补充进去，现金短期循环的基本形式可用图1–3表示。

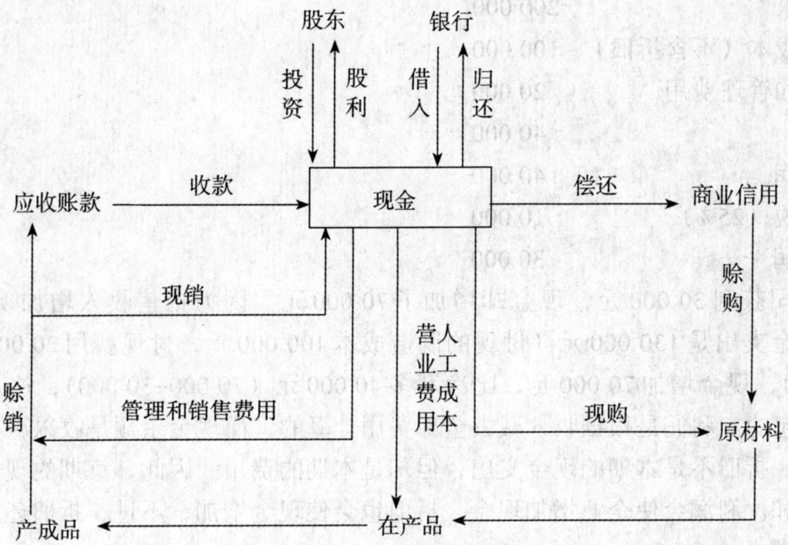

图1-3　现金短期循环的基本形式

3）现金的长期循环

现金转变为非现金资产，然后又恢复到现金，所需时间在一年以上的流转，称为现金的长期循环。长期循环中的非现金资产是长期资产，包括固定资产、长期投资、无形资产、递延资产等。图1-4是现金长期循环的基本形式。

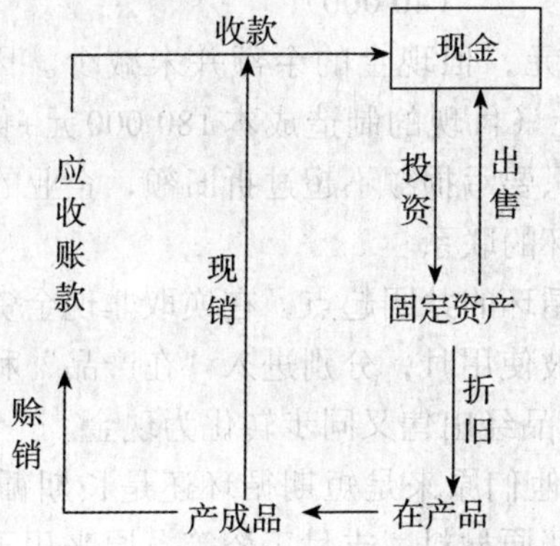

图1-4　现金长期循环的基本形式

企业用现金购买固定资产，固定资产的价值在使用中逐步减少，减少的价值称为折旧费。折旧费和人工费、材料费构成产品成本，出售产品时收回现金。有时，出售固定资产也可使之变为现金。

现金的长期循环是一个缓慢的过程，房屋建筑物的成本往往要几十年才能得到补偿。

长期循环有两个特点值得注意：

（1）折旧是现金的一种来源

例如，XYZ公司的损益情况如下（单位：元）：

销售收入	200 000
制造成本（不含折旧）	100 000
销售和管理费用	20 000
折旧	40 000
税前利润	40 000
所得税（25%）	10 000
税后利润	30 000

XYZ公司获利30 000元，现金却增加了70 000元。因为销售收入增加现金200 000元，各种现金支出是130 000元（付现的制造成本100 000元，付现费用20 000元，所得税10 000元），现金增加70 000元，比净利多40 000元（70 000-30 000），这是计提折旧40 000元引起的。利润是根据收入减去全部费用计算的，而现金余额是收入减去全部现金支出计算的。折旧不是本期的现金支出，但却是本期的费用。因此，每期的现金增加是利润与折旧之和。利润会使企业增加现金，折旧也会使现金增加，不过，折旧还同时使固定资产的价值减少。

如果XYZ公司本年亏损，情况又怎样呢？假设其损益情况如下：

销售收入	200 000
制造成本（不含折旧）	180 000
销售和管理费用	20 000
折旧	40 000
亏损	（40 000）

该公司虽然亏损40 000元，但现金的余额并未减少。因为，本期现金收入200 000元，现金支出也是200 000元（付现的制造成本180 000元+付现费用20 000元）。在企业不添置固定资产的情况下，只要亏损额不超过折旧额，企业的现金余额就不会减少。

（2）长期循环和短期循环的联系

现金是长期循环和短期循环的共同起点，在换取非现金资产时分开，分别转化为各种长期资产和短期资产。它们被使用时，分别进入“在产品”和各种费用账户，又汇合在一起，同步形成“产成品”，产品经出售又同步转化为现金。

转化为现金以后，不管他们原来是短期循环还是长期循环，企业可以视需要重新分配。折旧形成的现金可以购买原材料、支付工资等，原来用于短期循环的现金收回后也可以用于投资固定资产等长期资产。

4）现金流转不平衡

如果企业的现金流出量与流入量相等，财务管理工作将大大简化。实际上这种情况极少出现，不是收大于支，就是支大于收，企业在一年中会多次遇到现金流出量与现金流入量不平衡的情况。

我们应该主要了解造成现金流转不平衡的原因。这既有企业内部的原因，如盈利、亏损或扩充等，又有企业外部的原因，如市场变化、经济兴衰、企业间竞争等。

（1）影响企业现金流转的内部原因

①盈利企业的现金流转。盈利企业，如不打算扩充规模，其现金流转一般比较顺畅。

它的短期循环中的现金收支大体平衡，税后净利使企业现金多余出来，长期循环中的折旧、摊销等也会积存现金。

盈利企业也可能由于抽出过多现金而发生临时流转困难。例如，付出股利、偿还借款、更新设备等。此外，存货变质、财产失窃、坏账损失、出售固定资产损失等，会使企业失去现金，并引起流转的不平衡。

②亏损企业的现金流转。从长期的观点看，亏损企业的现金流转是不可能维持的。从短期来看，又分为两类：一类是亏损额小于折旧额的企业，在固定资产重置以前可以维持下去；另一类是亏损额大于折旧额的企业，如果不从外部补充现金将很快破产。

亏损额小于折旧额的企业，虽然收入小于全部成本费用，但大于付现的成本费用，因为折旧和摊销费用不需要支付现金。因此，它们支付日常的开支通常并不困难，甚至还可能把部分补偿折旧费用的现金抽出来移作他用。然而，当计提折旧的固定资产需要重置的时候，灾难就来临了。积蓄起来的现金，不足以重置固定资产，因为亏损时企业的收入是不能足额补偿全部资产价值的。此时，财务主管的唯一出路是设法筹款，以购买设备使生产继续下去。这种办法只能解决一时的问题，它增加了以后年度的现金支出，会进一步增加企业的亏损。除非企业扭亏为盈，否则就会变为“亏损额大于折旧额”的企业，并很快破产。这类企业如不能在短期内扭亏为盈，还有一条出路，就是找一家对降低税负有兴趣的盈利企业，被其兼并，因为合并一个账面有亏损的企业，可以减少盈利企业的税负。

亏损额大于折旧额的企业，是濒临破产的企业。这类企业不能以高于付现成本的价格出售产品，更谈不上补偿非现金费用。这类企业的财务主管，必须不断向短期周转中补充现金，其数额等于现金亏空数。如果要重置固定资产，所需现金只能从外部筹措。一般说来，他们从外部寻找资金来源是很困难的。贷款人看不到偿还贷款的保障，是不会提供贷款的；所有者也不愿意冒险投入更多的资金。因此，这类企业如不能在短期内扭亏为盈，不如尽早宣告倒闭。这类企业往往连被其他企业兼并以降低兼并企业税负的价值也没有。兼并企业的目的是节税，以减少现金流出，如果被兼并的企业每年都需要注入现金，则有悖于兼并企业的初衷。

③扩充企业的现金流转。任何要迅速扩大经营规模的企业，都会遇到相当严重的现金短缺情况。固定资产扩充、存货增加、应收账款增加、营业费用增加等，都会使现金流出扩大。财务主管的任务不仅是维持当前经营的现金收支平衡，而且要设法满足企业扩大的现金需要，并且力求使企业扩充的现金需求不超过扩充后新的现金流入。

首先，应从企业内部寻找扩充项目所需现金，如出售短期证券、减少股利分配、加速收回应收账款等。其次，当内部筹集的现金不能满足扩充需要时，可以从外部筹集。外部筹集的现金，要承担资本成本，将来要还本付息、支付股利等，引起未来的现金流出。企业在借款时就要注意到，将来的还本付息的现金流出不要超过将来的现金流入。如果不是这样，就要借新债还旧债，利息负担会耗费掉扩建形成的现金流入，使项目在经济上失败。

除了企业本身盈亏和扩充等，外部环境的变化也会影响企业的现金流转。

（2）影响企业现金流转的外部原因

①市场的季节性变化。通常来讲，企业的生产部门力求全年均衡生产，以充分利用设

备和人工，但销售总会有季节性变化。因此，企业往往在销售淡季现金不足，销售旺季过后积存过剩现金。

企业采购所需的现金流出也有季节性变化，尤其是以农产品为原料的企业更是如此。集中采购而均匀耗用，使存货数量周期性变化；采购旺季有大量现金流出，而现金流入不能同步增加。

企业人工等费用的开支也会有季节性变化。有的企业集中在年终发放奖金，要用大量现金；有的企业利用节假日加班加点，要加倍付薪；有的企业使用季节性临时工，在此期间人工费大增。财务主管要对这些变化事先有所准备，并留有适当余地。

②经济的波动。任何国家的经济发展都会有波动，时快时慢。当经济收缩时，销售下降，进而生产和采购减少，整个短期循环中的现金流出减少了，企业有了过剩的现金。如果预知不景气的时间很长，推迟固定资产的重置，折旧积累的现金也会增加。这种财务状况给人以假象。随着销售额的进一步减少，大量的经营亏损很快会接踵而来，现金将被逐步销蚀掉。

当经济“热”起来时，现金需求迅速扩大，积存的过剩现金很快被用尽，不仅扩充存货需要大量投入现金，而且受繁荣时期乐观情绪的鼓舞，企业会对固定资产进行扩充性投资，并且往往要超过提取的折旧。此时，银行和其他贷款人大多也很乐观，愿意为盈利企业提供贷款，筹资不会太困难。但是，经济过热必然造成利率上升，过度扩充的企业背负巨大的利息负担，会首先受到经济收缩的打击。

③通货膨胀。通货膨胀会使企业遭遇现金短缺的困难。由于原料价格上升，保持存货所需的现金增加；人工和其他费用的现金支付增加；售价提高使应收账款占用的现金也增加。企业唯一的希望是利润也会增加，否则，现金会越来越紧张。

提高利润，不外乎是增收节支。增加收入，受到市场竞争的限制。企业若不降低成本，就难以应对通货膨胀造成的财务困难。通货膨胀造成的现金流转不平衡，不能靠短期借款解决，因其不是季节性临时现金短缺，而是现金购买力被永久地“蚕食”了。

④竞争。竞争会对企业的现金流转产生不利影响。但是，竞争往往是被迫的，企业经营者不得不采取他们本来不想采取的方针。

价格竞争会使企业立即减少现金流入。在竞争中获胜的一方会通过多卖产品挽回其损失，实际是靠牺牲别的企业的利益加快自己的现金流转。失败的一方，不但蒙受价格下降的损失，还受到销量减少的打击，现金流转可能严重失衡。

广告竞争会立即增加企业的现金流出。最好的结果是通过广告促进销售，加速现金流回，但若竞争对手也作推销努力，企业广告也只能制止其销售额的下降。有时广告并不能完全阻止销售额下降，只是下降得少一些。

增加新产品或今后服务项目，用软办法竞争，也会使企业的现金流出增加。

1.2.2 财务管理的主要内容

企业财务活动包括：筹资活动、投资活动、营运活动及分配活动，对这四个方面的活动的管理构成了财务管理的基本内容，具体包括：企业筹资管理、企业投资管理、营运资金管理、利润及其分配管理。

1）企业筹资管理

在企业筹资管理中，主要针对以下问题进行管理：一是要正确预测需要筹资的金额规模多少最合理；二是合理确定筹资的方式，比如发行股票和借入资金的选择以及两种方式的比例确定；三是如果采取借入资金，要对是选择发行债券还是选择从银行借入作出决策；四是要对采取长期还是短期借款以及两者的比例作出选择与决策，同时还要对不同性质的银行借款比例进行决策，以保证借款的稳定性；五是要对还款方式进行选择等。

2）企业投资管理

企业的投资包括购买固定资产、无形资产等对内投资，也包括购买股票、债券，以及兼并、收购等对外投资。在投资管理中，企业财务人员应对投资项目进行论证，不仅要论证投资方案的现金流入与现金流出，还要论证投资的回收期，同时要控制投资风险，对不同的投资方案进行选择或进行投资组合。另外，还要根据企业的财务状况，确定合理的投资规模，防止盲目投资，影响财务结构的稳固性，要在投资之前进行详细分析，作出正确的决策。

无论是对内投资还是对外投资，投资管理都要求企业必须合理确定投资规模、投资方向和投资方式等，以控制投资风险，提高投资收益。

3）营运资金管理

营运资金是指企业在生产经营过程中占用的流动资产的资金。企业在日常生产经营过程中，会发生一系列的资金收付。在营运资金管理中，主要涉及流动资产与流动负债的管理，关键是加快资金周转，提高资金的使用效果。营运资金管理主要包括存货决策、生产决策、信用管理、税收筹划等。

4）利润及其分配管理

在利润及其分配管理中，要根据企业的情况，制定最佳的分配政策，其中最主要的是股利支付率的确定，其过高则会影响企业的投资能力，其过低则会影响股价的变动，当然，对于非上市公司来说，不存在股价变动问题，但会导致投资人的不满，影响投资者的积极性。

1.3 财务管理的产生与发展

1.3.1 西方财务管理的产生和发展

财务管理实践活动由来已久。自从经济活动中存在货币财富，人们就开始了财务管理的实践活动，但是理财活动作为一项独立的业务工作形成较晚，财务管理作为一门独立的学科则更晚。在很长一段时期内，财务管理学都依附于其他学科，直到进入20世纪以后，特别是“二战”以后，财务管理学才逐渐成为一门独立的经济管理学科。现代意义上的财务管理，主要是从西方国家发展起来的，其产生和发展大约经历了以下几个阶段：

1）19世纪末到20世纪30年代财务管理的产生

15世纪—16世纪，地中海沿岸商业蓬勃发展，出现了公众入股的城市商业组织，入股的股东包括商人、王公、大臣、市民等。商业股份经济的发展，要求做好集资、股份分配等工作，财务活动开始萌芽。18世纪发生的产业革命，过去的作坊、工场手工业的生产方式被工业化的机器生产方式所替代，财务活动开始复杂起来。但当时主要采取独资、合伙等经营方式，企业组织比较简单，财务关系比较单纯，财务活动大多由企业主亲自从事。

19世纪末期，随着股份公司和托拉斯的建立，企业规模不断扩大，企业所需资金大量增加，财务关系逐渐复杂，企业主难以再亲自从事财务管理活动，开始委派专人负责，建立财务管理部门，独立的财务管理工作逐渐分化出来。财务管理实践对财务管理人员提出了更高要求，财务管理的理论也逐步得到了发展。1897年，美国著名财务管理学者格林出版了《公司财务》一书，这是最早的一部财务理论著作，标志着财务管理学科的初步形成。这个阶段，各类企业都面临着如何扩大生产经营筹措资金的问题。当时，市场竞争不是十分激烈，只要能筹集到足够的资金，一般都能取得较好的效益。财务管理面临的主要问题是怎样获取扩大生产经营所需的资金。

2）20世纪30年代到50年代财务管理的改进

从20世纪开始，随着科学技术的发展和市场竞争的加剧，尤其30年代资本主义经济危机后，资金周转不灵，财务管理的重点开始转向注意资金运动，加强财务监督方面。这一时期是财务管理研究经历的一个重要发展时期。随着科学技术的迅速发展、市场竞争的日益激烈，西方财务管理人员逐渐认识到，在残酷的竞争中要维持企业的生存和发展，财务管理问题不仅在于筹集资金，更在于实行有效的内部控制、管理和运用好现有资金。在此阶段，资产负债表中的资产项目，如现金、应收账款、存货、固定资产等引起财务管理人员的高度重视，并应用各种计量模型对其加以管理。公司内部财务决策被认为是财务管理最主要的问题，而与资金筹集有关的事项退居第二位。此后，财务管理的中心由重视外部融资转向注重资金在公司内部的合理配置，公司财务管理产生了质的飞跃。

3）20世纪50年代到80年代财务管理的完善

第二次世界大战后，尤其是进入20世纪50年代，西方财务管理发生根本的转变。由于世界市场的扩大，生产技术的发展，竞争加剧，对财务管理的渗透性、灵敏性、预见性提出了很高的要求，而现代财务管理的方法和手段的产生又为财务管理的变革提供了可能，因而西方财务管理不仅在内容上由资金筹集、资金运用进而转向多方面经济利益的收益分配，而且广泛实行财务预测、加强预算控制、建立责任中心，运用计量模型、使用电子计算机等，深入参与经营决策。随着财务管理实践的发展，财务管理理论也迅速发展，由传统的“筹资财务管理理论”发展为以资产管理为中心的“内部控制财务管理理论”，进而又发展为现代的“投资财务管理理论”。在实践中，投资者和债权人往往根据公司的盈利能力、资本结构、股利政策、经营风险等一系列因素来决定公司股票和债券的价值。所以，当遇有重大决策时，首先必须评估决策对公司价值将会产生何种影响。因此，资本结构和股利政策的研究受到高度重视。1958年6月，莫迪利亚尼（Modiliani）和米勒（Miller）开始研究资本结构与企业价值的关系，并逐步形成了著名的MM定理，为现代财务管理理论的发展作出了重要贡献，从而奠定了现代企业财务理论的基础。在MM理论之后的各种理论，如权衡理论、信息不对称理论、激励理论等，基本上沿着MM理论的思路进行研究，将财务管理理论推进了一大步。美国法玛和米勒的《财务理论》一书于1972年出版，它集西方理论之大成，标志着西方财务管理理论进入成熟阶段，随之，许多大学开设了财务管理课程。

4）20世纪80年代以后财务管理的新发展

20世纪80年代以后，金融工具的创新、金融风险的加剧、产品生产和需求的柔性化，以及网络经济的发展，加剧了公司所面临的不确定性和预测、决策的难度，同时出现公司内部的机构重组、公司之间的并购与重组、虚拟公司的兴起等，以上每一方面环境的变化都给财务管理学科和财务管理工作带来了新的挑战，使企业财务管理理论和实践都发生了显著变化。企业财务管理学的研究重新侧重于通货膨胀对利率的影响和资本市场金融工具的应用。同时伴随着计算机和互联网在财务决策中的大量应用，国际财务管理理论和方法得到迅速发展，成为现代财务管理的分支。20世纪80年代中后期，由于现代交通工具和通信技术的发展，企业跨国经营发展很快，国际财务管理越来越重要，如外汇风险管理、多国融资问题、国际转移价格问题、国际投资分析、跨国公司财务业绩评估等，成为财务管理研究的热点。随着21世纪经济全球化时代的到来，国际财务管理得到了更多的重视和发展。

1.3.2　我国财务管理的产生与发展

1）财务管理的产生

在我国，早在春秋战国时代，就出现了不少卓越的理财能手和理财理论。在漫长的封建社会，地主庄园和手工作坊里设有“管家”和“账房先生”，他们往往是地主或老板的代言人，既是总管，又要理财，但他们还不是专职的财务人员。随着经济的发展，一些大型企业的业务开始变得复杂，因此在企业内部设置了专门的财务主管。这一阶段，高校逐渐从西方引进了一些财务管理课程，但由于经济发展落后，独立的财务管理工作和独立的财务管理学科还只是处于萌芽阶段。

2）1949年到1978年以计划管理为主的时期

中华人民共和国建立后，我国实行高度集中的计划经济体制，为适应国民经济计划的要求，财务管理实行统收统支、统负盈亏的体制，资金由国家供应，资金使用由国家计划安排、收益分配按国家计划进行，企业无理财自主权，企业财务管理的职责就是按照国家生产计划编制有关资金需要量计划、成本开支计划等，并对计划执行情况进行考核。20世纪50年代初受苏联影响，财务课作为财政学的分支开始建立，因为当时实行统收统支的财务体制，资金靠国家拨款，利润要上缴，企业筹资、用资、分配收益的职能相当一部分被国家财政所代替，因此财务管理依附于财政学。与此相适应，财务管理的理论研究也是围绕着计划管理来进行的。

3）1978年到1992年以利润和分配管理为主的时期

1978年12月党的十一届三中全会以后，随着商品经济的发展和经济体制的改革，企业自主权扩大，企业作为自主经营、自负盈亏的经济实体，有一定的独立财权，并有丰富的财务活动和广泛的财务关系，财务管理的独特内容和重要地位便凸现出来了。这一时期的改革围绕放权让利、切分蛋糕的思路进行。在分配领域进行过企业基金制、利润留成制、两步利改税、承包制、利税分流等改革，由于放权让利，企业财务主体地位得以确立，财务管理研究和应用也由过去单纯的计划管理转移到以追求利润最大化为目标以及收益分配的管理上。在此期间，我国著名的财务管理学家余绪缨教授率先编著了我国第一本财务管理专著，从而开创了我国管理理论研究的领域。

4）1992年10月至今以筹资、投资管理与财务预测、决策为主的时期

这一时期，我国以改革企业组织为突破口，以建立现代企业制度为目标，法人财产权的确立使企业拥有财务筹资权和财务投资权。当改革中出现企业资金紧张的难题时，财务管理必须履行其筹资职能。为了从不同渠道取得资金，企业财务管理的首要任务是向各类社会出资者和债权人提供企业目前的财务状况和今后一定时间内的企业盈利能力、偿债能力的财务预测分析报告，提供所筹措资金用以进行投资的可行性分析与决策报告、为社会出资者和债权人提供真实可信的决策资料。

从中外财务管理研究的历史和现状可以看出，财务管理的理论研究和实践应用，是随着企业财务环境的变化而不断发展的。随着企业财务管理的环境的变化，财务管理研究的理论和方法也不断创新，在内容上已包括了筹资、投资、分配等方面，在方法上包括了预算、决策、控制、分析、考评等，一门较成熟的学科已经形成。

1.4 财务管理的原则

财务管理原则，是指组织企业财务活动和协调处理财务关系的行为准则，是体现理财活动规律性的行为规范，是对财务管理的基本要求。财务管理原则是从财务管理实践中总结归纳出来的行为规范，它既反映了企业财务管理活动规范化的本质要求，又体现了理财的基本理念。

财务管理原则是联系理论与实务的纽带。财务管理理论是从科学角度对财务管理进行研究的成果，通常包括假设、概念、原理和原则等。财务管理实务是指人们在财务管理工作中使用的原则、程序和方法。财务管理原则是财务管理理论和财务管理实务的结合部分，具有重要的理论意义和现实意义，具有以下特征：

（1）是财务假设、概念和原理的推论，是经过论证的、合乎逻辑的结论，具有理性认识的特征。

（2）必须符合大量观察和事实、被多数人所接受。

（3）是财务交易和财务决策的基础，财务管理实务是应用性的，“应用”是指对理财原则的应用，各种理财程序和方法都是根据理财原则建立的。

（4）为解决新的问题提供指引。

（5）原则不一定在任何情况下都绝对正确。

关于人们对财务管理原则的认识，现在还有不同的观点。道格拉斯·R.爱默瑞和约翰·D.芬尼特关于理财原则的观点具有一定的代表性，概括得比较全面、系统，既有较强的理论性，又有较强的现实性。他们将理财原则概括为三类，共十二条。

1.4.1 有关竞争环境的原则——对资本市场中人的行为规律的基本认识

1）自利行为原则

自利行为原则是指人们在进行决策时按照自己的财务利益行事，在其他条件相同的情况下人们会选择对自己经济利益最大的行动。它是有关竞争环境原则的核心。

自利行为原则的依据是理性经济人假设。该假设认为，人们对每一项交易都会衡量其

代价和利益，并且会选择对自己最有利的方案来行动。自利行为原则假设企业决策人对企业目标具有合理的认识程度，并且对如何达到目标具有合理的理解。在这种假设下，企业会采取对自己最有利的行动。自利行为原则并不认为钱是任何人生活中最重要的东西，也不认为钱以外的东西都是不重要的，而是说在“其他条件都相同时”，所有财务交易参与者都会选择对自己经济利益最大的行动。

自利行为原则的一个重要应用是委托—代理理论。根据该理论，应当把企业看成是各种自利的人的集合。企业和各种利益关系人之间的关系，大部分属于委托代理关系。这种相互依赖又相互冲突的利益关系，需要通过“契约”来协调。因此，委托代理理论是以自利行为原则为基础的。

自利行为原则的另一个应用是机会成本概念。当一个人采取某个行动时，就等于取消了其他可能的行动，因此他必然要用这个行动与其他的可能行动相比较，看该行动是否对自己最有利。当采用一个方案而放弃另一个方案时，被放弃方案的最大净收益是被采用方案的机会成本，也称择机成本。将方案的预期收益与机会成本进行比较，实际上就是在其他条件都相同的情况下，将该方案的预期收益与其他方案进行比较，选取对自己最有利的方案。

2）双方交易原则

双方交易原则是指每一项交易都至少存在两方，在一方根据自己的经济利益进行决策时，另一方也会按照自己的经济利益进行决策，并且对方和你一样聪明、勤奋并富有创造力，因此你在决策时要正确预见对方的反应。

双方交易原则的建立依据是商业交易至少存在两方，交易是“零和博弈”，以及各方都是自利的。每一项交易都有一个买方和一个卖方，一方的收益是另一方的成本，一方享有权利则另一方需承担义务。在“零和博弈”中，双方都按自利行为原则行事，谁都想获利而不是吃亏。那么为什么还会成交呢？这与事实上人们的信息不对称有关。信息不对称使自利的交易双方对金融证券产生不同预期，高估者买入、低估者卖出，交易的结果是一方得到的与另一方失去的一样多，从总体上看交易双方收益之和为零。因此，在决策时不仅要考虑自利行为原则，还要使对方有利，否则交易就无法实现。

双方交易原则要求在理解财务交易时不能“以我为中心”，在谋求自身利益的同时要注意对方的存在，以及对方也在遵循自利行为原则行事。这条原则要求我们不要总是“自以为是”，错误认为自己优于对手。

双方交易原则还要求在理解财务交易时注意税收的影响。由于税收的存在，主要是利息的税前扣除，使得某些交易成为“非零和博弈”。政府是不请自来的交易第三方，凡是交易政府都要从中收取税金。减少政府的税收，交易双方都可以受益。避税就是寻求减少政府税收的合法交易形式。

3）信号传递原则——自利行为原则的延伸

信号传递原则是指行动可以传递信息，并且比公司的声明更有说服力。

信号传递原则是自利行为原则的延伸。由于人们或公司是遵循自利行为原则的，所以，一项资产的买进能暗示出该资产“物有所值”，买进的行为提供了有关决策者对未来的预期或计划的信息。例如，一个公司决定进入一个新领域，反映出管理者对自己公司的实力以及新领域未来前景充满信心。

信号传递原则要求根据公司的行为来判断它未来的收益状况。例如，一个经常用配股的办法找股东要钱的公司，很可能自身产生现金流的能力较差；一个大量购买国库券的公司，很可能缺少净现值为正数的投资机会；内部持股人出售股份，常常是公司盈利能力恶化的重要信号。

信号传递原则还要求公司在决策时不仅要考虑行动方案本身，还要考虑该项行动可能给人们传达的信息。在资本市场上，每个人都在利用他人交易信息，自己交易的信息也会被别人利用，因此应考虑交易的信息效应。例如，优序融资理论认为，外部融资可能向市场传递公司证券价值被高估的信号，为避免这种嫌疑，公司应尽量选择内源融资。又例如，当把一件商品价格降至难以置信的程度时，人们就会认为它质量不好，他本来就不值钱。

4）引导原则——行动传递信号原则的运用

引导原则是指当所有办法都失败时，寻找一个可以依赖的榜样作为自己的引导。所谓“当所有办法都失败”，是指我们的理解力存在局限性，不知道如何做对自己更有利；或者寻找最准确答案的成本过高，以至于不值得把问题完全搞清楚。在这种情况下，不要坚持采用正式的决策分析程序，而是直接模仿成功榜样或者大多数人的做法。

引导原则是行动传递信号原则的一个应用。承认行动传递信号，就必然承认引导原则。

不要把引导原则混同于“盲目模仿”。它仅在两种情况下适用：一是理解存在局限性，认识能力有限，找不到最优解决办法；二是寻找最优方案的成本过高。在这种情况下，跟随值得信任的人或者大多数人才是有利的。引导原则不会帮你找到最好的方案，却常常可以使你避免最差的行动。它是一个次优化准则，其最好结果是得出近似最优的结论，最差结果是模仿了别人的错误。

引导原则的一个重要应用是行业标准概念。例如，资本结构决策的选择问题，理论不能提供公司最优资本结构的实用化模型。观察本行业成功企业的资本结构或大多数企业的资本结构，不要与他们的水平偏离太远，就成了资本结构决策的一种简便、有效的方法。

引导原则的另一个重要应用是“自由跟庄”概念。一个“领头人”花费资源得出一个最佳的行动方案，其他“追随者”通过模仿节约信息处理成本。

1.4.2 有关创造价值的原则

有关创造价值的原则，是人们对增加企业财富基本规律的认识。

1）有价值的创意原则

有价值的创意原则是指新创意能获得额外报酬。

竞争理论认为，竞争优势可以分为经营奇异和成本领先两方面。经营奇异是指产品本身、销售交货、营销渠道等客户广泛重视的方面在产业内独树一帜。任何独树一帜都来源于新的创意。创造并保持经营奇异性的企业，如果其产品溢价超过了为产品的独特性而附加的成本，他就能获得高于平均水平的利润。

有价值的创意原则主要应用于直接投资项目。一个项目依靠什么取得正的净现值？它必须是一个有创意的投资项目。有创意的直接投资，其竞争不充分，商品市场有效性低，从而可以获得正的净现值；证券投资竞争程度高，资本市场有效性高，从而难以获得正的净现值。

有价值的创意原则还应用于经营和销售活动。例如，连锁经营方式的创意使得麦当劳的投资人变得非常富有。

创新优势只是暂时的，长期竞争优势必须依靠一系列短期优势来维持。

2）比较优势原则

比较优势原则是指专长能创造价值。在市场上要想赚钱，必须发挥你的专长。大家都想赚钱，你凭什么能赚到钱？你必须在某一方面比别人强，并依靠你的强项来赚钱。没有比较优势的人，很难取得超出平均水平的收入；没有比较优势的企业，很难增加股东财富。

比较优势原则的依据是分工理论。让每一个人都去做最适合他做的工作，让每一个企业生产最适合它生产的产品和劳务，从而社会经济效率才会提高。

比较优势原则的一个应用是"人尽其才、物尽其用"。在有效的市场中，不必要求自己什么都能做得最好，但要知道谁能做得最好。对于某一件事情，如果有人比你自己做得更好，就支付报酬让他代你去做。同时，你去做比别人做得更好的事情，让别人给你支付报酬。如果每个人都去做能够做得最好的事情，那么每项工作就找到了最称职的人，就会产生经济效率。如果每个企业都在做自己能够做得最好的事情，那么一个国家的效率就提高了。国际贸易的基础就是每个国家生产他最能有效生产的产品和劳务，这样就可以使每个国家都受益。

比较优势原则的另一个应用是优势互补，如合资、合并、收购等都是出于优势互补原则。比较优势原则要求企业应把主要精力放在比较优势上，而不是日常运行上。建立并维持自己的比较优势，是企业长期获利的根本。

3）期权原则

期权是指不附带义务的权利，它有经济价值。期权原则是指在估价时要考虑期权的价值。

期权概念最初产生于金融期权交易，它是指所有者（期权购买人）能够要求出票人（期权出售者）履行期权合同上载明的交易，而出票人不能要求所有者去做任何事情。在财务上，一个明确的期权合约经常是指按照预先约定的价格买卖一项资产的权利。

广义期权不限于财务合约，任何不附带义务的权利都属于期权。许多资产都存在隐含的期权。例如，一个企业可以决定某个资产出售或者不出售，如果价格不令人满意就什么事也不做，如果价格令人满意就出售。这种选择权是广泛存在的。一个投资项目，本来预期有正的净现值，因此被采纳并实施了，上马后发现它并没有原来设想得那么好。此时，决策人不会让事情按原计划一直发展下去，而会决定方案下马或者修改方案，使损失减少到最低。这种后续选择权是有价值的，它增加了项目的净现值。在评价项目时就应考虑到后续选择权是否存在以及它的价值有多大。有时一项资产附带的期权比该资产本身更有价值。

4）净增效益原则

净增效益原则是指财务决策建立在净增效益的基础上，一项决策的价值取决于它和替代方案相比所增加的净收益。

一项决策的优劣，是与其他可替代方案（包括维持现状而不采取行动）相比较而言的。如果一个方案的净收益大于替代方案，我们就认为它是一个比替代方案好的决策，其价值是增加的净收益。在财务决策中净收益通常用现金流量计量，一个方案的净收益是指该方案的现金流入量减去现金流出量的差额，也称现金流量净额。

净增效益原则的应用领域之一是差额分析法，也就是在分析投资方案时只分析它们有区别的部分，而省略其相同的部分。净增收益原则看起来似乎很容易理解，但实际贯彻起来需要非常清醒的头脑，需要周密地考察方案对企业现金流量总额的直接和间接影响。

净增效益原则的另一个应用是沉没成本概念。沉没成本是指已经发生、不会被以后的决策改变的成本。沉没成本与将要采纳的决策无关，不属于增量成本，因此在分析决策方案时应将其排除。

1.4.3 有关财务交易的原则

有关财务交易的原则，是人们对于财务交易基本规律的认识。

1）风险—报酬权衡原则

风险—报酬权衡原则是指风险和报酬之间存在一个对等关系，投资人必须对报酬和风险作出权衡，为追求较高报酬而承担较大风险，或者为减少风险而接受较低的报酬。所谓"对等关系"，是指高收益的机会必然伴随巨大风险，风险小的机会必然只有较低的收益。

在财务交易中，当其他一切条件相同时，人们倾向于高报酬和低风险。如果两个投资机会除了报酬不同以外，其他条件（包括风险）都相同，人们会选择报酬较高的投资机会，这是自利行为原则所决定的。如果两个投资机会除了风险不同以外，其他条件（包括报酬）都相同，人们会选择风险小的投资机会，这是"风险厌恶"所决定的。"风险厌恶"是指人们普遍对风险反感，认为风险是不利的事情。风险反感表现在确定的1元钱，其经济价值要大于不确定的1元钱；风险反感使得投资者在冒风险进行投资时，会要求额外的收益作为补偿，投资者的风险厌恶感越强，要求的风险补偿越大。

如果人们都倾向于高报酬和低风险，而且都在按照他们自己的经济利益行事，那么竞争的结果就产生了风险和报酬之间的权衡。如果你想有一个获得巨大利益的机会，你就必须冒可能遭受巨大损失的风险，每一个市场参与者都需要在他的风险和报酬之间作权衡。有的人偏好高风险、高报酬，有的人偏好低风险、低报酬，但每个人都要求风险与报酬对等，不会去冒没有价值的风险。可以不花费任何代价即可回避的风险，不会获得风险补偿。

2）投资分散化原则

投资分散化原则是指不要把全部财富投资于一个项目，而要分散投资。

投资分散化原则的理论依据是投资组合理论。马科维茨（Harry M. Markowitz）的投资组合理论认为若干种股票组成的投资组合，其收益是这些股票收益的加权平均数，但其风险要小于这些股票的加权平均风险，所以投资组合能降低风险。

分散化投资具有普遍意义，不仅仅适用于证券投资，公司各项决策都应注意分散化原则。不应把公司的全部投资集中于个别项目、个别产品或个别行业；不应当把销售集中于少数客户；不应当使资源供应集中于个别供应商；重要的事情不要依赖一个人完成；重要的决策不要由一个人作出。凡是有风险的事项，都要贯彻分散化原则，以降低风险。

3）资本市场有效原则

资本市场有效原则是指在资本市场上频繁交易的金融资产的市场价格反映了所有可获得的信息，而且面对新信息完全能迅速地作出调整。

资本市场有效原则要求理财时重视市场对企业的估价。资本市场既是企业的一面镜子，又是企业的行为矫正器。股价可以综合反映公司的业绩，弄虚作假、人为改变会计方法对于企业价值的提高毫无用处。

资本市场有效原则要求理财时慎重使用金融工具。如果资本市场是有效的，购买或出售金融工具的交易净现值就为零。资本市场的竞争程度高、交易规模大、交易费用低、资产具有同质性，其有效性要比商品市场高得多。在有效资本市场上，只可获得与投资风险相称的报酬，也就是与资本成本相同的报酬，不会增加股东财富。增加股东财富，必须利用市场的不完善性才能实现。企业无法获得比竞争对手更低的资本成本，即只能按照证券的内在价值去发行证券融资，很难通过在资本市场上的筹资来获取正的净现值。

4）货币时间价值原则

货币时间价值原则是指在进行财务计量时要考虑货币时间价值因素。“货币时间价值”是指货币在经过一定时间的投资和再投资后所增加的价值。

货币具有时间价值的依据是货币投入市场后其数额会随着时间的延续而不断增加。货币具有时间价值，是投资与再投资将产生投资收益的结果。要想让投资者把钱拿出来，市场必须给他们一定的报酬。这种报酬包括两部分：一部分是时间价值，即无风险投资的投资报酬；另一部分是风险价值即因为有风险而附加的投资报酬。

货币时间价值原则的首要应用是现值概念。不同时点上的货币具有不同的价值量，不能直接相加、相减、相比较，必须换算到同一时点上。通常要把不同时点上的货币价值统一换算到当前时点，以便进行运算或比较。

货币时间价值原则的另一个重要应用是“早收晚付”观念。对于不附带利息的货币收支，与其晚收不如早收，与其早付不如晚付。

我们认为在道格拉斯·R.爱默瑞和约翰·D.芬尼特关于理财原则的基础上还可以增加以下几个方面的原则。

（1）系统原则

财务管理从资金筹集开始，到资金收回为止，经历了筹资、投资、日常经营与分配等阶段，这几个阶段互相联系、互相作用，组成一个整体，具有系统性。因此，做好财务管理工作，必须从财务管理系统的内部和外部联系出发，从各组成部分的协调和统一出发，这就是财务管理的系统原则。

（2）现金收支平衡原则

在财务管理中，贯彻的是收付实现制，而非权责发生制，客观上要求在理财过程中做到现金收入（流入）与现金支出（流出）在数量上、时间上达到动态平衡，即现金流转平衡。企业的现金流入和流出的发生，是因营业收入与营业支出产生的，同时又受企业筹资与投资活动的影响。获取收入以发生支出为前提，投资以融资为前提，负债本息的偿还支付及红利分配要求以企业经营获利或获得新的资金来源为前提。企业就是要在这一系列的复杂业务关系中保持现金的收支平衡，而保持现金收支平衡的基本方法是现金预算控制。现金预算可以说是筹资计划、投资计划、分配计划的综合平衡，因而现金预算是进行现金流转控制的有效工具。

（3）变现能力与盈利能力平衡原则

变现能力是指企业支付到期债务的能力，而盈利能力则是企业获取利润的能力，提高变现能力和盈利能力是企业财务管理的两个子目标，这两个子目标作用的方向有时一致，有时相互矛盾。例如，增加现金资产有利于提高企业的变现能力，但现金是非盈利资产，现金增加又必须导致盈利能力某种程度的降低，所以在财务管理活动中，必须合理安排各种资金的比例以实现变现能力与盈利能力的平衡，达到既能提高盈利能力，又能确保偿还各种到期债务的目的。

（4）资金合理配置原则

拥有一定数量的资金，是企业进行生产经营活动的必要条件，但任何企业的资金总是有限的。资金合理配置是指企业在组织和使用资金的过程中，应当使各种资金保持合理结构和比例关系，以保证企业生产经营活动的正常进行，使资金得到充分有效的运用，并从整体上（不一定是每一个局部）取得最大的经济效益。在企业的财务管理活动中，资金的配置从筹资的角度看表现为资本结构，具体表现为负债资金和所有者权益资金的构成比例、长期负债和流动负债的构成比例以及内部各具体项目的构成比例。企业不但要从数量上筹集保证其正常生产经营所需的资金，而且必须使这些资金保持合理的结构比例关系。

（5）成本—效益原则

成本—效益原则就是要对企业生产经营活动中的所费与所得进行分析比较，将所花费的成本与所取得的效益进行对比，使效益大于成本，产生“净增效益”。成本—效益原则贯穿企业的全部财务活动。企业在筹资决策中，应将所发生的资本成本与所取得的投资利润率进行比较；在投资决策中，应将与投资项目相关的现金流出与现金流入进行比较；在生产经营活动中，应将所发生的生产经营成本与其所取得的经营收入进行比较；在不同备选方案之间进行选择时，应将所放弃的备选方案预期产生的潜在收益视为所采纳方案的机会成本与所取得的收益进行比较。

（6）利益关系协调原则

企业是由各种利益集团组成的经济联合体。这些经济利益集团主要包括企业的所有者、经营者、债权人、债务人、国家税务机关、消费者、企业内部各部门和职工等。利益关系协调原则要求企业协调、处理好与各利益集团的关系，切实维护各方的合法权益，将按劳分配、按资分配、按知识和技能分配、按绩效分配等多种分配要素有机结合起来。只有这样，企业才能营造一个内外和谐、协调的发展环境，充分调动各有关利益集团的积极性，最终实现企业价值最大化的财务管理目标。

1.5 财务管理的环节

在财务管理工作中，为了实现财务管理的目标，还必须掌握财务管理的环节和方法。

财务管理的环节是指财务管理的工作步骤与各个阶段。财务管理一般包括财务预测、财务决策、财务预算、财务控制、财务分析5个相互联系、相互配合的环节。这些环节紧密联系，形成周而复始的财务管理循环过程，从而构成完整的财务管理工作体系。

1.5.1　财务预测

财务预测是根据企业财务活动的历史资料，考虑现实的要求和条件，对企业未来的财务活动和财务成果作出科学的预计和测算。其作用是通过测算各项生产经营方案的效益，为决策提供可靠的依据；通过预计财务收支的发展变化情况，以确定经营目标；通过测定各项定额和标准，为编制预算提供服务。财务预测是两个管理循环的联结点，其工作内容包括：（1）明确预测对象和目的；（2）收集和整理资料；（3）确定预测方法，利用预测模型进行预测。

1.5.2　财务决策

财务决策是指财务人员在财务目标的总体要求下，运用专门的方法从各种备选方案中选出最佳方案。在市场经济条件下，财务管理的核心是财务决策，因为财务决策关系到企业财务活动的成败。财务决策的工作步骤包括：（1）确定决策目标；（2）提出备选方案；（3）选择最优方案。

财务决策的方法，主要有优选对比法和数学模型法。前者有总量对比法、差量对比法、指标对比法等，后者有数学微分法、线性规划法、概率决策法、损益决策法等。

1.5.3　财务预算

财务预算是指运用科学的技术手段和方法，对目标进行综合平衡，制订主要的计划指标，拟定增产节约措施，协调各项计划指标。财务预算是以财务决策确立的方案和财务预测提供的信息为基础编制的，是财务预测和财务决策所确定的经营目标的系统化、具体化，是控制财务收支活动、分析生产经营成果的依据。财务预算主要包括以下工作：（1）分析财务环境，确定预算指标；（2）协调财务能力，组织综合平衡；（3）选择预算方法，编制财务预算。

1.5.4　财务控制

财务控制是指在生产经营活动过程中，以预算任务和各项定额为依据，对各项财务收支进行日常计算、审核和调节，将其控制在制度和预算规定的范围之内，发现偏差，及时进行纠正，以保证实现或超过预定的财务目标。实行财务控制是贯彻财务制度，实现财务预算的关键环节。其主要工作内容包括：（1）制定控制标准，分解落实责任；（2）实施追踪控制，及时调整误差；（3）分析执行差异，搞好考核奖惩。

1.5.5　财务分析

财务分析是指以核算资料为依据，对企业财务活动的过程和结果进行调查研究，评价预算完成情况，分析影响预算执行的因素，挖掘企业潜力，提出改进措施。通过财务分析，可以掌握各项财务预算和财务指标的完成情况，不断改善财务预测和财务预算工作，提高财务管理水平。财务分析的一般程序是：（1）收集资料，掌握信息；（2）进行对比，作出评价；（3）分析原因，明确责任；（4）提出措施，改进工作。

1.6 财务管理与其他学科的关系

从财务管理理论的发展历程来看，财务管理的理论基础来自于经济学，受到经济学发展的极大影响，但又与企业管理学紧密联系，同时又与会计学联系紧密，还与金融学有着广泛的联系。

1.6.1 与经济学的关系

企业财务学是经济学的一个分支，是以经济学的理论与方法为基础的。经济学致力于解决人类资源的稀缺性问题，以市场中各经济主体的行为及其相互关系为对象，以实现资源的优化配置为目标。市场经济条件下的经济主体具体包括：居民、厂商（企业或组织）和政府三大类，经济主体之间的分工和交易形成市场。经济学对市场中的一切经济现象和经济问题进行研究，既有对单个主体行为的分析，也有对总量关系的分析，从而形成微观经济学与宏观经济学研究对象的分界。

从经济学和企业财务学研究的内容可以看出：（1）企业财务学的主体是企业或厂商，属于微观经济学的范畴，企业财务具有微观性。（2）企业财务学要以企业内部拥有或支配的资源的优化配置为对象，以价值增值和财富增长为目标，以市场为依托，开展管理活动。（3）经济学是企业财务学的理论基础。其具体体现在：①企业财务学的研究以经济学的基本假定为基础，如经济人假定、有限理性假定、市场有效性假定、合理预期假定等；②经济学的研究方法如实证分析法也被企业财务学引申，并得到发扬光大；③经济学中的一些价值观念直接被企业财务学借鉴、引申，如代理成本、边际概念、机会成本等；④财务学的发展丰富了经济学，并且使财务学成为经济学中耀眼的分支。

因此，企业财务学无论从其研究对象、研究目标及环境、研究采用的基础假定和观念，还是从研究方法上，都与经济学一脉相承，所不同的只是研究主体和研究内容有所偏差，但从其学科属性上，并不改变其经济学的本质。

1.6.2 与管理学的关系

管理学是系统研究管理活动的基本规律和一般方法的科学。管理学所包括的内容甚广：生产管理、营销管理、质量管理、信息管理、设备管理、物资管理、人力资源管理、财务管理等，其中财务管理是最具有综合性的管理活动。财务管理利用价值形态，反映、控制并协调其他各方面的管理活动，与公司的各项管理活动都有关联。此外，从管理的职能定位与管理循环看，它应包括计划、组织、控制、指挥、协调等一系列职能作用过程。管理学的有关理论是财务管理学的理论基础，财务管理必须遵循管理学的基本原理。

1.6.3 与会计学的关系

财务管理学与会计学的关系十分密切，因此，往往有人把两者混为一体，其实两者是有区别的。会计的职能主要是为公司的管理控制和决策提供有价值的信息。会计包括两个部分：一是按规范程序、法定会计准则，对公司发生过的经济业务进行记载并编制外部财务报表，被称为财务会计；二是为公司制订计划和决策提供内部管理会计信息报告，被称为管理会计。而财务管理则是利用会计提供的数据和外部的信息来进行融资、投资和股利分配的决策。概括地讲，会计是进行价值信息管理的一项工作；而财务管理是进行资金管理的一项工作。它们之间关系十分密切，会计学为财务管理提供有价值的信息支持。

1.6.4　与金融学的关系

英文“finance”一词有财务、金融、财政、理财等许多含义，财务与金融实际上是难以明确区分的。从这一点上看，就不难理解财务管理与金融学的关系了。二者关系主要体现在：

第一，金融市场是企业融资最重要、最常见的场所，也是企业融资（无论是直接融资还是间接融资）最重要的渠道。同时，金融市场还是企业投资的重要领域。

第二，在有效率的金融市场中，企业一切重要的财务和非财务信息都必须在金融市场中公开，并反映到股票价格中。因此，金融市场所提供的关于企业的各种信息，成为投资者对企业进行业绩评价、价值评估、资产估价、IPO定价的重要因素或变量。

第三，在开放的金融市场中，企业的财务活动将受到资本市场、外汇市场等诸多因素变化的影响，货币供给和需求的变化、货币政策变化等对利率、汇率以及资本市场乃至国民经济增长都具有重要影响，而利率和汇率的变化对企业的投资收益、融资成本、资本结构、公司价值、股票价格等均有重要影响，进而影响企业的投资和融资决策。

第四，财务管理或财务经济学，建立起了企业与金融市场的联系。财务决策不仅在企业内部，而且面对整个金融市场。金融市场的存在使企业理财从企业内部延伸到企业外部甚至整个经济领域。同时，作为金融市场的重要参与元素，企业的理财行为也会对金融市场产生一定影响。

因此，要学好财务管理，不仅需要掌握一定的经济学、管理学、会计学等基础知识，还必须学好货币银行学、金融学基础知识，了解金融市场的功能、要素、作用及其影响，熟悉金融市场的运作机理和交易规则，了解货币政策及其效应和传导机制，了解宏观经济政策变化对金融市场和企业财务管理决策所产生的影响。

思考题

1.什么是财务管理？企业财务管理主要包括哪些内容？

2.什么是财务关系？简述各种企业财务关系的性质。

3.为什么说企业财务关系揭示了财务的本质？

4.简述企业财务管理的产生与发展过程。

5.简述企业财务管理的特点。

6.企业财务管理工作有哪些主要环节？。

7.什么是财务管理原则？如何理解其在整个财务管理中的作用？

8.简述财务管理与其他相关学科的关系。

章末习题

一、单项选择题

1.在下列经济活动中，能够体现企业与所有者之间财务关系的是（　　）。

A.企业向职工支付工资　　B.企业向其他企业支付货款

C.企业向国家税务机关缴纳税款　　D.国有企业向国有资产投资公司支付股利

2.下列属于企业资金营运活动的是（　　）。

A.采购材料支付资金　　B.购入固定资产支付资金

C.向银行借入一笔长期借款　　D.投资者投入一笔投资款

3.企业把筹集到的资金用于与其他企业联营，形成的是企业的（　　）活动。

A.筹资　　B.对内投资

C.资金营运　　D.对外投资

4.在下列说法中，正确的是（　　）。

A.企业的所有者主要有国家、法人单位两类

B.企业的债权人主要是债券持有人和贷款机构

C.企业的利益相关者是股东、债权人和职工

D.企业的利益相关者是与企业形成财务关系的各方

5.（　　）是指在进行财务计量时要考虑货币时间价值因素。

A.净增效益原则　　B.风险与报酬权衡原则

C.货币时间价值原则　　D.期权原则

6.财务管理的核心是（　　）。

A.规划和预测　　B.财务决策

C.财务预算　　D.财务控制

7.在下列各项中，不属于企业筹资引起的财务活动是（　　）。

A.偿还借款　　B.发行股票

C.支付利息　　D.购买债券

8.企业与政府之间的财务关系体现为（　　）。

A.资金结算关系　　B.债权债务关系

C.强制与无偿的分配关系　　D.风险收益对等关系

9.财务关系是企业在组织财务活动过程中与有关各方面所发生的（　　）。

A.经济利益关系　　B.经济往来关系

C.经济责任关系　　D.经济协作关系

10.财务管理是企业管理的核心组成部分，区别于其他管理的特点在于它是一种（　　）。

A.劳动要素的管理　　B.使用价值的管理

C.价值的管理　　D.物资设备的管理

11.下列不属于财务管理环节的是（　　）。

A.财务预算　　B.财务决策

C.财务分析　　D.财务报告

12.企业与受资者之间的财务关系表现为（　　）。

A.所有权性质的投资与受资关系　　B.债权性质的债权与债务关系

C.债权性质的投资与受资关系　　D.所有权性质的债权与债务关系

13.从甲公司的角度看，能够形成“本企业与债务人之间财务关系”的业务是（　　）。

A.甲公司从丁公司赊购产品　　B.甲公司归还所欠丙公司的货款

C.甲公司购买乙公司发行的债券　　D.甲公司向戊公司支付利息

14.假定甲公司向乙公司赊销产品，并持有丙公司债券和丁公司的股票，且向戊公司支付公司债的利息。从甲公司的角度看，下列各项属于甲公司与债权人之间财务关系的是（　）。

A.甲公司与戊公司之间的关系　　B.甲公司与丙公司之间的关系

C.甲公司与乙公司之间的关系　　D.甲公司与丁公司之间的关系

15.财务管理是组织企业财务活动，处理各方面财务关系的一项（　　）。

A.社会管理工作　　B.经济管理工作

C.人文管理工作　　D.物质管理工作

二、多项选择题

1.下列各项，属于对外投资的有（　　）。

A.购买其他公司股票　　B.发行股票

C.与其他企业联营　　D.购买设备

2.企业财务管理的内容包括（　　）。

A.投资管理　　B.筹资管理

C.营运资金管理　　D.利润及其分配管理

3.下列各项属于有关竞争环境的财务原则是（　）。

A.自利行为原则　　B.比较优势原则

C.信号传递原则　　D.引导原则

4.下列各项，属于计划与预测环节的有（　　）。

A.财务预测　　B.财务分析

C.财务控制　　D.财务预算

5.下列说法正确的有（　　）。

A.企业与债务人之间的财务关系属于债务与债权关系

B.企业与政府间的财务关系体现为强制和无偿的分配关系

C.企业与债权人之间的财务关系属于债务与债权关系

D.企业与职工之间的财务关系体现职工个人和集体在劳动成果上的分配关系

6.企业与投资者之间的财务关系表现为投资者按其出资比例对企业具有（　　）。

A.管理控制权　　B.利润分配权

C.净资产分配权　　D.按时索取本息权

7.下列各项，属于企业资金营运活动的有（　　）。

A.购买国库券　　B.支付利息

C.销售商品　　D.采购原材料

8.下列有关财务交易的零和博弈表述正确的有（　　）。

A.一方获利只能建立在另外一方付出的基础上

B.在已经成为事实的交易中，买进的资产和卖出的资产总是一样多

C.在“零和博弈”中，双方都按自利行为原则行事，谁都想获利而不是吃亏

D.在市场环境下，所有交易从双方来看都表现为零和博弈

9.（　　）属于创造价值原则的内容。

A.净增效益原则　　B.比较优势原则

C.期权原则　　　　　　　　　　　D.风险—报酬权衡原则

10.如果市场是完全有效的，基于市场有效原则可以得出的结论有（　）。

A.在证券市场上，购买和出售金融工具的交易净现值等于零

B.股票的市价等于股票的内在价值

C.账面利润始终决定着公司股票价格

D.财务管理目标是股东财富最大化

11.由企业筹资活动引起的财务关系主要有（　　）。

A.企业与投资者之间的财务关系　　　B.企业与债务人之间的财务关系

C.企业与债权人之间的财务关系　　　D.企业与受资者之间的财务关系

12.理财原则的特征包括（　　）。

A.理财原则是财务假设、概念和原理的推论

B.理财原则必须符合大量观察和事实，被多数人所接受

C.理财原则是财务交易和财务决策的基础

D.理财原则为解决新问题提供指引

13.有关信号传递原则的说法正确的有（　　）。

A.是自利行为原则的延伸

B.要求根据公司的行为判断它目前的收益情况

C.要求公司在决策时要考虑该行动可能给人们传达的信息

D.要求根据公司的行为来判断它未来的收益情况

14.下列说法正确的有（　　）。

A.机会成本的概念是自利行为原则的应用

B.委托–代理理论是双方交易原则的应用

C.行业标准概念是引导原则的重要应用

D.“自由跟庄”概念是引导原则的重要应用

15.关于比较优势原则的说法正确的有（　　）。

A.该原则是指专长能创造价值

B.“人尽其才、物尽其用”是该原则的应用

C.“优势互补”是该原则的应用

D.净增效益原则是该原则的应用

二维码1：第1章习题答案

第2章/ 财务管理环境

学习目标：通过本章的学习，了解财务管理环境的含义和分类；理解财务管理环境对财务管理活动的影响；掌握宏观环境因素及其对财务管理的影响；掌握微观环境因素及其对财务管理的影响。

2.1 财务管理环境概述

2.1.1 财务管理环境的含义

任何事物的产生、发展都离不开一定的环境，企业也不例外。企业活动总是在一定的环境下进行，并受环境的影响，进而形成自己的经营特点。同样，不同企业的财务管理活动之所以具有不同的特点，与其财务管理活动所处环境不尽相同有着密不可分的关系。企业环境就是对企业活动产生影响和制约作用的内外因素的总和。相应的，财务管理环境就是对企业财务管理活动产生影响和制约的各种内外因素的总和。财务管理环境是除财务管理系统之外的但与财务管理系统有着直接或间接联系的各种因素，既包括国家的政治、经济形势，国家法律、法规的完善程度，又包括企业的内部治理方式、经营管理水平等，因此涉及的范围十分广泛。

财务管理环境是企业财务活动赖以生存的土壤和条件，财务管理环境变化是推动财务管理理论和实务发展的动力。20世纪初，工业革命使企业生产经营规模迅速扩充，西方国家出现了经济的持续繁荣，股份公司因更适应生产经营社会化生产的要求而得到迅速发展。由于当时市场竞争不是十分激烈，资本市场不甚成熟，金融机构也不够发达，因此，筹资问题成为财务管理工作的主要问题。在此背景之下，筹资理论和方法得到迅速发展。二战之后，市场竞争加剧，受到环境变迁的影响，财务管理工作的重点发生转移，筹资已不再是企业财务管理工作最主要的问题，资产的管理与内部决策的重要性凸显，各种计量模型逐渐应用于存货管理、应收账款管理和固定资产管理，财务分析、财务计划、财务控制等管理手段得到广泛应用。20世纪60年代之后，市场竞争更加激烈，企业投资风险加大，投资管理受到空前重视，投资理论得到发展，从而确定了比较合理的投资决策程序，建立了科学的投资决策指标，创立了投资组合理论和资本资产定价模型。石油危机时期，西方国家出现了严重的通货膨胀，为了应对通货膨胀的影响，企业筹资决策、投资决策、股利分配决策以及日常资金调度决策都进行了相应调整。20世纪80年代之后，随着运输和通信技术的发展，企业跨国经营发展迅速，国际企业财务管理问题受到广泛关注，国际财务管理的理论和方法得到迅速发展并在财务管理实务中得到广泛应用。[①]

根据财务管理发展的历史可知，理财环境对企业运营和发展至关重要。财务管理环境的发展变化，可能制约、影响企业的财务决策，从而影响企业的经营活动。因此，企业在进行财务管理决策时，必须深入分析各种条件、因素的变化以及可能产生的影响，正确把握环境变动趋势，及时调整企业的财务管理活动及经营活动，作出有利于企业长远发展的决策。

2.1.2 财务管理环境的分类

1）按照财务管理环境影响的范围分类

按照财务管理环境影响的范围分类，可将财务管理环境分为宏观财务管理环境和微观财务管理环境。

宏观财务管理环境是指对所有企业的财务管理活动都产生影响的各种宏观因素，包括政治、法律、经济、社会文化传统等。

微观财务管理环境是指对特定企业的财务管理活动产生作用的各种因素，这些因素一般是微观方面的，如企业的组织形式、市场状况、生产状况、企业管理体制、管理水平等。

2）按照财务管理环境与企业的关系分类

按照财务管理环境与企业的关系分类，可将财务管理环境分为内部财务管理环境和外部财务管理环境。

内部财务管理环境是指存在于企业内部的影响财务管理活动的各种因素，包括企业技术情况、经营规模、资产结构、生产经营周期等。

外部财务管理环境是指存在于企业外部的影响财务管理活动的各种因素，包括国家政治经济形势、法律制度、市场状况变化以及国际财务管理环境等。

这种划分方式与按照影响范围分类基本相同，内部财务管理环境一般均属于微观财务管理环境，外部财务管理环境则有些属于宏观财务管理环境，如国家政治经济形势等，有些属于微观财务管理环境，如企业市场销售状况等。

3）按照财务管理环境的稳定性分类

按照财务管理环境的稳定性分类，可将财务管理环境分为静态的财务管理环境和动态的财务管理环境。

静态的财务管理环境是指在一定时期处于相对稳定或不变状态的影响因素。这些影响因素通常容易预见并且变化不大，对财务管理的影响持续不变，不需要经常调整或研究，如自然环境、社会制度、经济体制、法律环境、文化环境等等。

动态的财务管理环境是指经常处于不断变化状态的影响因素。这些因素经常变化，有时甚至波动很大，可预见性差，应当作为财务管理活动着重研究的部分，以针对变化及时作出反应和调整，提高对财务管理环境的适应性和应对能力。这些环境包括产品价格、销售状况、资金供求、利率及汇率水平等。

4）按照财务管理环境的性质分类

按照财务管理环境的性质分类，可将财务管理环境分为政治环境、经济环境、法律环

① 王化成. 20世纪西方财务管理的五次浪潮［N］. 中国财经报，1997-11-08.

境、文化环境、自然与社会环境等。

政治环境是指有关国家治理的条件和范围等，包括国家的政治制度、国体与政体、政党与党派、政府政策、机构设置及其与公司的关系、政府机构的管理水平及办事效率等。

经济环境指特定时间与空间内企业面临的宏观及微观经济状况，主要包括经济体制、经济结构、市场供求状况、经济周期等。

法律环境是指对企业财务管理环境产生影响、制约和提供利益保护的各种法律规范及法律制度，包括立法与司法状况、法律意识等。

文化环境是指企业内外所有与企业经营活动有关的人或群体的文化水平、价值观念、文化传统、生活习惯等。

自然与社会环境是指一个国家或地区的地理位置、气候特征、人口状况、社会制度、社会结构和社会阶层等。

5）按照财务管理环境作用的对象不同分类

按照财务管理环境作用的对象不同分类，可将财务管理环境分为筹资环境、投资环境和分配环境等。

筹资环境是指对企业筹资活动产生影响、制约的各种内外部因素，如资本市场发育状况。

投资环境是指对企业投资活动产生影响、制约的各种内外部因素，如投资所在地政局的稳定性、当地政府对外国投资者的态度、政府的行政效率等。

分配环境是指对企业利润分配活动产生影响、制约的各种内外部因素，如税率水平、对投资者的法律保护制度等。

6）按照公司对财务管理环境是否可控分类

按照公司对财务管理环境是否可控分类，可将财务管理环境分为可控财务管理环境、不可控财务管理环境。

可控财务管理环境是指企业经过努力能够影响、改变或部分改变的财务管理环境，如企业的产品组合、技术装备水平、管理水平等。

不可控财务管理环境是指企业无法控制、改变的财务管理环境，如政治环境、法律环境、市场环境、文化传统等。

一般来说，内部财务管理环境均属于可控财务管理环境，外部财务管理环境、宏观财务管理环境多属于不可控财务管理环境。财务管理环境对财务管理目标的实现产生重大影响，所以企业应当充分利用各种手段和方法，对可控的财务管理环境施加影响，营造有利于财务管理目标实现的环境。对不可控财务管理环境，应当采取各种方法进行识别，利用有利的环境因素促进财务管理目标的实现，对不利于实现财务管理目标的因素应当尽量规避。

2.2　财务管理的宏观环境

宏观经济是企业赖以生存和发展的重要条件，对企业的经营和理财活动产生重要影响。企业无法控制和改变宏观环境，只能受其制约并与之相适应。宏观环境是影响财务管理系统的不可控因素。宏观环境内容复杂，范围广泛。政治法律、社会文化等均属于宏观环境，但其中对企业财务管理活动影响最大的是经济环境、法律环境和金融市场环境。

2.2.1 经济环境

经济环境是指对财务管理产生重要影响的一系列经济因素，包括经济周期、经济体制、经济政策、经济增长与经济发展水平、通货膨胀水平等。

1）经济周期

在市场经济条件下，宏观经济会呈现复苏、繁荣、衰退、萧条的周期性变化，这种周而复始的循环叫做经济周期。这种周期性变化不受国家、制度的影响，是市场经济的客观规律。宏观经济的周期性变化可以通过国民生产总值、消费总量、投资总量、工业生产指数、失业率等反映宏观经济的统计指标表现出来。

宏观经济的周期性运行对社会经济生活产生深刻影响，对企业的财务管理活动和财务管理目标的实现也会产生重大影响。在经济运行的不同阶段，企业的生产规模、销售能力、盈利水平和资本需求都会产生较大差异，因此会面临不同的财务管理问题。一般来说，在经济复苏阶段，社会购买能力逐步提高，企业经营状况开始好转，业绩上升，投资者对公司投资的信心逐渐增强。此时企业应当抓住时机扩大生产规模、增加存货、增加劳动力的投入，并采取宽松的信用政策，为企业的进一步发展做准备。在繁荣阶段，市场需求旺盛，购销活动更加频繁，企业业绩不断上升，财务状况良好，证券价格上扬，企业应当进一步扩大投资规模，因而对资金的需求激增，此时增加筹资能力是财务管理工作面临的主要问题。在衰退阶段，市场需求减少，库存开始出现积压，企业应当收缩规模，减少投资。而到了萧条阶段，市场需求锐减，产销量大幅度下降，库存积压严重，企业利润下降，企业应维持现有市场份额，削减不必要的开支，提高现有资产的使用效率，尽力维持企业的经营。

2）经济体制

经济体制是一个国家的基本经济制度，决定了对有限社会资源配置的基本方式。我国已经实现了从计划经济体制向市场经济体制的转变，这种转变对财务管理工作产生深刻的影响。在计划经济体制下，社会资源的配置主要依靠中央计划部门的统一调控，企业市场由国家计划部门统一规划，统购统销，重大经济活动的权利集中在政府行政部门，由政府行政部门监督和控制企业的经济活动。企业没有自己的经济利益，筹资权、投资权集中于政府行政部门，财务工作没有实质内容，财务管理的权利比较小，财务管理方法也比较简单。在市场经济体制下，企业在人、财、物方面具有真正的自主权利，是“自主经营、自负盈亏”的主体，企业必须面向市场从事一切生产经营活动，在价格机制和竞争机制作用下，追求自身利益最大化。在市场经济条件下，企业拥有独立的经营权和理财权，可以根据自身的发展需要作出筹资决策、投资决策，因此财务管理活动的内容比较丰富，财务管理方法也复杂多样。

3）经济政策

经济政策是国家进行宏观经济调控的战略性和策略性手段，主要包括货币政策、财政政策、产业政策、经济增长政策、就业政策、财政税收政策等。在市场经济条件下，国家通过一系列宏观经济政策来弥补市场自发调节的缺陷，如利用宽松或紧缩的财政政策调节国民收入分配格局及社会产品的供求关系；利用行政法规的地区倾斜政策来调节经济结构、缩小地区差异等。

宏观经济政策对企业的筹资、投资和分配活动都会产生重要影响。比如利率政策会影响企业的融资成本，从而影响企业的筹资决策；因为利率会影响投资者的机会成本，进而又会影响企业对投资项目的选择。财务管理人员应当及时把握国家经济政策的变化，研究经济政策的调整，使企业的发展能够顺应经济政策的导向，达到趋利除弊的效果。

4）经济增长与经济发展水平

企业的财务管理水平与一个国家或地区的经济发展水平和经济增长速度有着密切的联系。在经济发展水平较高，经济增长较快的国家或地区，市场发育程度较高，法律比较健全，对投资者、知识产权的保护力度较大，企业发展机会较多，投资筹资渠道多样，技术与管理水平也较高，企业财务管理体系比较完善、科学。相反，在经济发展水平比较落后的国家和地区，法制化程度不高，市场发育程度比较低，企业的经营活动受到的限制较多，融资难度较大。

不同的经济发展水平和经济增长水平使得劳动力价格、资本成本、技术水平、投资融资渠道、企业发展速度都会具有很大的差异，对企业的财务管理决策产生重要影响。

5）通货膨胀水平

通货膨胀是由于流通中的货币供应量超过流通需求量而引起的物价上涨、货币贬值的一种经济现象。通货膨胀会造成产品成本上升、资金占用增加、企业利润虚增、资本成本增加、融资困难等问题，给企业财务管理工作带来难题。

2.2.2　法律环境

财务管理的法律环境是指企业组织财务活动、处理财务关系所必须遵守的各种法律、法规和制度。市场经济是法制经济，法律环境一方面为企业的经营活动确定了界限，另一方面也为企业各项经营活动提供法律上和制度上的保护。企业的各项理财活动，无论是资金的筹集，还是资金的投放与使用，都受到法律规范的约束，都必须遵守有关法律规定，否则就会受到法律的制裁，危及企业的生存和发展。

对企业财务管理活动有影响的法律规范很多，主要包括企业组织法规、税收法规、金融证券法规、财务法规和企业终止清算的法律法规。

1）企业组织法规

企业是市场经济的主体，企业组织形式的不同类型决定着企业在财务结构、财务关系、财务风险和所采用的财务管理方法上存在差异。比如，按照企业组织形式的不同，企业可以分为独资企业、合伙企业和公司制企业。独资企业、合伙企业的业主对企业债务承担无限责任，而公司制企业的投资人对公司债务承担有限责任。三类企业面临的财务风险不同，因而采取的财务管理方法也存在差异。企业财务管理工作必须立足于企业的组织形式展开。

企业必须依法成立，不同组织形式的企业须遵循不同的法律。在我国，这些法律包括《中华人民共和国公司法》《中华人民共和国个人独资企业法》《中华人民共和国合伙企业法》《中华人民共和国全民所有制工业企业法》《中华人民共和国中外合资经营企业法》《中华人民共和国中外合作经营企业法》《中华人民共和国外资企业法》等。这些法律既是企业的组织法，也是企业的行为法。在企业组织法规中，对企业组织的主要特征、设立条件、设立程序、组织机构、组织变更和终止的条件和程序等作出了明确规定。

2）税收法规

税收是国家为满足社会公共需要，参与国民收入分配，强制取得财政收入的一种特定分配方式。任何企业都具有依法纳税的义务。国家的税收政策对企业的财务决策具有重要影响，企业的筹资、投资和分配决策都受到税收法律、法规的影响。在企业融资活动中，利息具有抵税作用，而股息在税法中不能税前扣除，因此税法规定是影响资本成本的重要因素，企业在进行融资决策时需要考虑税法对资本成本的影响。不同的企业组织形式、不同投资地点、不同的经营活动都会面临不同的税收政策，因此，税收法规对企业投资的地域分布、投资规模和方向、投资方式选择、投资项目的现金流量都会产生影响。国家的税收政策还会影响股东收益，从而引起股东对企业分配方式的偏好，进而影响企业的价值。此外，税负是企业的一种费用，会增加企业的现金流出，影响企业的价值增值。因为税收负担对企业造成较大影响，企业无不希望能够在法律许可的范围内，通过对经营、投资、理财活动的事先筹划和安排，充分利用税法提供一切优惠，尽可能取得节税的经济利益。通过税收筹划最大限度的增加自身收益、规避风险，也成为财务管理工作的重要职责。

与企业经营活动有关的税种包括：（1）流转税类，主要包括增值税、消费税、城市维护建设税。（2）收益税类，主要包括企业所得税。（3）资源税类，主要包括资源税、城镇土地使用税、土地增值税和耕地占用税。（4）财产税类，主要包括房产税 。（5）行为税类，主要包括印花税、车船税。

3）金融证券法规

金融市场，尤其是证券市场是企业和广大投资者筹资和投资的重要场所，对企业经营活动、信息披露和社会资本的优化配置都产生重要影响。为保障投资者的利益、维护市场交易秩序，各国对金融证券交易一般都通过法规形式予以规范。熟悉我国的金融证券法规，遵守金融市场的相关法律规范是财务管理工作人员应具备的职业素质之一。

我国的证券法律制度以《中华人民共和国证券法》的内容为核心，辅之以《中华人民共和国公司法》（以下简称《公司法》）的相关内容和相关的行政法规、部门规章和规范性文件，主要包括证券上市发行的法律规范、证券交易的法律规范、证券服务的法律规范和证券市场监管的法律规范四部分内容。

4）财务法规

财务法规主要是企业的财务通则。企业财务通则是各类企业进行财务活动、实施财务管理的基本规范。我国第一个企业财务通则是于1994年7月1日起施行的经国务院批准由财政部发布的《企业财务通则》。该通则对企业建立资本金制度、固定资产折旧、成本开支范围和利润的分配作出了规定。2006年12月4日，财政部颁发了新的《企业财务通则》，该通则于2007年1月1日起施行。修订后的《企业财务通则》对财政和企业财务的管理方式、政府投资等财政性资金的财务处理政策、企业职工福利费的财务制度、规范职工激励制度、强化企业财务风险管理等方面进行了改革。《企业财务通则》主要适用于在中华人民共和国境内依法设立的具备法人资格的国有及国有控股企业，金融企业除外，其他企业参照执行。

5）企业终止清算的法律法规

在市场竞争中，企业的破产清算或终止经营不可避免，在清算过程中，应当遵循相关的法律法规，按照法定程序开展清算工作。《中华人民共和国破产法》由中华人民共和国第十届全国人民代表大会常务委员会第二十三次会议于2006年8月27日通过，自2007年6月1日起施行，该法对破产清算程序、破产债务与破产资产的认定进行了明确规定。

2.2.3　金融市场环境

企业的筹资与投资活动离不开金融市场，金融政策的变化对企业的财务活动会产生较大影响。金融市场环境是企业财务管理最为重要的环境之一，对企业财务管理目标的实现具有重要作用。

1）金融市场的概念

金融市场是资金融通市场，是指资金供应者和资金需求者双方进行货币借贷和资金融通、办理各种票据和有价证券交易活动的市场。金融市场有广义和狭义概念。广义的金融市场泛指资金供求双方运用各种金融工具，通过各种途径进行的全部金融交易活动，包括金融机构与客户之间，各金融机构之间，资金供求双方之间进行的以货币为交易对象的金融活动，如存款、贷款、信托、租赁、保险、票据抵押与贴现、股票和债券买卖、黄金外汇交易等。狭义的金融市场则是指以票据和有价证券为金融工具的融资市场。与企业经营和理财活动紧密相关的是狭义的金融市场。

与要素市场和产品市场相比，金融市场具有自己的特征：①金融市场是以资金为交易对象的市场，反映了资金供给者和资金需求者之间的供求关系。②金融市场交易的双方不是单纯的买卖关系，而是借贷关系或委托代理关系，体现了资金所有权和使用权相分离的原则。③金融市场可以是有形市场，也可以是无形市场。

企业的生存、发展与金融市场息息相关，金融市场对财务管理具有重要作用：①金融市场是企业筹资、投资的场所，既可以为资金所有者提供多种投资渠道，又可以为资金需求者提供可选择的融资渠道。②企业可以通过金融市场实现资金在时间、空间、数量上的相互转化，从而调剂企业的资金供求，保持资金的流动性。③金融市场为企业财务管理提供有利于决策的信息。金融市场中的利率变动、股价变化可以反映投资人对企业经营状况和盈利水平的评价，是企业进行管理决策的重要依据。④金融市场通过利率变动，调节资金流向，使资本流向效率更高的部门，实现资源的优化配置。

2）金融市场的构成要素

金融市场的构成要素包括交易主体、交易对象、交易组织形式和交易价格。

（1）交易主体

交易主体即市场主体，是指参加金融交易活动的各方，包括资金供给方、资金需求方、交易中介机构以及监管部门。

资金的供给方可以是企业或个人，其参加交易的目的是将闲置资金的使用权让渡给资金需求方，以获得投资收益。

资金的需求方一般是缺少资金的企业，甚至是政府部门，希望通过金融市场筹集所需要的资金。

中介机构是为交易双方提供中介服务的机构，主要通过提供中介服务获取服务费，主要包括商业银行、保险公司、金融资产管理公司、信托投资公司、基金公司、财务公司和金融租赁公司等非银行金融机构。金融机构既是金融交易中的重要金融中介，同时又是资金的供给者和需求者。

监管机构依法对金融市场的参与者进行监督，并通过法律手段、经济手段或行政手段对金融市场进行宏观调控，稳定进程，从而保证金融市场的正常运行。在我国，金融监管机构主要是政府机构，包括中央银行、银监会、证监会和保监会。

（2）交易对象

金融市场的交易对象是金融市场参与者进行交易的标的物，是市场客体。交易对象不管具体形态如何，都是货币资金，其交易都是实现货币资金的所有权、使用权转移的过程。

（3）交易组织形式

金融市场的交易组织形式是指金融市场上交易双方采取的交易形式，主要包括拍卖方式和柜台方式。

拍卖方式是指在特定的交易所内通过公开竞价实现的一种交易方式，如证券交易所。证券交易所采取会员制，会员在交易所取得席位并进行交易。经纪公司和证券交易公司派出专业经纪人和证券交易商接受会员的委托，按照委托人规定的条件，以尽可能有利的价格进行交易，而委托人不直接参与交易所的交易过程。在金融交易中，买卖双方通过公开竞价确定买卖的成交价格。

柜台方式又称“店头交易”，是指不在交易所内进行交易而在场外市场进行交易的活动，是由全国经纪人和交易商组成的无形市场。与交易所的竞价定价方式不同，柜台交易是按照“一对一”方式确定证券价格的，成交价格取决于交易双方协商一致。在有些场合下，证券交易价格是由交易各方反复协商而确定价格的；在有些场合下，证券价格虽是由一方挂牌出价的，但依然可根据市场情况以及交易对方的接受程度加以调整，依然存在着协商定价的机会。

（4）交易价格

交易价格是金融市场中资金供求双方完成交易达成的均衡价格。在金融市场上双方买卖、转让的不是货币本身，而是货币的使用权，所以交易价格反映的是一定时期内转让货币使用权的报酬。金融市场上交易价格通常以利率表示。

3）金融市场的类型

金融市场有多种分类方式：

（1）按地理范围分类，金融市场可分为国际金融市场和国内金融市场。

国际金融市场，由经营国际货币业务的金融机构组成，其经营内容包括资金借贷、外汇买卖、证券买卖、资金交易等。

国内金融市场，由国内金融机构组成，办理各种货币、证券等业务活动。它又分为城市金融市场和农村金融市场，或者分为全国性、区域性、地方性的金融市场。

（2）按经营场所分类，金融市场可分为有形金融市场和无形金融市场。

有形金融市场，是指有固定场所和操作设施的金融市场，如证券交易所。

无形金融市场，是指以营运网络形式存在的市场，通过电子电讯手段达成交易，如全美证券商协会自动报价系统（NASDAQ）。

（3）按融资交易期限分类，金融市场可分为长期资金市场和短期资金市场。

长期资金市场也称资本市场，主要供应一年以上的中长期资金，如股票与长期债券的发行与流通。

短期资金市场也称货币市场，是一年以下的短期资金的融通市场，如同业拆借、票据贴现、短期债券及可转让存单的交易。

当企业不能通过内部积累获得足够的资金以支持公司发展时，可以通过在资本市场发行股票或债券等方式来获得长期资金。资本市场是企业获得外部融资的重要来源。由于资本市场有众多的参与者，可以提供高额的资金支持，所以资本市场也是企业进行大额融资的重要场所。

货币市场可以帮助企业进行短期资金的融通。当企业有暂时闲置的资金时，就可以将这些资金投放到货币市场中获得收益。持有闲置的资金，不仅不会给企业带来任何收益，反而会产生管理费用。

（4）按交易性质分类，金融市场可分为发行市场和流通市场。

发行市场，也称一级市场，是新证券发行的市场。公司发行有价证券可以通过公募和私募两种方式进行。

公募又称公开发行，是指发行人通过中介机构向不特定的社会公众广泛地发售证券募集资金的一种证券发行方式。我国股份公司的设立发行需由证券机构承销，属于公募发行。在公募发行情况下，所有合法的社会投资者都可以参加认购。因此公募发行的发行范围广、发行对象多，易于足额募集资本。发行的证券可在证券交易所公开交易，流通性好，变现能力强，还有助于提高发行公司的知名度和影响力。为了保障广大投资者的利益，各国对公募发行都有严格的要求，监管当局会对公募资金的使用方向、信息披露内容、风险防范都有比较高的要求，证券须经批准后方可发行。因此，公募发行的缺点是手续繁杂，发行成本较高。

私募又称不公开发行，只面向少数特定的投资人发行证券的方式。该种发行方式不需要证券机构承销，并且有确定的投资人，发行手续简单，成本比较低。其不足之处是投资者数量有限，资金募集能力不如公募发行。在这种方式下发行的证券不能进行公开交易，流通性较差，而且也不利于提高发行公司的信誉。

流通市场，也称二级市场，是已经发行、处在流通中的证券的买卖市场。二级市场又分为拍卖市场和经纪人市场两种类型。我国大部分上市公司的股票都是在拍卖市场交易，如上海证券交易所和深圳证券交易所。大部分的债券则是在经纪人市场进行交易。某些非公开募集或未批准上市的股票也在柜台交易市场交易。

发行市场具有融资的功能，公司发行新的股份或债券，公司的资本或债务就会增加。流通市场不具有融资的功能。尽管初级市场和二级市场是相对分开的，但是两者是紧密联系、相辅相成的。初级市场所提供的证券及其发行的种类、数量与方式决定着二级市场上流通证券的规模、结构与速度。二级市场的发展可以增加证券的流动性，降低证券投资的风险，增加股票、债券发行对投资者的吸引力。证券市场的流动性使投资者愿意接受较低的投资报酬，因此降低了企业筹资的风险。

4）金融市场与财务管理的关系

（1）金融市场是企业筹资和投资的重要场所

金融市场能够为资本所有者提供多种投资渠道，为资本筹集者提供多种可供选择的筹资方式。因为闲置的资金不能创造任何利润来实现价值的增值，所以资金的所有者会为其闲置资金寻找安全并兼具流动性的投资途径。有资金需求的一方则希望能够找到使用成本比较低的筹资方式。发展完善的金融市场可以提供多种收益水平的金融工具。通过金融市场，资金的所有者可以找到满意的投资方式，资金的需求方也可以找到适合自己的融资渠道。

（2）金融市场促进企业短期资金与长期资金的转化

不同的企业对资金的供需存在时间上和地域上的差异。通过金融市场，企业可以实现短期资金与长期资金的转换。例如，持有股票与长期债券的公司可以在金融市场上将持有的有价证券出售，从而获得短期的流动资金。同样，拥有流动资金的投资者也可以通过金融市场投资于股票或债券，将资金转化为长期资金。

（3）金融市场为企业财务管理提供有用的信息

金融市场的利率水平反映了资金的供求变化，有价证券市场上证券的价格也是对公司未来盈利状况的预期。有效的金融市场会对有关企业发展的信息作出反应。当公司发展前景良好、盈利能力符合投资者预期时，股票价格会上升；当公司运营出现问题、发展前景暗淡时，股票价格会下降。这些信息会帮助投资者和企业作出正确的投资或融资决策。

（4）金融市场能够引导社会资本流动，提高资源配置效率

在有效的资本市场中，资金可以在不同的企业间自由流动。由于资本的逐利性，资本会流向收益最高、效率最高的行业和企业。这种自由流动可以保证企业和行业间的优胜劣汰，从而实现社会资源的合理配置。

5）利率

利率是指一定时期内利息额同借贷资本总额的比率，表明单位货币在单位时间内的利息水平。虽然金融市场中有种类丰富的金融工具与多种多样的交易方式，但其实质都是货币这一特殊商品使用权的流转与交易，金融市场中资金交易的价格以利率形式表示。

（1）利率的类型

利率可以按照不同的标准进行分类：

①根据与通货膨胀的关系，利率可分为名义利率和实际利率。

名义利率是指以名义货币表示的利息与本金之比，该种利率是没有剔除通货膨胀因素的利率，也就是借款合同或单据上标明的利率。

实际利率是指在物价水平不变，从而货币购买力不变条件下的利息率，该种利率是已经剔除通货膨胀因素后的利率。

资金提供者或使用者现金收取或支付的利率一般为名义利率，如银行存款的年利率为3.5%，这个利率就是名义利率，但在通货膨胀环境下，储户或投资者收到的利息回报就会被通胀侵蚀。比如，在银行存款的例子中，如果同期的通货膨胀率为5%，则储户存入资金的实际购买力在贬值。因此，扣除通胀成分后的实际利率才更具有实际意义。

名义利率与实际利率之间存在如下的计算关系：

1+名义利率=（1+实际利率）×（1+通货膨胀率）　　(2.1)

一般可近似简化为：

名义利率=实际利率+通货膨胀率　　(2.2)

上例中，储户银行存款的实际利率为3.5%−5% =−1.5%，也就是说，存在银行里是亏钱的。

②根据利率形成机制不同，利率可分为法定利率和市场利率。

法定利率是指由一国政府金融管理部门或者中央银行确定的利率，它是由政府根据货币政策的需要和市场利率的变化趋势加以制定的。法定利率体现了政府调节经济的意向。

市场利率是指根据市场资金供求关系通过竞争形成的利率，随着资金的供求状况变化而变化。

③根据利率之间的变动关系，利率可分为基准利率和套算利率。

基准利率是指金融市场上具有普遍参照作用的利率，是其他利率或金融资产价格定价的基础，基准利率变动，其他利率也随之变动。

套算利率是指在基准利率确定之后，各金融机构根据基准利率和借贷款项的特点而换算出的利率。例如，某金融机构规定，AAA级、AA级和A级企业的贷款利率应分别在基准利率的基础上加0.5%、1%和1.5%，基准利率加上调整利率就是套算利率。

④根据货币资金借贷关系持续期间内利率水平是否变动来划分，利率可分为固定利率与浮动利率。

固定利率是指在整个借贷期限内，利率不随物价或其他因素的变化而调整的利率。固定利率在稳定的物价背景下便于借贷双方进行经济核算，能为微观经济主体提供较为确定的融资成本预期，但若存在严重的通货膨胀，固定利率有利于借款人而不利于贷款人。

浮动利率是指在借贷期限内利率随物价或其他因素变化相应调整的利率。借贷双方可以在签订借款协议时就规定利率可以随物价或其他市场利率等因素进行调整。浮动利率的变动可以灵敏地反映金融市场上资金的供求状况，资金借贷双方可以及时根据市场利率的变动情况调整其资产负债规模，降低借贷双方所承担的利率变动风险，但不便于计算与预测收益和成本。

（2）利率的决定因素

利率通常由纯利率、通货膨胀补偿率和风险收益率三部分构成。利率的一般计算公式可表示如下：

利率=纯利率+通货膨胀补偿率+风险收益率=无风险收益率+风险收益率　　(2.3)

①纯利率

纯利率是指在没有风险和通货膨胀情况下的社会平均资金利润率，通常把无通货膨胀情况下的国库券利率视为纯利率。纯利率的高低，受平均利润率、资金供求关系和国家调节的影响。纯利率会随着社会平均利润率的提高而提高。在平均利润率不变的情况下，纯利率的大小由资金的供求状况决定，在资金供不应求时，利率上升，在资金供大于求时，利率下降。政府为了防止经济过热或经济不景气，会调节货币的供应量。为了刺激经济发展，会通过中央银行增加货币投放，导致货币供给增加，利率下降；为了抑制经济过热，会减少流通中的货币，导致货币供给减少，利率上升。

②通货膨胀补偿率

通货膨胀的存在使货币的购买能力下降，从而会使投资者的真实收益率下降。在存在通货膨胀的情况下，资金提供方会要求提高收益率以弥补其购买力方面的损失，这部分提高的利率就是通货膨胀补偿率。在没有风险的情况下，资金提供方要求的收益率就是在纯利率的基础上加上通货膨胀补偿率，称为无风险收益率。政府发行短期国库券的利息率就是由纯利率和通货膨胀补偿率两部分构成，通常将短期国债利率看作无风险收益率。

③风险收益率

风险收益率是指由于投资者承担风险而要求的超过无风险收益率的额外部分，是对承担风险的补偿。风险收益率的高低受到风险大小和风险价格的影响。风险越大，要求的风险收益率越高，风险越小，要求的风险收益率越低。风险价格的高低取决于投资者对风险的偏好程度。风险偏好是指为了实现目标，企业或个体投资者在承担风险的种类、大小等方面的基本态度。投资者偏好风险，对风险的容忍度高，对承担风险要求的补偿就低；投资者厌恶风险，对承担风险要求的补偿就高。风险收益率包括违约风险收益率、流动性风险收益率和期限风险收益率。

违约风险收益率，是指为了弥补因债务人无法按时还本付息而带来的风险，由债权人要求提高的利率。违约风险的大小与债务人的信用等级有关，信用等级越高，债务人违约的可能性越小，违约风险越低，违约风险收益率就越低；反之亦然。国库券、地方政府债券由政府发行，可以看作是没有违约风险，利率一般比较低。企业债券的违约风险则要根据企业的信用程度来定，信用等级越高，违约风险越低，利率水平越低；信誉不好，违约风险高，利率水平自然也高。

流动性风险收益率，是指为了弥补因债务人流动性差而带来的风险，由债权人要求提高的利率。流动性是指某项资产迅速转化为现金的可能性，一般用变现时间的长短表示。不同金融资产的变现能力不同。国库券、政府债券和上市公司的股票及公司债可以迅速变现，投资者的接受度高，流动性好，持有这些有价证券，投资者的投资风险比较低，所以其风险补偿收益率也比较低。对那些无法公开交易或只能在地方性产权市场进行交易的有价证券，因为缺乏必要的流动性，其持有者承担更大的风险，因此要求提高收益率。

期限风险是指因到期期间长短不同而形成的利率变化的风险。任何机构发行的债券，到期期间越长，由于利率变化导致证券价格变化，使购买长期证券的投资者遭受损失的可行性就越大。期限风险收益率就是指为了弥补因偿债期长而带来的风险，由债权人要求提高的利率。一般而言，因为期限风险的存在，长期债券利率会高于短期债券，但有时也会出现相反情况。这是因为受到再投资风险的影响。再投资风险，是指购买短期债券的投资者在债券到期时，由于利率下降，而找不到获利较大的投资机会，导致收益率降低。当预计市场利率有下降的趋势时，再投资风险会大于期限风险，就可能出现短期债券利率高于长期债券利率的情况。

6）证券市场的有效性

1965年，美国芝加哥大学金融学教授尤金·法玛发表了一篇题为《股票市场价格行为》的论文，于1970年对该理论进行了深化，提出有效市场假说。有效市场假说以市场投资者理性为前提，认为在完全竞争充分的证券市场，一切有价值的信息已经及时、准确、充分地反映在股价走势当中，除非存在市场操纵，否则投资者不可能通过分析以往价格获得高于市场平均水平的超额利润。

根据证券价格对不同信息的反映情况，证券市场的效率可以分为以下三种类型：

（1）弱式有效

在弱式有效市场上，证券价格已完全反映了所有的历史信息（包括成交时间、价格和成交量），证券价格的未来走向与其历史变化之间相互独立，即所有证券价格变化都是不相关的，服从随机漫步理论。因为所有的历史信息都已充分披露、均匀分布并完全使用，因此任何投资者都无法依靠对证券价格变化的历史趋势分析来获取超额利润。如果有关证券的历史信息对证券价格仍有影响，说明市场未达到弱式有效。对弱式有效市场假说的大量实验表明，扣除交易成本后，市场基本上是弱式有效的。

（2）次强式有效

次强式有效市场的效率程度要高于弱式有效市场。在次强式有效市场上，证券价格不但完全反映了所有历史信息，而且完全反映了所有公开发表的信息。在次强式有效市场上，各种信息一经公布，证券价格将迅速调整到其应有的水平上，使得任何利用这些公开信息对证券价格的未来走势所做的预测对投资者失去指导意义，从而使投资者无法利用对所有公开发表的信息的分析来获取超额利润。然而，公司的内部人（董事长或总经理）可以掌握公司外部人（投资者）无法获取的内部信息，从而利用内部信息获取超额收益。

（3）强式有效

强式有效市场是指证券价格完全反映了所有与价格变化有关的信息，这些信息既包括历史信息，又包括已公开信息和未公开信息。因此，任何人包括公司内部人也无法在证券交易中牟取超额利润。

因为历史信息包含在公开信息中，公开信息又包含在所有信息中，因此，强式有效市场包含次强式有效市场，次强式有效市场包含弱式有效市场。实证研究表明，美国等发达国家的证券市场达到次强式有效市场，我国学者陈小悦、吴世农认为，中国证券市场已达到弱式有效市场。

有效市场理论是财务管理活动的重要理论基础，它是建立财务管理原则，决定筹资方式、投资方式，安排资金结构，确定筹资组合的理论基础，也是财务管理许多重要理论的假设前提。如果证券市场无效，很多财务管理的方法和理论都无法建立，因此证券市场的有效性构成了企业财务管理的重要环境假设。

2.2.4　社会文化环境

社会文化是某一特定人类社会在其长期发展历史过程中形成的价值观念、行为方式、伦理道德规范、审美观念、宗教信仰及风俗习惯等，它影响并制约着人们的道德观念、组织纪律观念、价值观念、劳动态度、消费观念和生活方式。任何企业都处于一定的社会文化环境中，企业的经营行为和财务管理活动必然受到所在社会文化环境的影响和制约。为此，了解和分析社会文化环境，针对不同的文化环境调整财务管理活动，确保企业目标与财务管理目标的实现是企业财务管理活动应当关注的内容。

在影响企业的诸多环境中，社会文化环境不像其他环境因素那样显而易见，但又无处不在地影响着企业的财务管理活动，并且社会文化的各方面对财务管理的影响各不相同，既有直接影响，又有间接影响；既有深刻影响，又有微弱影响。例如，社会文化教育水平影响财务管理人员的业务水平、职业素质、职业道德和社会地位，会影响财务管理运用的语言、文字和计量工具的先进程度，从而最终影响财务管理理论研究和实践的发展。

案例分析2-1

中国企业非洲投资水土不服①

案例资料：

随着中国企业走出去，非洲逐渐成为中国海外投资的热点地区。根据中国商务部的数据显示，2015年中非贸易额已经超过2 500亿美元。中国在非洲投资的企业已经超过了2 000家，项目遍及非洲50多个国家，非洲已成为中国海外在欧美和日本之后的第四大投资目的地。在此良好背景下，很多中国企业都已经或者筹划对非洲的投资计划，走出国门去非洲投资建厂。但是，过往案例告诉我们，不是所有的中国企业在非洲的投资都有斩获。

（1）肯尼亚文化差异导致水土不服

在肯尼亚的首都内罗毕，当地人有着近乎固执的时间观念，超过8小时是不可能加班的，周六周日更不可能，这个几乎100%信仰基督教的地方，他们宁可放弃1天赚几百块钱的机会，也要去教堂做礼拜。而在埃及，当地人有早上和下午祈祷的习惯，祈祷每次要花去15分钟的时间，如果不能很好地安排，这种习惯就会影响正常生产。在价值观上中非存在很大的区别，一位长期在非洲的中国老板总结：中国人认为如果不努力工作，就赚不到钱；而南非人认为明天会死，所以得活在今天。我们说人家好逸恶劳，人家却说我们欲壑难填。

中非文化的差异根深蒂固，但很多中资企业的管理者却视而不见，一味地责备非洲人民懒惰，甚至动用很多粗暴的手段进行驯服。这导致一个非常严重的后果，即中资企业在非洲劳动市场的口碑普遍不佳，因此，许多本来稀缺的优秀人才更愿意选择西方企业。

（2）安哥拉汇率风险导致损失惨重

为了避免本地货币安哥拉款扎的汇兑风险，中企与安哥拉签订的合同常常使用美元作价，但很多本地施工合同必须用本地货币。2015年石油价格的暴跌导致外汇收入减少，因为资金短缺、债务偿还压力加大，银行体系流动性不足，安哥拉本币大幅贬值（50%以上），很多中国施工企业因此项目亏损严重，有些施工方不得不中断项目施工，因为越做越赔。

汇率风险是经营风险中首当其冲的一个。汇率风险指因外汇市场变动引起汇率的变动，致使以外币计价的资产上涨或者下降所带来的风险。在此情况下，中国企业应当考虑使用套期保值等财务手段避免汇率损失。

① 健君.非洲淘金不得不看的十个经典风险案例.［EB/OL］.［2016-10-09］.http://www.sohu.com/a/115666605_475942.

（3）雇佣黑人的风险极高

目前，越来越多的高科技企业如中兴、华为等也走向非洲掘金。这些企业对雇员的知识水平要求很高，但鉴于非洲整体落后的教育水平，雇佣到企业需要的人才已经是非常困难。同时，雇佣到的本地雇员法律意识强，对不合规的做法几乎是零容忍的态度，很多中国企业在工人压力下不得不成立工会，但也因此经常被本地员工举报而遭遇罢工和巨额罚款，这一现象昭示出中国企业雇员本地化的道路还任重道远。

劳动法律风险是中国企业海外投资特别是收购并购后遭遇的典型法律风险，主要包括高级雇工缺乏和非法用工的问题。在非法用工方面，中国企业历来是被当地劳工所诟病和投诉的对象。由于缺乏有效的政府监管和习惯于其在中国的不良做法，一些中国企业在非洲无视当地法律，不与雇工签订劳动合同，随意解雇劳工，工资标准甚至低于所在国规定的最低保障工资，不注重保护员工基本权益，这严重影响了中国企业在当地的形象。而非洲经历了多年殖民统治，处处都是西方文化的烙印，比如强势的工会组织，以及对个人自由的强调。

讨论题：

（1）以上中国企业海外投资案例反映的是哪些环境因素的影响？

（2）请分析环境因素对企业开展经营活动会造成什么影响。

分析提示：

（1）影响企业生产经营的宏观环境主要有经济环境、法律环境、金融环境、社会文化环境。

（2）环境是企业开展经营活动和财务活动赖以生存的土壤和条件，企业的管理活动离不开环境的约束。

2.3 财务管理的微观环境

微观财务管理环境，又称企业内部财务管理环境，是指存在于企业内部的影响企业财务管理活动的条件和因素，包括企业组织形式、公司治理结构、企业生产状况和经营管理状况。

2.3.1 企业组织形式

企业组织形式是指企业内部为完成其既定目标而采用的组织方式，反映了企业的性质和行为方式，规范了企业与出资人、企业与债权人、企业与政府、企业与企业、企业与职工等内外部的关系。不同的企业组织形式在税收、利润与亏损的承担方式、债务承担的责任等方面存在很大的差异，这些差别必然会影响企业的财务管理。在我国，企业组织形式主要有独资企业、合伙企业和公司制企业三种主要形式。

1）独资企业

独资企业，即个人出资经营，归个人所有和控制，由个人承担经营风险并享有全部经营收益的企业。独资企业的业主享有全部的经营所得，同时对债务负有完全责任。这种企业的规模较小，其优点是经营者和所有者合一，不存在经营者和所有者之间的委托代理关系和代理成本，经营方式灵活，建立和停业程序简单；其缺点是业主要对债务承担无限责任，并且受自身财力所限，企业抵御风险的能力较弱。在融资方面，这类企业存在很大障碍，所以只适用于小型企业，在零售、服务、农业等行业比较常见。

2）合伙企业

合伙企业是由两个以上的自然人订立合伙协议，共同出资、合伙经营、共享收益、共担风险，并对合伙企业债务承担无限连带责任的营利性组织。合伙企业一般无法人资格，不缴纳所得税，而由合伙人缴纳个人所得税。

合伙企业具有以下特点：

(1) 生命有限。合伙企业比较容易设立和解散。合伙人签订了合伙协议，就宣告合伙企业的成立。新合伙人的加入，旧合伙人的退伙、死亡、自愿清算、破产清算等均可造成原合伙企业的解散以及新合伙企业的成立。

(2) 责任无限。合伙企业作为一个整体对债权人承担无限责任。按照合伙人对合伙企业的责任，合伙企业可分为普通合伙和有限合伙。普通合伙的合伙人均为普通合伙人，对合伙企业的债务承担无限连带责任。例如，甲、乙、丙三人成立的普通合伙企业破产时，当甲、乙已无个人资产抵偿企业所欠债务时，虽然丙已依约还清应分摊的债务，但仍有义务用其个人财产为甲、乙两人付清所欠的应分摊的合伙债务。当然，此时丙对甲、乙拥有财产追索权。可见，普通合伙企业具有与独资企业相同的缺点。有限责任合伙企业由一个或几个普通合伙人和一个或几个责任有限的合伙人组成，即在合伙人中至少有一个人要对企业的经营活动负无限责任，而其他合伙人只能以其出资额为限对债务承担偿债责任，因而这类合伙人一般不直接参与企业的经营管理活动。

(3) 相互代理。合伙企业的经营活动，由合伙人共同决定，合伙人有执行和监督的权利。合伙人可以推举负责人。合伙企业负责人和其他人员的经营活动由全体合伙人承担民事责任。换言之，每个合伙人代表合伙企业所发生的经济行为对所有合伙人均有约束力。因此，合伙人之间较易发生纠纷。

(4) 财产共有。合伙人投入的财产，由合伙人统一管理和使用，不经其他合伙人同意，任何一位合伙人不得将合伙财产移为它用。

(5) 利益共享。合伙企业在生产经营活动中所取得、积累的财产，归合伙人共有，如有亏损则亦由合伙人共同承担。损益分配的比例，应在合伙协议中明确规定；未经规定的可按合伙人出资比例分摊，或平均分摊。

合伙制企业易于组建，其融资能力相比独资企业要强，但低于公司制企业。

3）公司制企业

在我国，公司制企业是按照《公司法》有关规定设立的，由1个以上投资人（自然人或法人）依法出资组建，有独立法人财产，自主经营，自负盈亏的法人企业。公司的两种主要形式是有限责任公司和股份有限公司。有限责任公司股东以其出资额为限对公司承担责任，公司以其全部资产对公司的债务承担责任。股份有限公司的全部资本分成等额股份，股东以其所持股份为限对公司承担责任，公司以其全部资产对公司的债务承担责任。

与独资企业、合伙企业相比，公司制企业具有责任有限、持久经营、股权流动和融资能力强的特点。责任有限是指公司制企业的投资人仅就自己的出资额对公司债务承担责任。当公司破产时，股东不需要用自己的个人财产偿还公司债务。持久经营是指公司法人的经营寿命不受股东自然寿命以及股东间合伙关系期限的影响，公司可以无限的持续经营下去。股权流动主要是指公司所有权以股票形式划分为若干股份，股东可以自由转让股票，实现公司产权的转移。股权的流动可以使公司股东分散和降低投资风险，并方便股票定价。与独资企业和合伙企业相比，公司制企业具有更强的融资能力，可以大规模的融通资金，为企业发展提供资金保障。一般大中型企业会采取公司制企业的形式。

公司制企业是所有权与经营权分离的产物，因此具有比较复杂的委托代理关系，存在各利益相关主体之间的利益冲突和信息不对称问题。因为公司股东以出资额为限对公司债务负有限责任，并且公司股份可转让，因此公司投资人的投资风险较小。公司制企业可以公开发行股权和债券，可以借助资本市场募集大量资金，筹资能力较强。公司制企业在最初的所有者和经营者退出后仍然可以继续存在，因此具有独立的存在期限。公司制企业作为独立的法人，其利润需缴纳企业所得税，企业利润分配给股东后，股东还需缴纳个人所得税，因此企业承担双重税赋，社会负担重。

2.3.2　公司治理结构

21世纪初，美国爆发了“安然案”“世通案”“泰科案”三大公司丑闻，公司治理问题进入人们的视野，2008年金融危机爆发更是引发世界范围内对公司治理问题的关注。公司治理是现代企业理论的重要组成部分，也是事关企业未来发展的战略性问题。

什么是公司治理?对此并没有一个严格的定义。一般来说公司治理又名公司管治、企业管治，主要是指包括股东、董事会、经理层在内的诸多利益相关者之间的关系。公司治理讨论的基本问题都是如何使企业的管理者在利用资本供给者提供的资产发挥资产用途的同时，承担起对资本供给者的责任。

1）公司治理的主体

公司治理的主体是指有权进行公司治理活动的人或组织。谁有权力、有资格参与公司的治理活动呢？传统的观点认为公司是属于出资人的，即公司的所有人是公司的股东。股东作为出资人对其财产有占有、支配和使用的权利。各国法律也对股东的权利进行保护。现代企业要进行自主经营，必须拥有能够自主经营的法人财产，而公司的法人财产实际上就是公司的全部资产。公司的全部资产并不仅仅是由股东出资构成的，还包括债权人借款所形成的部分。因此，股东并非是公司治理唯一的主体，债权人也是公司治理结构当然的权益主体之一。但是股权与债权是两种性质截然不同的权力，所以股东与债权人在公司治理中发挥着不同的作用。

随着科技的发展，货币资本与物质财富在企业运营中发挥的作用越来越有限。企业的运营不仅需要物质资本，人力资本、知识资本也是保证企业运营的必需品。公司是社会的公司，公司在运营中需要与供应商保持良好的关系、满足顾客的需求，向政府纳税，还需要承担一定的社会责任。在公司越来越呈现出生产和交易的社会化过程中，公司已日益成为各种利益汇聚的源点。只有全体与企业相关者的利益而不只是少数人的利益在企业中能够得以满足，投入企业的各种要素才能够得到最优化的配置。因此，公司治理的主体不仅局限于股东，还应包括债权人、公司员工、管理者、供应商、客户、政府和社区等众多利益相关者。作为所有者，股东在公司治理中居于核心地位。

2）公司治理的客体

公司治理的客体是指公司治理的对象。现代公司建立在两权分离基础之上，所有权与经营权的分离产生了所有者与经营者之间的代理问题。由于企业内部人与外部人之间的信息不对称，企业契约是非完备契约，因此在企业中存在逆向选择与道德问题，企业需要建立一系列制度，监督、激励解决因为两权分离产生的代理冲突。股东与经营者之间的委托代理问题，股东、管理者与债权人之间的委托代理问题，控股股东与中小股东之间的委托代理问题是公司治理所要解决的问题。

3）公司治理结构的内容

公司治理结构包括四大部分：股东大会、董事会、经理层和监事会。股东大会是公司的权力机构，董事会是公司的经营决策机构，经理层属于执行机构，监事会是监督机构。公司的权力机构是股东大会，它决定公司的重大事项，但对大部分拥有众多股东的公司来说，让所有的股东定期参加股东大会，对公司的业务活动进行领导和管理的成本十分高昂。因此普遍的做法是成立一个代表股东利益，对经理进行监督的小型机构，这个小型机构就是董事会。董事长是公司的法定代表人，对外代表公司进行业务活动，对内管理公司的生产和经营，对重大事项具有决策权。经理层是公司业务的执行机构，它由包括首席执行官（CEO）、首席运营官（COO）、首席财务官（CFO）等在内的高级管理人员组成。这些高级管理人员受雇于董事会，在董事会授权范围内拥有公司业务的管理权，负责处理公司的日常经营事务。监事会是对董事会和经理层执行业务活动实行监督的机构。监事会作为公司的监察机构，其职责是对董事会和经理的活动实施监督。

4）公司治理对财务管理的影响

由于公司治理的本质就是一种制度安排，因此无论是企业的融资活动、投资活动还是利润分配活动都必然与这种制度安排发生联系。因此，公司治理机制构成了企业财务管理系统运行的基础环境。公司治理结构的制度安排涉及了财务管理系统的各个主要方面，对财务管理系统的高效率运行起着关键性的作用。公司治理结构的“三会四权”的制衡机制和权益主体的多元化，决定了财务管理活动中的主体要素应是股东、董事会、经理、企业职工。公司治理中内部的法人治理结构和关系又规定了这些主体要素在财务运行中的责任、权利和义务，规定了他们相互协调、相互制衡的关系，并在此基础之上构建了公司筹资、投资及股利分配的决策机制。比如，在公司治理结构中，股权结构的集中与分散对资本结构的安排产生着重要的影响。在家族式企业中，家族的家长垄断了企业的一切权力，对企业的资本结构具有完全的决策权；股权高度分散的公司中，股东丧失了对公司的控制权，只能通过“用脚投票”的方式发挥对管理者的督促作用；而在股权集中的公司中，大股东是公司的实际控制者，大股东对融资方式的偏好会影响公司的融资选择。公司治理结构模式的选择也决定了企业筹资方式、资本结构、投资决策以及企业收益分配政策的制定，甚至影响着企业财务管理目标的制定。一个有效、完善的公司治理结构，必然会为企业其他的特定行为的展开提供一个良好的背景空间，它既会对企业的其他行为进行约束和规范，同时又会为它们提供进入良性循环的条件。

案例分析2-2

世通丑闻[①]

案例资料：

美国世通公司创办于1983年，20世纪90年代以来，该公司利用兼并、收购等手段疯狂扩张，一次次上演“小鱼吃大鱼”和“快鱼吃慢鱼”的戏法，迅速发展为全美第二大长途电话公司、全球第一大互联网供应商。2001年，世通公司高额负债的状况引起美国证券监管机构的关注，2002年3月，美国证券交易委员会（SEC）宣布对世通公司过往的兼并事件和公司向CEO伯纳德·埃伯斯提供3.66亿美元巨额贷款一事进行调查。6月，世通的内部审计暴露出更大的丑闻：从2001年开始，世通公司与扩建电信系统工程有关的大量费用没有被作为正常成本入账，而是作为资本支出处理，这一会计“技巧”为世通带来了38亿美元的巨额“利润”。6月25日，迫于SEC的压力，世通不得不发布声明，承认至少有38亿美元的支出被做了手脚，用来虚增现金流和利润；同时，该公司2001年14亿美元的利润和2002年第一季度1.3亿美元的赢利也属子虚乌有。假账丑闻给世通公司带来了灭顶之灾。丑闻曝光的第二天，美国证券交易委员会即以民事欺诈罪正式起诉世通，世通股票市值急剧缩水到3.35亿美元，公司成为一具空壳。7月21日，世通不得不申请破产保护。

世通的CEO伯纳德·埃伯斯自1985年开始担任公司执行总裁。精明的埃伯斯很快就发现，与其和电信巨头们斤斤计较于一角二角的折扣，不如通过并购来让公司的发展步入快车道。通过大量的并购，世通公司股价节节攀升，也让埃伯斯赚得盆满钵满。作为公司董事长和CEO，埃伯斯给自己制定了很高的薪酬，但却没有给世通公司建立完善的公司治理机制。因为缺乏有效的监督机制，问题没有被及早发现，从而使公司最后到了不可收拾的地步，从而于2002年7月宣布破产。

讨论题：

世通公司的财务丑闻及最后的破产与公司的公司治理结构之间有什么关系？

分析提示：

公司治理结构是一套所有者对企业经营管理的绩效进行监督与控制的制度安排。

2.3.3　企业生产状况

企业生产状况主要是指由生产能力、厂房设备、生产组织、劳动生产率、人力资源、物质资源、技术资源所构成的生产条件和企业产品的寿命周期。

就生产条件而言，企业可分为劳动密集型、技术密集型和资源开发型的企业。劳动密集型企业所需工资费用较多，长期资金的占用则较少；技术密集型企业需要使用较多的先进设备，而所用人力较少，企业需要筹集较多的长期资金；至于资源开发型企业则需投入大量资金用于勘探、开采，资金回收期较长。因此，企业的生产状况会影响企业资金的流动、流向和分配。另外，在企业产品的寿命周期（投入期—成长期—成熟期—衰退期）的不同阶段，资金需要量的企业财务管理的策略也有所不同。

① 佚名.世通事件［EB/OL］.［2017-12-10］.https://baike.baidu.com/item/世通事件/6679827.

2.3.4 经营管理状况

经营管理状况是指企业的经营管理水平，包括物资采购、物资供应及物资销售能力等。企业经营管理状况对企业财务管理有重大影响。企业的经营管理状况好，内部有着完备、健全的管理制度并能得到严格执行，容易走上规范化的轨道并带来理想的理财效果。反之，如果企业内部管理制度不健全，或制度没有得到严格执行，会阻碍财务管理工作的顺利开展。

财务管理环境是企业开展财务管理工作的前提和平台，对企业的财务管理活动有重大影响。企业只有适应财务管理环境的状况及其变化，才能保证财务管理目标以及企业战略目标的实现。因此，企业要及时了解财务管理环境的变化和要求，提高对理财环境的应变能力，使企业的财务活动朝着实现财务管理目标的方向顺利进行。

思考题

1.请思考财务管理活动与财务管理环境的关系。

2.与企业财务管理活动相关的法律规范有哪些？

3.国家或地区的经济体制、经济发展水平与经济发展速度会对企业的财务管理活动造成什么影响？

4.不同组织形式的企业在从事财务管理活动时会存在什么差异？

5.资本市场对企业财务管理活动的影响会体现在哪些方面？

章末习题

一、单项选择题

1.下列不属于金融市场功能的是（　　）。

A.融通资金的功能　　B.优化资源配置的功能

C.信号传递的功能　　D.实现利益增值的功能

2.下列不属于金融监管机构的是（　　）。

A.中国银行　　B.中国人民银行

C.银监会　　D.保监会

3.纯利率是指（　　）。

A.在没有风险和通货膨胀情况下的社会平均资金利润率

B.在通货膨胀的情况下对购买力方面的补偿

C.对承担风险的补偿

D.弥补因债务人无法按时还本付息而带来的风险

4.流动性风险收益率是指（　　）。

A.到期期间长短不同而形成的利率变化的风险

B.对购买力方面的补偿

C.为了弥补因债务人流动性差而带来的风险

D.投资者承担风险而要求的超过无风险收益率的额外部分

5.通货膨胀补偿率是指（　　）。

A.到期期间长短不同而形成的利率变化的风险
B.在通货膨胀的情况下对购买力方面的补偿
C.为了弥补因债务人流动性差而带来的风险
D.投资者承担风险而要求的超过无风险收益率的额外部分
6.违约风险收益率是指（ ）。
A.为了弥补因债权人流动性差而带来的风险
B.为了弥补因债务人流动性差而带来的风险
C.指在借贷期限内利率随物价或其他因素变化相应调整的利率
D.弥补因债务人无法按时还本付息而带来的风险
7.期限风险收益率是指（ ）。
A.弥补因债务人无法按时还本付息而带来的风险
B.因到期期间长短不同而形成的利率变化的风险
C.为了弥补因债务人流动性差而带来的风险
D.无通货膨胀情况下的国库券利率
8.可以看作纯利率的是指（ ）。
A.上市公司股票收益率 B.公司债利率
C.银行存款利率 D.无通货膨胀情况下的国库券利率
9.不属于经济环境的是指（ ）。
A.证券法规 B.经济周期
C.经济体制 D.经济发展速度
10.下列环境因素中属于微观环境的是（ ）。
A.企业组织法规 B.证券市场发育程度
C.中国传统文化 D.企业组织形式
11.下列表述不属于公司制企业特征的是（ ）。
A.责任有限、持久经营 B.股权流动
C.生命有限 D.融资能力强
12.下列对合伙企业论述不正确的是（ ）。
A.经营期限有限
B.合伙人对企业债务承担无限责任
C.合伙企业的经营活动，由合伙人共同决定
D.股权流动性强
13.央行基准利率水平是企业经营的（ ）因素。
A.宏观环境 B.微观环境
C.外部环境 D.法律环境
14.我国人口老龄化问题是影响企业财务管理活动的（ ）。
A.自然与社会环境 B.微观环境
C.内部环境 D.法律环境
15.一个国家或地区资本市场发育状况是（ ）因素。

A.文化环境　　B.企业内部环境
C.筹资环境　　D.微观环境

二、多项选择题

1.下列属于财务管理宏观环境的有（　　）。
A.国家的政治、经济发展水平　　B.公司的组织形式
C.产品组合　　D.金融市场状况
2.下列属于财务管理宏观环境的有（　　）。
A.经济环境　　B.法律环境
C.金融环境　　D.税收环境
3.下列属于财务管理微观环境的有（　　）。
A.企业组织形式　　B.企业生命周期
C.企业财务概论基础工作　　D.企业生产经营特点
4.下列属于内部财务管理环境的有（　　）。
A.国家的政治、经济发展水平　　B.公司的组织形式
C.产品组合　　D.生产状况
5.下列属于外部财务管理环境的有（　　）。
A.国家的政治、经济发展水平　　B.金融市场状况
C.产品组合　　D.生产状况
6.财务管理环境按理财环境的范围分为（　　）。
A.宏观环境　　B.微观环境
C.内部环境　　D.外部环境
7.财务管理环境按与企业的关系分为（　　）。
A.宏观环境　　B.微观环境
C.内部环境　　D.外部环境
8.财务管理环境按理财环境是否可控分为（　　）。
A.宏观环境　　B.微观环境
C.可控环境　　D.不可控环境
9.财务管理环境按理财环境的性质分为（　　）。
A.筹资环境　　B.微观环境
C.投资环境　　D.外部环境
10.内部财务管理环境一般属于（　　）。
A.宏观经济环境　　B.微观经济环境
C.可控财务管理环境　　D.不可控财务管理环境
11.外部财务管理环境一般属于（　　）。
A.宏观经济环境　　B.微观经济环境
C.可控财务管理环境　　D.不可控财务管理环境
12.下列属于不可控财务管理环境的有（　　）。
A.政治经济环境　　B.法律环境

C.技术环境　　　　D.社会环境

13.下列属于金融市场功能的有（　　）。

A.融通资金的功能　　　　B.优化资源配置的功能

C.信号传递的功能　　　　D.实现利益增值的功能

14.财务管理的环境有（　　）。

A.法律环境　　　　B.金融环境

C.经济环境　　　　D.自然环境

15.对企业运营和理财环境产生重要和直接影响最多的有（　　）。

A.法律环境　　　　B.内部环境

C.微观环境　　　　D.经济环境

二维码2：第2章习题答案

第3章/
财务管理的目标

学习目标：了解财务管理目标与企业目标的关系；掌握财务管理目标的各种观点及其比较；理解代理冲突与财务管理目标。

3.1 财务管理目标与企业目标的关系

企业财务管理是基于企业这个实体存在为前提而进行的一系列理财活动。这使得企业财务管理成为企业管理的一部分，财务管理目标取决于企业目标。

3.1.1 企业目标

企业是根据市场反映的社会需要来组织和安排商品生产和交换的社会经济组织，企业必须有自己的经营目标。企业一旦成立，就要面临竞争，并处于生存和倒闭、发展和萎缩的矛盾之中。企业必须生存下去才可能获利，只有发展才能求得生存。因此，企业的目标可以概括为生存、发展和获利，其中获利应该是企业的终极目标。

1）生存

生存是企业获利的首要条件，企业生存的基本条件是以收抵支，也就是企业从市场上获得的货币量至少要等于其付出的货币量，才能够维持企业的持续经营。一方面，企业使用货币，去市场上购买货物，以取得企业发展所需资源；另一方面，企业生产出产品或提供服务，以满足市场需求，从而从市场上获取货币。一旦企业不能够持续创新，并且以独特的产品和服务取得货币收入，或者不能够持续降低成本从而减少货币流出，那么企业将缺少足够的货币资金从市场上购买必须的资源，企业将出现亏损的局面。长期如此，将出现恶性循环，企业就会萎缩，甚至会因无法维持最低的运营条件而使企业终止。

企业生存的另一个基本条件是能够偿还到期债务。企业为了扩大规模进行长期投资，或者为了满足短期经营周转需要，向银行等金融机构申请贷款。如果企业不能够到期偿还本金和利息，按照国家有关法律规定，债务人必须破产还债。

由此可见，企业的生存主要面临两方面的威胁：一是缺乏创新使得产品滞销，将最终导致企业长期亏损，它是企业终止的内在原因，它可能直接导致企业不能够到期偿还本息；二是不能偿还到期债务，这是企业终止的直接原因。亏损企业为维持经营被迫扩大负债融资规模，借新债还旧债，但如果始终不能扭亏为盈，则最终会因无法筹措到新的资金来偿还到期的债务而面临倒闭。盈利企业也有可能因决策失误，盲目扩大负债规模，投资失败，使企业出现无法按时偿还到期债务的情况，以至不得不出售企业的主要设备、甚至厂房，从而使企业无法正常经营下去。为了实现企业的生存目标，财务管理活动就必须致力于增强企业以收抵支的能力以及偿还到期债务的能力，从而降低企业的破产风险。

2）发展

企业必须在发展中求得生存。在竞争日益激烈的现代社会，在科技不断进步的经济浪潮中，在产品不断更新的时代背景下，如果企业仅仅满足于以收抵支或到期偿债，而不去思考企业的发展问题，不去创新产品、工艺、工作流程、企业文化，不去学习各种先进理念和方法，企业将缺少核心竞争力，就可能被对手逐渐占有已有的市场份额，被优胜劣汰的自然竞争规律所淘汰。企业的发展集中表现为扩大收入，这就要求企业必须不断更新设备、技术和工艺，改进管理，提高产品质量，不断创新产品，扩大产品销售量，努力增加企业销售收入。在市场经济中，各种资源的取得都需要付出货币，因此企业的发展离不开资金，财务管理活动必须要为企业发展提供充足的资金保证。

3）获利

获利是企业生存的根本目的。企业必须能够获利，才有其存在的价值。只有企业获利，它才有可能改善职工收入、改善劳动条件、提高产品质量、实现产品创新、扩大市场份额，从而实现企业的发展需要。从财务角度来看，盈利就是超过企业投资额的回报。企业的每项资产都是投资，都必须从经营中获得回报。获取盈利是最具综合性的目标，它不仅体现了企业的出发点和归宿，而且反映了企业其他目标的实现程度。财务管理的本质就是通过有效地配置资源、合理地安排资金，使得企业尽可能多地盈利。

3.1.2 财务管理目标与企业目标的一致性和独立性

企业管理是一个庞大复杂的控制系统，财务管理是该系统的一个子系统，子系统必须服从系统的整体效益。目标整体性要求协调整体目标与子系统目标的关系，以实现整体目标的最优。从这个意义上说，财务管理的总目标与企业管理的整体目标是统一的。纵观中外具有代表性的财务管理目标观，无论是产值最大化、利润最大化，还是股东财富最大化、企业价值最大化，尽管表述方式和主体侧重点有所不同，但是它们的共同之处在于与企业获利最大化这一企业目标的一致性。

财务管理的总目标虽与企业管理目标基本一致，但如何将财务管理的总目标定位得更准确、更具操作性，应作为财务管理目标的研究出发点之一。财务管理目标是企业进行理财活动所希望实现的结果。然而，由于委托代理问题的存在，企业不同利益相关者对企业的财力分配有不同的预期，因而，在满足企业盈利这一企业总目标下，应当通过对财务管理目标的界定，协调各个利益集团的利益，这一职能应内含于企业的财务管理目标，这也是财务管理目标相对独立于企业目标的地方。

企业财务管理目标制定过程是各利益关系方之间的博弈过程，最终制定结果是一个能满足各利益集团要求的折中，各利益集团都可以借助财务管理目标实现自身的最终目的。

3.2 财务管理目标的各种观点及其比较

财务管理目标是财务管理理论结构中一个十分重要的层次，它像一条纽带把财务管理理论各要素有机地联系起来，使财务管理理论具有整体性和目的性。财务管理目标既是财务管理理论和实践系统运行的指针，又是引导和评价财务管理工作的标准和依据，能够指导财务管理理论和实践朝着良好的方向发展。关于财务管理的目标，目前国内外学术界主要存在以下观点：利润最大化、资本利润率最大化或每股利润最大化、股东财富最大化、企业价值最大化和相关者利益最大化。

3.2.1 利润最大化

利润最大化曾经是被人们广泛接受的财务管理目标。这一观点认为，利润代表企业新创造的财富，利润越多则说明企业的财富增加越多，越接近企业的目标。在市场经济条件下，企业从事经营活动的目的就是为了创造更多的利润。同时，在自由竞争的资本市场中，资本使用权最终属于获利能力最高的企业。每个企业要想在市场竞争中获得生存和发展，必然追求利润最大化，从而极大地增加社会财富，促进社会的进步和发展。

以利润最大化作为财务管理目标，可以促使企业关心投入产出比例，强化企业生产技术革新与产品创新，抑制盲目追求产值行为的发生。利润是企业积累的源泉，利润最大化使企业经营资本有了可靠的资金来源。而且，利润指标简单明了，易于理解，便于被人们接受，因而这一目标在实务中曾经一度被广泛采用。

但是，后来人们发现利润最大化目标存在着许多不足之处：

第一，没有考虑资金的时间价值。例如，在投资决策上，对未来年度的利润仅以数额大小来衡量，忽视现金流入时间，会导致错误的选择。

第二，没有考虑风险因素。在投资决策上，利润最大化仅仅要求对不同项目的预期收益或加权平均收益进行比较，而忽视项目可能面临的风险，因此也会导致错误的决策。

第三，容易导致短期行为。利润最大化目标往往追求眼前的利润增长，缺乏对企业长远考虑。

第四，没有考虑投资金额大小与利润的关系，即投资报酬率。对于股份公司而言，还未考虑老股东的利益。

第五，利润指标本身易受企业管理当局操控，不利于企业稳健成长。

3.2.2 资本利润率最大化或每股利润最大化

资本利润率是净利润与资本额的比率。每股利润是利润与股份数的比值。它们都是相对数，规避了利润最大化目标中的一个缺点，即它反映了利润和投入资本之间的关系，但是利润最大化目标其他的四个缺点都没有回避：

第一，没有考虑资金的时间价值。

第二，没有考虑风险因素。

第三，容易导致短期行为。

第四，利润指标本身易受企业管理当局操控，不利于企业稳健成长。

3.2.3 股东财富最大化

股东财富最大化是近几年西方财务管理比较流行的观点。就现代企业而言，股东财富最大化才是企业财务管理的目标，其表现形式是每股市价最大化。公司股票的价格是所有市场参与者对该公司价值的共同预期和判断的集中反映。公司股票市场价格的形成受多种因素的影响，具体包括：本期的和预期的未来每股收益，收益产生的时间因素、风险因素，公司股利政策和发展前景以及其他宏观方面等因素。因此，公司股票市场价格是公司经营状况的晴雨表，它在很大程度上展示了公司管理效率的高低，以及给所有者带来的利益。公司股东对公司管理业绩的满意与否，可以通过股票的买进、卖出作出反应。如果股东表示满意，就会持有或增加股份，从而使股票价格上升。如果不满意，股东就会出售股份，那么该公司股票就会面临下降的压力。因此，管理者必须从股东利益出发，积极为股东创造价值。财务经理在进行有关投资决策、筹资决策和资产管理决策时，就必须考虑其决策行为对股票市场价格的影响，并以股东财富最大化为目标作出决策。影响每股市价的因素主要有：

第一，投资报酬率。投资报酬率是指公司的税后净利除以股东的平均投资额。股东财富的大小要看每股盈余或者投资报酬率，而不是净利润，投资报酬率高低直接影响着股东财富的大小。

第二，风险。每项投资都是面向未来，未来都会有风险，所以不能只考虑每股盈余，而不考虑风险。一个方案每股盈余较低，但风险几乎没有；另一个方案每股盈余较高，但有一定风险。在进行财务决策时，要依据风险大的方案的成功概率的大小来确定其取舍，所以，财务决策不能不考虑风险。

第三，投资项目。投资项目是决定企业报酬率和风险的首要因素。一般来说，企业采纳的投资项目，应该增加企业的报酬，否则企业就没有必要为它投资。与此同时，任何项目都有风险，区别只在于风险的大小不同而已。因此，企业的投资计划会改变其报酬率和风险，并影响股票的价格。

第四，资本结构。资本结构会影响企业报酬率和风险。资本结构是指所有者权益和负债的比例关系。比如，在利息率低于投资报酬率的情况下，可以扩大举债金额，提高公司的每股盈余，但同时也加大了每股盈余的风险，因为一旦资不抵债，将导致公司破产。

第五，股利政策。股利政策是指在公司赚得的当期盈余中，有多少作为股利发放给股东，有多少保留下来作为投资使用。股利是股东的眼前利益，留存收益是股东的长远利益的保证，因此，股利政策会影响公司报酬率和风险，从而影响每股市价的变化。

在影响每股市价的上述因素中，投资报酬率和风险因素是直接因素，投资项目、资本结构和股利政策是间接因素。直接因素是由间接因素决定的。

股东财富最大化是对现代企业财务管理目标的一种高度概括，为财务管理提供了一个行动准则。该观点考虑了时间价值和风险价值，在一定程度上能够克服企业追求利润上的短期行为，容易量化，便于考核和奖惩。

但是应该看到，股东财富最大化的目标是明显按有利于股东利益来安排的，由于信息不对称以及所有者和经营者在目标上的不一致，必然会导致道德风险产生。经营者由于自身利益被忽视，就会充分利用自身拥有的关于企业经营的信息比股东多的优势，采取投机主义行为，即在约束力强的公司治理机制下，经营者会尽可能使用最少的时间、智力和精力，达到股东给定的目标，获取约定的利益；而在约束力弱时，经营者会充分利用股东投入企业的资源来弥补自已被忽略了的那部分利益，既包括虚报、粉饰利润、高估所有者权益、哄抬股票价格、挪用公款等能从中渔利的舞弊行为，又包括用股东的钱购置豪华办公设施等非经营性投资、增加非经营性开支以改善自身工作条件等不道德行为。同时，在股东财富最大化的目标下，经营者的任期制也使得经营者会更多地关注企业在其任期内的股价走势，从而制定适合企业中短期发展的目标，而不是符合企业长期发展的战略目标，这对企业的未来股价走势以及未来的股东财富最大化是极为不利的。此外，由于公司股票价格形成因素复杂，并非公司能够控制，把受不可控因素影响的股票价格作为企业的财务目标显然不尽合理。

3.2.4 企业价值最大化

企业价值最大化是指通过企业财务上的合理经营，采用最优的财务决策，在考虑资金的时间价值和风险价值，保证企业长期稳定发展的基础上，使企业总价值达到最大。所谓企业价值就是企业资产的市场价值，取决于企业潜在和未来的获利能力。企业价值最大化的理财对象是企业总资产，各种资产的投入回报又来源于对资产的最有效的配置和最合理的运用，企业的价值只有在其报酬与风险达到较好的均衡时才能达到最大。这一观点的基本思想是将企业长期稳定的发展和持续的获利能力放在首位，强调在实现企业价值增长中对有关各方利益的满足。

以企业价值最大化作为企业的理财目标，企业在理财活动中的重点是能够力争使企业经营活动所带来的现金流量达到最大。企业价值反映的不是企业现有资产的历史价值或账面价值，也不是企业现有的财务结构，而是企业未来获取现金流量的能力及其风险的大小。企业价值最大化的实现可以保障企业各类投资者如债权人、股东对企业资产索偿权的要求。

可见，用企业价值最大化来作为企业财务管理的目标有很多优点：

（1）更多地考虑了利益相关者的利益，或者说企业价值是各利益相关者在企业中博弈的结果，体现了企业利益相关者的所有签约方的共同利益，而不仅仅是股东的利益。

（2）不仅适用于上市公司，也适用于非上市企业，具有广泛的适用性。

（3）包含了对尽可能高的投资回报率、尽可能低的财务风险与稳健的发展前景等多重要求，具有很强的综合性。

（4）考虑了资金的时间价值，更强调风险与报酬的均衡，将风险控制在企业可以承担的范围之内，而风险的增加又会影响企业的生存状况和获利能力。企业所得收益越多，实现收益时间越近，应得报酬越确定，企业的价值就越大。该目标有利于企业合理安排长短期规划，有效筹措资金，合理选择投资方案等，从而克服了企业在追求利润上的短期行为。

3.2.5 相关者利益最大化

相关者利益最大化目标的基本思想就是在保证企业长期稳定发展的基础上，强调在企业价值增值中满足以股东为首的各利益群体的利益。企业的利益相关者不仅包括股东，还包括债权人、企业经营者、客户、供应商、员工、政府等。因此，在确定企业财务管理目标时，不能忽视这些相关利益群体的利益。相关者利益最大化目标的具体内容包括：强调风险与报酬的均衡，将风险限制在企业可以承受的范围内；强调股东的首要地位；强调对代理人即企业经营者的监督和控制；关心本企业一般职工的利益；不断加强与债权人的关系；关心客户的长期利益；加强与供应商的协作；保持与政府部门的良好关系。

以相关者利益最大化作为财务管理目标，具有以下优点：

（1）有利于企业长期稳定发展。这一目标注重企业在发展过程中考虑并满足各利益相关者的利益关系，可以避免只站在股东的角度所带来的局限性。

（2）体现了合作共赢的价值理念，有利于实现企业经济效益和社会效益的统一。由于兼顾了企业、股东、政府、客户等的利益，企业就不仅仅是一个单纯牟利的组织，还承担了一定的社会责任。企业在寻求其自身的发展和利益最大化的过程中，兼顾客户及其他利益相关者的利益，因此，会依法经营、依法管理，正确处理各种财务关系，自觉维护和切实保障国家、集体和社会公众的合法权益。

（3）这一目标本身是一个多元化、多层次的目标体系，较好地兼顾了各利益主体的利益。这一目标可以使企业各利益主体相互作用、相互协调，并在使企业利益、股东利益达到最大化的同时，也使其他利益相关者的利益达到最大化，也就是将企业财富这块“蛋糕”做到最大的同时，保证每个利益主体所得的“蛋糕”更多。

（4）体现了前瞻性和现实性的统一。

然而，在目前情况下，该目标在实践操作中还有诸多问题有待于进一步的完善和解决。

3.3　代理冲突与财务管理目标

3.3.1　代理关系与代理冲突

在独资企业中，所有者与管理者的身份是合二为一的。企业主在分析企业经营问题时，自然会将企业价值与自身财富放在同样的位置上进行思考，不会出现企业价值增加而自身财富受损，或者自身财富增加而企业价值受损的情形。但在股份有限公司中，由于公司制企业各利益主体包括股东、经营者、债权人、员工等作为经济人，具有独立的经济利益，利益冲突使得企业不会自行沿着企业价值最大化目标运行。所有权与经营权的分离，使得所有者与管理者各自的利益出现了相互冲突的可能。如何分析并解决这些冲突，就是经济学研究的代理问题。企业存在的两种主要代理关系，即：债权人与股东之间的利益冲突、股东与管理者之间的利益冲突。

3.3.2　股东与管理者之间的代理冲突

1）基于传统的经理人机会主义行为倾向的股东与管理者之间的代理冲突

如果一家企业的所有股票归某个人所有，并且该企业也由此人单独经营，即此人既是所有者又是经营者，那么该经营者就会采取所有可能的手段去提高他个人的福利，包括他个人的财富、个人享有的闲暇时间或特权等。但是，如果他将其所持有的部分股票卖给外人，则就会有潜在的利害冲突。这位所有者兼经营者就可能认为，没有必要像以前那样卖力地为提高股价而工作，因为他必须与其他股票持有者分享该企业的经营成果，应该得到更多的享受，因为他享受的成本可以和其他股票持有者共同分担。这就是所有权和经营权出现分离后，股东和管理者之间的矛盾冲突，主要表现为基于传统的经理人机会主义行为倾向的管理者对股东利益的侵害。现在主要有三种方法来调和股东与管理者的这种矛盾。

（1）解雇

因为有股东的监督，如果管理者未能使股东财富达到最大，就可能被股东解雇。但实际上，大企业的管理者被解雇的可能性并不大，所以也构不成威胁，因为绝大部分大企业都拥有数量庞大的股东队伍。而管理者基本上牢牢地掌握着多数股东的投票委托书，使不满意的股东得不到足够的票数来解雇管理者。

（2）接收

如果管理者决策失误，企业的股价下降，那么就有可能被其他企业接收。也就是说，如果企业管理者经营不力，没能采取一切有效的管理措施，那么该企业就有可能被其他企业强行吞并，而被吞并企业的管理者就会被解雇。因此，为了避免被其他企业接收，管理者就必须采取一切可能的措施使企业的股价提高。

（3）激励

只有把管理者的报酬同其绩效挂钩，管理者才能有效地使股东财富最大化。不仅如此，还可以使企业得以吸引并留住那些优秀的管理者。"股票选择权"方式是把管理者报酬同绩效挂钩的管理激励的重要形式，也被称为管理者的"金手铐"。该方式允许管理者以固定的价格买入一定数量的企业股票，则股票的价格越高于固定价格，管理者所得的报酬就越多，因而管理者为了获得更大的报酬，就必然要主动采取能够提高股价的行动。

2）基于股东机会主义行为倾向的股东与管理者之间的代理冲突

随着社会进步，企业面临的社会环境条件发生了较大变化，一方面，在互联网时代，大数据的出现使得投融资双方的信息不对称问题有所缓解的同时，新兴产业快速发展反而使创业团队与外部投资者之间围绕业务发展模式的信息不对称加剧。由于业务模式的创新性、复杂性，外部投资者无法把握其相关决策，所以，在这类企业中创业团队具有无法替代的作用，缺少了其创业团队，企业可能就失去了持续发展的能力，因此，如何保证这类企业的创业团队和外部投资者之间的长期合作共赢的关系，成为鼓励创业团队进行更多人力资本投资的基础。另一方面在股权分散时代，以往经理人利用资产重组掏空公司资产等传统的经理人机会主义行为倾向，逐步被"门外野蛮人入侵"等股东机会主义行为威胁所代替。从2015年7月开始的万科股权之争预示着未来"门外野蛮人入侵"现象会频繁发生，如何保护和鼓励创业团队的人力资本投资，成为解决股东与管理者之间的这种代理冲突的新课题。

在实践中已有一些现行的措施来调和股东与管理者的这种矛盾。例如2014年9月19日在美国纽交所成功上市的阿里凭借合伙人制度使马云为首的34位合伙人有权力任命董事会的大多数成员，成为公司的实际控制人，而阿里合伙人团队持股仅13%，马云本人持股仅7.6%。另一个代表性的例子是2014年在美国纳斯达克上市的京东，其同时发行两类股票，其中，A类股票一股具有一票投票权，而B类股票一股则具有20票投票权。出资只占20%的创始人刘强东通过持有B类股票，获得83.7%的投票权，实现了对京东的绝对控制。由于美国等一些国家允许发行双层股权结构股票，成为百度、奇虎、搜房、优酷、猎豹移动、YY语音等中国知名企业上市首选地。由于我国资本市场股票发行制度的限制，目前还不允许采用阿里式的合伙人制度以及发行双层股权结构股票，未来我国资本市场也应该不断探索，逐步松动对同股同权、一股一票的坚持，允许新兴产业创业团队通过发行具有双层股权结构的股票上市，或者推出像阿里一样的合伙人制度，并且在公司章程制定等事宜上赋予上市公司更多的自由裁量权，以更好解决"门外野蛮人入侵"等股东机会主义行为对这类公司的威胁。

3.3.3 股东与债权人之间的代理冲突

当企业向债权人借入资金时，其借款利率通常由下述四个因素决定：

第一，企业现有资产的风险；

第二，预计未来新增资产及其风险；

第三，企业现有的资本结构；

第四，预期企业未来的资本结构。

在许多情况下，在企业借入资金后，股东可能迫使管理者通过以下方式来剥夺债权人的财富，因而产生矛盾：

一是股东未经债权人同意，迫使管理当局投资于比债权人预期风险更高的新计划。由于这些负债的必要报酬率没有相应的增长，以至造成流通在外的负债价值相对降低。这样，如果高风险计划幸而成功，额外利益就会被股东独吞；如果失败，债权人却要与投资者共同负担由此造成的损失。

二是股东为了提高公司的利润，未征得现有债权人的同意而迫使管理者发行新债券，致使旧债券的价值下降。此时，如果公司破产，旧债权人就必须与新债权人共同分配企业破产后的价值。

有两种途径解决以上两个矛盾：第一，为了保护自身利益，防止股东损害自身利益，债权人在将资金借给企业时，往往会在借贷合同上加入各种限制性条款。第二，如果债权人发现企业有损害其利益的行为，他们或者拒绝同其作进一步合作，或者提出高于正常利率水平的利率要求以补偿可能出现的风险。

3.3.4 大股东与中小股东之间代理冲突

大股东通常持有企业大多数的股份，能够左右股东大会和董事会的决议，委派企业的最高管理者,掌握着企业重大经营决策的控制权。

大股东侵害中小股东利益的形式：关联交易转移利润、非法占用巨额资金、利用上市公司进行担保和恶意融资、发布虚假信息，操纵股价、为派出的高级管理者支付过高的薪酬、不合理的股利政策，掠夺中小股东的既得利益。

如果不能很好地保护中小股东的利益，会直接影响一个国家资本市场的健康发展。可以通过建立、完善相应的保护机制来保护中小股东的利益：第一，完善公司治理结构，如完善独立董事制度，建立以独立董事为主的公司治理委员会、薪酬委员会、审计委员会，提高独立董事的综合素质；第二，完善公司章程，完善中小股东在股东大会上的投票机制等；第三，规范信息披露的法律制度、加强会计信息披露监管。

3.3.5 社会责任与企业财务管理目标

企业目标与社会目标在许多方面是一致的。实现企业价值最大化或相关者利益最大化的理财目标，要求企业必须以履行社会责任为前提。例如，企业为增加价值，就必须采取有效的竞争手段，包括追求差异化战略和实行低成本战略，从而以更好满足消费者的需要为前提；增加企业价值，就必须降低员工与股东之间的代理冲突，使员工待遇与作出的贡献相匹配。

企业目标与社会目标也有矛盾的一面。企业履行社会责任，会导致企业在一定时期内经营成本的增加，减少企业当期盈利，削弱企业的竞争能力，如履行政府环境保护的要求会发生环保投资，增加员工的培训也会增加企业的成本。正因为如此，从股东的角度观察，成本的增加减少了股东享有的剩余收益，为降低成本，股东可能会逃避社会责任的履行。

为促使企业履行社会责任，政府应以法律形式保护社会公众的利益，调节股东与社会公众利益的矛盾；对于法律不能约束的行为，应促使企业遵守商业道德规范或接受政府的行政监督；企业还应受到社会舆论的监督。

应当指出，尽管履行社会责任会耗费企业一定的资源，在短时期内增加企业的经营成本，但企业社会责任的履行为企业的可持续发展奠定了良好的基础。从这点上观察，企业承担社会责任就是为企业未来的长远发展承担责任，企业履行社会责任与企业价值最大化或相关者利益最大化的理财目标是一致的。

案例分析3-1

万科的控制权之争

案例资料：

创立于1984年的万科公司是以电器设备起家的一家国营电器器材经营单位。1988年，万科更名为“深圳现代企业有限公司”。政府批准股份化改组方案，以净资产1 324万元折合1 324万股，国家占60%，职员占40%，公开募集社会股金2 800万元，在最后总计4 100万股的股份中，万科职工股应得的股票约为500多万股。按照当时深圳市政府办公厅下发的股改文件，这部分只能有10%量化到个人名下，其余的由集体持有。公司定名为“深圳万科企业股份有限公司”。1988年11月，万科以2 000万元的价格投标买地，从而开始正式进入房地产业。1989年年初，万科招股顺利完成，第一届股东大会召开，成立了由王石等11人组成的第一届董事会。万科所募集的资金主要投向了工业生产、进口贸易和房地产开发。深圳万科地产有限公司于1989年成立，1991年1月29日万科A股在深圳证券交易所挂牌上市交易。进行增资扩股后，总股本增加至7 796万股。万科此次所募集的资金主要投向房地产开发、工业生产、进出口贸易及连锁商贸、影视文化等领域，建立类似日本企业集团的“综合商社”。1993年，万科放弃综合商社的发展目标，确定了以城市居民住宅开发为主导业务，并提出加速资本积累，形成专业化和规模化经营的发展方针。

2000年3月8日，万科为引进有实力的大股东，进而打通市场融资的渠道，通过向华润配股融资和华润（北京）置地收购深特发，华润总持股比例为10.82%，为第一大股东，2004年开始华润系对万科持股比例均维系在15%左右，2006年，曾达到过16.3%的峰值。历时15年，华润一直是万科的第一大股东。

2015年，万科实现营业收入人民币1 955.5亿元，较2014年的1 463.9亿元上升33.6%；实现归属于股东的净利润181.2亿元，较2014年的157.5亿元增长15.1%。

万科是房地产业内规模最大、业绩最好的企业，其各项主要经济技术指标均领先于同行。多年来其平均年销售和利润增长均在20%~30%；万科的治理结构、公开透明度和企业文化一直被认为是国内现代企业制度的典范。万科的管理团队一直被业内公认为非常优秀，属于高产出、低成本的职业经理人队伍。

万科股权之争是中国A股市场历史上规模最大的一场公司并购与反并购攻防战。2015年12月17日，一份王石内部讲话公开挑战宝能系，万科股权之争正式进入正面博弈阶段。

按照万科公告披露，宝能系持股比例已经达到了25.04%，距离控股股东地位仅一步之遥。2017年6月9日晚，中国恒大发布公告称，其持有15.53亿股万科股份，以292亿元悉数转让予深圳地铁，恒大转让14.07%万科股权终破“万宝之争”僵局。此次转让后，深圳地铁正式成为万科第一大股东，万科大股东再次易主。目前万科各方股东持股比例依次为：第一大股东深圳地铁29.38%、第二大股东宝能系25.4%、第三大股东安邦6.73%。

万科股权控制权之争及股东与董事会、管理层和事业合伙人的激战，一波三折，争论的核心最终归结到公司治理结构和资本市场规范的制度建设问题，同时万科独立董事华生、张利平，也成为了这场“权力的游戏”中意外的焦点。

万科公司股权和控制权之争的真正意义和价值，是其引出了现行信息披露制度的改进、上市公司所有权与控制权的规制、独立董事的功能及其发挥作用的条件等深层问题，这些都是关系到中国企业制度的建设与改革、上市公司的治理架构和政策指引等一系列重大的理论和政策问题。

讨论题：

（1）万科的控制权之争发生的原因主要有哪些？从财务管理目标的角度进行简要分析？

（2）结合案例分析股东与管理者之间的代理冲突。

分析提示：

（1）万科股权较分散、大股东与管理层持股比例较低、没有实际控制人、股价被低估。万科的财务管理目标不是很清晰，对公司股价被低估没有采取切实有效措施，如进行股票回购、增发股利等。

（2）既要避免由于经理人机会主义行为倾向带来管理者对股东利益的侵害，又要避免由于新的股东机会主义行为倾向带来的股东对管理者利益的侵害，不仅要保护大股东的利益，更要注意保护中小股东的利益，要更好发挥独立董事的作用，完善资本市场制度等。

思考题

1.简述企业目标及其对企业财务管理的要求。

2.试述现代企业的财务管理目标。你认为在企业财务管理目标中哪一种观点比较合理？

3.简述企业相关关系人的利益冲突及协调方法。

4.从理论上说，股东可以通过股东大会和董事会对经营者实施监督和控制，但在实践中，这种约束机制并未完全发挥作用，主要原因有哪些？

5.试述社会责任与企业财务管理目标的关系。

章末习题

一、单项选择题

1.企业价值最大化目标强调的是企业的（　　）。

A.生产能力　　B.预期获利能力和成长能力

C.实际利润率　　D.每股收益

2.与利润最大化相比，股东财富最大化的优点不包括（　　）。

A.在一定程度上可以避免短期行为　　B.考虑了风险因素

C.对上市公司而言，比较容易衡量　　D.重视各利益相关者的利益

3.与利润最大化目标相比，每股利润最大化目标的优点是（　　）。

A.考虑了资金时间价值的因素

B.考虑了风险价值因素

C.反映了创造利润与投入资本之间的关系

D.能够避免企业的短期行为

4.下列关于企业价值最大化目标的说法正确的是（　　）。

A.该目标是指企业通过合理经营，采用最优的财务政策，在保证企业长期稳定发展的基础上使企业总价值达到最大

B.该目标没有考虑投资的风险价值

C.该目标没有考虑资金的时间价值

D.该目标认为企业价值是指企业的账面价值

5.在下列各项中，不能协调所有者与债权人之间矛盾的方式是（　　）。

A.市场对公司强行接收或吞并　　B.债权人通过合同实施限制性借款

C.债权人停止借款　　D.债权人收回借款

6.假设股东投资资本不变，在下列各项财务指标中，最能够反映上市公司财务管理目标实现程度的是（　　）。

A.扣除非经常性损益后的每股收益　　B.每股净资产

C.每股市价　　D.每股股利

7.在下列解决经营者背离股东目标的措施中，最佳解决办法是（　　）。

A.股东获取更多信息，对经营者进行分面监督

B.股东聘请注册会计师对企业进行全部审计

C.采用激励计划，给经营者现金奖励或股票期权，鼓励经营者采取符合股东利润最大化的行动

D.监督成本、激励成本和偏离股东目标的损失之和最小的解决办法

8.A、B两企业分别投入100万元的资金，本期获利均为15万元，但A企业已收到15万元现金，而B企业则全部都是应收账款。如果分析时得出两个企业收益水平是一样的结论，得出此结论的原因是（　　）。

A.没有考虑企业潜在的发展能力　　B.没有考虑利润的取得时间

C.没有考虑所获利润与投入资本的关系　D.没有考虑获取利润所承担风险的大小

9.相对于每股收益最大化目标而言，企业价值最大化目标的不足之处是（　　）。

A.没有考虑资金的时间价值　　B.没有考虑投资的风险价值

C.不能反映企业潜在的获利能力　　D.某些情况下确定比较困难

10.企业财务关系中最为重要的关系是（　　）。

A.股东与经营者之间的关系

B.股东与债权人之间的关系

C.股东、经营者、债权人之间的关系

D.企业与作为社会管理的政府有关部门、社会公众之间的关系

11.经营者对股东目标的背离表现在道德风险和逆向选择两个方面，下列属于道德风险的是（　　）。

A.不愿为提高股价而冒险　　B.装修豪华的办公室

C.借口工作需要乱花股东的钱　　D.蓄意压低股票价格，以自己的名义借款买回

12.下列关于企业履行社会责任的说法，正确的是（　　）。

A.履行社会责任主要是指满足合同利益相关者的基本利益要求

B.提供劳动合同规定的职工福利是企业应尽的社会责任

C.企业只要依法经营就是履行了社会责任

D.履行社会责任有利于企业的长期生存与发展

13.在下列各项中，能够用于协调企业所有者与企业债权人矛盾的方法是（　　）。

A.解聘　　B.监督

C.激励　　D.停止借款

14.下列有关增加股东财富的表述，正确的是（　　）。

A.收入是增加股东财富的因素，成本费用是减少股东财富的因素

B.股东财富的增加可以用股东权益的市场价值来衡量

C.将多余现金用于再投资有利于增加股东财富

D.提高股利支付率，有助于增加股东财富

15.以下关于财务管理目标的表述，不正确的是（　　）。

A.企业财务管理目标是评价企业财务活动是否合理、有效的基本标准

B.财务管理目标的设置必须体现企业发展战略的意图

C.财务管理目标一经确定，不得改变

D.财务管理目标具有层次性

二、多项选择题

1.企业管理的目标可以概括为（　　）。

A.生存　　B.有收入

C.发展　　D.获利

2.企业目标对财务管理的要求有（　　）。

A.以收抵支，偿还到期债务　　B.筹集企业发展所需资金

C.合理有效使用资金使企业获利　　D.利润最大化

3.下列各财务管理目标，能够克服短期行为的有（　　）。

A.利润最大化　　B.股东财富最大化

C.企业价值最大化　　D.相关者利益最大化

4.企业的利益相关者包括（　　）。

A.股东　　B.企业经营者

C.供应商　　D.政府

5.在下列各项中，协调所有者与管理者之间矛盾的方式有（　　）。

A.市场对公司强行接收或吞并　　B.解雇

C.管理激励　　D.债权人收回借款

6.企业价值最大化目标的优点有（　　）。

A.考虑资金时间价值　　B.考虑了投资的风险价值

C.考虑了利益相关者的利益　　D.仅适用于上市公司

7.下列有关财务管理目标的说法，不正确的有（　　）。

A.每股收益最大化和利润最大化均没有考虑时间因素和风险问题

B.股价上升意味着股东财富增加，股价最大化与股东财富最大化含义相同

C.股东财富最大化即企业价值最大化

D.主张股东财富最大化，意味着不需要考虑其他利益相关者的利益

8.在下列各项中，可用来协调公司债权人与所有者矛盾的方法有（　　）。

A.规定借款用途　　B.规定借款的信用条件

C.要求提供借款担保　　D.收回借款或不再借款

9.影响财务管理目标的最直接因素有（　　）。

A.风险的大小　　B.企业所处行业

C.每股股利　　D.投资报酬率

10.在（　　）的假设条件下，利润最大化是一个可以接受的观念。

A.投入资本相同　　B.利润取得的时间相同

C.相关的风险相同　　D.权益净利率相同

11.财务管理十分重视股价的高低，其原因是股价（　　）。

A.代表了投资大众对公司价值的客观评价

B.反映了资本和获利之间的关系

C.反映了每股盈余大小和取得的时间

D.受企业风险大小的影响，反映了每股盈余的风险

12.经营者的目标与股东不完全一致，有时为了自身目标而背离股东的利益，这种背离表现在（　　）。

A.道德风险　　B.公众利益

C.社会责任　　D.逆向选择

13.有关企业价值与报酬率、风险的相互关系的正确表述是（　　）。

A.企业价值与预期的报酬率成正比

B.企业价值与预期的风险成反比

C.在风险不变时，报酬越高，企业价值越大

D.在报酬不变时，风险越高，企业价值越大

14.下列财务管理的目标当中，考虑了风险因素的有（　　）。

A.利润最大化　　B.股东财富最大化

C.企业价值最大化　　D.相关者利益最大化

15.所有者通过经营者损害债权人利益的常见形式是（　　）。

A.未经债权人同意发行新债券　　B.未经债权人同意向银行借款

C.投资比债权人预计风险要高的项目　　D.不尽力增加企业价值

16.关于现金流转下列说法，正确的有（　　）。

A.盈利的企业不会发生现金流转困难

B.从长远来看亏损企业的现金流转是不能维持的

C.通货膨胀也会使企业遭受现金短缺困难

D.扩充企业的现金流转通产不平衡

二维码3：第3章习题答案

第4章/
货币时间价值

学习目标：掌握货币时间价值的概念与货币时间价值的度量；掌握一次性收付款项的终值与现值的计算；掌握系列收付款项的终值与现值的计算；掌握折现率与期数的计算；理解名义利率与实际利率的关系。

4.1 货币时间价值的内涵

货币时间价值是客观存在的经济范畴。任何公司的理财活动，都是在特定的时空中进行的。离开了货币时间价值因素，就无法正确比较不同时期的理财收支，也无法正确评价公司的盈亏。货币时间价值原理，正确揭示不同时点上资金之间的换算关系，是理财决策的依据。想要运用货币时间价值，必须首先了解其含义、产生的客观基础和实践意义。

4.1.1 货币时间价值的定义

不同量的货币在不同时点上具有不同的价值，即现在的100元钱和一年后的100元钱其经济价值不相等。即便不存在通货膨胀，现在的100元钱也要比一年后的100元钱经济价值大。为什么会这样？因为我们可以将现在的100元钱进行投资。假定存款年利率或投资收益率为10%，一年后将得到110元，即一年后价值提高到了110元。随着时间的推移，货币价值产生了增值。这种价值的增值就是货币的时间价值吗？因为所有的投资都不可避免带有这样或那样的风险，而投资者因承担风险也要获得相应的报酬。因此，时间价值应当是投资收益扣除全部风险报酬后剩余的那一部分。又因为在构成投资风险的因素中，通货膨胀是一种比较特殊的项目，通常从风险因素中分离出来单独考虑，所以时间价值是投资收益减去风险报酬和通货膨胀补偿报酬后的剩余部分。

4.1.2 货币时间价值的本质

为什么会产生时间价值？关于时间价值的成因，人们的认识并不相同。

英国经济学家凯恩斯从资本家和消费者心理出发，高估现在货币的价值，低估未来货币的价值，认为时间价值主要取决于流动偏好、消费倾向、边际效用等心理因素。在这种思想指导下，“时间利息论”者认为时间价值产生于人们对现有货币的评价高于对未来货币的评价，它是价值时差的贴水。“流动偏好理论”认为，时间价值是放弃流动偏好的报酬。“节欲论”者则认为，时间价值是货币所有者进行投资，就必须牺牲现在的消费，因此他/她对推迟消费时间的耐心给予报酬，货币时间就是对货币所有者推迟消费的报酬。

上述定义只说明了货币时间价值的现象，并没有说明时间价值的本质。如果推迟消费就能获得报酬，那么货币所有者将货币闲置不用或放在保险柜中，能不能得到报酬呢？显然不能。马克思认为，货币只有作为资本投入生产和流动后才能增值。马克思指出，“作为资本的货币的流通本身就是目的，因为只是在这个不断更新的运动中才有价值的增值。”①“如果把它从流通中取出，那它就凝结为储藏货币，即使藏到世界末日，也不会增加分毫。”②因此，并不是所有的货币都有时间价值，只有把货币作为资本投入到生产经营中才能创造出时间价值。只有当货币投入到生产经营过程中才产生时间价值，不作为资本投入生产经营过程的货币，是没有时间价值的。

马克思认为，当货币投入到生产经营过程中后，劳动者借以生产新的产品，产品出售时获得大于初始投入的资金量，产生了价值的增值，这个增值额或超过原始投资额的余额就是剩余利润。因此，时间价值不可能由“时间创造”，而只能由工人的劳动创造，时间价值的真正来源是工人创造的剩余价值。

现代经济学将时间价值看作一种机会成本。当货币作为一种稀缺的、多用途的资源进行使用时，就会产生机会成本。因此，当资金所有者没有将资金投放到某一赚钱领域，而是将它放在家里时，就意味着他放弃了许多其他的赚钱机会，就产生了持有（或使用）货币的机会成本。因此，货币随着时间的变化，应当具有时间价值。

4.1.3　货币时间价值产生的前提

货币时间价值不是凭空产生的，也不是自古就有的。它是社会经济发展到一定阶段的产物，是货币所有权和使用权分离的结果。货币时间价值以商品经济的高度发展和借贷关系的普遍存在为前提。

货币的出现是货币时间价值存在的根本前提，没有货币，也就没有货币的时间价值。随着商品交换越来越频繁、商品经济的高度发展，货币作为一般等价物被人们广泛应用于商品交易。

随着商品经济的发展，出现了借贷关系。在借贷关系中，资金的所有权和使用权分离，资金的使用者可以从资金所有者处筹集资金，并将资金投入到生产或流通领域从而获得一定的收益或利润，实现增值。但资金的所有者向使用者让渡的是资金的使用权，而非所有权。所以，资金所有者有权利分享一部分资金的增值额，这就是资金使用者为使用资金而付出的代价。在借贷关系中，贷款方需要向借出资金的一方支付利息。当借贷关系普遍存在后，人们认识到，不仅使用借入的资金要付出代价，而且使用自有资金也要付出代价，并且这种代价会随着资金使用时间的延长而增加。

4.1.4　货币时间价值的意义

货币时间价值是企业财务管理中的一个十分重要的观念，它的应用贯穿企业财务管理的方方面面。时间价值是衡量企业经济效益、考核经营成果的重要依据。时间价值是无风险的社会平均资金利润水平，是企业资金利润率的最低限度。没有货币时间价值观念，就

① 马克思，恩格斯. 马克思恩格斯全集［M］. 北京：人民出版社，1974.
② 马克思，恩格斯. 马克思恩格斯全集［M］. 北京：人民出版社，1974.

缺乏衡量企业资金利用效果的标准。

时间价值观念也是进行财务管理决策的重要条件。时间价值解释了不同时点上收付资金的换算关系，这是正确进行财务决策的前提。在项目投资决策中，投资的长期性决定需要将不同时间上的现金流入和现金流出折算成某一时点上的现值，以正确计算投资项目的经济效益；投资决策中的净现值法、内含报酬率法都是考虑时间价值的决策方法。在筹资管理中，时间价值观念让我们认识到资金的获得要付出代价，这个代价就是资本成本。资本成本的计算要使用时间价值原理，以比较各种筹资方案综合成本的高低。

4.1.5 货币时间价值的表现形式

货币时间价值可以用绝对数表示，也可以用相对数表示。从绝对数上看，货币时间价值是投资收益减去风险报酬和通货膨胀补偿报酬后的剩余部分，例如前述例子中的价值增值部分10元钱。从相对数的表现形式上看，货币时间价值是增值额占投资额的比例，例如，前述资金的增值率为10%。

从量的规定性上来看，货币时间价值是没有风险和通货膨胀情况下的社会平均投资报酬率。没有风险，说明不考虑投资损失的情况；没有通货膨胀，货币的购买能力不会因通货膨胀的存在而下降。由于市场竞争与套利活动的存在，各行业的投资利润率趋于平均化，形成社会平均利润率。企业投资获得的报酬也必须达到社会平均利润率，否则就不如投资于其他项目或行业。没有通货膨胀和风险情况下的社会平均利润率就成为企业投资的最低报酬率，确定货币时间价值就应以社会平均利润率为基础。

从表现形式上看，货币时间价值表现为资金周转中的价值增值。如果将投资看作一个永续的周转过程，货币在投资中不断沿着“垫支-收回-再垫支-再收回”的过程周而复始的运动，在无风险和通货膨胀情况下，货币不断按照几何级数增值，这种增值等同于复利计息制度，即本金和利息都要计算利息。所以，货币时间价值是按复利计算制度加以计量的。

4.1.6 时间价值与利息率

银行存款利率、贷款利率、债权利息率、股票的股利率和货币时间价值都是资金的增值，它们之间存在什么区别吗？前面的几种比率都可以看作投资收益率，但这些投资活动都有或高或低的风险，因此收益率中都包含了相应的风险报酬率与通货膨胀补偿率。货币时间价值是不考虑风险补偿与通货膨胀补偿时的资金增值部分。所以，只有在没有风险和通货膨胀情况下，时间价值才与上述收益率相等。

4.2 货币时间价值的计算

4.2.1 时间价值应用中的相关概念

1）现金流量时间线

计算货币时间价值，首先要弄清楚资金运动发生的时间和方向，即每笔资金发生的时点，资金运动是现金流入还是现金流出。为了方便计算，通常用现金流量时间线来呈现这种运动，它是资金时间价值计算中的重要工具。典型的现金流量时间线如图4-1所示。

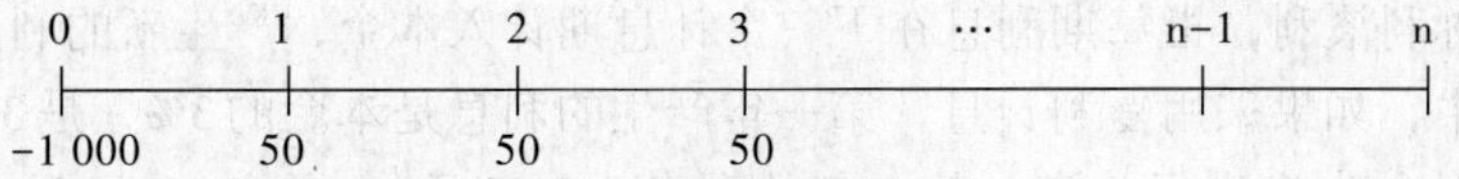

图4-1　现金流量时间线

图4-1中的横轴为时间线。时间线上方标注的是时间。0表示的是当前时间，1表示第一期期末，0至1表示第一期。时间上的时期可以代表任何一个时间长度，可以是一天、一个周、一星期、一个月、一个季度、一年等。时间线下方标注各期现金流量。现金流量前的符号表示现金流量的方向，正号（一般可以不写出来）表示现金流入；负号表示现金流出。图4-1的含义是：某人或某企业在当前发生了一笔金额为1 000元的现金流出，在第1期期末、第2期期末和第3期期末分别发生了金额为50元的现金流入。通过现金流量线，我们很容易就弄清楚了现金流量的方向（现金流入或现金流出）、发生的时间以及现金流量的金额。这对我们正确计算一笔或一系列现金流的货币时间价值非常重要。

2）现值与终值

现值是现金流量当前的价值，一般用符号P或PV表示。终值是现金流量在未来某一时点的价值，一般用符号F或FV表示。在银行存款的案例中，我们存入银行的本金是这笔现金流量的当前价值，存款到期后得到的本金加利息（本利和）是这笔现金流量在到期日的价值，即终值。所以，我们可以将现值视为一笔存款的本金，终值视为其本利和。

现值和终值之间存在相互转化的关系，比如我们可以根据1年后还款的本利和金额推算借款的本金数额，也可以根据当前借款的本金数额推算出1年后应还款的总金额。为了方便计算和比较，在财务决策中一般使用资产、项目的现值。计算未来某笔现金流量现在价值的过程，称为折现或贴现，使用的利率称为折现率或贴现率，一般用符号r表示。在财务管理工作中，我们经常会遇到折现率、贴现率、利率、投资者必要报酬率、期望报酬率、资本成本等概念。这些概念的本质都是相同的，都是由于资金稀缺导致资金使用的机会成本，在时间价值的计算上表现为折现率r（见表4-1）。

表4-1　时间价值计算中常用的符号及含义

符号	含义
P或PV	现值：一笔或多笔未来现金流量在当前的价值
F或FV	终值：一笔或多笔当前现金流量在未来某一时点的价值
A	年金：连续发生的多笔等额现金流量
I	利息
r	利率或折现率
n	收到或付出的现金流量的期数

3）单利与复利

单利与复利是两种不同的计息方式。单利是指在规定期限内只就本金计算利息，每期的利息在下一期不作为本金，不产生新的利息收入。例如，本金100元，存款利率3%，存期3年，每年产生的利息都是本金的3%（3元钱），3年后得到的利息总额是9元钱。

复利，又称利滚利，指每期利息在下一个计息期计入本金，产生新的利息。例如，上面存款的例子中，如果采用复利计息，第一年产生的利息是本金的3%，是3元钱。这3元钱在第二年会计入本金进行计息，第二年的利息为3.09元（（100+3）×3%=3.09）。第三年的本金中既包括第二年的利息3.09元，还要包括第一年的利息3元，第三年的利息为3.18元（（100+3+3.09）×3%=3.18）。

比较单利与复利的计算思路，可以看出复利计算更为合理。因为一个理性的资金所有者会在收到利息后将利息重新投资，产生更多的收益。因此，在财务管理中，如无特殊说明，时间价值要按照复利计算。

4.2.2 单笔现金流量终值与现值的计算

单笔现金流量是指在一定时期内，只会产生一笔现金流量。对单笔现金流量，在已知现值和折现率的前提下，可以计算其在未来某一时点的终值，也可以在已知终值和折现率的情况下，计算其当前价值。

1）单利终值与现值计算

（1）单利利息的计算

单利利息与计息利率和计息次数有关。单利利息的计算公式为：

$$I=P\times r\times n \tag{4.1}$$

【例4-1】企业向银行借入半年期、年利率为3%，一次到期还本付息的短期借款200 000元。借款采用单利制计息，请问借款利息是多少？

解：$I=P\times r\times n=200\,000\times(3\%\div 2)\times 1=3\,000$（元）

在计算利息时，除非特别指明，给出的利率均为年利率，对不足1年的利息，以1年360天折算。在例4-1中，需要将年利率折算为半年利率计算利息。

（2）单利终值计算

终值可以看作是本利和，所以终值等于本金加利息。

一年期的单利终值等于本金加上当年的利息：

$$F_1=P+I_1=P+P\times r=P(1+r)$$

二年期的单利终值等于本金加上第一年与第二年的利息：

$$F_2=P+I_1+I_2=P+P\times r+P\times r=P\cdot(1+r\times 2)$$

n年期的单利终值等于本金加上前n年的利息：

$$F_n=P\cdot(1+r\times n) \tag{4.2}$$

【例4-2】承接【例4-1】，存款到期的本利和（终值）是多少？

解：$F=200\,000\times(1+3\%\div 2)=203\,000$（元）

或 $F=P+I=200\,000+3\,000=203\,000$（元）

（3）单利现值计算

根据终值的计算公式，可以推导出现值的计算公式：

$$P=\frac{F}{(1+r\times n)} \tag{4.3}$$

【例4-3】某企业有一张带息票据，面值为2 000元，票面利率5%，出票日期是6月1日，8月29日到期（共90天）。到期时的利息和终值是多少？该企业继续用款，于7月20

日到银行办理该票据的贴现。银行规定的贴现率为7%，贴现天数为30天。银行应该给企业的金额是多少？

解：利息 $I = 2\,000 \times 5\% \times \frac{90}{360} = 25$（元）

终值 $F = 2\,000 \times \left(1 + 5\% \times \frac{90}{360}\right) = 2\,000 + 25 = 2\,025$（元）

现值 $P = 2\,025 \times (1 - 7\% \times \frac{30}{360}) = 2\,013.19$（元）

2）复利终值与现值计算

（1）复利终值计算

复利制的一个重要特征是上一期的利息要计入下一期的本金计算利息。

1年期的复利终值：$F_1=P+I_1=P+P\times r=P(1+r)$

2年期的复利终值：$F_2=P+I_1+I_2=P+P\times r+(P+P\times r)\times r=P(1+r)^2$

3年期的复利终值：$F_3=P+I_1+I_2+I_3=P+P\times r+P(1+r)\times r+P(1+r)^2\times r=P(1+r)^3$

n年期的复利终值：

$$F_n=P\cdot(1+r)^n \tag{4.4}$$

式中，$(1+r)^n$被称为复利终值系数，一般记作（F/P，i，n），表示1元本金在给定的利率和期数下到期的本利和，也就是1元现值相当于到期的终值。

公式（4.4）可以写作：

$$F_n=P\cdot(1+r)^n=P\times(F/P,i,n) \tag{4.5}$$

【例4-4】将1 000元钱存入银行，年利息率3%，每年计息一次，按复利计算，5年后的终值应为：

解：$F_5=P\cdot(1+r)^5=1\,000\times(1+3\%)^5=1\,159.23$（元）

（2）复利现值计算

现值的计算公式可以由终值计算公式推导出：

$$P = \frac{F_n}{(1+r)^n} = F_n\cdot(1+r)^{-n} \tag{4.6}$$

式中，$(1+r)^{-n}$被称为复利现值系数，一般记作（P/F，i，n），表示1元本利和在给定的利率和期数下的现值，也就是1元终值相当于当前的现值。复利现值计算公式可以写为：

$$P=F\cdot(1+r)^{-n}=F\cdot(P/F,i,n) \tag{4.7}$$

【例4-5】某人计划通过教育储蓄的方式为正在上初一的孩子攒上私立高中的学费。预计三年后需一次付清高中学费共20 000元，银行3年期定期存款利率为6%，复利计息，则现在应在银行存入多少钱？

解：$P = \frac{F_n}{(1+r)^n} = \frac{20\,000}{(1+6\%)^3} = 16\,792.38$（元）

（3）复利利息的计算

因为终值是现值与利息之和，所以知道终值和现值，就可以求出利息：

$$I=F-P \tag{4.8}$$

【例4-6】某人拟进行一项投资，本金10 000元，投资5年，利率8%，每年复利一次，投资获得的金额是多少？

解：投资的终值 $F=10\ 000\times(1+8\%)^5=10\ 000\times1.469=14\ 690$（元）

投资的收益=投资终值-投资现值=14 690-10 000=4 690（元）

4.2.3 名义利率与实际利率

在实务中，金融机构提供的利率通常为年利率，如【例4-5】中时间价值的计算涉及的利率均为年利率，但有时候也会遇到计息期短于1年的情况，如债券的利息有时每半年支付一次，股利分红每季度支付一次。实际上，不同的投资可能会要求不同的计息期，可以是一年、半年、一个季度、一个月甚至是一天。如果计息期短于一年，如何计算时间价值？计算时间价值使用的折现率或利率必须是每个复利计息期对应的利率或折现率。如果计息期为一个月，就要求使用月利率和计息月份数；如果计息期为一季度，就要求使用季度利率和计息季度数。

【例4-7】某人存入银行1 000元，存款年利率为12%。试计算：（1）每年计息一次，该存款4年后的终值；（2）每半年计息一次，该存款4年后的终值；（3）每季度计息一次，该存款4年后的终值。

解：（1）每年计息一次，时间价值计算使用年利率，计息次数应当是计息年数，即：$r=12\%$，$n=4$。

4年后终值 $F=1\ 000\times(1+12\%)^4=1\ 000\cdot(F/P,\ 12\%,\ 4)=1\ 000\times1.574=1\ 574$（元）

（2）每半年计息一次，时间价值计算使用半年利率，计息次数应当是半年的数额，即：$r=12\%\div2=6\%$，$n=4\times2=8$。

4年后终值 $F=1\ 000\times(1+6\%)^8=1\ 000\cdot(F/P,\ 6\%,\ 8)=1\ 000\times1.594=1\ 594$（元）

（3）每季度计息一次，时间价值计算使用季度利率，计息次数应当是计息季度数，即：$r=12\%\div4=3\%$，$n=4\times4=16$。

（4）4年后终值 $F=1\ 000\times(1+3\%)^{16}=1\ 000\cdot(F/P,\ 3\%,\ 16)=1\ 000\times1.605=1\ 605$（元）

由计算结果可以看出，一年计息多次，即计息期间短于1年的情况下，不同计息期的时间价值有较大的差异。对于一个明智的投资者，必定会选择每半年，或每季度甚至每月、每天计息，而不会选择每年计息一次。因为名义上年利率都为12%，但实际上一年内计息次数越多，投资者得到的终值越大，其真实利率越高。真实利率是多少呢？如果按照1年复利1次，仍可以在4年后得到1 605元的终值，此时的年利率就是这笔存款的实际利率，又称为有效年利率（简称EAR）。中央银行或其他提供资金借贷的机构所公布的利率（一般都是年利率），就称为名义利率（简称SAR）。名义利率与实际利率之间的换算关系如下：

$$EAR=\left(1+\frac{r_{nom}}{m}\right)^m-1 \tag{4.9}$$

式中，m为1年内复利计息次数；r_{nom}为名义利率；EAR是实际利率。

【例4-8】承接【例4-7】，三种计息方式下存款的实际利率是多少？

解：（1）每年计息一次，$m=1$，$r_{nom}=12\%$：

$$EAR=\left(1+\frac{12\%}{1}\right)^1-1=12\%$$

（2）每半年计息一次，m=2，r_{nom}=12%，计息期利率=12%÷2=6%：

$$EAR = \left(1+\frac{12\%}{2}\right)^2 - 1 = 12.36\%$$

（3）每季度计息一次，m=4，r_{nom}=12%，计息期利率=12%÷4=3%：

$$EAR = \left(1+\frac{12\%}{4}\right)^4 - 1 = 12.55\%$$

我们不用比较三种计息方式的终值来判断哪种投资收益更大，直接比较实际利率就可以了。显然，每季度计息一次的实际利率最大，结论与计算终值的结果一致。实际利率用于计息期不同的方案的比较十分方便。

计息期低于一年的极端情况是计息期无穷小，也就是计息次数无穷大，我们称为连续复利，这是经济学中经常使用的情况。连续复利时（$m\to\infty$）名义年利率与实际年利率的关系如何呢？根据公式4.9，当$m\to\infty$时，我们很容易得到：

$$EAR=e^{r_{nom}}-1$$

【例4-9】承接【例4-7】，连续复利方式下存款的实际利率是多少？

解：$EAR=e^{12\%}-1=12.75\%$

连续复利时，复利现值和复利终值的计算。

（1）复利终值的计算方法：

$$F=P\cdot e^{r_{nom}n}$$

（2）复利现值的计算方法：

$$F=P\cdot e^{-r_{nom}n}$$

4.2.4　年金终值与现值的计算

系列现金流量是指在一定时期内发生多笔的现金流量。根据每次发生的现金流量金额、间隔时间是否相等，可以分为年金和非等额系列现金流量。我们先介绍年金终值与现值的计算。

年金是指等额、定期的系列现金流量，其特点是在一定时期内，每次收付的金额相同，收付的时间间隔相等，通常用符号A表示。在日常生活中年金的例子非常普遍，零存整取或整存零取的储蓄、保险费、贷款的等额分期付款、奖学金等都是年金。年金实际只是多期、多次现金流量的一种特殊形式，因此，其终值和现值的计算也只是多期、多次现金流量终值与现值计算的特例。

年金按照现金流量发生的时间不同，分为普通年金、预付年金、递延年金和永续年金。

1）普通年金

普通年金是从第一期起，每期期末有等额收付款项的年金，也称为后付年金。普通年金是最为常见的一种年金，本书中凡涉及年金问题，如不做特殊说明，均指普通年金。

（1）普通年金终值计算

普通年金的终值是每期期末现金流量A的复利终值之和，其计算可用图4-2来表示。

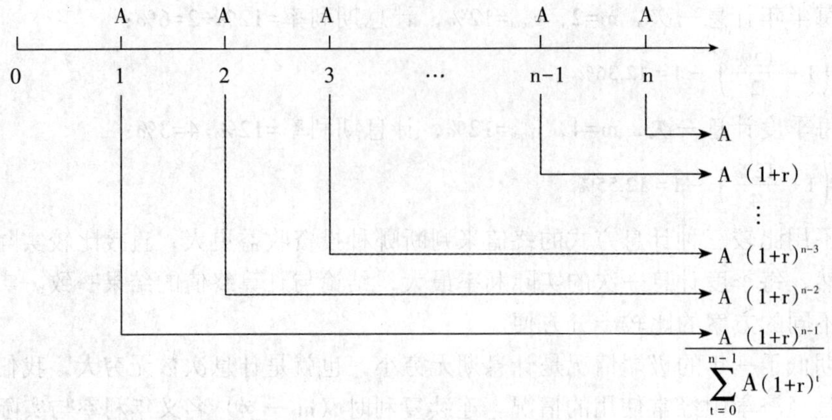

图4-2　普通年金终值计算示意图

$$\begin{aligned} F &= A + A(1+r) + A(1+r)^2 + A(1+r)^3 + \cdots\cdots + A(1+r)^{n-1} \\ &= A\left[(1+r)^0 + (1+r)^1 + (1+r)^2 + (1+r)^3 + \cdots\cdots + (1+r)^{n-1}\right] \\ &= A\sum_{t=1}^{n}(1+r)^{t-1} = A\left[\frac{(1+r)^n - 1}{r}\right] \end{aligned} \tag{4.10}$$

式中，$\sum_{t=1}^{n}(1+r)^{t-1}$，即$\left[\frac{(1+r)^n - 1}{r}\right]$称为年金终值系数，通常记为（F/A，i，n）。

因此，普通年金终值计算公式可表达为：

$$F = A\cdot(F/A, r, n) \tag{4.11}$$

【例4-10】某人连续5年在每年年末存入银行600元，年利率4%，第5年年末银行存款额将是多少？

解：$F = A(F/A, i, n) = 600(F/A, 4\%, 5) = 600 \times 5.416 = 3\,249.6$（元）

（2）偿债基金

偿债基金是指为了使年金终值达到清偿债务或满足企业到期债务需要而于每年年末等额存入银行或支付给信托投资机构的存款贮备金。在计算上，偿债基金是年金终值计算的变形，是已知年金终值求年金的计算，其计算公式为：

$$A = \frac{F}{(F/P, r, n)} = F\cdot\frac{r}{(1+r)^n - 1} \tag{4.12}$$

式中，普通年金终值系数的倒数为偿债基金系数，表示为清偿1元债务，而应每年年末提取的存款贮备金。

【例4-11】某人有一笔2年后到期的债务10万元，到期一次还清借款。为此需要每月在银行存入一笔钱以备到期还债。假定年利率12%，问应该每月存多少元？

解：2年内每月末等额存款，构成一笔24期的普通年金，月利率为1%（12%/12=1%）。已知该笔年金终值为10万元，使用年金终值计算公式，得：

$$F = A\cdot(F/P, r, n) = A\cdot(F/P, 1\%, 24)$$

$$A = \frac{F}{(F/A, i, n)} = \frac{F}{(F/A, 1\%, 24)} = \frac{100\,000}{26.973} = 3\,707.41\text{（元）}$$

【例4-12】某公司为购买大型生产设备向银行贷款，贷款期限为5年，债务本利和200万元。为了保证在5年后能够顺利还清贷款，董事会决定建立偿债基金，即在今后5

年内每年年末存入银行等额款项以备偿还债务。已知银行存款利率4%，每年复利一次。试计算公司每年年末应存入银行多少钱？

解：$A = \frac{F}{(F/A, i, n)} = \frac{F}{(F/A, 4\%, 5)} = \frac{2\,000\,000}{5.416} = 369\,276.22$（元）

（3）普通年金现值计算

普通年金现值是每期期末现金流量A的复利现值之和，其计算可用图形4-3来表示。

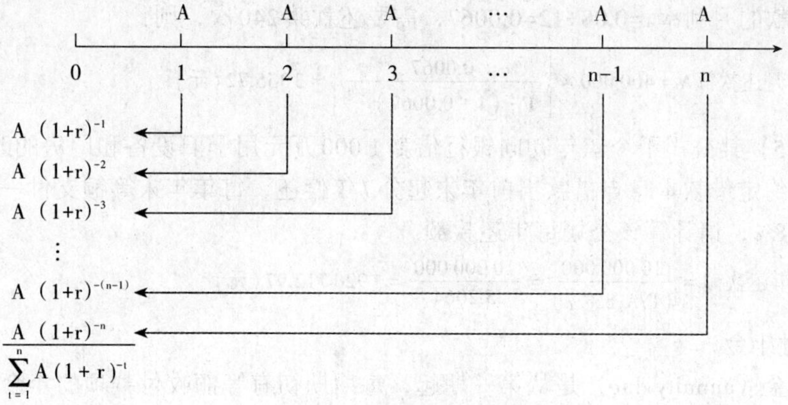

图4-3　普通年金终值现值计算示意图

$$P = A(1+r)^{-1} + A(1+r)^{-2} + \cdots + A(1+r)^{-n}$$
$$= A\left[(1+r)^{-1} + (1+r)^{-2} + \cdots + (1+r)^{-n}\right] = A\left[\frac{1-(1+r)^{-n}}{r}\right] = A(P/A, r, n) \tag{4.13}$$

系数$\frac{1-(1+r)^{-n}}{r}$，通常记为（P/A，r，n），可以直接计算得到，也可以通过查表的方式得到。

【例4-13】如果你现在65岁，正在考虑自己是否应该到保险公司购买养老保险。你只要支付1万元，保险公司就会在你的余生中每年支付给你1 000元。如果你将这笔钱存入银行账户，每年可以获得8%的利息。假定你可以活到80岁，你是否应该购买养老保险？

解：向保险公司购买养老保险，每年可以获得固定金额的收入，这笔系列现金流量显然是一笔年金。该问题的关键在于比较养老保险的现值与银行存款的现值，如果年金现值大于10 000元，购买养老保险就比较合适；如果年金现值小于10 000元，银行存款更有利。

假定购买了养老保险后，从第2年开始每年支付养老金，即从66岁一直支付到80岁，保险公司将要支付15次1 000元，按照8%的利率，年金现值为：

$$P = 1000 \times \left[\frac{1-(1+8\%)^{-15}}{8\%}\right] = 1000 \times (P/A, 8\%, 15) = 8\,559.5\text{（元）}$$

想要在今后15年内每年获得1 000元的养老金，只需在银行存入8 559.5元，按照8%利率计息即可，所以购买养老保险并不合适。

（4）年资本回收额的计算

年资本回收额是指回收现在的投资而应于未来每年年末等额回收的金额。

在计算上，年资本回收额是年金现值计算的变形，是已知年金现值求年金的计算，其计算公式为：

$$A=\frac{P}{\left[\frac{1-(1+r)^{-n}}{r}\right]}=\frac{PV}{(P/A,r,n)} \tag{4.14}$$

【例4-14】假设你准备抵押贷款400 000元购买一套房子，贷款期限20年，每月偿还一次；如果贷款的年利率为8%，每月贷款偿还额为多少？

解：贷款的月利率r=0.08÷12=0.0067，需要还款共240次，则：

$$\text{抵押贷款月还款额}A=400\,000\times\left[\frac{0.0067}{1-(1+0.0067)^{-240}}\right]=3\,355.72\text{（元）}$$

【例4-15】某公司于今年年初向银行借款1 000万元用于旧设备和厂房的改造与翻新，借款合同中约定借款本息自借款当前年末起分7年偿还，每年年末等额支付一次，若银行借款利率为8%，请计算该公司每年还款额。

解：$\text{每年还款额}=\frac{10\,000\,000}{(P/A,8\%,7)}=\frac{10\,000\,000}{5.2064}=1\,920\,712.97\text{（元）}$

2）预付年金

预付年金（annuity due）是从第一期起，每期期初有等额收付款项的年金，也称为先付年金。

由图4-4可以看出，n期预付年金与n期普通年金的收付次数相同，但现金流量发生的时间不同。前者的系列现金流量发生在每期的期初，而后者的现金流量发生在每期的期末。两种年金的现值都是时点0处的价值，终值都是时点n处的价值。

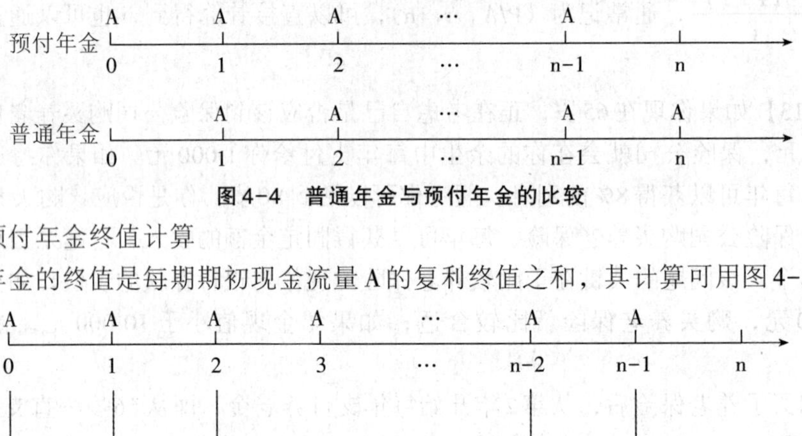

图4-4 普通年金与预付年金的比较

(1) 预付年金终值计算

预付年金的终值是每期期初现金流量A的复利终值之和，其计算可用图4-5来表示。

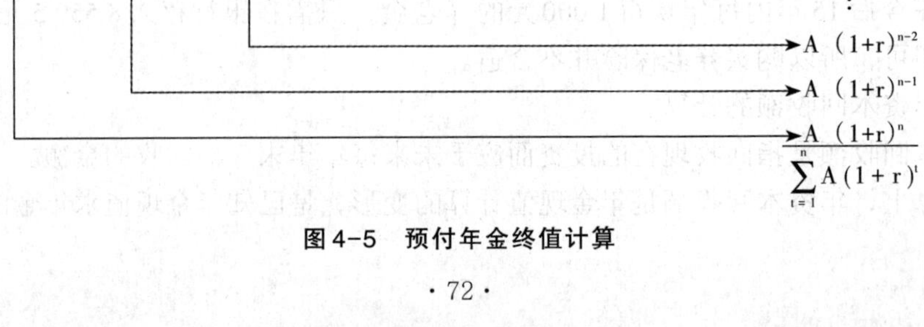

图4-5 预付年金终值计算

$$F = A(1+r) + A(1+r)^2 + \cdots + A(1+r)^n$$
$$= A\left[\frac{(1+r)^{n+1}-1}{r} - 1\right] = A \cdot [(F/A, r, n+1) - 1] \tag{4.15}$$
$$= A\left[\frac{(1+r)^n - 1}{r}\right](1+r) = A \cdot (F/A, r, n) \cdot (1+r)$$

由于收付发生的时间发生在期初，预付年金与普通年金相比，多计算了一期利息。所以计算预付年金终值时，可以先求出n期普通年金的终值，再乘以（1+r）。从另一个角度来看，n期预付年金与n期普通年金计息次数相同，但比n+1期普通年金少了一期期末的现金流量A，这笔现金流的终值等于它本身，所以计算预付年金终值的另一种方法是先计算n+1期普通年金的终值，再减去一期期末现金流量A。预付年金求终值的问题就转化为普通年金终值的计算。

【例4-16】在【例4-10】中，如果向银行存款的时间是在每年年初，那么第5年年末银行存款额将是多少？

解：F=5年期普通年金终值×（1+4%）=3 249.6×（1+4%）=3 379.58（元）

或　$F = 600 \times [(A/P, 4\%, 5+1) - 1] = 600 \times [6.6330 - 1] = 3\,379.8$（元）

（2）预付年金现值计算

预付年金的现值是各期期初现金流量A的复利现值之和（如图4-6所示）。

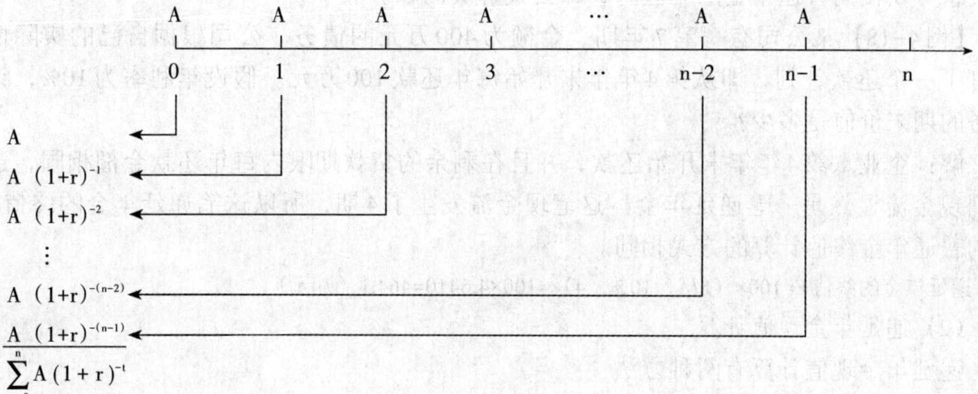

图4-6　预付年金现值计算

$$P = A + A \cdot (1+r)^{-1} + A(1+r)^{-2} + \cdots + A(1+r)^{-(n-1)}$$
$$= A\left[\frac{1-(1+r)^{-(n-1)}}{r} + 1\right] = A \cdot [(P/A, r, n-1) + 1] \tag{4.16}$$
$$= A\left[\frac{1-(1+r)^{-n}}{r}\right](1+r) = A \cdot (P/A, r, n) \cdot (1+r)$$

由于付款时间不同，n期普通年金比n期预付年金多贴现1期。计算预付年金现值时，可以先求出n期普通年金的现值，再乘以（1+r）。n期预付年金与n期普通年金计息次数相同，但与n-1期普通年金相比多了1期期初的现金流量A，这笔现金流的现值等于它本身，所以可以先计算n-1期普通年金的现值，再加上期初的这笔现金流量A，便可以求出n期预付年金的现值。预付年金求现值的问题，同样可以转化为普通年金现值的计算。

【例4-17】学校对学习优异的同学发放奖学金，奖学金的发放形式是每年年初发放，金额为5 000元，共发放4年。假设4年期的银行存款利率为8%，这笔奖学金的现值是多少?

解：$P = 5000 \cdot [(P/A,8\%,4-1)+1] = 5000 \times (2.5771+1) = 17885.5$(元)

或 $\quad = 5000 \cdot (P/A,8\%,4) \cdot (1+8\%) = 5000 \times 3.3121 \times (1+8\%) = 17885.34$(元)

3）递延年金

递延年金是指距现在若干期以后发生的每期期末收付的年金，又称延期年金。递延年金的支付形式如图4-7所示：

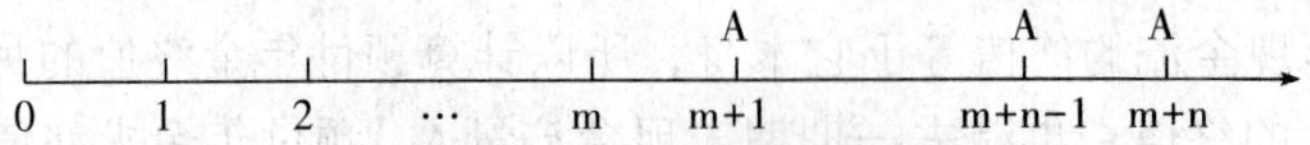

图4-7 递延年金计算示意图

由图4-7可以看出，递延年金前m期没有现金流量的收付发生，在第m+1期期末发生第一笔收付款，共发生了n笔。因为每笔现金收付都可以看作是在期末发生，所以，递延年金可以看作是普通年金的特殊情况，可以将递延年金的时间价值计算问题转化为普通年金的计算问题。一般用m表示递延期，用n表示年金支付期数。

(1) 递延年金终值计算

递延年金终值计算与普通年金终值计算完全一样，与递延期无关，与年金支付的期数有关，可以使用普通年金求终值的计算公式解决问题。

【例4-18】某公司有一笔7年期、金额为400万元的债务。公司根据自己的实际情况拟订了一个还款计划，即从第4年年末开始每年还款100万元。假设年利率为10%，该笔债务的期末价值是多少?

解：企业从第4年年末开始还款，并且在剩余的贷款期限内每年还款金额相同，这笔系列现金流显然是一笔递延年金。这笔现金流发生了4期，所以这笔递延年金的终值与4期的普通年金终值计算的方式相同。

递延年金的终值F=100×（F/A，10%，4）=100×4.6410=464.1（万元）

(2) 递延年金现值计算

递延年金现值计算有两种方法：

方法一，将m期期末看作一个新的当期，我们称为0’期，相对0’期，现金系列收付是一笔普通年金，可以使用普通年金求现值的方法求出递延年金在0’期的现值，再将其作为终值折现至第一期期初，即0期，其计算公式为：

$$P = A \cdot (P/A,r,n) \cdot (P/F,r,m) \tag{4.17}$$

方法二，先求（m+n）期普通年金的现值，减去没有现金收付的前m期普通年金，两者之差就是递延年金的现值。公式为：

$$P = A \cdot [(P/A,r,m+n) - (P/A,r,m)] \tag{4.18}$$

【例4-19】某企业申请到了一项政府基金，项目的前2年政府不支付资金，但在后5年每年年末支付给企业500万元。假设利率为10%，此项基金的现值为多少?

解：该基金的支付在项目的第一期没有发生，而是递延了两期，在第三期发生，所以是一笔递延年金。该笔年金递延期为2期，年金的收付次数为5次，即m=2，n=5。

基金现值P=500×（P/A，10%，5）×（P/F，10%，2）=500×3.7908×0.8264=1 566.36（万元）

或P=500×［（P/A，10%，7）-（P/A，10%，2）］=500×［4.8684-1.7355］=1 566.45（万元）

4）永续年金

永续年金是无限期定额支付的年金。

因为永续年金没有到期日，也就没有终值，其现值可以通过普通年金现值的公式推导出：

$$P=\frac{A}{1+r}+\frac{A}{(1+r)^2}+\frac{A}{(1+r)^3}+\dots+\frac{A}{(1+r)^n}=\frac{A}{r} \tag{4.19}$$

【例4-20】某机构设置了某项永久性基金，计划每年年末向具有突出贡献的人颁发50 000元的奖金。为了保证基金的运行，该机构打算进行一笔投资，预计投资年收益率为8%，该机构需要投入多少资金？

解：每年支付的奖金没有到期期限，所以该笔奖金是一笔永续年金，投入的资金就是这笔年金的现值。

P=50 000÷8%=625 000（元）

案例分析4-1

曼哈顿！我们受骗了

案例资料：

曼哈顿（Manhattan）是纽约的市中心，纽约最重要的商业、金融、保险机构均分布在这里。世界金融中心——华尔街分布在曼哈顿下城，而纽约的大企业、商业中心分布于曼哈顿中城。整个曼哈顿耸立着超过5 500栋高楼，其中35栋超过了200米，是世界上最大的摩天大楼集中区。拥有纽约标志性的帝国大厦、洛克菲勒中心、克莱斯勒大厦、大都会人寿保险大厦等建筑。每到夜晚，曼哈顿中城数千栋摩天大楼通夜而亮，体现了纽约在世界上绝对强大的经济实力。如果说纽约是美国的“心脏”，那么只有57平方千米的曼哈顿区便可算得上是纽约的“心脏”了。

1609年，荷兰西印度公司代表亨利·哈德逊发现了这块地方，1614年荷兰人开始建设纽约港，1626年荷属美洲新尼德兰省总督Peter Minuit用价值仅为60荷兰盾（约24美元）的玻璃、石头之类的小物品从当地印第安酋长手中购买了整个曼哈顿岛。印第安人发现上当后对着荷兰人大骂“马哈马大、马哈马大”，意思是骗子。这时候的荷兰人因为胜利而有点被冲昏头脑了，竟然拿“马哈马大”音译成“曼哈顿”来为这片土地命名。

2000年1月1日，曼哈顿岛的价值已经达到了约25 000亿美元。以24美元买下曼哈顿，无疑占了一个天大的便宜。但是，印第安人真的受骗了吗？美国著名基金经理彼得·林奇曾经计算过，如果当时的印第安人，把这24美元存在银行里，每年仅得到8%的利息，时到今日，其本利和已经远超过曼哈顿地产的总价值。如果按照美国近70年股市的平均投资收益率（11%）计算，这24美元在2000年后将变成2 380 000亿美元，是曼哈顿岛的价值的十万倍！

讨论题：

（1）为什么说印第安人并没有上当，反而是荷兰人吃了一个大亏？

（2）是什么神奇的力量让资产实现了如此巨大的增长？

分析提示：

（1）以24美元为基数，通过长期利用复利的投资，其收益已经高于曼哈顿岛的价值。

（2）是时间和复利。长期投资的复利效应将实现资产的翻倍增值。

4.3 货币时间价值计算中的特殊问题

4.3.1 非等额系列现金流量终值与现值的计算

在财务管理实务中，等额系列现金流量比较常见，但非等额系列现金流量的收付在价值评估与投资决策中也不陌生。非等额系列现金流量终值与现值的计算，需要综合运用前面介绍的复利终值、现值计算和年金终值、现值的计算方法。

1）全部非等额系列收付款现值的计算

非等额系列收付款是一种多期、多笔现金收付款项，其现值等于每次收付款现值之和。

$$P=\frac{A_0}{(1+r)^0}+\frac{A_1}{(1+r)^1}+\frac{A_2}{(1+r)^2}+\dots+\frac{A_n}{(1+r)^n}=\sum_{i=0}^{n}\frac{A_i}{(1+r)^i} \tag{4.20}$$

【例4-21】某化工厂2018年年初对一台设备投资100万元，该项目于2019年年初完工投产。2019—2022年年末产生的现金流入量分别为50万元、40万元、30万元和20万元（如图4-8所示），银行利率为9%。计算项目各年现金流入量在2019年年初的现值。

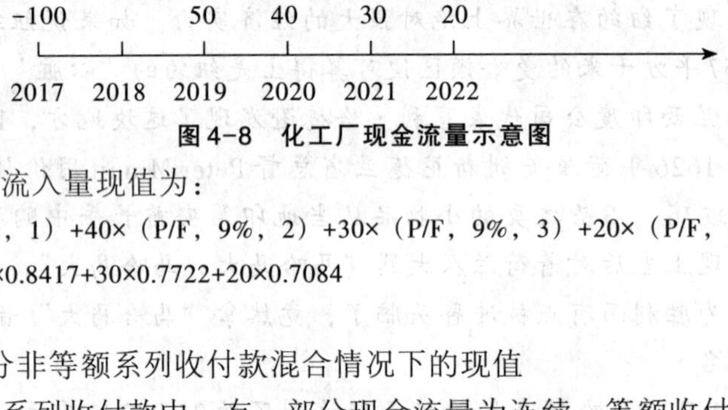

图4-8 化工厂现金流量示意图

解：各年现金流入量现值为：

P=50×（P/F，9%，1）+40×（P/F，9%，2）+30×（P/F，9%，3）+20×（P/F，9%，4）

=50×0.9174+40×0.8417+30×0.7722+20×0.7084

=116.87（万元）

2）年金与部分非等额系列收付款混合情况下的现值

如果在非等额系列收付款中，有一部分现金流量为连续、等额收付款项，可以将这部分现金流量视为年金，利用复利现值公式求出剩余非年金部分收付款项的现值，与年金部分的现值相加，求出整笔现金流量的现值。

【例4-22】某公司投资了一个新项目，新项目投产后每年现金流量见表4-2，贴现率为10%，计算该项目现金流量的现值。

解：此项目第1至3年现金流量金额相同，可看做是一笔普通年金，第4至5年现金流量都为2 000元，可将前3年看做未发生现金收付，将其视为一笔递延年金，第6年视为单笔现金流量。项目现金流量现值就等于普通年金现值、递延年金现值与单笔现金收付现值之和。

表4-2　　　　某公司新项目投资现金流分布情况　　　　单位：元

年份	1	2	3	4	5	6
现金流量	1 000	1 000	1 000	2 000	2 000	3 000

$$P = 1000 \times (P/A, 10\%, 3) + 2\,000 \times \left[(P/A, 10\%, 5) - (P/A, 10\%, 2) \right] + \frac{3\,000}{(1 + 10\%)^6}$$

$$= 1000 \times 2.4869 + 2\,000 \times [3.7908 - 1.7355] + \frac{3\,000}{1.7716}$$

$$= 8\,290.88$$

3）增长型永续年金现值的计算

增长型永续年金是指无限期支付的，但每年呈固定比率增长的各期现金流量。它与永续年金的区别在于，永续年金每期发生的金额都是固定的，而增长型永续年金的各期现金流量是以固定比率增长的。

设D_0为第0期的现金流量，g表示现金流量每年预计增长率，则第1、2、3期及以后的增长型永续年金发生额分别为：$D_1=D_0(1+g), D_2=D_0(1+g)^2, D_3=D_0(1+g)^3, \cdots$，其现值计算公式可表示为：

$$P = \frac{D_1}{1+i} + \frac{D_2}{(1+i)^2} + \frac{D_3}{(1+i)^3} + \cdots$$

$$= \frac{D_0(1+g)}{1+i} + \frac{D_0(1+g)^2}{(1+i)^2} + \frac{D_0(1+g)^3}{(1+i)^3} + \cdots$$

$$= \frac{D_0}{\dfrac{1+i}{1+g}} + \frac{D_0}{\left(\dfrac{1+i}{1+g}\right)^2} + \frac{D_0}{\left(\dfrac{1+i}{1+g}\right)^3} + \cdots$$

$$= \frac{D_0}{1+\dfrac{i-g}{1+g}} + \frac{D_0}{\left(1+\dfrac{i-g}{1+g}\right)^2} + \frac{D_0}{\left(1+\dfrac{i-g}{1+g}\right)^3} + \cdots$$

当增长率g＜折现率r时，该增长型永续年金现值可简化为：

$$P = \frac{D_0}{\dfrac{i-g}{1+g}} = \frac{D_0(1+g)}{1-g} = \frac{D_1}{i-g}$$

应用：股利固定增长的股票估值模型。

4.3.2　折现率、期数的推算

在前面时间价值的计算中，利率和计息次数都是给定的。在财务管理工作中，经常会遇到根据已知的终值、现值求利率或计息期数的问题。

1）折现率的计算

已知现金流量的计息期数、现值或终值，求贴现率的问题，可以分两步求解：第一步，先根据复利现值、终值和年金现值、终值计算公式求出换算系数；第二步，根据换算系数查相关系数表或利用内插值法求出贴现率。

【例4-23】某人在第1年年初借款200 000元，每年年末还本付息40 000元，连续还款9年，借款利率是多少？

解：每年年末还款金额相同，所以是一笔普通年金，年初借款额是这笔年金的现值，根据年金现值公式，得到下面的等式：

200 000=40 000×（P/A，r，9）

求解，得到（P/A，r，9）=5

查n=9的普通年金现值系数表。在n=9的一行上如果恰好找到等于5的系数，对应的折现率就为所求的利率。在本例中，无法找到恰好为5的系数。但是，能够找到系数为5的两个临界值：（P/A，13%，9）=5.1317，（P/A，14%，9）=4.9464，说明所求折现率在13%与14%之间。假定折现率与系数之间存在线性比例关系，在以上两个临界值之间插入所要求解的折现率和现值系数，利用线性关系的特点求解。这种方法称为内插值法。折现率与现值系数关系如图4-9所示。

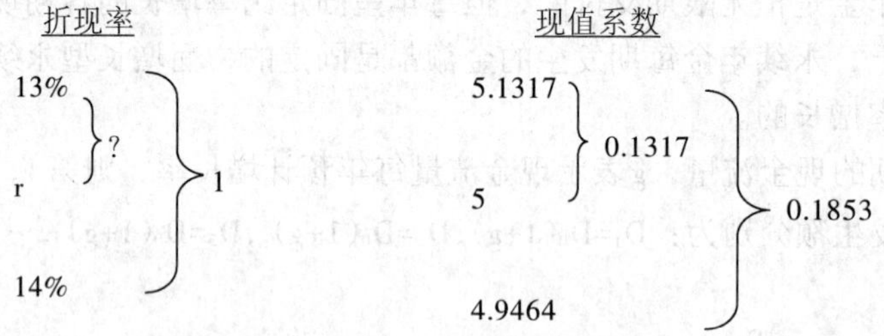

图4-9　折现率与现值系数关系图

根据线性关系的特点，可以得到等式：

$$\frac{13\% - r}{13\% - 14\%} = \frac{5.1317 - 5}{5.1317 - 4.9464}$$

r=13.71%

根据例4-23，可以推出内插值法求折现率的一般公式。假定换算系数等于α，对应的所求折现率为r。系数表中换算系数的临界值分别为β_1和β_2（$\beta_2<\alpha<\beta_1$），对应的折现率分别为r_1、r_2。内插值法的计算公式为：

$$r = r_1 + \frac{\beta_1 - \alpha}{\beta_1 - \beta_2} \cdot (r_2 - r_1) \tag{4.21}$$

2）期数的计算

期数的计算与折现率的计算原理相同，也可以使用内插值法求解。

假定换算系数等于α，对应的所求期数为n。系数表中换算系数的临界值分别为β_1和β_2（$\beta_1<\alpha<\beta_2$），对应的期数分别n_1、n_2。内插值法的计算公式为：

$$n = n_1 + \frac{\beta_1 - \alpha}{\beta_2 - \beta_1} \cdot (n_2 - n_1) \tag{4.22}$$

【例4-24】某企业拟购买一台新设备以更新现在使用的旧设备。新设备价格比旧设备高出20 000元，但每年可以节约动力费5 000元。若利息率为10%，则该新设备应当至少使用几年此项更新才有利？

解：若想使设备的更新产生经济效益，就必须使购买新设备的现值小于节约的动力费的现值。

20 000 = 5 000 ×(P/A, 10%, n)

则，（P/A，10%，n）=20 000÷5 000=4

查普通年金现值系数表，在r=10%的一列上如果恰好找到等于4的系数，对应的期数就为所求的时间。在本例中，无法找到恰好为4的系数。但是，能够找到系数为4的两个临界值：（P/A，10%，5）=3.7908，（P/A，10%，6）=4.3553，说明所求期数在5与6之间(如图4-10所示)。

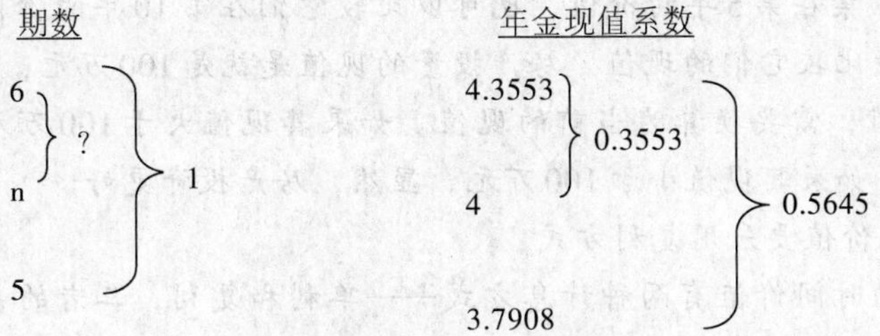

图4-10　期数与年金现值系数关系

由内插值法可得：

$$\frac{6-n}{6-5}=\frac{4.3553-4}{4.3553-3.7908}$$

求解得到期数为：

$$n=6+\frac{4.3553-4}{4.3553-3.7908}\times(5-6)=5.37(\text{年})$$

3）72法则

计算一笔投资需要多少年可以翻倍的时候，72法则是一个好用的简便方法，它可以迅速给出问题的近似答案。

以1%的复利计息，72年后（72是约数，准确值是100ln2），本金翻倍，此规律称为72法则。这个公式好用的地方在于它能以一推十，例如，如果用x的复利计息，则用72除以x，结果就是投资增加一倍所需的年数。如果一项投资基金的投资额是1 000 000元，每年的年收益率为8%，那么投资翻一番的时间是72÷8=9年。根据72法则，如果年收益率提高到15%，投资增倍的时间缩短到4.8年（72÷15=4.8）。

案例分析4-2

时间价值计算需要注意的问题①

货币时间价值是财务管理的基本观念，企业进行筹资、投资、资产定价等诸多决策都要考虑货币时间价值问题。货币时间价值的计算需要注意以下问题：

1.不同时点现金流量需要换算到相同时点才能进行比较和计算

由货币时间价值的知识可知，货币在不同时间的价值量是不相同的，因此不同时间上的价值不能直接进行比较。比如，某人有100万元的资金，他可以购买一套价值为100万元的房产，也可以进行一项股权投资，但该股权投资在5年之后才会获得收益，其价值为120万元。从经济角度来看，房产投资与股权投资哪个更好？5年后的股权投资价值为120万元，其价值是否超过了房产投资？根据货币时间价值的原理，现在的1元钱比5年后的1元钱更值钱，因为可以利用现在的1元钱进行投资获

① 王月，初国清. 财务管理［M］. 北京：清华大学出版社，2011.

得收益，因此，5年后的价值不能与当前的价值直接进行比较，需要将现金流量换算至相同的时间再进行比较。那么在决策中应该换算至哪一年进行比较呢？我们可以比较两个投资方案在第5年的价值，也可以比较它们在第10年的价值，但为了计算简便，我们一般比较它们的现值。房产投资的现值是就是100万元，股权投资5年后的价值是其终值，需要换算为当前的现值。如果其现值大于100万元，那么进行股权投资更合适；如果其现值小于100万元，显然，房产投资更好。

2.计算时间价值要采用复利方式

计算资金的时间价值有两种计息方式——单利和复利，二者的差异主要在于利息是否参与计息。时间价值的计算应该采用哪种计息方式呢？

我们通过一个具体的案例比较一下这两种计息方式终值的差异。假定我们向银行存入1 000元钱，利息率为5%，银行提供两种计息方式：一种是单利计息；另一种是复利计息。那么这笔存款在取出时会变成多少钱呢（见表4-3）？

表4-3 **单利计息与复利计息终值比较** 单位：元

计息方式	计息利率	终值					
		第1年	第2年	第3年	第10年	第20年	第30年
单利计息	5%	1 050	1 100	1 150	1 500	2 000	2 500
复利计息	5%	1 050	1 102.50	1 157.63	1 628.89	2 653.30	4 321.94

根据表4-3的计算结果，第1年是采用单利计息还是采用复利计息并没有差异，都可以从银行取出1 050元钱。但从第2年开始，复利计息的终值要高于单利计息的终值。随着计息时间的延长，复利计息的终值与单利计息的终值差异愈来愈大，在计息时间为第20年时，复利计息的终值要比单利计息的终值多32.7%，计息时间为第30年时，复利计息要比单利计息多72.9%。因此，采用不同的计息制度将导致明显的差异。显然，对投资者来说，采用复利计息可以获得更多收益，并且对投资人来说，当收回投资或取得收益时，都不会让资金闲置，而是进行新的投资，从而扩大自己的时间价值。因此，采用复利计息计算资金的时间价值更科学、合理。

案例分析4-3

个人住房贷款的还款方式及计算

随着房价的增高，贷款买房已经成为一种常见现象。在缴纳了首付款后，大部分买房者都需要到银行办理住房贷款。住房贷款是银行及其他金融机构向房屋购买者提供的任何形式的购房贷款支持，通常以所购房屋作为抵押。个人住房贷款分为公积金贷款和商业贷款两种。住房贷款按还款方式又分为等额本息还款方式和等额本金还款方式。

等额本金还款方式是将本金每月等额偿还，然后根据剩余本金计算利息。初期由于计息的本金较多，从而使总还款额在初期较多，而在随后的时间每月递减。

等额本息还款法又称月均法，在还款期内，每月偿还同等数额的贷款（包括本金和利息）。贷款机构从每月月供款中，先收剩余本金利息，后收本金。等额本息还款的特点是每月还款金额固定，是一笔年金。可以使用年金时间价值计算的公式来计算等额本息法还款额的现值、每期的还款金额等，以具体案例说明其计算方法。

【例4-25】某人购入一套90平方米的住房，房屋价格为每平方米1.5万元，总价款135万元。首付比例30%，为40.5万元，余下的70%拟采用公积金贷款，贷款年限20年。

按照中国人民银行规定，如果买房人年满18周岁，所购入房屋为90平方米及以下的普通住房，可以贷到房屋评估价的70%，假定公积金贷款利率为4%。

等额本息法的每月还款额相等，可将其视为一笔年金，就得到：

贷款现值=年金现值，即：

$$135 \times 70\% = 94.5 = A \cdot \left[\frac{1-(1+r)^{-n}}{r} \right]$$

其中，计息次数n=20×12=240（次）

利率r是月利率，r=4%÷12=0.333%

经过计算，月还款额A=5 724.52（元）

利息支付额=期初本金金额×借款利息

当期本金偿还额=每期还款额-本期利息支付额

下一期期初本金余额=上期期初本金金额-上期本金偿还额

其具体计算如图4-11所示。

等额本息还款额	5 724.52 元					
输入变量						
贷款金额	945 000 元					
贷款利率	0.333%					
还款期数	240					
输出结果						
还款期数	1	2	3	4	5	6
期初本金余额	945 000.00	942 422.33	939 836.08	937 241.21	934 637.70	932 025.53
每期还款额	5 724.52	5 724.52	5 724.52	5 724.52	5 724.52	5 724.52
利息支付额	3 146.85	3 138.27	3 129.65	3 121.01	3 112.34	3 103.65
本金还款额	2 577.67	2 586.25	2 594.87	2 603.51	2 612.18	2 620.87

第2期期初本金余额=上期期初本金金额-上期本金偿还额 945 000-2 577.67

利息支付额=期初本金余额×0.333%

本金偿还额=每期还款额-本期利息支付额

图4-11　等额本息法每期本金、利息偿还额

经过计算，等额本息法下的总还款额为1 373 884.8元，其中支付利息428 926.83元，占还款总额的31.24%。

如果采用等额本金还款方式，每月的还款额包括两部分，偿还的本金和支付的利息：

月还款额=偿还本金+支付的利息

=（本金÷还款月数）+（本金-累计已还本金额）×月利率

每月偿还本金数额=945 000÷240=3 937.5（元）

第一个月的月还款额=3 937.5+（945 000-0）×0.333%=7 084.35（元）

第二个月的月还款额=3 937.5+（945 000-3 937.5）×0.333%=7 071.24（元）

每期利息支付额=期初本金余额×利率

每期还款额=本期本金偿还额+本期利息支付额

下一期期初本金余额=上期期初本金余额-每期本金还款额

具体计算如图4-12所示。

输入变量		
贷款金额	945 000	元
贷款利率	0.333%	
还款期数	240	

输出结果

还款期数	1	2	3	4	5	6	7
期初本金余额	945 000.00	941 062.50	937 125.00	933 187.50	929 250.00	925 312.50	921 375.00
每期本金还款额	3 937.50	3 937.50	3 937.50	3 937.50	3 937.50	3 937.50	3 937.50
每期利息支付额	3146.85	3 133.74	3 120.63	3 107.51	3 094.40	3 081.29	3 068.18
每期还款额	7 084.35	7 071.24	7 058.13	7 045.01	7 031.90	7 018.79	7 005.68

第2期期初本金余额=
上期期初本金金额-上期本金偿还额

利息支付额=期初本金余额×0.333%

每期还款额=
945 000÷240

图4-12　等额本金法每期本金、利息偿还额

经过计算，等额本金法下的总还款额为1 324 195.43元，其中支付利息379 195.43元，利息额占还款总额的28.64%，比等额本息法少交利息49 731.4元。

等额本息还款法与等额本金还款方式相比，要负担更多的利息，由于每月的还款额固定，可以有计划地控制家庭收入的支出，也便于每个家庭根据自己的收入情况，确定还贷能力。本金归还速度较慢，还款压力较轻。等额本金还款方式负担的利息较少，但在前期还款压力较大，比较适合还款能力较强的家庭。选择什么还款方式，要根据个人的还款能力，不可贪图支付总利息少就选等本金还款法，在实际操作中，不少人还是选择等额本息还款法。

思考题

1.什么是货币时间价值，为什么要考虑货币时间价值？

2.请举例说明现实生活中有哪些经济现状体现了货币时间价值的思想。

3.请举例说明企业筹资、投资决策中货币时间价值思想的运用。

4.什么是名义利率，什么是实际利率，两者的关系是什么。请举例说明现实生活中的名义利率和实际利率。

5.马克思说“一切经济最后都归结为时间经济”。你是如何理解这句话的？

6.学习了货币时间价值理论后，你对个人的投资理财活动有什么看法？

章末习题

一、单项选择题

1.货币时间价值通常有两种表现形式，即利率和（　　）。

A.年金　　B.本金

C.利息　　D.利润

2.表示资金时间价值的利息率是（　　）。

A.银行同期贷款利率

B.银行同期存款利率

C.在没有风险和通货膨胀条件下的社会资金平均利润率

D.加权平均资本成本

3.某人购入债券，在名义利率相同的情况下，对其比较有利的复利计息期是（　　）。

A.一年　　B.半年

C.一季　　D.一月

4.物价不变且资本购买力不变情况下的利率是（　　）。

A.名义利率　　B.实际利率

C.市场利率　　D.套算利率

5.一定数量的货币资金在期末的价值称为（　　）。

A.复利现值　　B.复利终值

C.年金现值　　D.年金终值

6.永续年金是（　　）的特殊形式。

A.普通年金　　B.预付年金

C.递延年金　　D.复利终值

7.货币时间价值是（　　）。

A.货币经过投资后所增加的价值

B.在没有通货膨胀情况下的社会平均资金利润率

C.在没有通货膨胀和风险情况下的社会平均资金利润率

D.在没有通货膨胀情况下的利率

8.年资本回收额是（　　）。

A.复利终值逆运算　　B.年金现值逆运算

C.年金终值逆运算　　D.复利现值逆运算

9.普通年金是（　　）。

A.永续年金　　B.预付年金

C.每期期末等额支付的年金　　D.每期期初等额支付的年金

10.下列关于利率的构成说法正确的是（　　）。

A.利率=通胀附加率+风险溢酬

B.利率=无风险利率+风险溢酬

C.利率=无风险利率+通胀附加率+风险溢酬

D.利率=无风险利率+通胀附加率

11.表示资金时间价值的利息率是（　　）。

A.银行同期贷款利率

B.银行同期存款利率

C.在没有风险和没有通货膨胀条件下的社会资金平均利润率

D.加权平均资本成本

12.当银行利率为10%时，一项6年后付款800元的购货，若按单利计息，相当于第1年年初一次现金的购价为（　　）元。

A.451.6　　B.480

C.500　　D.800

13.某企业拟建立一项基金，每年年初投入100 000元，若利率为10%，那么5年后该项基金本利和将为（　　）元。

A.671 550　　B.564 100

C.871 600　　D.610 500

14.有一笔资金，从第1年年初开始，每年等额收到100元，一直到永远，i=10%，则每年这笔年金的现值为（　　）元。

A.1 000　　B.1 100

C.1 200　　D.1 300

15.甲某拟存入一笔资金以备3年后使用。假定银行3年期存款年利率为5%，甲某3年后需用的资金总额为34 500元，则在单利计息情况下，目前需存入的资金为（　　）元。

A.30 000　　B.29 803.04

C.32 857.14　　D.31 500

二、多项选择题

1.年金按其每次收付款发生时点的不同可分为（　　）。

A.普通年金　　B.先付年金

C.递延年金　　D.永续年金

2.对于资金时间价值概念的理解，下列表述正确的有（　　）。

A.货币只有经过投资和再投资才会增值，不投入生产经营过程的货币不会增值

B.在一般情况下，资金的时间价值应按复利方式来计算

C.资金时间价值不是时间的产物，而是劳动的产物

D.不同时期的收支不宜直接进行比较，只有把它们换算到相同的时间基础上，才能进行大小的比较和比率计算

3.计算普通年金现值所必需的资料有（　　）。

A.年金　　B.终值

C.期数　　D.利率

4.下列关于普通年金现值正确的表述为（ ）。

A.普通年金现值是指为在每期期末取得相等金额的款项，现在所需要投入的金额

B.普通年金现值是指未来一定时间的特定资金按复利计算的现值

C.普通年金现值是指一定时期内每期期末收付款项的复利现值之和

D.普通年金现值是指为在一定时期内每期期初取得相等金额的款项，现在所需要投入的金额

5.下列关于年金的表述，正确的有（ ）。

A.所有年金既有终值又有现值

B.递延年金是第一次收付款项发生的时间在第二期或第二期以后的年金

C.永续年金是特殊形式的普通年金

D.永续年金是特殊形式的即付年金

6.下列表述可以被看做年金的有（ ）。

A.采用直线法计提的折旧　　B.投资者每期收到的普通股股利

C.投资者每期收到的优先股股利　　D.按产量基础计算的奖金

7.下列表述正确的有（ ）。

A.复利终值系数和复利现值系数互为倒数

B.普通年金终值系数和偿债基金系数互为倒数

C.普通年金现值系数和资本回收系数互为倒数

D.即付年金现值系数和递延年金终值系数互为倒数

8.货币时间价值存在的前提和基础是（ ）。

A.社会化分工的出现　　B.借贷关系的存在

C.商品经济的高度发展　　D.社会化大生产的出现

9.影响货币时间价值大小的因素有（ ）。

A.单利利率　　B.复利利率

C.资金额　　D.利率和期限

10.某公司有一笔7年期，金额为400万元的债务。公司根据自己的实际情况拟订了一个还款计划，从第4年年末开始每年还款100万元。假设年利率为10%，该笔偿还金额的现值有（ ）。

A.100［（P/A，10%，7）-（P/A，10%，3）］

B.100［（P/A，10%，7）-（P/A，10%，4）］

C.100［（P/A，10%，7）-（P/A，10%，2）］

D.100（P/A，10%，4）（P/F，10%，4）

E.100（P/A，10%，4）（P/F，10%，3）

11.货币的时间价值有（ ）。

A.货币随时间自行升值

B.货币经过一段时间的投资和再投资所增加的价值

C.现在的一元钱与几年前的一元钱经济效用的不同

D.没有考虑通货膨胀情况下的社会平均资金利润率

E.没有考虑通货膨胀和风险情况下的社会平均资金利润率

12.某人于年初存入银行10 000元，银行每年按照5%的利率计息，每年年末取出1 000元，能够足额提款1 000元的时间包括下面的第（　　）年。

A.10　　B.12

C.14　　D.16

13.属于普通年金形式的有（　　）。

A.零存整取储蓄的整取额　　B.每期期初存入银行形同金额的款项

C.资本回收额　　D.偿债基金

14.每期期初收付款项的年金叫做（　　）。

A.普通年金　　B.预付年金

C.即付年金　　D.递延年金

15.一项年金前3年无流入，后5年每年年初流入1 000元，年利率10%，下列说法不正确的有（　　）。

A.第一次现金流入发生在第4年年初

B.递延期为3

C.递延期为2

D.属于即付年金

三、计算题

1.一项500万元的借款，借款期为5年，年利率为8%，若半年复利一次，则年实际利率会高出名义利率多少?

2.某学校有一项永久性奖学金，计划每年年初颁发50 000元的奖金，若年复利率为8%，则为设立该奖学金需要多少资金?

3.某化工厂于2001年年初对一台设备投资100万元，该项目于2003年年初完工投产；2003—2006年年末的现金流量分别为50万元、40万元、30万元、20万元，银行利率为9%。

要求：

（1）按复利计算2003年年初投资额的终值。

（2）按复利计算各年现金流入量2003年年初的现值。

4.某公司拟购置一处房产，房主提出两种付款方案：

（1）从现在起，每年年初支付20万元，连续支付10次，共200万元。

（2）从第5年开始，每年年初支付25万元，连续支付10次，共250万元。

假设该公司的资本成本为10%，公司应选择哪种付款方案?

5.某公司向银行借入一笔钱，贷款年利率为15%。银行规定前5年不用还本付息，从第6年到第10年每年年末偿付本息5 000元。问：该笔贷款的现值是多少?

6.（1）某人拟于2015年年初借款50 000元，从2015年年末开始，每年年末还本付息额均为20 000元，还款期为3年，试计算借款利率。已知（P/A，9%，3）=2.5313，（P/A，10%，3）=2.4869。

（2）编制上述贷款的还本付息表（见表4-4，计算结果保留小数点后2位）。

表4-4　　**贷款还本付息表**

年度	支付额	利息	本金偿还额	贷款余额
2015				
2016				
2017				
合计				

二维码4：第4章习题答案

第5章/
风险与收益

学习目标：通过本章学习，应该掌握风险的概念及种类，掌握风险价值和风险收益率的概念和计算方法；了解风险与收益的关系，熟悉资本资产定价模型的应用；了解套利定价理论的意义；了解投资组合的意义以及风险的衡量方法。

5.1 风险与收益的含义

5.1.1 风险的含义与分类

1）风险的含义

“风险”是人们日常生活中经常使用的一个词。人们在不同意义上使用“风险”一词。我国最具权威的辞书，如1981版的《辞源》和1989年版的《辞海》，都没有风险的解释。可见，“风险”一词在我国古代没有见于经传。《现代汉语词典》对风险进行了解释，认为风险是“可能发生的危险”。《韦氏词典》也对风险进行了的定义，认为风险是“危险，将面临损失或伤害”。可见，人们在日常生活中讲的“风险”，实际上是指“危险”，意味着损失或失败，是一种不好的事情。

风险是一个非常重要的财务概念。由于许多人在讨论财务问题时，常常将日常生活使用的风险含义作为财务中的风险含义来理解，并由此引起许多误解。因此，有必要强调应该区分日常用语中的风险和财务管理中风险的不同含义。

在财务管理中，人们对风险含义的理解不是一成不变的，而是随着财务管理科学理论的发展不断发展完善的。

早期最简单的定义非常接近日常生活中使用的普通概念，认为“风险是发生损失的可能性”。发生损失的可能性越大，风险也就越大。它可以用不同结果出现的概率来描述，结果可能是好的，也可能是坏的，坏的结果出现的概率越大，就认为风险越大。它主要还是从不利的方面来认识风险，与危险的含义类似。

随着对风险研究的深入，人们发现风险不仅可以带来超出预期的损失，也可能带来超出预期的收益，于是出现了一个更正式、更全面的定义：“风险是预期结果的不确定性。”风险不仅包括带来超出预期损失的不确定性，而且包括带来超出预期收益的不确定性。新的定义要求区分风险和危险。危险专指带来超出预期的损失及其程度的不确定性，反映的是风险的负面效应。人们对于危险，需要识别、衡量、防范和控制，即对危险进行管理。保险活动就是针对危险的。风险的概念比危险更广泛，包括了危险，也包括另一部分，即带来超出预期收益的不确定性，反映的是风险的正面效应，可以称为“机会”。人们对机会，需要识别、衡量、选择和获取。财务管理不仅要管理危险，还要识别、衡量、选择和获取增加企业价值的机会。如人们对期权的投资、对风险项目的投资都是针对机会的。人们对风险的新的理解，反映了人们对财务现象更深刻的认识，也就是机会与危险并存。

在投资组合理论出现之后，人们认识到投资多样化可以降低风险。当投资组合中的资产多样化到一定程度后，特殊风险可以被忽略，人们可以只关心系统风险。所以，在投资组合理论出现以后，风险是指投资组合的系统风险，既不是指单个资产的风险，又不是指投资组合的全部风险。

在资本资产定价理论出现以后，单项资产的系统风险计量问题得到解决。一项资产的最佳的风险度量，是其收益率变化对市场投资组合收益率变化的敏感程度，或者说是一项资产对投资组合风险的贡献。所以，在资本资产定价理论出现以后，投资风险被定义为资产对投资组合风险的贡献，或者说该资产收益率与市场组合收益率之间的相关性。衡量这种相关性的指标，被称为β系数。

财务管理中风险概念的演进，实际是为了明确风险和收益之间的权衡关系，是为了逐步明确什么是与收益相关的风险，与收益相关的风险才是财务管理中所说的风险。

在使用风险概念时，不要混淆投资对象本身固有的风险和投资人需要承担的风险。投资对象的风险具有客观性，投资人是否去冒险以及冒多大风险，是可以选择的，是主观决定的。

2）风险的分类

（1）从个别投资主体的角度分类

风险从个别投资主体的角度可分系统风险和非系统风险。

①系统风险

系统风险，是指由那些影响所有公司的因素引起的风险，具体包括由于政治、经济及社会环境等企业外部某些因素的不确定性而产生的风险，如战争、经济衰退、通货膨胀、高利率等发生的意外的、非预期的变动等，对许多公司都会有影响。

由于系统风险是指由那些对所有投资主体都会产生影响的因素引起的风险，所以也称“市场风险”。由于市场风险是综合因素导致的，这些因素是个别公司或投资者无法通过多样化投资予以分散的，所以也称不可分散风险。

②非系统风险

非系统风险，是指由发生于个别公司的特有事件引起的风险，具体包括由于经营失误、消费者偏好改变、劳资纠纷、工人罢工、新产品试制失败、某一案件的诉讼失败、没有争取到重要的合同等因素影响了个别公司所产生的个别公司的风险。这类事件是非预期的、随机发生的，它只是影响一个或少数公司，不会对整个市场产生太大影响。这种风险可以通过多样化的投资来分散，即发生于一家公司的不利事件可以被其他公司的有利事件所抵消。

非系统风险又称“公司特有风险”，由于公司特有风险可通过投资多样化分散掉，因此也称“可分散风险”。

（2）从公司本身的角度分类

风险从公司本身的角度来说，可以分为经营风险和财务风险。

①经营风险

经营风险，是指公司因经营上的原因而导致利润变动的风险。影响公司经营风险的因素很多，主要有：产品需求，是由于市场对公司产品需求与预期不一致带来的利润变动风险；产品售价，是由于公司产品售价与预期不一致带来的利润变动风险；产品成本，是由于公司产品成本与预期不一致带来的利润变动风险；调整价格的能力，是由于产品成本变动时，公司调整价格的能力与预期不一致带来的利润变动风险；固定成本比例，在企业的全部成本中，由于固定成本的存在，当产品产量发生变动时，单位产品分摊的固定成本额就会发生变动，最后导致利润更大幅度变动而带来的风险。

②财务风险

财务风险，是指公司因举债经营给收益带来的不确定性而形成的风险。一般来讲，公司在经营中总会发生借入资金。企业负债经营，不论利润多少，债务利息是不变的。于是，当利润变动时，单位利润所负担的利息就会相应变动，从而使投资者收益有更大幅度的变动。

财务风险是全部资本中由债务资本比率的变化带来的风险。当债务资本比率较高时，投资者将负担较多的债务资本，并经受较多的负债作用所引起的收益变动的冲击，从而加大财务风险；反之，当债务资本比率较低时，财务风险就小。

（3）从财务活动基本内容的角度分类

从财务活动基本内容的角度来说，可分为筹资风险、投资风险、营运风险和收益分配风险等。

①筹资风险

筹资风险，是指集中不能如期偿债而带来的风险。筹资风险又分为收支性风险和现金性风险。

收支性风险，是指企业由于收入不抵支出发生亏损而造成企业不能到期偿债以致破产的风险，是企业的终极风险，它不仅缘于理财不当，更主要是缘于经营不当。

现金性风险，是指在企业特定时点上现金流出量超过流入量，以致不能如期偿债的风险，它主要是由于理财不当所造成的，现金的流入和流出在时间上和金额上发生了错位。

②投资风险

投资风险，是指企业投资活动所产生的风险。投资风险可分为投资结构风险、投资项目风险和投资组合风险。

投资结构风险，是指企业在安排所有的资产时，由于流动资产与长期资产、流动资产内部各项目、长期资产内部各项目之间的比例不当而造成的流动性风险。

投资项目风险，是指投资于某一具体项目不能产生收益或者产生的收益低于预期收益。

投资组合的目的在于分散风险。投资组合风险，是指进行投资组合时由于组合项目相关性较高或者是分配给组合项目的投资比例不合适从而达不到分散风险目的的风险。

③营运风险

营运风险，是指投入的本金经过生产经营过程之后，能否回到它的起点。

营运风险包括两种风险，一是商品资本能否转化为结算资本，即产品能否在市场上得以销售；二是结算资本能否转化为货币资本，即能否如期如数收回。

④收益分配风险

收益分配风险，是指收益分配可能对企业今后的生产经营活动产生的影响。收益风险包括收益确认风险和收益分配行为的风险。

收益确认风险，是指如果收益确认不当，则必然带来收益超分配。

收益分配行为的风险，是指对投资中股利分配的时间、形式和金额把握不准而产生的风险以及各种收益分配的次序和比例不当而产生的风险。

3）风险对策

（1）规避风险

当风险所造成的损失不能由该项目可能获得的利润予以抵消时，改变项目计划以消灭风险或保护项目目标免受影响，是最简单可行的方法。虽然不可能消灭所有的风险，但对具体风险来说是可以避免的。避免风险的例子包括：通过需求再确认、获取更详细信息、增强沟通、增派专家等方法以避免某些风险；拒绝与不守信用的厂商发生业务往来；采用更成熟的技术方案而非先进但尚未成熟的方案；缩小项目工作范围以避免某些高风险的任务活动；放弃可能明显导致亏损的投资项目；新产品在试制阶段发现诸多问题而果断停止试制；避免跟不熟悉的服务提供商签约等。

（2）减少风险

减少风险主要有两方面意思：一是控制风险因素，谋求降低不利风险发生的可能性；二是控制风险发生的频率和降低风险损害程度。减少风险的常用方法有：进行准确的预测，如对汇率预测、利率预测、债务人信用评估等；对决策进行多方案优选和替代；及时与政府部门沟通获取政策信息；在发展新产品前，充分进行市场调研；实行设备预防检修制度以减少设备事故；选择有弹性的、抗风险能力强的技术方案，进行先进的技术模拟实验，进行更系统化的、更彻底的测试，采用可靠的安全和保护措施；采用多领域、多地域、多项目、多品种的投资以分散风险；选择更可靠的供应商；采用不那么复杂的流程等。

（3）转移风险

公司以一定的保险费、盈利机会、担保费和利息等代价，采取诸如参加保险、信用担保、租赁经营、套期交易、票据贴现等形式，将风险的影响和责任转嫁给第三方承担，以避免可能给公司带来的灾难性损失，如向专业性保险公司投保；采取合资、联营、增发新股、发行债券、联合开发等措施实现风险共担；通过技术转让、特许经营、战略联盟、租赁经营和业务外包等实现风险转移。这种方式并不消灭风险。

（4）接受风险

面对风险选择不对项目计划作任何改变或干脆无计可施。接受风险包括风险自担和风险自保。风险自担，是指当风险损失发生时，直接将损失摊入成本或费用，或冲减利润；风险自保，是指公司预留一笔风险金或随着生产经营的进行，有计划地计提资产减值准备等，计提资产减值准备的多少取决于风险的概率、影响和可接受的风险损失。

4）风险偏好

风险偏好，是指为了实现目标，企业或个体投资者在承担风险的种类、大小等方面的基本态度。风险是一种不确定性，投资者面对这种不确定性所表现出的态度、倾向便是其风险偏好的具体体现。

不同的投资者对风险的态度是存在差异的，一部分人可能喜欢大得大失的刺激，另一部分人则可能更愿意“求稳”。根据投资者对风险的偏好将其分为风险厌恶者、风险喜好者和风险中立者。

（1）风险厌恶者

当预期收益率相同时，风险厌恶者会偏好于具有低风险的资产；而对于具有同样风险的资产，风险厌恶者则会钟情于具有高预期收益率的资产。但当面临以下两种资产时，他们的选择就要取决于他们对待风险的不同态度。一项资产具有较高的预期收益率同时也具有较高的风险，而另一项资产虽然具有较低的预期收益率，但同时其也具有较低的风险。风险厌恶者在承担风险时，会因承担风险而要求额外收益。额外收益要求的多少不仅与所承担风险的大小有关，而且取决于他们的风险偏好。风险越高，要求的风险收益就越高；对风险回避的愿望越强烈，要求的风险收益就越高。一般的投资者和企业管理者都是风险厌恶者。因此财务管理的理论框架和实务方法都是针对风险厌恶者的。

（2）风险喜好者

与风险厌恶者相反，风险喜好者主动追求风险，喜欢收益的波动胜于喜欢收益的稳定。他们选择资产的原则是，假设有两个预期收益率相同但风险水平不同的投资项目，他们会选择具有较高风险水平的项目，因为这样可以给他们带来更大的效用。

（3）风险中立者

有些投资者对风险持无所谓的态度，他们既不回避风险，又不主动追求风险。这样，假设有两个预期收益率相同但风险水平不同的投资项目，风险中性者将没有什么偏好。他们选择资产的唯一标准是预期收益的大小，而不管风险状况如何。这是因为所有预期收益相同的资产将给他们带来同样的效用。

5.1.2 资产收益的含义与分类

1）资产收益的含义

资产收益，是指资产的价值在一定时期的增值。在一般情况下，有两种表达资产收益的方式：一种是以绝对量表示的资产收益额；另一种是以相对量表示的资产收益率或报酬率。

资产收益额通常以资产价值在一定期限内的增值量来表示。该增值量包括两部分：一是期限内资产的现金净收入，一般多为利息、红利或股息收益；二是期末资产的价值或价格相对于期初价值或价格的升值，一般称为资本利得。

资产收益率或报酬率是资产增值量与期初资产价值或价格的比值。该收益率也包括两部分：一是利息或股息的收益率；二是资本利得的收益率。

显然，以绝对量表示的资产收益额与期初资产的价值或价格相关，不利于不同规模资产之间收益的比较，而以相对量表示的资产收益率或报酬率，便于不同规模资产之间收益的比较。所以，在通常情况下，都是用收益率的方式来表示资产的收益。

另外，由于收益率是相对于特定期限的，它的大小受计算期的影响。所以，为了便于比较和分析，对于计算期短于或长于一年的资产，在计算收益率时一般要将不同期限的收益率转化成年收益率。在一般情况下，如果不作特殊说明，资产的收益率指的就是资产的年收益率。

2）资产收益率的类型

在实际的财务工作中，由于工作角度和出发点不同，收益率可以有以下一些类型。

（1）实际收益率

实际收益率表示已经实现的或确定能够实现的资产收益率，包括已实现的或确定能实现的利息（股息）率与资本利得收益率之和。当存在通货膨胀时，应当扣除通货膨胀率的影响，才是真实的收益率。

（2）名义收益率

名义收益率是名义收益与本金额的比率，或者说是金融工具的票面收益与票面金额的比率。例如借款协议上的借款利率、债券的票面利率等。

（3）预期收益率

预期收益率也称为期望收益率，是指在不确定的条件下，预测的某资产未来可能实现的收益率。

（4）必要收益率

必要收益率也称最低必要收益率或最低要求的报酬率，表示投资者对某资产合理要求的最低收益率。必要收益率由两部分构成。

①无风险收益率

无风险收益率也称无风险利率，它是指可以确定可知的无风险资产的收益率，它的大小由纯粹利率（资金的时间价值）和通货膨胀补贴两部分组成。无风险资产一般需满足两个条件：一是不存在违约风险；二是不存在再投资收益率的不确定性。实际上，完全满足这两个条件的资产几乎是不存在的，一般用与所分析的资产的现金流量期限相同的国债来表示。因此，一般用国债的利率表示无风险利率，该国债应该与所分析的资产的现金流量有相同的期限。在一般情况下，为了方便起见，通常用短期国库券的利率近似地代替无风险收益率。

②风险收益率

风险收益率是指某资产持有者因承担该资产的风险而要求的超过无风险利率的额外收益，它等于必要收益率与无风险收益率之差。风险收益率衡量了投资者将资金从无风险资产转移到风险资产而要求得到的“额外补偿”，它的大小取决于以下两个因素：一是风险的大小；二是投资者对风险的偏好。

预期收益率与必要收益率是财务决策中常用的两个收益率。在时间点上都面向未来，都具有不确定性，但要求收益率是投资者主观上根据对投资项目的风险评价确定的，预期收益率是由市场交易条件决定的，即在当前市场价格水平下投资者可获得的收益。在一个完善的资本市场中，二者相等。

5.2 单项资产的风险与收益

对投资活动而言，风险是与投资收益的可能性相联系的，因此对风险与收益的衡量要从投资收益的可能性入手，需要使用概率和统计方法。衡量风险和收益的大小一般要与以下几个概念相联系：随机变量、概率、概率分布、期望值、离散程度等。

5.2.1 随机变量、概率与概率分布

随机事件是指经济活动中，某一事件在相同的条件下可能发生也可能不发生的事件。

概率就是用来表示随机事件发生可能性大小的数值。通常，把必然发生的事件的概率定为1，把不可能发生的事件的概率定为0，而一般随机事件的概率介于0与1之间。概率越大表示该事件发生的可能性越大。

【例5-1】大华公司有两个投资机会，A投资机会是一个高科技项目，该领域竞争很激烈，如果经济发展迅速并且该项目搞得好，将取得较大市场占有率，利润会很大，否则利润会很小甚至亏本。B项目是一个老产品并且是必需品，销售前景可以准确预测出来。假设未来的经济情况只有三种：旺盛、正常、低迷，有关的概率分布和预期收益率见表5-1。

表5-1 **大华公司未来经济情况表**

经济情况	发生概率	A项目预期收益率	B项目预期收益率
旺盛	0.3	100%	20%
正常	0.4	15%	15%
低迷	0.3	-70%	10%
合计	1		

在这里，概率表示每一种经济情况出现的可能性，也就是各种不同预期报酬率出现的可能性。从表5-1中可以看出，市场需求旺盛的概率为30%，此时两个项目都将获得很高的收益率；市场需求正常的概率为40%，此时股票收益适中；而市场需求低迷的概率为30%，此时两个项目都将获得低收益，A项目甚至会遭受损失。

如果随机变量只取有限个值，并且对应于这些值有确定的概率，则称随机变量是离散性分布。上例就属于离散性分布，它有3个值，如图5-1所示。

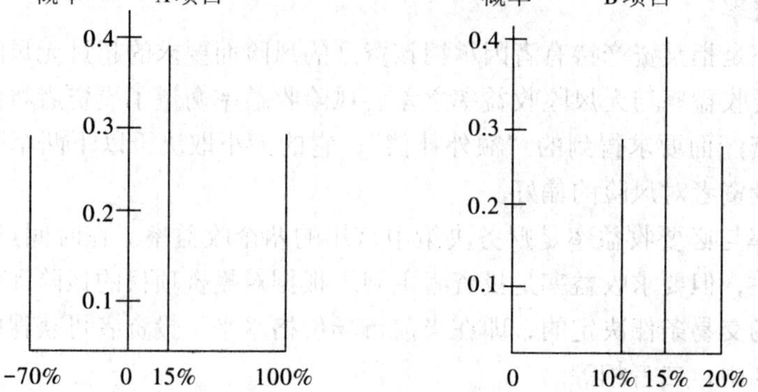

图5-1 离散性分布示意图

实际上，出现的经济情况远不止三种，有无数可能的情况会出现。如果对每种情况都赋予一个概率，并分别测定其收益率，则可用连续型分布描述，如图5-2所示。

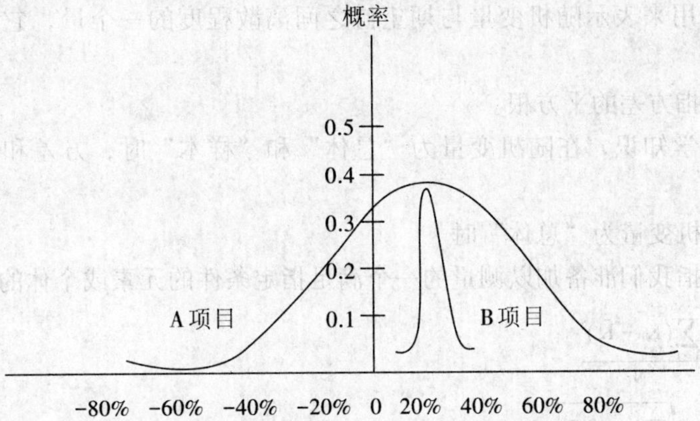

图5-2 连续型分布示意图

从图5-2可以看出，所举例子的收益成正态分布，其主要特征是曲线为对称的钟形。实际上并非所有连续型分布都按正态分布。但是，按照统计学的理论，不论总体分布是正态分布还是非正态分布，当样本很大时，其样本平均数都呈正态分布。一般说来，如果被研究的变量受彼此独立的大量偶然因素的影响，并且每个因素在总的影响中只占很小的部分，那么，这个总影响所引起的数量上的变化，就近似服从正态分布。所以，正态分布在统计上被广泛使用。

5.2.2 预期值

预期值就是随机变量的各个取值，以相应的概率作为权数的加权平均数，也被称为数学期望或均值。它反映随机变量取值的平均化。

$$预期值(\bar{K})=\sum_{i=1}^{N}(P_i \cdot K_i) \tag{5.1}$$

式中，P_i为第i种结果出现的概率；K_i为第i种结果出现后的预期收益率；N为所有可能结果的数目。

如果只拥有各个时期的收益率，此时，可看成概率$P_i=\frac{1}{N}$为定值。

$$预期值(\bar{K})=\sum_{i=1}^{N}(\frac{1}{N} \cdot K_i)=\frac{1}{N}\sum_{i=1}^{N}K_i \tag{5.2}$$

根据【例5-1】所给资料：

预期收益率（A）=0.3×100%+0.4×15%+0.3×(-70%)=15%

预期收益率（B）=0.3×20%+0.4×15%+0.3×10%=15%

两者的预期收益率相同，但其概率分布不同。A项目的收益率的分散程度大，变动范围在-70%~90%；B项目的收益率的分散程度小，变动范围在10%~20%。这说明两个项目的收益率相同，但风险不同。为了定量衡量风险大小，还要使用统计学中衡量概率分布离散程度的指标。

5.2.3 离散程度

所谓离散程度，即观测变量各个取值之间的差异程度。它是用以衡量风险大小的指标。表示随机变量离散程度的量数，最常使用的是方差、标准差和标准离差率。

1）方差和标准差

方差是指用来表示随机变量与期望值之间离散程度的一个量，它是离散差平方的平均数。

标准差是指方差的平方根。

根据统计学知识，在随机变量为“总体”和“样本”时，方差和标准差的计算公式如下：

（1）当随机变量为“总体”时

总体，是指我们准备加以测量的一个满足指定条件的元素或个体的集合，也称母体。

$$总体方差=\frac{\sum_{i=1}^{N}(K_i-\bar{K})^2}{N} \tag{5.3}$$

$$总体标准差=\sqrt{\frac{\sum_{i=1}^{N}(K_i-\bar{K})^2}{N}} \tag{5.4}$$

（2）当随机变量为样本时

在实际工作中，为了了解研究对象的某些数学特征，往往只能从总体中抽取部分个体作为资料，用数理统计的方法加以分析。这种从总体中抽取部分个体的过程称为“抽样”，所抽的部分称为“样本”。通过对样本的测量，可以推测整体的特征。

$$样本方差=\frac{\sum_{i=1}^{N}(K_i-\bar{K})^2}{n-1} \tag{5.5}$$

$$样本标准差=\sqrt{\frac{\sum_{i=1}^{N}(K_i-\bar{K})^2}{n-1}} \tag{5.6}$$

n表示样本容量（个数），（n−1）称为自由度。

在财务管理实务中如果使用的样本量很大，区分总体标准差与样本标准差意义不大。如果使用的样本量很小，区分总体标准差与样本标准差才有意义。

在已经知道每个变量值出现概率的情况下，标准差可以按公式（5.7）计算。

$$标准差(\sigma)=\sqrt{\sum(K_i-\bar{K})^2\cdot P_i} \tag{5.7}$$

根据【例5-1】所给资料：

$$\sigma=\sqrt{0.3\times(100\%-15\%)^2+0.4\times(15\%-15\%)^2+0.3\times(-70\%-15\%)^2}$$
$$=65.84\%$$

$$\sigma_B=\sqrt{0.3\times(20\%-15\%)^2+0.4\times(15\%-15\%)^2+0.3\times(10\%-15\%)^2}$$
$$=3.87\%$$

A项目的标准差是65.84%，B项目的标准差是3.87%，由于它们的预期收益率相同，因此，可以认为A项目的风险比B项目大。

2）标准离差率

标准差是以均值为中心计算出来的，因而有时直接比较标准差是不准确的，需要剔除均值大小的影响。为了解决这个问题，引入标准离差率的概念。标准离差率，也称为变化系数，是标准差与均值的比值，它是从相对角度观察的差异和离散程度，在比较相关事物的差异程度时较之直接比较标准差要好些。

$$标准离差率（V）=\frac{标准差(\sigma)}{均值(\bar{K})} \tag{5.8}$$

【例5-2】A证券的预期收益率为20%，标准差是24%；B证券的预期收益率为36%，标准差是40%。

$$标准离差率（V_A）=\frac{24\%}{20\%}=1.2$$

$$标准离差率（V_B）=\frac{40\%}{36\%}=1.11$$

直接从标准差看，B证券的离散程度较大，能否说明B证券的风险比A证券的风险大呢？不能轻易下这个结论，因为B证券的平均收益率也较大。如果以各自的平均收益率为基础观察，A证券的标准差是其均值的1.2倍，而B证券的标准差只是其均值的1.11倍，那么B证券的风险较小。

5.2.4 风险收益率和风险收益额

标准离差率可以反映投资者所冒风险的程度，但无法反映风险与收益之间的关系。由于风险越大，收益率也应越高，所以，风险收益率和风险收益额可按下述公式计算。

$$风险收益率（R_R）=风险价值系数（b）\times 标准离差率（V） \tag{5.9}$$

$$风险收益额（P_R）=预期收益额（\bar{E}）\times \frac{风险收益率(R_R)}{无风险收益率(R_F)+风险收益率(R_R)} \tag{5.10}$$

按【例5-2】的相关资料，如果风险价值系数为10%，则A、B证券的风险收益率分别为：

$$A证券的风险收益率R_{R_A}=10\%\times 1.2=12\%$$

$$B证券的风险收益率R_{R_A}=10\%\times 1.11=11.1\%$$

5.3 投资组合的风险与收益

上一节主要讨论了单项投资的收益和风险。事实上，根据前面我们所讲的投资组合的原则，投资者很少把所有的资本都投入一种资产或单一投资项目中，而是构建一个投资组合或投资于一系列项目，通过资产多样化效应降低投资风险。

投资组合是指由两种或两种以上的证券或资产构成的集合。在实际中，单项投资具有风险，而投资组合仍然具有风险，因此，在这种情况下，需要确定投资组合的收益和投资组合的风险，并在此基础上进行风险与收益的权衡。

5.3.1 投资组合的预期收益率

对于投资组合来说，预期收益率的计算比较简单，是投资组合中单项资产预期收益率以各单项资产在总投资价值中所占比例为权数的加权平均数。其计算公式为：

$$E(R_p)=\sum_{i=1}^{n} W_i\times E(R_i) \tag{5.11}$$

式中，$E(R_p)$为投资组合的预期收益率；W_i为第i种资产在投资组合总价值中所占比例；E（R_i）为第i种资产的预期收益率；n为投资组合中资产的个数。

【例5-3】在某投资公司的一项投资组合中包含甲、乙和丙3种股票，权重分别为30%、30%和40%，3种股票的预期收益率分别为10%、15%和12%。要求计算该投资组合的预期收益率。

$E(R_p)=30\%\times10\%+30\%\times15\%+40\%\times12\%=12.3\%$

5.3.2 投资组合的风险及其衡量

1）投资组合的风险分散功能

投资组合的标准差，并不是单个资产标准差的简单加权平均数。投资组合的风险不仅取决于组合内各项投资的风险，而且取决于各个投资项目之间的关系。

【例5-4】假设投资50万元，甲、乙各占50%。如果甲和乙完全负相关，组合的风险被全部抵消，见表5-2；如果甲和乙完全正相关，组合的风险不减少也不增加，见表5-3。

表5-2 **完全负相关的投资组合数据**

年度	甲项投资的实际报酬率	乙项投资的实际报酬率	投资组合的实际报酬率
2013	40%	-10%	15%
2014	-10%	40%	15%
2015	35%	-5%	15%
2016	-5%	35%	15%
2017	15%	15%	15%
平均报酬率	15%	15%	15%
标准差	22.6%	22.6%	0.0%

表5-3 **完全正相关的投资组合数据**

年度	甲项投资的实际报酬率	乙项投资的实际报酬率	投资组合的实际报酬率
2013	-10%	-10%	-10%
2014	40%	40%	40%
2015	-5%	-5%	-5%
2016	35%	35%	35%
2017	15%	15%	15%
平均报酬率	15%	15%	15%
标准差	22.6%	22.6%	22.6%

【例5-4】反映的只是投资中的极端情况——投资组合只有两种，两种投资完全正相关或完全负相关，投资比例各为50%，从而使得投资组合的风险为0或保持不变。实际上，投资组合往往不止两种，各种投资之间往往也既不是完全正相关，又不是完全负相关，投资比例也不是正好各50%。所以一般而言，不同的投资组合可以降低风险，但不能完全消除风险。

2）投资组合的风险计量

投资组合风险不是单个资产标准差的简单加权平均数，那么它应该如何计算呢？根据马科维茨的投资组合理论，投资组合收益率分布的标准差的计算公式为：

$$\sigma_p = \sqrt{\sum_{j=1}^{m}\sum_{k=1}^{m} W_j W_k \sigma_{jk}} \tag{5.12}$$

式中，m为组合内投资项目总数；W_j为第j种投资在投资总额中的比例；W_k为第k种投资在投资总额中的比例；σ_{jk}为第j种投资与第k种投资收益率的协方差。该公式的含义说明如下：

（1）协方差的计算

两种投资资产收益率的协方差，是用来衡量它们之间的共同变动程度的，是两个投资收益率离差之积的预期值。投资j与投资k收益率的协方差可按下式计算：

$$\sigma_{jk} = \sum_{i=1}^{n}\left[R_{ji} - E(R_j)\right]\left[R_{ki} - E(R_k)\right]P_i \tag{5.13}$$

式中，$\left[R_{ji} - E(R_j)\right]$为投资j的收益率在第i种经济状态下对其预期值的离差；$\left[R_{ki} - E(R_k)\right]$为投资k的收益率在第i种经济状态下对其预期值的离差；P_i为第i种经济状态发生的概率；n为经济状态出现的情况总数。

从协方差的计算公式可以看出，如果组合中的两项投资收益率的变化趋势一致，或者说如果其中一个大于自身的期望值，另外一个也大于自身的期望值，那么两个变量之间的协方差为正值。如果组合中的两项投资收益率的变化趋势相反，或者说如果其中一个大于自身的期望值，另外一个却小于自身的期望值，那么两个变量之间的协方差为负值。如果两项投资收益率的变化是独立的，那么两者之间的协方差等于零。一般来说，两种投资的不确定性越大，其标准差和协方差也越大；反之亦然。如果采用历史数据预测两项投资收益率的协方差，可按下式计算：

$$\sigma_{jk} = \frac{1}{n-1}\sum_{i=1}^{n}\left[R_{ji} - E(R_j)\right]\left[R_{ki} - E(R_k)\right] \tag{5.14}$$

反映两个变量之间相互关系的另一个统计指标是相关系数。在财务学中，相关系数被用来描述投资组合中各种投资资产收益率变化的数量关系，即一种投资资产的收益率发生变化时，另一种资产的收益率将如何变化。相关系数可用ρ表示，投资j和投资k收益率的相关系数（ρ_{jk}）可按下式计算：

$$\rho_{jk}=\frac{\sum_{i=1}^{n}\left[R_{ji} - E(R_j)\right]\left[R_{ki} - E(R_k)\right]}{\sum_{i=1}^{n}\left[R_{ji} - E(R_j)\right]\cdot\sum_{i=1}^{n}\left[R_{ki} - E(R_k)\right]} \tag{5.15}$$

根据统计学的相关知识，相关系数与协方差的关系可用下式描述：

$$\sigma_{jk}=\rho_{jk}\sigma_j\sigma_k \tag{5.16}$$

协方差给出的是两个变量相互关系的绝对值，而相关系数是度量两个变量相互关系的相对值。相关系数是标准化的协方差。其取值范围在±1之间。如果两项投资收益率的相关系数等于+1，表明这两项投资之间完全正相关，即两项投资收益率的变动方向相同，如图5-3（a）的正斜率所示。如果两项投资收益率的相关系数等于-1，表明这两项投资之间完全负相关，即两项投资收益率的变动方向相反，如图5-3（b）的负斜率所示。如果两项投资收益率的相关系数等于0，表明这两项投资之间完全零相关或相互独立，如图5-3（c）所示的随机散落的点。

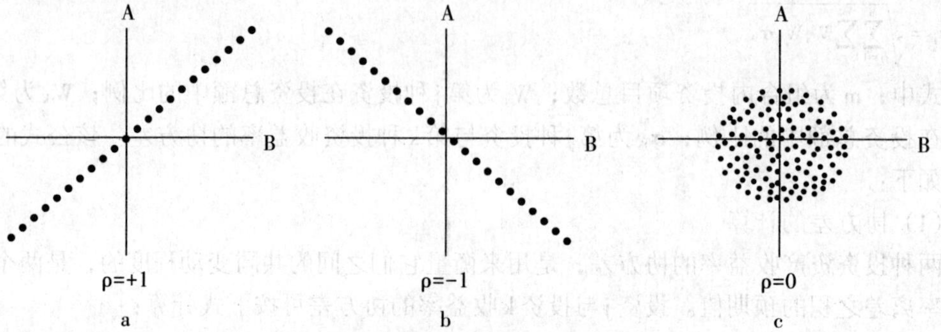

图5-3　投资资产A和投资资产B收益率的相关性

（2）协方差矩阵

根号内的双重的$\sum$符号，表示对所有可能配成组合的协方差，分别乘以两种投资的投资比例，然后求其总和。

例如，m（m≥2）种投资资产组合所有可能的配对组合的协方差可构成的矩阵见表5-4。

表5-4　**m种投资资产组合所有可能的配对组合的协方差**

证券	1	2	3	…	m
1	$\sigma_{1,1}$	$\sigma_{1,2}$	$\sigma_{1,3}$	…	$\sigma_{1,m}$
2	$\sigma_{2,1}$	$\sigma_{2,2}$	$\sigma_{2,3}$	…	$\sigma_{2,m}$
3	$\sigma_{3,1}$	$\sigma_{3,2}$	$\sigma_{3,3}$	…	$\sigma_{3,m}$
⋮	⋮	⋮	⋮		⋮
m	$\sigma_{m,1}$	$\sigma_{m,2}$	$\sigma_{m,3}$	…	$\sigma_{m,m}$

表5-4左上角的组合$\sigma_{1,1}$是σ_1、σ_1之积，是标准差的平方，即为方差，此时j=k。从左上角到右下角，共有m种j=k的组合。在这m种情况下，影响投资组合标准差的是m种投资资产的方差。当j=k时，相关系数是1，并且$\sigma_j \cdot \sigma_k$变为σ_j^2或σ_k^2。这就是说，对于对角线位置上的投资组合，其协方差是各项投资自身的方差。

当j≠k时，σ_{jk}代表投资j与投资k收益率之间的协方差，σ_{kj}代表投资k与投资j收益率之间的协方差，它们的数值是相同的。这就是说需要计算两次投资j和投资k之间的协方差。对于其他不在对角线的配对组合的协方差，同样计算了两次。

双重求和符号，就是把各种可能配对组合构成的矩阵中的所有方差和协方差加起来。m种投资资产的组合，一共有m^2项，由m个方差项和（m^2-m）个协方差项组成。这些协方差项实际上是由$(m^2-m)/2$个计算了两次的协方差项组成的。

（3）协方差比方差更重要

公式（5.12）表明，影响投资组合的标准差不仅取决于单项投资资产收益率的标准差，而且取决于各项投资资产之间的协方差。随着投资组合中投资资产数量的增加，协方差比方差越来越重要。由上面对协方差矩阵的分析可知，在计算m种投资资产组合的标准差时，根号内一共可展开m^2项相加，其中包含m个方差项和（m^2-m）个协方差项。例如，对于3种投资资产的组合，有3个方差项以及6个协方差项；对于有10种投资资产的组合，则有10个方差项以及90个协方差项；而对于有50种投资资产的组合，则有50个方差项以及2 450个协方差项。当一个组合扩大到能够包含所有投资资产时，只有协方差是重要的，方差将变得微不足道。因此，充分投资的投资组合的风险，只受投资资产之间收益率协方差的影响，而与各投资资产收益率本身的方差无关。

下面举例说明两种投资组合的收益率的期望值和标准差的计算过程。

【例5-5】假设甲投资资产的预期收益率为18%，标准差是20%；乙投资资产的预期收益率为10%，标准差是12%。假设等比例投资于甲、乙两项资产。求该组合的预期收益率以及当甲、乙两项资产的相关系数分别为1和0.2时组合的标准差。

该组合的预期收益率为：

$$R_p=18\%\times50\%+10\%\times50\%=14\%$$

当甲、乙两项资产的相关系数分别为1且等比例投资于两种资产时，组合的标准差是：

$$\sigma_p=\sqrt{0.5\times0.5\times1\times0.2^2+2\times0.5\times0.5\times1\times0.2\times0.12+0.5\times0.5\times1\times0.12^2}=16\%$$

可见，如果两项资产的相关系数等于1，没有任何抵消作用，在等比例投资的情况下，该组合的标准差等于两种资产各自标准差的简单算数平均数。

当甲、乙两项资产的相关系数为0.2且等比例投资于两项资产时，组合的标准差是：

$$\sigma_p=\sqrt{0.5\times0.5\times1\times0.2^2+2\times0.5\times0.5\times0.2\times0.2\times0.12+0.5\times0.5\times1\times0.12^2}=12.65\%$$

从上述计算过程可以看出，只要两项资产之间的相关系数小于1，投资组合收益率的标准差就小于各投资收益率标准差的加权平均数。

5.3.3　投资组合的有效集

现代投资组合理论认为，一组资产或证券可以按不同资产或证券的各种权数的分配组成无限数目的投资组合。在只有两项资产投资组合的情况下，投资的可行集是一条直线或曲线，如图5-4所示；当资产或证券种类增多时，可行集为一个平面，如图5-5所示。

图5-4和图5-5反映的以下几项特征是非常重要的：

1）它揭示了分散化效应

从图5-4和图5-5中可以看出两项资产投资资产组合的机会集曲线及多项投资资产组合的机会集外沿都有一段向后弯曲，反映了一种投资的未来预期收益率变化往往会被另一种投资的反向未来预期收益率变化所抵消，从而揭示了风险分散化的内在特征。投资收益率的相关系数越小，机会集越弯曲，风险分散化效应就越强。

2）它表达了最小方差组合

机会集最左边的点代表的投资组合被称为最小方差组合，它在持有投资的各种组合中有最小的标准差。

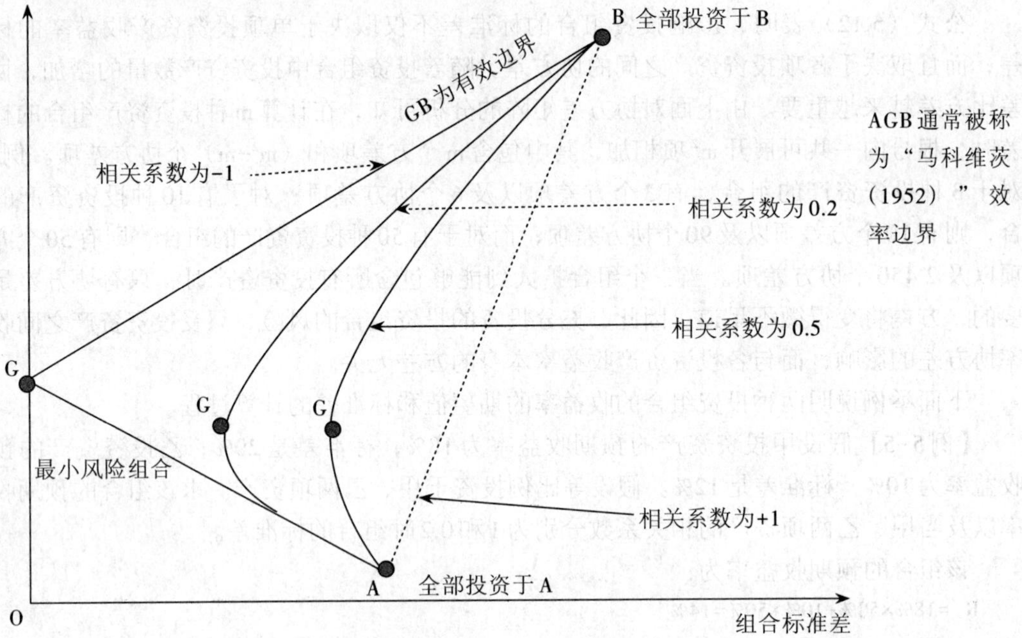

图5-4　两项资产投资组合的情况下投资的可行集

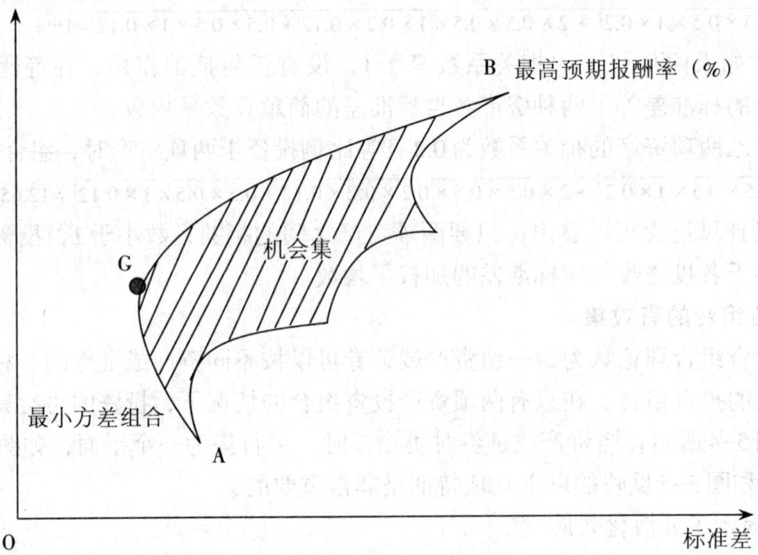

图5-5　多项资产或证券组合的情况下投资的可行集

3）它表达了投资的有效集合

图5-4和图5-5包含了多种可供选择的投资组合，在给定可能的投资组合可行区域内，优先投资组合应该是在任何风险程度下获得最高可能的预期收益；或在任何预期收益下内含最低可能风险的一种投资组合。在图5-4和图5-5中，从点G到点B之间曲线上的各点为有效投资组合的效率集合。在图5-4中，其他曲线上的各点组成的投资组合

及图5-5中有效边界线右方的投资组合则称为无效率组合。因为它们与有效投资组合相比，如果具有相同的风险，就只能取得较低的收益；如果具有相同的收益，则需承担较大的风险。

有效边界包括无数个可能的投资组合，其范围从最小风险和最小预期收益投资组合到最大风险和最大预期收益投资组合，每个投资组合都代表一种不同的风险与收益的选择。预期收益越高，承担的风险也越大，没有一种投资组合先验地比其他组合优越。

5.3.4　资本市场线（CML）

在上述投资组合分析中，假设所有资产均为风险资产。事实上，市场上可供选择的投资工具很多，除风险资产外，还有大量的无风险资产，因此，不能忽略无风险资产对投资组合收益的影响。

托宾（Tobin）于1958年拓展了马科维茨的理论框架，加入一个无风险证券，从而扩展抬高了马科维茨的有效边界。S组合为最有效的风险组合。如图5-6所示，从无风险资产的收益率R_f开始，做有效边界的切线，切点为S，该直线为加入了无风险资产的有效组合集。虽然投资者可以选择XSN线上的任何有效组合，但是无风险资产的存在，使投资者可以同时持有无风险资产和风险组合S，从而位于R_fS上某点。R_fS上的组合与XSN上的组合相比，它的风险小而收益率与之相同，或者收益率高而风险与之相同，或者收益率高且风险小。

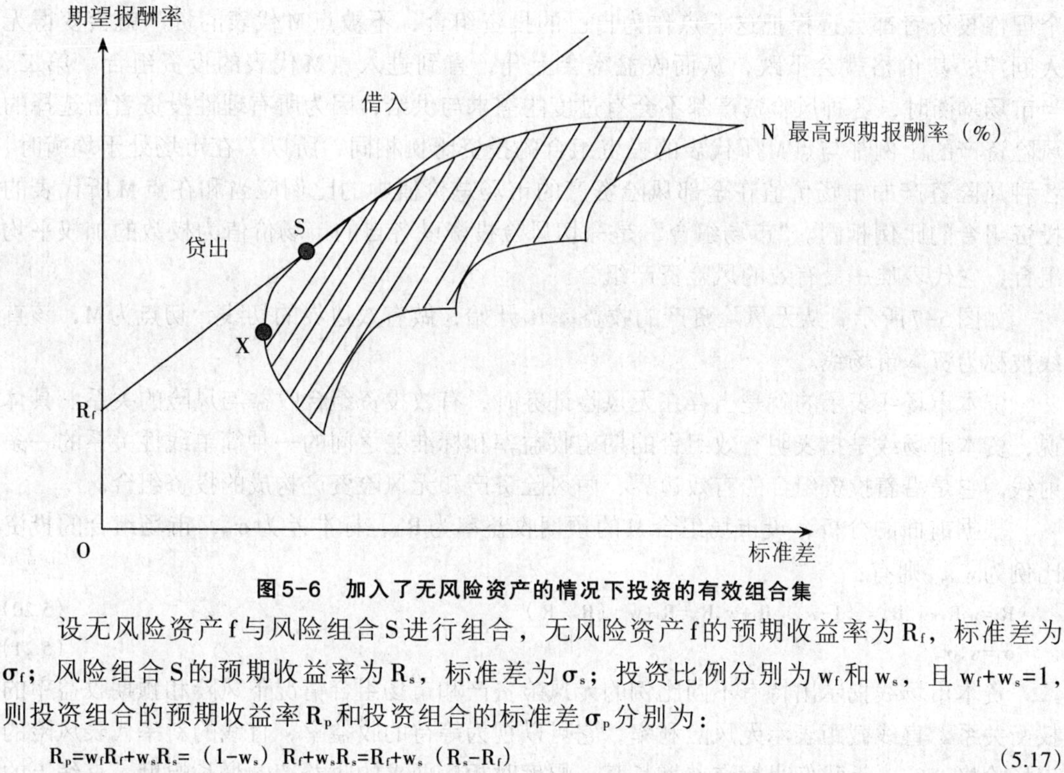

图5-6　加入了无风险资产的情况下投资的有效组合集

设无风险资产f与风险组合S进行组合，无风险资产f的预期收益率为R_f，标准差为σ_f；风险组合S的预期收益率为R_s，标准差为σ_s；投资比例分别为w_f和w_s，且$w_f+w_s=1$，则投资组合的预期收益率R_p和投资组合的标准差σ_p分别为：

$$R_p=w_fR_f+w_sR_s=(1-w_s)R_f+w_sR_s=R_f+w_s(R_s-R_f) \tag{5.17}$$

$$\sigma_p=\sqrt{w_f^2\cdot\sigma_f^2+2w_fw_s\rho_{fs}\sigma_f\sigma_s+w_s^2\cdot\sigma_s^2} \tag{5.18}$$

由于无风险资产的标准差σ_f为0，所以有：

$$\sigma_p=w_s\sigma_s \tag{5.19}$$

从上面的计算可看出，加入了无风险资产后的有效投资组合的预期收益率等于无风险收益率与风险资产组合的预期收益率的加权平均数。或者说，投资组合的预期收益率等于无风险收益率加上按投资风险资产组合比例计算的风险溢价（R_s-R_f）。

从上面的计算还可看出，加入了无风险资产后的有效投资组合的风险σ_p是风险资产组合风险σ_s的简单线性函数。因此，无论风险资产组合的风险有多大，由无风险资产和风险资产构成的组合风险与收益对应的集合，总会形成一条直线，从无风险资产伸向所选定的风险资产组合。因此，最佳投资组合应使各投资者组合对应点的连线与有效边界相切。最佳投资组合用点S表示，这意味着投资者首先应将资本投向位于切线上的投资组合S，然后根据自己的风险偏好，通过借入或贷出无风险资产调整自己的投资组合。

威廉·夏普（W.Sharpe，1964）与约翰·林特纳（J.Lintner，1965）在马科维茨（Markowitz，1952）/托宾（Tobin，1958）框架内增添了两个额外的假设，分别发展了该模型。这两个假设是：个体对各风险投资的预期收益、风险、投资之间的相关性方面有相似的预期；个体可以以相同的无风险利率借贷。

在上述两个假设下，所有个体都有相同的切点组合S，因为S必须包含所有风险资产，用M来代替它，并称它为“市场组合”。这一市场投资组合有两个重要特征：第一，如果市场是有效的，点M所代表的投资组合必然包含了市场上存在的所有资产，因为任何一个理性投资者都会选择把这一点作为自己的投资组合，不被点M代表的资产就会变得无人问津，其价格就会下跌，从而收益率会上升，直到进入点M代表的投资组合。第二，当市场均衡时，各种风险资产都不会有过度的需求与供给，因为所有理性投资者所选择的风险资产的比例都与点M所代表的投资组合的投资比例相同，所以，在市场处于均衡时，各种风险资产的市场价值在全部风险资产的市场总价值中的比例应当和在点M所代表的投资组合的比例相同。“市场组合”是一切风险投资以各自的市场价值为权数的加权平均组合，它代表唯一最有效的风险资产组合。

如图5-7所示，从无风险资产的收益率R_f开始，做有效边界的切线，切点为M，该直线被称为资本市场线。

资本市场线表示的就是当存在无风险证券时，有效投资组合收益与风险的关系。具体说，资本市场线是指表明有效组合的期望收益率和标准差之间的一种简单线性关系的一条射线。它是沿着投资组合的有效边界，由风险资产和无风险资产构成的投资组合。

根据前面的分析，设市场组合M的预期收益率为R_m，标准差为σ_m，市场组合的投资比例为w_m，则有：

$$R_p=w_fR_f+w_mR_m=(1-w_m)R_f+w_mR_m=R_f+w_m(R_m-R_f) \tag{5.20}$$

$$\sigma_p=w_m\sigma_m \tag{5.21}$$

资本市场线揭示出持有不同比例的无风险资产和市场组合情况下风险和预期收益率的权衡关系。直线截距表示无风险利率，它可以视为等待的收益率，直线的斜率代表风险的市场价格，它告诉我们当标准差增长某一幅度时相应要求的收益率的增长幅度。直线上的任意一点都可以告诉我们投资与市场组合和无风险资产的比例。在M点的左侧，你将同时持有无风险资产和风险资产组合；在M点的右侧，你将仅持有市场组合M，并且会借入资金以进一步投资于市场组合M。

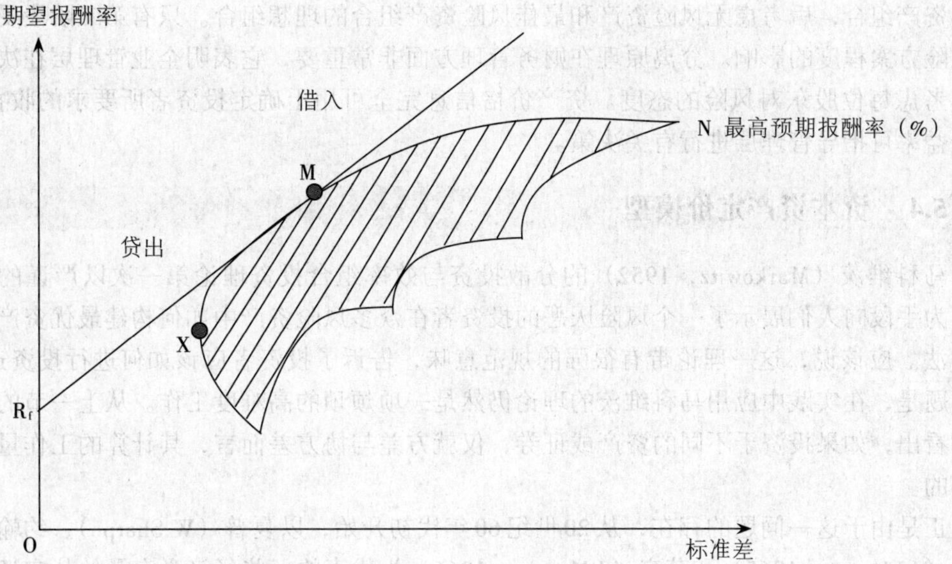

图5-7 资本市场线

资本市场线可以简化表示为图5-8的形式：

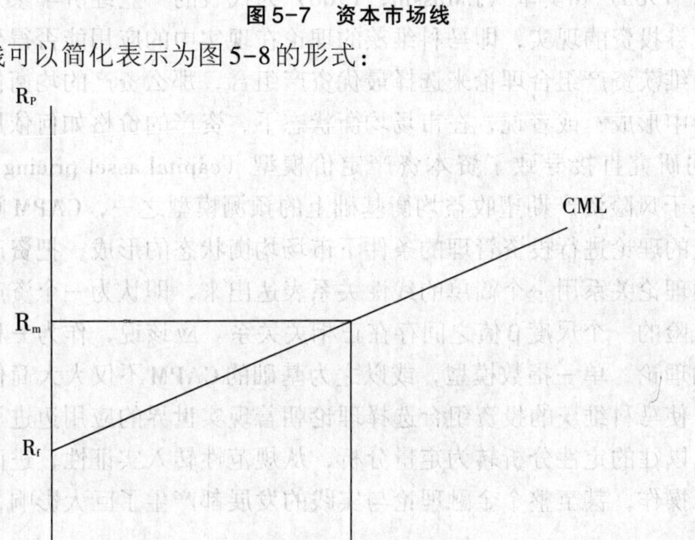

图5-8 资本市场线

有效组合的直线方程可表示为：

$$R_p = R_f + \left(\frac{R_m - R_f}{\sigma_m}\right)\sigma_p \tag{5.22}$$

从资本市场线可以看出，个人的效用偏好与最佳风险资产组合相独立。投资者个人对风险的态度仅仅影响借入或贷出的资金量，而不影响最佳风险资产组合。其原因是当存在无风险资产并可按无风险利率自由借贷时，市场组合优于所有其他组合。对于不同风险偏好的投资者来说，只要能以无风险利率自由借贷，他们都会选择市场组合M。这就是所谓的分离定理。它可以表述为最佳风险资产组合的确立独立于投资者的风险偏好。它取决于各种可能风险组合的期望收益率和标准差。个人的投资行为可分为两个阶段：先确定最佳风险资产组合，后考虑无风险资产和最佳风险资产组合的理想组合。只有第二阶段受投资者风险方案程度的影响。分离原理在财务管理方面非常重要，它表明企业管理层在决策时不必考虑每位股东对风险的态度。资产价格信息完全可用于确定投资者所要求的收益率，该收益率可指导管理层进行有关决策。

5.4 资本资产定价模型

马科维茨（Markowitz，1952）的分散投资与效率组合投资理论第一次以严谨的数理工具为手段向人们展示了一个风险厌恶的投资者在众多风险资产中如何构建最优资产组合的方法。应该说，这一理论带有很强的规范意味，告诉了投资者应该如何进行投资选择。但问题是，在实践中应用马科维茨的理论仍然是一项烦琐的高难度工作。从上一节的内容我们看出，如果投资于不同的资产或证券，仅就方差与协方差而言，其计算的工作量将是繁重的。

正是由于这一问题的存在，从20世纪60年代初开始，以夏普（W.Sharpe）、约翰·林特纳（J.Lintner，1965）和莫辛（J.Mossin，1966）为代表的一些经济学家开始从实证的角度出发，探索证券投资的现实，即马科维茨的理论在现实中的应用能否得到简化？如果投资者都采用马科维茨资产组合理论来选择最优资产组合，那么资产的均衡价格将如何在收益与风险的权衡中形成？或者说，在市场均衡状态下，资产的价格如何依风险而确定？

这些学者的研究直接导致了资本资产定价模型（capital asset pricing model，CAPM）的产生。作为基于风险资产期望收益均衡基础上的预测模型之一，CAPM阐述了在投资者都采用马科维茨的理论进行投资管理的条件下市场均衡状态的形成，把资产的预期收益与预期风险之间的理论关系用一个简单的线性关系表达出来，即认为一个资产的预期收益率与衡量该资产风险的一个尺度β值之间存在正相关关系。应该说，作为一种阐述风险资产均衡价格决定的理论，单一指数模型，或以之为基础的CAPM不仅大大简化了投资组合选择的运算过程，使马科维茨的投资组合选择理论朝着现实世界的应用迈进了一大步，而且使得证券理论从以往的定性分析转为定量分析，从规范性转入实证性，进而对证券投资的理论研究和实际操作，甚至整个金融理论与实践的发展都产生了巨大影响，成为现代金融学的理论基础。

当然，近几十年来，作为资本市场均衡理论模型关注的焦点，CAPM的形式已经远远超越了夏普、林特纳和莫辛提出的传统形式，有了很大发展，如套利定价模型、跨时资本资产定价模型、消费资本资产定价模型等，目前已经形成了一个较为系统的资本市场均衡理论体系。

5.4.1 系统风险与β系数

是什么因素决定了风险性资产的风险性收益率的大小？换句话说，为什么有些资产的风险收益率比其他资产大？这些问题的答案就是基于系统风险和非系统风险的区别。

1）系统风险原则

通过对前面风险的分类，我们已经知道一项资产的整体风险可以分解成系统风险和非系统风险两部分。我们还知道，非系统风险实质上可以通过分散化而被化解掉，而一项资产所呈现的系统风险则无法通过分散化来化解。

根据对资本市场历史的研究，我们知道，一般说来，承担风险会得到回报。系统风险原则说明，承担风险时所得到的回报的大小，仅仅取决于这项投资的系统风险。这个原则所依据的道理非常直观：由于通过分散化投资可以几乎没有成本地化解非系统性风险，因此承担这种风险没有回报，换句话说，市场不会给那些不必要的风险以回报，不管一项资产的整体风险有多大，在确定这项资产的期望风险收益率时，只需要考虑系统风险部分。

2）系统风险的度量

既然一项资产的期望风险收益率取决于它的系统风险，那么度量系统风险就成了一个关键性因素。度量一项系统风险的指标是贝塔系数，用希腊字母β来表示。β系数反映的是一项资产的系统风险的相对测度值，它告诉我们，相对于市场组合而言，特定资产的系统风险是多少。根据这个含义，市场组合的β系数为1.0。因此，一项β系数为0.5的资产的系统风险，是市场组合资产的风险的一半；一项β系数为2.0的资产的系统风险，是市场组合的风险的两倍。根据风险与收益的关系，β系数也被定义为某资产的收益率与市场组合之间的相关性。其计算公式如下：

$$\beta_i = \frac{\sigma_{jm}}{{\sigma_m}^2} = \frac{\rho_{jm}\sigma_j\sigma_m}{{\sigma_m}^2} = \rho_{jm}\left(\frac{\sigma_j}{\sigma_m}\right) \tag{5.23}$$

式中，分子σ_{jm}为第j种证券的收益率与市场组合收益率之间的协方差。

从公式（5.23）可以看出，一种证券的β系数的大小取决于：（1）该证券与整个证券市场的相关性；（2）它自身的标准差；（3）整个市场的标准差。

在实务中，β系数的计算有两种方法：

一种方法是按照上面的公式，根据各证券收益率与市场组合收益率的相关系数、市场组合的标准差和该证券收益率的标准差直接计算。

另一种方法是使用回归直线法。根据数理统计的线性回归原理，β系数可以通过同一时期内各证券收益率和市场组合收益率的历史数据，使用线性回归方程预测出来。β系数就是反映同一时期内各证券收益率和市场组合平均收益率之间的相互关系的回归线的回归系数。这条回归线也被称为证券特征线。证券市场上个别证券的收益率与市场组合的平均收益率之间的相互关系可用公式（5.24）表述：

$$R_{it} = \alpha_i + \beta_i R_{mt} + \varepsilon_{it} \tag{5.24}$$

式中，R_{it}为证券i在t期间的收益率；R_{mt}为市场组合M在t期间的平均收益率；α_i为R_{it}随R_{mt}变动的回归线的截距，反映了市场组合收益率为0时i证券的收益；β_i为R_{it}随R_{mt}变动的回归线的斜率，反映了市场组合M收益率变动对证券i收益率变动的影响程度，就是前面所讲的β系数；ε_{it}为i证券在t期间的随机误差项。

R_{it}与R_{mt}可以使用历史数据也可以使用预期数据进行分析，一般使用历史数据。在使用历史数据时，为避免使用年收益数据跨越时间太长，计算出的β系数不能反映当前的情况，一般使用月收益率数据，取5年60个月的数据。证券特征线如图5-9所示。

证券（资产）按β系数的分类：

当β=0时，为无风险证券。

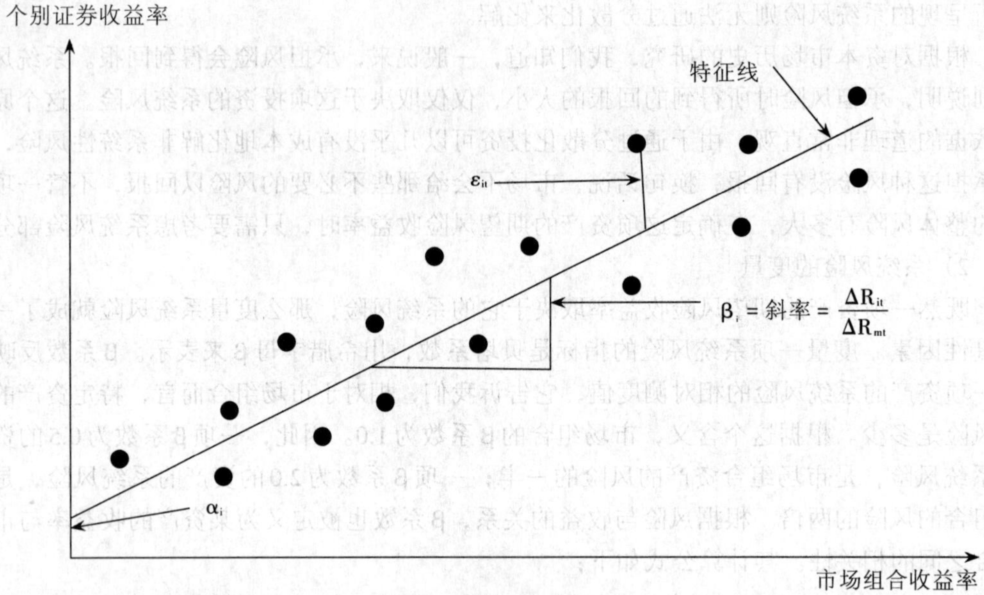

图5-9　证券特征线

当β< 1时，为防守性证券，表示证券的风险小于市场投资组合的风险，其预期报酬率的变动幅度低于市场投资组合。

当β=1时，为中性证券，表示证券的风险与市场投资组合的风险一致，其预期报酬率与市场投资组合的报酬率相同。

当β> 1时，为进攻性证券，表示资产的风险大于市场投资组合的风险，其预期报酬率的变动幅度高于市场投资组合。

大部分证券的β系数在0.60～1.60。

3）投资组合的β系数

通过前面的分析，我们看到投资组合的风险和投资组合中各资产的风险并不存在一个简单的关系。但是，投资组合的β系数却可以像投资组合的期望收益率那样计算出来。投资组合的β系数，是组合中单项资产β系数的加权平均数，权数为各资产在投资组合中所占比例。其计算公式为：

$$\beta_p = \sum_{i=1}^{n} w_i \beta_i \tag{5.25}$$

式中，β_p是投资组合的β系数；w_i为第i项资产在组合中所占的价值比例；β_i为第i项资产的β系数。

由于单项资产的β系数不尽相同，因此通过替换资产组合中的资产或改变不同资产在组合中的价值比例，可以改变组合的风险特性。

【例5-6】某证券资产组合中有A、B、C三只股票，其β系数分别为0.4、1.1和1.7，各股票的投资比例分别为40%、10%和50%。求该组合的β系数。

根据公式（5.25），该组合的β系数为：

β_p=40%×0.4+10%×1.1+50%×1.7=1.12

5.4.2 证券市场线

在资本资产定价模型中，所谓资本资产主要是指资本市场上的证券，而定价则试图解释资本市场上证券的必要收益率和相应风险的关系以及建立在这种关系上的证券估价。

根据风险与收益的一般关系，某资产的必要收益率是由无风险收益率和资产的风险收益率决定的，即：

必要收益率=无风险收益率+风险收益率

资本资产定价模型的一个主要贡献在于它提供了对风险与收益之间的一种实质性的表述，解释了风险收益率的决定因素和度量方法，并且给出了一个简单易用的表达形式：

$$R_i = R_f + \beta_i(R_m - R_f) \tag{5.26}$$

这是资本资产定价模型的核心关系式。

式中，R_i为i资产或组合的必要收益率；β_i为i资产或组合的系统风险系数；R_f为无风险收益率（通常以短期国债的利率来近似替代）；R_m为市场组合的收益率（通常用证券市场上股票价格指数的平均值或所有股票的平均收益率来代替）。

从资本资产定价模型可以看出，投资者要求的收益率不仅取决于市场风险，而且取决于无风险利率和市场风险补偿程度。由于这些因素始终处于变动之中，投资者要求的收益率也不会一成不变。预计通货膨胀率提高时，无风险利率会随之提高，进而投资者要求的收益率增加。在公式（5.26）中，$(R_m - R_f)$为市场组合的平均风险收益率，反映的就是市场风险补偿程度。它是附加在无风险收益率之上的，由于承担了整个市场的平均风险所要求的风险补偿，它反映的是市场作为整体对风险的厌恶程度，对风险越是厌恶和回避，要求的补偿就越高，因此，市场组合平均风险收益率的数值就越大；反之，如果市场的抗风险能力强，则对风险的厌恶和回避就不是很强烈，因此，要求的补偿就越低，所以市场组合平均风险收益率就越小。另外，从模型中也不难看出，某项资产或组合的风险收益率就是该资产或组合β系数与市场组合平均风险收益率的乘积，即：

某项资产或组合的风险收益率$=\beta_i(R_m - R_f)$

【例5-7】接【例5-6】资料，假设当前短期国债收益率为3%，股票价格指数平均收益率为12%，计算A、B、C三种股票组合的必要收益率。

三种股票组合的必要收益率=3%+1.24×（12%-3%）=14.16%

如果把资本资产定价模型中的β系数看作自变量，必要收益率R_i作为因变量，无风险利率R_f和市场组合的平均风险收益率作为已知系数，那么这个公式在数学上就是一个直线方程，叫做证券市场线，简称SML线。可见证券市场线是资本资产定价模型的几何表示。证券市场线如图5-10所示。

证券市场线对任何公司、任何资产都是适用的。只要将该公司或资产的β系数代入该直线方程中，就能得到该公司或资产的必要收益率。

证券市场线上每个点的横、纵坐标值分别代表每一项资产（或资产组合）的系统风险系数和必要收益率。因此，证券市场上任意一项资产或资产组合的系统风险系数和必要收益率都可以在证券市场线上找到对应的一点。

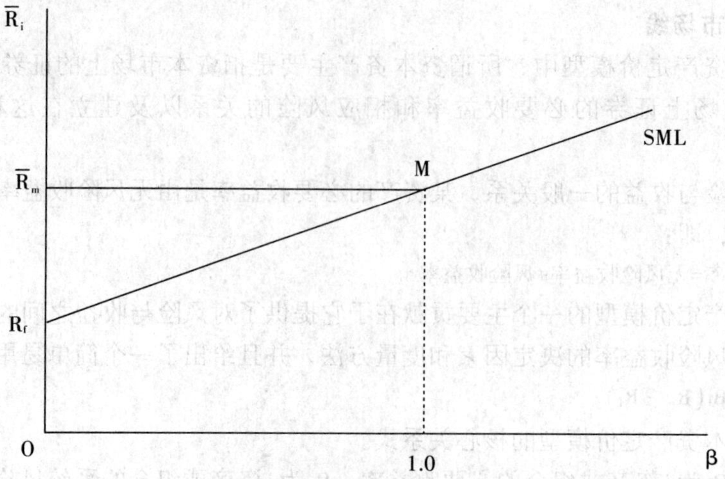

图5-10　证券市场线

证券市场线一个重要的说明就是"只有系统风险才有资格要求补偿"。该公式没有引入非系统风险即企业特有风险，也就是说，投资者要求的补偿只是因为他们"忍受"了市场风险即系统风险，而不包括企业特有风险，因为企业特有风险可以通过资产组合被消除掉。

资本资产定价模型将一项资产风险的观念由σ转变为β系数。总体来说，以σ衡量一个投资组合的风险仍然是正确的，但这并不等于能将σ应用在对于单独资产的风险与收益的衡量上。单独资产的情况，合适的衡量标准为这个资产的β系数。

5.4.3　套利定价理论

资本资产定价模型最大的贡献在于它简单、明确地表明了风险与收益之间的一种相互关系，首次将"高收益伴随着高风险"这样一种直观认识，用这样简单的关系式表达出来。在资本资产定价模型中，它把任何一种风险资产的价格都划分为三个因素：无风险收益率、β系数和市场风险溢价，从而使投资者可以根据系统风险而不是总风险来评价各种资产的价格，用来解决投资决策中的一般性问题。

但在现实世界中，许多因素都会影响风险资产的必要收益率。将复杂的现实简化了的这一模型，必定会遗漏许多有关因素，也必定会限制在许多假设条件之下，因此也受到了一些质疑。例如，资本资产定价模型的假设现实世界不完全相符，在实际中无风险资产与市场投资组合可能不存在，采用历史数据估价的β系数很难准确衡量当前或未来的风险，选用的市场组合可能并不代表真正的市场投资组合等。直到现在，关于CAPM有效性的争论还在继续，拥护和批驳的辩论相当激烈和生动。人们也一直在寻找更好的理论或方法，但尚未取得突破性进展。

套利定价理论（APT）是美国学者斯蒂芬·罗斯（Stephen A.Ross）于1976年在资本资产定价模型（单因素模式——市场组合风险）的基础上建立起来的一种多因素模型。它认为任何证券的收益率是K个要素的线性函数，其理论内涵在于表明证券投资收益与风险之间的多因素线性关系。按照APT模型，证券的预期收益率的计算公式可以概括为：

$$E(r_j) = r_f + \beta_{j1}[E(r_{j1}) - r_f] + \beta_{j2}[E(r_{j2}) - r_f] + \cdots + \beta_{jk}[E(r_{jk}) - r_f] \quad (5.27)$$

式中，$E(r_j)$为证券或资产j的必要收益率；K为影响资产收益率因素的数量；E（r_{j1}），E（r_{j2}），…，E（r_{jk}）为证券j在因素为1，2，…，K时的预期收益率；$\beta_{j1},\beta_{j2},\cdots,\beta_{jK}$为证券j对于因素1，2，…，K的风险系数。

APT模式的假设条件：

（1）影响证券收益率的因素不止一个，而是K个因素。

（2）资本市场是完全竞争的市场。

（3）实行多元化投资，可消除只影响单一证券的特定风险——非系统风险。

（4）在市场均衡时，投资组合的套利收益为0。

投资者属于风险规避类型。

套利定价理论可以被认为是一种广义的资本资产定价模型，为投资者提供了一种替代性方法，来理解市场中的风险与收益率之间的均衡关系。套利定价理论与现代资产组合理论、资本资产定价模型和期权定价模型等构成了现代财务学等理论基础。

在市场均衡条件下，按资本资产定价模型或多因素模型确定的风险资产预期收益率与投资者要求的收益率在数值上是相等的，由此我们可以根据资本市场上的历史价格数据，计算未来预期收益率的估计值，并以此作为投资者要求的收益率或资本成本，从而使其成为股票价值评估、资本预算和融资决策以及业绩评价的基准。

案例分析5-1

金华公司风险收益的计量

金华公司在2017年陷入了经营困境，因其生产的果汁饮料市场竞争激烈、消费者喜好产生变化等而开始滞销。为开拓市场，金华公司准备在2018年开发两种新的饮料。

1.开发洁清纯净水

面对全国范围内的节水运动及限制供应，尤其是北方十年九旱的特殊环境，开发部认为洁清纯净水将进入百姓的日常生活，有关市场预测资料见表5-5。

表5-5 洁清纯净水市场预测资料 金额单位：万元

市场销路	概率	预计年利润
好	60%	150
一般	20%	60
差	20%	-10

经过专家测定该项目的风险系数为0.5。

2.开发消渴啤酒

北方人豪爽、好客、爱畅饮；北方人的收入近年来明显增多，生活水平日益提高，亲朋好友聚会的机会日益增多。开发部据此提出开发消渴啤酒方案，有关市场预测资料见表5-6。

表5-6　　消渴啤酒市场预测资料　　金额单位：万元

市场销路	概率	预计年利润
好	50%	180
一般	20%	85
差	30%	-25

经过专家测定该项目的风险系数为0.7。

讨论题：

如果你是公司经理，你如何对两个产品开发方案的收益与风险予以计量，并进行方案评价。

分析提示：

1.期望收益

（1）开发洁清纯净水的期望收益=60%×150+20%×60+20%×（-10）=100（万元）

（2）开发消渴啤酒的期望收益=50%×180+20%×85+30%×（-25）=99.5（万元）

从两种商品的预期收益来看，开发洁清纯净水的期望收益比开发消渴啤酒要多0.5万元。

2.期望收益方差

$$\sigma_A=\sqrt{(150-100)^2\times0.6+(60-100)^2\times0.2+(-10-100)^2\times0.2}=65.12$$

$$\sigma_B=\sqrt{(180-99.5)^2\times0.5+(85-99.5)^2\times0.2+(-25-99.5)^2\times0.3}=89.06$$

3.计算标准离差率

$V_A=65.12\div100=65.12\%$

$V_B=89.06\div99.5=89.51\%$

标准离差率是一个相对指标，它以相对数反映决策方案的风险程度。在期望值不同的情况下，标准离差率越大，风险越大。依据这一衡量原则，说明开发洁清纯净水比开发消渴啤酒风险要小。

4.风险收益率

$R_t=\beta V$

R_t（开发洁清纯净水）=0.5×65.12%=32.56%

R_t（开发消渴啤酒）=0.7×89.06%=62.34%

从风险收益率看，开发消渴啤酒比开发洁清纯净水的收益率高。

综上来说，在期望收益差不多的情况下，开发洁清纯净水的风险更小，但是开发消渴啤酒的收益率更高。从保险的角度看，开发洁清纯净水更加合适。当然，随着季节的变换，纯净水和啤酒的销售量也会改变，还需因季节而定。

思考题

1.什么是风险？风险的种类有哪些？

2.风险的应对策略及人们对风险的态度分别有哪些？

3.简述资产收益的含义。什么是实际收益率、名义收益率、必要收益率和预期收益率？

4.简述风险与收益的关系。

5.方差、标准差和标准离差率在衡量风险上有何联系和区别？

6.为什么投资组合可以分散单个资产的风险？为什么投资组合不能消除全部风险？

7.什么是非系统风险？在投资组合中不同投资项目之间的相关系数对非系统风险有什么作用？

8.什么是投资组合的可行集？什么是投资组合的有效集？

9.简述资本资产定价模型的基本原理。

10.简述资本市场线（CML）、证券市场线（SML）和证券特征线之间的关系。

11.如何度量投资组合的β系数？

12.请举例说明在企业筹资、投资决策、营运资金决策及利润分配决策中风险价值思想的运用。

13.学习了风险价值的理论后，你对个人的投资理财活动有什么看法？

章末习题

一、单项选择题

1.已知某证券的β系数为2，则该证券（　　）。

A.无风险

B.有非常低的风险

C.与金融市场所有证券的平均风险一致

D.是金融市场所有证券平均风险的2倍

2.投资者由于冒风险进行投资而获得的超过无风险收益率的额外收益，称为投资的（　　）。

A.实际收益率　　B.期望报酬率

C.风险报酬率　　D.必要报酬率

3.已知甲方案投资收益率的期望值为15%，乙方案投资收益率的期望值为12%，两个方案都存在投资风险。比较甲、乙两方案风险大小应采用的指标是（　　）。

A.方差　　B.净现值

C.标准离差　　D.标准离差率

4.对于多方案择优，决策者的行动准则应是（　　）。

A.选择高收益项目

B.选择高风险、高收益项目

C.选择低风险、低收益项目

D.权衡期望收益与风险，而且还要视决策者对风险的态度而定

5.x方案的标准离差是1.5，y方案的标准离差是1.4，如x、y两方案的期望值相同，那

么两方案的风险关系为（　　）。

A.x＞y　　B.x＜y

C.无法确定　　D.x=y

6.合约注明的收益率为（　　）。

A.实际收益率　　B.名义收益率

C.期望收益率　　D.必要收益率

7.下列各项不属于风险控制对策的是（　　）。

A.减少风险　　B.转移风险

C.接受风险　　D.扩大风险

8.下列各项不属于减少风险对策的是（　　）。

A.准确的预测　　B.对决策方案进行多方案优选和替代

C.向保险公司投保　　D.分散投资

9.非系统风险与下列（　）因素有关。

A.政治　　B.经济

C.税制改革　　D.销售决策

10.市场组合的风险是（　　）。

A.财务风险　　B.经营风险

C.非系统风险　　D.系统风险

11.若两资产收益率的协方差为负，则其收益率变动方向（　　）。

A.相同　　B.相反

C.无关　　D.无法确定

12.下列各情况，会给企业带来财务风险的是（　　）。

A.企业举债过度　　B.原材料价格变动

C.企业产品更新换代周期过长　　D.企业产品的生产质量不稳定

13.根据资本资产定价模型，某项资产的风险收益率是由该资产的（　　）与市场风险溢酬决定的。

A.系统风险　　B.总风险

C.财务风险　　D.经营风险

14.证券市场线的截距是（　　）。

A.风险收益率　　B.无风险收益率

C.市场风险溢酬　　D.预期收益率

15.非系统风险是发生于（　　）造成的风险。

A.宏观经济状况的变化　　B.个别公司的特有事件

C.不能通过投资组合得以分散　　D.通常以β系数来衡量

16.下列关于风险的论述正确的是（　　）。

A.风险越大，要求的报酬率越高

B.风险是无法选择和控制的

C.随着时间的延续，风险将不断增大

D.风险越大，实际的报酬率越高

17.实际上，如果将若干种股票组成投资组合，下列表述错误的是（ ）。

A.不可能达到完全正相关，也不可能完全负相关

B.投资组合包括的种类越多，风险越小

C.可以降低风险，但不能完全消除风险

D.若投资组合包括全部股票，则风险完全消除

18.投资者对某资产合理要求的最低收益率为（ ）。

A.必要收益率　　B.无风险收益率

C.风险收益率　　D.实际收益率

19.财务管理的理论框架和实务方法主要是针对（ ）。

A.风险回避者　　B.风险追求者

C.风险中立者　　D.以上三者

二、多项选择题

1.关于投资者要求的投资报酬率，下列说法正确的有（ ）。

A.风险程度越高，要求的报酬率越低

B.无风险报酬率越高，要求的报酬率越高

C.无风险报酬率越低，要求的报酬率越高

D.风险程度、无风险报酬率越高，要求的报酬率越高

2.按照投资的风险分散理论，以等量资金投资于A、B项目，则（ ）。

A.若A、B项目完全负相关，组合后的风险完全抵消

B.若A、B项目完全负相关，组合后的风险不扩大也不减少

C.若A、B项目完全正相关，组合后的风险完全抵消

D.若A、B项目完全正相关，组合后的风险不扩大也不减少

3.下列关于β系数的表述正确的有（ ）。

A.β系数越大，说明风险越大

B.若某股票的β系数等于1，则它的风险与整个市场的平均风险相同

C.若某股票的β系数等于2，则它的风险程度是股票市场的平均风险的2倍

D.若某股票的β系数是0.5，则它的风险程度是股票市场的平均风险的一半

4.按照资本资产定价模式，影响特定股票预期收益率的因素有（ ）。

A.无风险的收益率　　B.平均风险股票的必要收益率

C.特定股票的β系数　　D.经营杠杆系数和财务杠杆系数

5.从企业本身来看，按风险形成的原因可将企业特有风险进一步分为（ ）。

A.经营风险　　B.财务风险

C.系统风险　　D.非系统风险

6.下列因素属于市场风险的有（ ）。

A.战争　　B.自然灾害

C.经济衰退　　D.通货膨胀

7.下列关于协方差的说法错误的有（ ）。

A.协方差为正，表示两种资产的报酬率呈相反方向变化
B.协方差为负，表示两种资产的报酬率呈相反方向变化
C.协方差的绝对值越大，那么这两种资产报酬率的关系越疏远
D.绝对值越小，那么这两种资产报酬率的关系越紧密
8.下列关于相关系数的说法正确的有（　　）。
A.相关系数在-1和1之间
B.相关系数为-1时代表这两项资产完全负相关
C.相关系数为+1时代表这两项资产完全正相关
D.相关系数为0时代表这两项资产不相关
9.关于股票或股票组合的β系数，下列说法正确的有（　　）。
A.股票的β系数反映个别股票相对于平均风险股票的变异程度
B.股票组合的β系数反映股票投资组合相对于平均风险股票的变异程度
C.股票组合的β系数是构成组合个股的β系数的加权平均数
D.股票的β系数用来衡量个别股票的系统风险
10.下列关于系统风险的阐述正确的有（　　）。
A.系统风险影响了所有资产
B.系统风险不能通过资产组合而消除
C.系统风险对各项资产的影响并不是完全相同的
D.衡量系统风险的指标是β系数
11.下列关于市场组合的阐述正确的有（　　）。
A.市场组合是指由市场上所有资产组成的组合
B.市场组合的收益率就是市场平均收益率
C.市场组合的β系数为0
D.所有市场组合的风险就是市场风险或系统风险
12.下列关于证券市场线阐述正确的有（　　）。
A.资本资产定价模型用图形加以表示，即为证券市场线
B.它说明了证券期望收益率与系统风险β系数之间的关系
C.证券市场线体现了资本市场达到均衡时，不同风险的证券的必要收益率
D.证券市场线是不会改变的
13.下列关于资本资产定价模型阐述正确的有（　　）。
A.资本资产定价模型存在着一些明显的局限
B.资本资产定价模型只能大体描述出证券市场运动的基本状况
C.资本资产定价模型给出的结果是精确的
D.资本资产定价模型的最大贡献在于对风险与收益之间的关系进行了实质性的表述

14.假设甲、乙证券收益的相关系数接近于0，甲证券的预期报酬率为6%（标准差为10%），乙证券的预期报酬率为8%（标准差为15%），则由甲、乙证券构成的投资组合（　　）。

A.最低的预期报酬率为6%　　　　B.最高的预期报酬率为8%

C.最高的标准差为15%　　　　　　　　D.最低的标准差为10%

15.下列关于风险的说法正确的是（　　）。

A.如果投资者选择一项资产并把它加入已有的投资组合中，那么该资产的风险完全取决于它如何影响投资组合收益的波动性

B.投资项的风险大小是一种客观存在，但投资者是否冒风险，则是可以由投资者主观决定的

C.在充分组合的情况下，公司特有风险与决策是不相关的

D.投资项目的风险大小是投资者主观可以决定的

三、计算题

1.某企业有A、B两个投资项目，计划投资额均为2 000万元，其收益率的概率分布见表5-7：

表5-7　　**投资项目收益率概率分布**

市场状况	概率	A项目	B项目
好	0.3	20%	30%
一般	0.5	10%	10%
差	0.2	5%	-5%

要求：（1）分别计算A、B两个项目收益率的期望值。

（2）分别计算A、B两个项目收益率的标准差、标准离差率。

（3）若你是该项目的决策者，你会选择哪个方案？

2.若某投资组合包含甲、乙两种股票，股票甲的期望收益率为14%，标准差为10%；股票乙的期望收益率为18%，标准差为16%；两股股票的相关系数为0.4，投资股票甲的权重为40%，投资股票乙的权重为60%。

要求：计算该投资组合的期望收益率与标准差分别为多少？

3.（1）假设张先生有10万元用于投资，其中6万元投资于某股票指数基金，期望收益率为15%，回报率的标准差为30%；4万元投资于无风险资产，假设无风险回报率为5%，则张先生该投资组合A的期望收益率为多少？

（2）假设张先生以无风险利率借入4万元，加上自己的10万元，共计14万元，全部投资于该指数基金。那么，张先生所构建的该投资组合B的期望回报率为多少？

4.假设短期国库券的利率为8%，市场资产组合收益率为12%。如果一项资产组合由25%的甲公司股票和75%的乙公司股票组成。甲公司股票的β值为1.1，乙公司股票的β值为1.25。

要求：（1）计算该资产组合的β系数。

（2）计算该资产组合的风险溢价。

（3）计算该资产组合的必要收益率。

5.若市场资产组合的收益率为11%，无风险利率为5%。表5-8是3种股票的预期收益率和β值：

表5-8　　**3种股票预期收益率和β值**

股票	预期收益率（%）	β值
A	13.0	1.3
B	14.6	1.6
C	8.0	0.6

若表5-8预期无误，则根据资本资产定价模型哪种股票被高估？哪种股票被低估？

6.假设资本资产定价模型成立，且表5-9中的数字是相互关联的，求出表中“?”是多少。

表5-9　　**与资本资产模型相关的有关变量之间的关联关系表**

证券名称	期望报酬率	标准差	与市场组合的相关系数	β值
无风险资产	?	?	?	?
市场组合	?	0.1	?	?
A股票	0.22	?	0.65	1.3
B股票	0.16	0.15	?	0.9
C股票	0.31	?	0.2	?

二维码5：第5章习题答案

第6章/
财务估价

学习目标：通过本章学习，应该了解价值的不同概念及含义，掌握财务估价的基本程序及现金流量、折现率和折现期限等基本参数与确定方法，掌握各种债券价值的估价方法，掌握股利贴现模型原理及应用，理解影响债券和股票内在价值的因素。

6.1 财务估价的原理

6.1.1 价值概念与区别

前面章节我们学习了货币时间价值和风险价值的相关理论与方法，现在我们可以运用这些原理和方法来确定各种资产的价值。实际上，估价理论是财务管理理论的基础，因为公司的主要决策都与其估价的影响有关，财务管理主要是价值管理，我们必须知道价值的影响因素，理解投资者是如何对公司的金融工具进行估价的，我们才能有针对性地进行价值管理，从而保证财务管理目标的实现。

价值是一个内涵极为广泛的概念，在不同的领域、不同的学科、对于不同的人都有各自不同的含义。因此，我们必须明确我们所使用的术语的含义。下面主要看一下财务中几种常用的价值概念间的区别。

1）持续经营价值和清算价值

持续经营价值是指公司作为一个持续运营的组织整体出售所能获得的货币值，清算价值是指一项资产或一组资产（如一个企业）从正在运营的组织中分离出来单独出售所能获得的货币值。通常这两个价值是不相等的。一般情况下，一家公司在持续经营时的价值会高于它在清算时的价值，因为有些资产如商誉等在清算时是无法单独出售的；有些时候，一家公司在清算时的价值会高于它在持续经营时的价值。

本章所讨论的财务估价模型通常都假设所涉及的公司是持续经营的，即它能够为证券投资者提供正的现金流。当该假设不成立时（如公司即将破产时），公司的证券价值主要由公司的清算价值决定。

2）账面价值与市场价值

资产的账面价值是指资产的入账价值，它是一个以购入成本为基础进行计量的会计概念，是资产在资产负债表上反映出来的价值，是资产成本减去累计折旧、摊销、减值准备等的值。公司的账面价值等于资产负债表上所列示的资产总额减去负债之后的差额。因为账面价值以历史成本作为基础，因此它与一项资产或一家公司的市场价值关系不大。

资产的市场价值通常是该资产（或类似资产）在公开市场上交易时的市场价格。对一家公司而言，其市场价值是持续经营价值和清算价值两者之间的较大者。

3）市场价值与内在价值

资产的市场价值一般是指资产的市场价格。对于交易活跃的资产来说，其市场价值就是资产交易的最终报价。对于交易不活跃的资产则必须估计其市场价格。

资产的内在价值亦称资产的经济价值，是指投资者获得的现金流量按适当的收益率折现后的现值。如果市场是有效率的、信息是完全的，则资产的现行市价应围绕其内在价值上下波动。

我们所说的财务估价，一般是指对资产内在价值的估计。

6.1.2 财务估价的基本程序

根据资产内在价值的含义，财务估价的基本程序可分为以下几个步骤：

1）收集并验证与估价资产未来预期现金流量有关的数据资料

此步骤包括影响估价对象未来预期现金流量相关的资产经营前景、企业财务状况、市场形势以及经营风险等。

2）分析测算被估价资产未来现金流量的数额及取得预期现金流量持续的时间

在掌握充分数据资料的基础上，资产预期现金流量的测算需要有科学、合理的定性分析，并尽可能利用恰当的数学模型或计量工具进行定性、定量综合分析，还要进行敏感分析和检验，以判断预测结果的合理性。

资产取得预期现金流量的时间也会因估价资产的种类等差异而有较大的不同。财务估价人员需要结合具体估价对象，考虑其自然寿命、技术寿命、产业周期、经济周期、合同或协议及国家法规政策等进行判断。

3）确定折现率或资本化率

折现率或资本化率的预测需要结合银行利率、国债利率、估价资产收益能力的稳定性以及各种风险因素综合判断。

4）用折现率或资本化率将资产未来收益期内预期的现金流量折算成现值

在已经明确了估价资产的预期现金流量、现金流量持续的时间以及折现率或资本化率的前提下，就可以利用相关数学模型或计量工具分析估算估价资产的初步价值。

5）分析确定估价结果

通过敏感分析等一系列手段的检测以及综合分析确定估值的最终结果。财务估价的原理和程序可用图6-1表示。

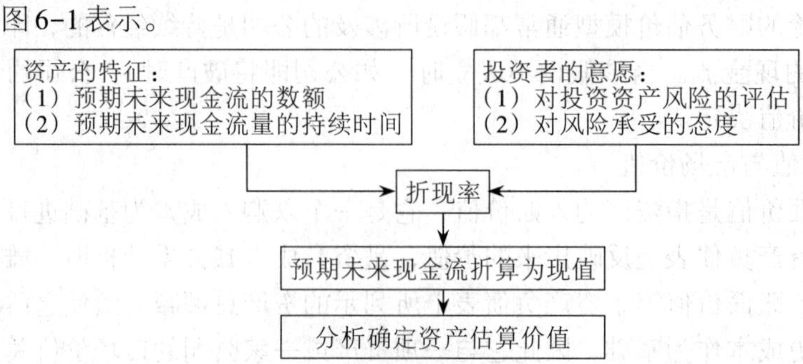

图6-1 财务估价的基本原理

6.2 财务估价基本参数及其确定

6.2.1 现金流量的确定

1）现金流量的含义及重要性

（1）现金流量的含义

现金流量是指企业的现金流动及其以货币计量的数额，它是现金流入量和现金流出量的统称。这里的“现金”与现金流量表中的现金及一般财务意义上的现金概念有所区别，它不仅包括各种货币资金，而且包括项目需要投入企业拥有的非货币资源的变现价值。例如，一个项目需要使用原有的厂房、设备和材料等，则相关的现金流量是指它们的变现价值，而不是其账面成本。

在企业的经营活动中，每项活动最终都会引起现金的流入和流出，现金流量对企业的持续经营非常重要。

（2）现金流量的重要性

企业也许不会因为经营亏损而破产，但却可能因为现金流量不足以偿还到期债务而破产。在财务管理中重视现金流量的原因可以概括为以下几点：

第一，更能反映企业价值的本质。从财务角度看，企业价值的本质是企业给投资者带来的未来现金流量。投资者真正能够予以支配的是从企业得到的现金流量，并据此作出相应的财务决策。所以，企业的现金流量状况更能反映其价值的本质。

第二，有利于科学考虑资金的时间价值。企业的筹资和投资决策都应该认真考虑资金时间价值，这就要求在决策时弄清楚每笔预期收入款项和支出款项的具体时间，因为不同时间的货币具有不同的时间价值，现金流量指标恰好能反映企业各项收支的时点，从而可以更好地考虑资金时间价值因素。

第三，使财务决策更符合客观实际。现金流量相对于会计利润来说是按照预期现金收入和支出的时点计算的，一般不能够进行人为的操纵，计算结果比较客观；现金流量实现与否，将会令决策环境发生重要变化，企业收到现金才可以真正使用和支配，才可以进入新的决策点，才可以进行是否支付股利、偿还债务、增加营运资金或购入固定资产等决策，从而更准确反映投资项目收益和成本的时点额度，使财务决策更符合客观实际。

第四，现金流动状况往往比盈亏状况更重要。资产项目的流动状况比盈亏状况更重要。有利润的年份不一定能产生多余的现金流量进行投资或扩大再生产；一个项目能否持续下去也不取决于一定期间是否盈利，而取决于有无现金用于各项支付。

2）现金流量的分类

现金流量可以根据不同的标准进行分类。

（1）现金流量从内容上看，包括现金流入量、现金流出量以及二者的差额——现金净流量三个方面。

第一，现金流入量。现金流入量是指流入企业的现金数量。企业发行股票、债券等筹集资金或向银行等金融机构借款，会引起现金流入的增加；在生产经营活动中，销售商品、提供劳务、出售资产等也会获得产品销售收入、营业外收入等现金流入；项目终结时回收的固定资产余值和垫支的流动资金等同样会引起现金流入的增加。

第二，现金流出量。现金流出量是指企业现金的流出数量。企业偿还债券、银行借款的本金和利息、支付投资者股利或利润等，会引起现金流出企业；在经营过程中，购买材料物资、固定资产、预付款项、进行股票或债券投资、支付员工工资和税款等，也会导致现金流出企业。

正常经营企业的现金流入和现金流出不断循环往复，构成企业现金流量的循环。通过现金流量的不断循环，实现价值的创造和增值。

第三，现金净流量。现金净流量又称净现金流量，是指一定期间现金流入量和现金流出量的差额。当现金流入量大于现金流出量时，为正的现金净流量，代表现金的净流入；反之，为负的现金净流量，代表现金的净流出。

(2) 现金流量从发生的时点上看，包括初始现金流量、营业现金流量以及终结现金流量三个方面。

第一，初始现金流量。初始现金流量是指项目开始时发生的现金流量。

第二，营业现金流量。营业现金流量是指当项目投入使用后，在其有效期内所发生的现金流入和现金流出数量。

第三，终结现金流量。终结现金流量是指当项目完结时所发生的现金流量，如项目投资完结时所发生的现金流量。

(3) 现金流量从其与财务活动的关系看，可以分为筹资活动现金流量、经营活动现金流量和投资活动现金流量。

第一，筹资活动现金流量。筹资活动现金流量是指企业根据需要，从各方筹集所需资本以及为筹资而偿付的各种现金流量，如按借款合同规定偿还银行借款的本息、按期偿还企业债券的利息并到期支付本金、按期支付股东股利等。

第二，经营活动现金流量。经营活动现金流量主要如前述项目资金投入使用后，在日常生产经营活动中所产生的现金流入和现金流出数量，主要包括通过销售商品获得的营业现金收入，采购材料、支付职工工资、支付经营和管理费用等营业现金支出和缴纳的税费等。

第三，投资活动现金流量。投资活动现金流量是指企业为了在未来获取收益而投入及收回的现金流量。投资活动现金流入量主要有处置固定资产、无形资产等长期资产形成的现金流入、固定资产到期收回的残值、出售长期投资的股票或债券等取得的现金流入等；投资活动现金流出量主要包括购置固定资产、无形资产等长期资产导致的现金流出，购买用于长期投资的股票或债券等形成的现金流出等。

3) 现金流量的估算

对现金流量的估算是正确评价证券和项目价值的基础，在财务估价工作中占有非常重要的地位。

(1) 现金流量估算的原则

现金流量所包含的内容是否完整、预测结果是否准确，直接关系到项目估价的结果。因此，在进行现金流量预测时必须遵循以下原则：

第一，增量现金流量原则。所谓增量现金流量，是指当接受或拒绝某个投资方案后，企业总现金流量因此发生的变动。只有增量现金流量才是与项目相关的现金流量。只有那些由于采纳某个项目而引起的现金支出增加额，才是该项目的现金流出；只有那些由于采纳某个项目引起的现金流入增加额，才是该项目的现金流入。

第二，实际现金流量原则。实际现金流量原则是指在计量估价项目的成本和收益时，是用现金流量而不是会计收益。因为在会计收益的计算中还包含了一些非现金因素，如固定资产的折旧、无形资产的摊销等。除此之外，还应注意剔除收益中的非现金项目。实际现金流量原则的另一层含义是项目未来的现金流量不是用现在的价格和成本计算，而必须用预计未来的价格和成本计算。

第三，税后原则。在预测估价项目的现金流量时，应充分考虑所得税因素。将税前现金流量调整为税后现金流量，因为只有税后现金流量才与投资者的利益相关。

应注意的是，为了正确计算投资方案的增量现金流量，需要正确判断哪些支出会引起企业总现金流量的变动，哪些支出不会引起企业总现金流量的变动。在进行这种判断时，要注意以下4个问题：

一是区分相关成本和非相关成本。相关成本是指与特定决策有关的、在分析评价时必须加以考虑的成本。例如，差额成本、未来成本、重置成本、机会成本等都属于相关成本。与此相反，与特定决策无关的、在分析评价时不必加以考虑的成本是非相关成本。例如，沉没成本、过去成本、账面成本等往往是非相关成本。如果将非相关成本纳入投资方案的总成本，则一个有利的方案可能因此变得不利，一个较好的方案可能变为较差的方案，从而造成决策错误。

二是不要忽视机会成本。在投资方案的选择中，如果选择了一个投资方案，则必须放弃投资其他途径的机会。其他投资机会可能取得的收益是实行本方案的一种代价，被称为这项投资方案的机会成本。注意，机会成本不是我们通常意义上的"成本"，它不是一种支出或费用，而是失去的收益。这种收益不是实际发生的，而是潜在的。机会成本总是针对具体方案的，离开被放弃的方案就无从计量确定。

三是要考虑投资方案对企业其他部门的影响。当我们采纳一个新的项目后，该项目可能对企业的其他部门造成有利或不利的影响。例如，若新建车间生产的产品上市后，原有其他产品的销路可能减少，而且整个企业的销售额也许不增加甚至减少。有时也可能发生相反的情况。当然，这类影响事实上是很难准确计量的，但决策时仍要将其考虑在内。

四是对净营运资金的影响。在一般情况下，当企业开办一项新业务并使销售额扩大后，对存货、应收账款等流动资产的需求也会增加，企业必须筹措新的资金以满足这种额外需求；另一方面，企业扩充的结果，应付账款和一些应付费用等流动负债也会同时增加，从而降低企业流动资金的实际需要。所谓净营运资金的需要，是指增加的流动资产与增加的流动负债之间的差额。通常，在进行投资分析时，假定开始投资时筹措的净营运资金在项目结束时收回。

(2) 有价证券现金流量的估算

企业发行有价证券筹集资金，从购买者的角度看就是证券投资，所以，有价证券现金流量的估算包括发行有价证券以及有价证券投资的现金流量估算两部分。从发行有价证券的角度分析筹资者的现金流量对有价证券进行估值，有利于分析发行方证券的定价及发行成本；从投资有价证券的角度分析投资者的现金流量对有价证券进行估值有利于分析投资方证券的投资价值及投资收益的实现情况。由于有价证券的筹资和投资是矛盾的对立统一体，是一个问题的两个方面，有价证券筹资者的现金流出基本就是有价证券投资者的现金流入，有价证券筹资者的现金流入基本也就是有价证券投资者的现金流出（不考虑支付给中介机构的佣金、手续费等），其分析原理基本是一样的，所以，本部分只从投资者角度对有价证券的现金流量进行分析；另外，由于我国资本市场不是很发达，目前主要使用的有价证券是股票和债券，所以本部分内容只介绍股票和债券的现金流量分析。

①股票现金流量的估算。股票投资的现金流出量即投资者购买股票时实际支付的现金数量，它构成股票投资的成本；相应的股票投资的现金流入量为从被投资的企业分得的现金股利金额以及出售股票时获得的价款两部分。从股票估值的角度看，股票投资现金流量的估算主要是对股票投资的现金流入量进行估算，以评估股票的内在价值，从而与股票的交易价格进行比较，以反映股票的价格是高估了还是低估了，进而确定是否值得投资该股票。根据股票投资的现金流出量与现金流入量可以分析股票投资的实际收益率。

②债券现金流量的估算。债券投资的现金流出量即投资者购买债券时实际支付的价款合计，它构成债券投资的成本；相应的债券投资的现金流入量为持有投资期间取得的每期利息金额以及债券到期收回的本金或出售债券时获得的价款两部分。从债券估值的角度看，债券投资现金流量的估算主要是对债券投资的现金流入量进行估算，以评估债券的内在价值，从而与债券的交易（发行）价格进行比较，以反映债券的价格是高估了还是低估了，进而确定是否值得投资该债券。根据债券投资的现金流出量与现金流入量可以分析债券投资的实际收益率。

（3）项目投资现金流量的估算

对项目投资产生的现金净流入量进行分析，可以对项目的价值进行估算，从而与投资成本进行比较，以判断项目是否值得投资，或者通过项目投资的现金净流出量与现金净流入量的比较以分析项目投资的内含报酬率，也可以分析项目投资的可行性。

由于项目投资时间一般都比较长，为了便于考虑货币时间价值，在实务中分析项目投资的现金流量时，一般都按现金流量发生的时点对现金流量进行划分估算。另外，由于涉及的现金流入和流出内容比较多，为了简化现金流量的计算，通常假定项目的初始投资额均发生在建设期，项目的经营期与折旧期一致，现金流量的流入和流出均发生在每期期末或期初，与项目有关的价格、产销量、成本水平、所得税等因素均为已知数，且项目投产后实现的营业收入全部收到现金，发生的材料、工资等营业成本等全部支付现金。

①初始现金流量的估算。初始现金流量主要包括固定资产上的投资、净营运资金投资和其他投资费用等。项目初始投资的现金流量以流出量为主，所以，初始现金流量一般为负的现金净流量。

②营业现金流量的估算。按照项目投资现金流量估算的假设，若项目每年的营业收入等于营业现金收入，付现成本等于营业现金支出，则年营业现金净流量可以按下列公式估算。

第一，根据营业现金流量的定义计算，即将所得税作为一种现金流出从营业收入中予以扣除，其公式为：

每年净营业现金流量=营业收入-付现成本-所得税 (6.1)

第二，根据税后净利计算，其公式为：

每年净营业现金流量=税后净利+折旧 (6.2)

公式（6.2）可以由公式（6.1）推出。

每年净营业现金流量=营业收入-付现成本-所得税

=（营业收入-付现成本-折旧）+折旧-所得税

=（税前营业净利润-所得税）+折旧

=税后净利+折旧

第三，根据所得税的影响计算，其公式为：

$$\text{每年净营业现金流量}=\text{税后收入}-\text{税后成本}+\text{折旧节税额}$$

$$=\text{营业收入}\times(1-\text{所得税税率})-\text{付现成本}\times(1-\text{所得税税率})+\text{折旧额}\times\text{所得税税率} \quad (6.3)$$

公式（6.3）也可以由公式（6.2）推出。

每年净营业现金流量=税后净利+折旧

=税前营业净利润×（1-所得税税率）+折旧

=（营业收入-付现成本-折旧）×（1-所得税税率）+折旧

=营业收入×（1-所得税税率）-付现成本×（1-所得税税率）+折旧额×所得税税率

③终结现金流量的估算。终结现金流量主要包括固定资产的残值收入或变价收入、项目开始时垫支流动资金的收回及停止使用的土地的变价收入等。

项目投资现金流量的预测涉及的内容很多，影响现金流量预测结果及其分布状况的因素也很多。因此，在现金流量预测过程中除上述内容外，还应注意以下问题：

第一，利息费用。以借款投资的项目，在预测现金流量时，还存在对借款利息费用的处理。通常，对利息费用的处理有两种方式：一是将利息费用作为费用支出，从现金流量中扣除；二是将其归于现金流量的资本成本中。在实务中广泛采用的是后一种方法。值得注意的是，如果已从现金流量中扣除，就不能归于现金流量的资本成本，以避免重复计算。

第二，通货膨胀的影响。通货膨胀是影响当今经济社会一个非常重要的因素，在投资项目评估中，通货膨胀可能会同时影响项目的现金流量和投资必要收益率（折现率），从而使项目的净现值有可能保持不变。估计通货膨胀对项目的影响应遵循一致性原则，如果预测的现金流量序列包括了通货膨胀的影响，那么折现率也应包括这一因素的影响；反之亦然。

第三，固定资产残值收入和变价收入的税收处理。如果会计上计提的残值与税法规定的提取办法有出入，则应按税法规定进行调整后确认其现金流量。对于固定资产的变价收入，其高于原值或账面净值的部分，多缴的所得税视为现金流出；其低于账面净值而发生的出售损失抵减所得税支出，少缴的所得税视为现金流入。

【例6-1】大华公司准备购入一台新设备，以扩充公司的生产能力。新设备需要投资40 000元，不需要安装即可使用。预计使用寿命为5年，税法规定采用直线法计提折旧，5年后设备残值按2 000元计算。在这5年中每年预计可实现营业收入20 000元，每年的付现成本为10 000元。设备投产前需垫支净营运资金12 000元，假设公司所得税税率为25%，实际使用年限与税法规定年限相同，实际设备残值预计为1 600元。试估算新设备投资的现金流量。

解：首先，估算项目的初始现金流量。该项目的初始现金流量包括新设备投资和需垫支的净营运资金。

初始现金净流量=0-40 000-12 000=-52 000（元）

其次，估算项目的营业现金流量。

新设备每年的折旧额=（40 000-2 000）÷5=7 600（元）

所以，新设备每年营业现金流量估算见表6-1。

表6-1　**投资项目每年营业现金流量估算表**

单位：元

年度	1	2	3	4	5
营业收入①	20 000	20 000	20 000	20 000	20 000
付现成本②	10 000	10 000	10 000	10 000	10 000
折旧③	7 600	7 600	7 600	7 600	7 600
税前净利④=①-②-③	2 400	2 400	2 400	2 400	2 400
所得税⑤=④×25%	600	600	600	600	600
税后净利⑥=④-⑤	1 800	1 800	1 800	1 800	1 800
现金流量⑦=①-②-⑤=③+⑥	9 400	9 400	9 400	9 400	9 400

最后，估算项目的终结现金流量。该项目终结现金流量包括固定资产的残值收入、项目开始时垫支净营运资金的收回及设备清理净损失抵税三部分。

该设备清理净损失=2 000-1 600=400（元）

设备清理净损失抵税额=400×25%=100（元）

终结现金净流量=100+1 600+12 000=13 700（元）

项目投资的全部现金流量估算见表6-2。

表6-2　**投资项目每年全部现金流量估算表**

单位：元

年度	0	1	2	3	4	5
初始现金流量	-52 000	—	—	—	—	—
营业现金流量	—	9 400	9 400	9 400	9 400	9 400
终结现金流量	—	—	—	—	—	13 700
现金流量合计	-52 000	9 400	9 400	9 400	9 400	23 100

6.2.2　折现率的确定

1）折现率的概念

折现率是将未来预期现金流量折算成现值所采用的比率。从本质上讲，折现率是一种期望投资收益率，是投资者在投资风险一定的情况下，对投资所期望的回报率。在正常情况下，折现率的大小与投资风险的大小正相关，风险越大，折现率就越高；反之，则越低。折现率就其构成而言，是由无风险收益率和风险收益率组成的。无风险收益率是指投资于收益相对稳定且无投资障碍的特定投资的回报率。在一般情况下，无风险收益率以同期国库券（国债）利率为准。风险收益率是对风险投资的溢价补偿，是指投资收益率超出无风险收益率的部分。在财务估价中，因资产的行业分布、种类、市场条件等的不同，其折现率也不相同。风险收益率从不同角度可以分为不同的构成。风险收益从主要影响的因素可划分为行业风险收益率、经营风险收益率和财务风险收益率等；从具体形成的原因可分为违约风险补偿率、流动性风险补偿率和期限风险补偿率等。

在财务估价时还会遇到另一个与折现率比较接近的概念就是资本化率。折现率与资本化率既有联系，又有区别。二者的联系是它们在本质上是相同的，同属投资收益率。二者的区别主要在于，折现率则是将未来有限期限的收益转化现值时使用的比率，而资本化率是将未来永续性预期收益折算成现值时使用的比率。至于资本化率与折现率在量上是否相等，主要取决于同一资产在未来长短不同时期所面临的风险是否相同。

确定折现率，首先应该明确折现的内涵。折现作为一个时间优先的概念，基于将来的收益或利益低于现在的同样收益或利益，并且，随着收益时间向将来推迟的程度而有序地降低价值。同时，折现率作为一个算术过程，是把一个特定比率应用于一个预期的收益流，从而得出当前的价值。

2）折现率确定的原则

在应用具体方法确定折现率时，应遵循以下基本原则：

（1）折现率应高于无风险利率

投资者进行投资的目的一般在于以承担风险为代价，获得超出无风险收益率的投资报酬率。因此，折现率作为衡量投资收益率的尺度，必须高于无风险收益率。

（2）折现率应该以平均收益率为依据

折现率的本质是收益率，这种收益率不是资产自身的收益率，而是同类资产的平均收益率。在资产收益额一定的情况下，当资产自身收益率超过同类资产的平均收益率时，该资产的财务估值就高；反之，当资产自身收益率低于同类资产的平均收益率时，该资产的财务估值就低。

（3）折现率应与收益口径一致

在财务估值时，很重要的一点是要保持折现率与收益额口径一致。在进行财务估值时，是将未来预期现金流按照折现率折成现值，现值之和作为财务估值。如果采用的是权益现金流量，就应采用权益收益率对其折现，得到的是权益价值；如果采用的是企业的现金流量，就应用企业的加权平均收益率对其折现，得到的是企业价值；如果采用的是债权人的现金流量，就应该使用债权人的收益率对其进行折现，得到的是债权的价值。另外，从形式上说，折现率的确定是否包含通货膨胀率，也应该与现金流量预测的口径保持一致。

3）折现率的计算

折现率实质上是投资的期望回报率。折现率可以采用资本资产定价模型法或资本成本法确定，也可以采用市场分析法确定。

（1）资本资产定价模型法

上一章已讲述过资本资产定价模型。其核心观点是投资者面临的可分散风险可以通过投资组合来消除，投资者要求的风险收益率是投资者因承担不可分散风险而要求的超过无风险收益率的那部分额外收益。投资者要求的收益率可按下式计算：

$$R_i = R_f + \beta_i(R_m - R_f)$$

资本资产定价模型自产生起，一直在财务界具有重要影响。这一模型在现实的投资组合绩效、证券估价、确定资本预算中得到了广泛应用。

（2）资本成本法

资本成本是一种机会成本，它实质上也是一种投资的期望回报率，是指企业可以从现有资产获得的、符合投资人期望的最小收益率。它也可称为最低可接受的收益率、投资项目的取舍收益率。在数量上它等于各项资本来源的成本按其在企业资本结构中的重要性加权计算的平均数。其计算公式可表示为：

$$K_w = \sum_{i=1}^{n} W_i K_i \tag{6.4}$$

式中，K_w为按资本成本法确定的折现率；W_i为第 i 种资本来源占全部资本的比例；K_i为第 i 种资本来源的个别资本成本；n 为资本来源的种类。

在运用现金流折现法进行投资项目价值估值或运用企业现金自由流量折现法进行企业价值估值时，经常选择企业的加权平均资本成本作为折现率；在运用权益现金流折现法进行企业的权益资本估值时，经常采用权益资本成本作为折现率。

（3）市场分析法

市场分析法是通过对市场上相似资产的投资收益率的调查和比较分析，一般选取三个以上的参照物，确定其投资收益率，然后求取算术平均数或加权平均数来确定待估值资产的投资期望回报率。其计算公式可表示为：

$$R_w = \frac{1}{n}\sum_{i=1}^{n} R_i \text{或} R_w = \sum_{i=1}^{n} W_i R_i \tag{6.5}$$

式中，R_w为按市场分析法确定的折现率；W_i为第 i 个参照物的投资收益率占全部参照物收益率的比例；R_i为第 i 个参照物的投资收益率；n 为参照物的数量。

市场分析法的优点在于比较贴切地反映了待估值资产的市场价格，同时估值过程简单，可操作性强。但市场分析法也有较大的缺陷，参照物的选择受估值人员的主观因素影响较大，选取的参照物不同，有可能导致计算的折现率有较大的差异。因此，在选取参照物时，一般要尽量寻找与被估值资产市场状况和使用状况等相似的同类资产。

6.2.3 折现期限的确定

折现期限是指资产具有的产生现金流量能力的持续时间，通常以年为单位。它由估值人员根据被估值资产自身效能及相关条件以及有关法律、法规、契约、合同等加以测定。

折现期限的最终确定需综合考虑资产的自然寿命、技术寿命、法定寿命或经济寿命等因素，根据被估值对象的具体情况分析确定。最终确定的折现期限可划分为有限期和无限期两种。

6.3 债券估价

6.3.1 债券要素

债券是指发行者为筹集资金，向债权人发行的，在约定时间支付一定比例的利息，并在到期时偿还本金的一种有价证券。

债券一般有以下几个基本要素。

1）债券面值

债券面值，是指债券设定的票面金额，它代表发行人借入并承诺于未来某一特定日偿付债券持有人的本金额，是计算债券利息的依据。债券的面值与债券实际的发行价格并不一定是一致的，发行价格大于面值称为溢价发行，小于面值称为折价发行，发行价格等于面值的等价发行也称为平价发行。债券面值包括两个方面的内容：第一，票面价值的币种，即以何种货币作为债券的计量单位，一般而言，在国内发行的债券，发行的对象是国内有关经济主体，则选择本国货币；若在国外发行，则选择发行地国家或地区的货币作为债券的币种。第二，债券的票面金额。债券的票面金额对债券的发行成本、发行数量和持有者分布具有影响。票面金额小，有利于小额投资者购买，从而有利于债券发行，但发行费用可能增加；票面金额大，会降低发行成本，但可能减少发行量。

2）债券票面利率

债券票面利率，是指债券发行者预计一年内向持有者支付的利息占票面金额的比率，是发行人承诺以后一定时期支付给债券持有人报酬的计算标准。票面利率不同于实际利率，实际利率是指按复利计算的一年期的利率，债券的计息和付息方式有多种，可能使用单利计息也可能使用复利计息，利息支付可能半年一次、一年一次或到期一次还本付息，这使得票面利率往往只是一种名义利率，与实际利率可能存在差异。

3）债券到期日

债券到期日，是指偿还债券本金的日期，债券一般都有规定的到期日，以便到期时归还本金。

6.3.2 债券的分类

1）按发行主体分类，可分为政府债券、金融债券和公司债券

政府债券是政府为筹集资金而发行的债券，主要包括国债、地方政府债券等，其中最主要的是国债。国债因其信誉好、利率优、风险小而又被称为“金边债券”。除了政府部门直接发行的债券外，有些国家把政府担保的债券也划归为政府债券体系，称为政府保证债券。这种债券由一些与政府有直接关系的公司或金融机构发行，并由政府提供担保。

金融债券是由银行和非银行金融机构发行的债券。在我国金融债券主要由国家开发银行、进出口银行等政策性银行发行。金融机构一般有雄厚的资金实力，信用度较高，因此金融债券往往有良好的信誉。

公司债券是指公司依照法定程序发行的，约定在一定期限内还本付息的有价证券。公司债券是公司债的表现形式，基于公司债券的发行，在债券的持有人和发行人之间形成了

以还本付息为内容的债权、债务法律关系。因此，公司债券是公司向债券持有人出具的债务凭证。与政府债券和金融债券相比，其风险性较大，债券的还款来源是公司的经营利润，但是任何一家公司的未来经营都存在很大的不确定性，因此公司债券持有人承担着损失利息甚至本金的风险；另一方面，按照风险与收益均衡的原则，含有较高风险的公司债券需提供给债券持有人较高的投资收益。

2）按付息方式分类，可分为零息债券、定息债券和浮息债券

零息债券，又称贴现债券，是指债券券面上不附有息票，在票面上不规定利率，发行时按规定的折扣率，以低于债券面值的价格发行，到期按面值支付本息的债券。从利息支付方式来看，贴现债券以低于面额的价格发行，可以看作是利息预付，因而又可称为利息预付债券、贴水债券，是期限比较短的折现债券。

定息债券，又称固定利率债券，是将利率印在票面上并按期向债券持有人支付利息的债券。该利率不随市场利率的变化而调整，因而固定利率债券可以较好地抵制通货紧缩风险。

浮息债券，又称浮动利率债券，它的息票率随市场利率变动而调整。因为浮动利率债券的利率同当前市场利率挂钩，而当前市场利率又考虑到了通货膨胀率的影响，所以浮动利率债券可以较好地抵制通货膨胀风险。其利率通常根据市场基准利率加上一定的利差来确定。浮动利率债券往往是中长期债券。

3）按债券形态分类，可分为实物债券、凭证式债券和记账式债券

实物债券是一种具有标准格式、实物券面的债券。它与无实物票券相对应，简单地说就是发给你的债券是纸质的而非电脑里的数字。在其券面上，一般印制了债券面额、债券利率、债券期限、债券发行人全称、还本付息方式等各种债券票面要素。其不记名，不挂失，可上市流通。实物债券是一般意义上的债券，很多国家通过法律或者法规对实物债券的格式予以明确规定。实物债券由于其发行成本较高，将会被逐步取消。

凭证式债券是债权人认购债券的一种收款凭证，而不是债券发行人制定的标准格式的债券。我国近年通过银行系统发行的凭证式国债，是指国家采取不印刷实物券，而用填制“国库券收款凭证”的方式发行的国债。我国从1994年开始发行凭证式国债。凭证式国债具有类似储蓄又优于储蓄的特点，通常被称为“储蓄式国债”，是以储蓄为目的的个人投资者理想的投资方式。从购买之日起计息，可记名，可挂失，但不能上市流通。与储蓄类似，但利息比储蓄高。

记账式债券是指没有实物形态的票券，以电脑记账方式记录债权，通过证券交易所的交易系统发行和交易。我国通过沪、深交易所的交易系统发行和交易的记账式国债就是这方面的实例。如果投资者进行记账式债券的买卖，就必须在证券交易所设立账户。所以，记账式国债又称无纸化国债。

记账式国债购买后可以随时在证券市场上转让，流动性较强，就像买卖股票一样，当然，中途转让除可获得应得的利息外，还可以获得一定的价差收益，这种国债有付息债券与零息债券两种。付息债券按票面发行，每年付息一次或多次，零息债券折价发行，到期按票面金额兑付，中间不再计息。由于记账式国债发行和交易均无纸化，所以交易效率高、成本低，是未来债券发展的趋势。

4）按是否可转换分类，可分为可转换债券和不可转换债券

可转换债券是指在特定时期内可以按某一固定的比例转换成普通股的债券，它具有债务与权益双重属性，属于一种混合性筹资方式。由于可转换债券赋予债券持有人将来成为公司股东的权利，因此其利率通常低于不可转换债券。若将来转换成功，在转换前发行企业达到了低成本筹资的目的，转换后又可节省股票的发行成本。根据《公司法》的规定，发行可转换债券应由国务院证券管理部门批准，发行公司应同时具备发行公司债券和发行股票的条件。

在沪、深证券交易所上市的可转换债券是指能够转换成股票的企业债券，兼有股票和普通债券双重特征。一个重要特征就是有转股价格。在约定的期限后，投资者可以随时将所持的可转换债券按转股股价转换成股票。可转换债券的利率是年均利息与票面金额的比率，一般要比普通企业债券的利率低，通常以票面价发行。转换价格是转换发行的股票每一股所要求的公司债券票面金额。

不可转换债券是指不能转换为普通股的债券，又称为普通债券。由于其没有赋予债券持有人将来成为公司股东的权利，所以其利率一般高于可转换债券。

5）按能否提前偿还分类，可分为可赎回债券和不可赎回债券

可赎回债券是指在债券到期前，发行人可以以事先约定的赎回价格收回的债券。公司发行可赎回债券主要是考虑到公司未来的投资机会和回避利率风险等问题，以增加公司资本结构调整的灵活性。发行可赎回债券最关键的问题是赎回期限和赎回价格的制定。

不可赎回债券是指不能在债券到期前收回的债券。

6）按计息方式分类，可分为单利债券、复利债券和累进利率债券

单利债券是指在计息时，不论期限长短，仅按本金计息，所生利息不再加入本金计算下期利息的债券。

复利债券与单利债券相对应，是指计算利息时，按一定期限将所生利息加入本金再计算利息，逐期滚算的债券。

累进利率债券是指以利率逐年累进方法计息的债券。对累进利率债券来说，随着时间的推移，后期利率比前期利率高，呈累进状态。

债券还可按偿还方式不同，分为一次到期债券和分期到期债券；按债券上是否记有持券人的姓名或名称，分为记名债券和无记名债券；按能否上市，分为上市债券和非上市债券；按是否有财产担保，分为抵押债券和信用债券；按已发行的时间，分为新上市的债券和已流通在外的债券。

7）按债券活动地域分类，可分为国内债券和国际债券

国内债券是指由本国政府、企业、银行在国内债券市场上以本国货币面额发行的债券，其活动地区限于本国国境之内。

国际债券是指一国政府、金融机构、工商企业或国家组织为筹措和融通资金，在国外金融市场上发行的，以外国货币为面值的债券。国际债券的重要特征，是发行者和投资者属于不同的国家，筹集的资金来源于国外金融市场。国际债券的发行和交易，既可用来平衡发行国的国际收支，又可用来为发行国政府或企业引入资金从事开发和生产。依据发行

债券所用货币与发行地点的不同，国际债券又可分为外国债券和欧洲债券。

外国债券是指某一国家借款人在本国之外的某一国家发行以该国货币为面值的债券。它的特点是债券发行人属于一个国家，债券的面值货币和发行市场则属于另一个国家。外国债券是一种传统的国际债券。在美国发行的外国债券被称为扬基债券，在日本发行的外国债券被称为武士债券。

欧洲债券是指借款人在本国境外市场发行的、不以发行市场所在国货币为面值的国际债券。欧洲债券的特点是债券发行者、债券发行地点和债券面值所使用的货币可以分别属于不同的国家。由于它不以发行市场所在国的货币为面值，故也被称为“无国籍债券”。欧洲债券的预扣税一般可以豁免，投资者的利息收入免缴所得税。

6.3.3 债券的估价模型

1）债券一般估价模型

根据前面的分析，债券价值应该等于其未来现金流量的现值，用公式可表示为：

$$P_b=\sum_{t=1}^{n}\frac{CF_t}{(1+r_b)^t} \tag{6.6}$$

式中，P_b为债券的内在价值；CF_t为债券第t年的现金流量；r_b为贴现率，一般采用当时的市场利率或投资人要求的必要报酬率；n为债券的偿还期。

2）典型债券的估价模型

典型或普通的债券是固定利率的、每年计息并支付利息、到期偿还本金的债券。因此，这种债券的未来现金流量包括债券存续期间每年的利息收入和到期收回的本金，其价值应为各期利息的现值与面值的现值之和。其估值的基本模型为：

$$P_b=\frac{I_1}{(1+r_b)}+\frac{I_2}{(1+r_b)^2}+\cdots+\frac{I_t}{(1+r_b)^n}+\frac{F}{(1+r_b)^n} \tag{6.7}$$

式中，I_t为第t年的利息；F为债券到期时的本金。

由于各年利息相等，其股价模型又可表示为：

$$P_b=I（P/A，r_b，n）+M（P/F，r_b，n） \tag{6.8}$$

【例6-2】新华公司发行期限为5年的普通债券，债券面值为100元，票面利率为10%，每年支付一次利息，到期日一次还本。假设同期市场利率或投资要求的必要收益率为8%、10%和12%，试分别计算债券的内在价值。

解：债券利息每年支付1次，在到期日前共支付5次，其票面利率为10%，每期支付的利息为：

100×10%=10（元）

（1）市场利率为8%时债券的价值为：

P_b=10×（P/A，8%，5）+100×（P/F，8%，5）

=10×3.9927+100×0.6806

=107.99（元）

（2）市场利率为10%时债券的价值为：

P_b=10×（P/A，10%，5）+100×（P/F，10%，5）

=10×3.7908+100×0.6209

=100（元）

（3）市场利率为12%时债券的价值为：

P_b=10×（P/A，12%，5）+100×（P/F，12%，5）

=10×3.6048+100×0.5674

=92.79（元）

通过上述债券价值的计算可以看出，对于每年支付一次利息、到期日一次还本的典型或普通债券来说，当债券票面利率和市场利率或投资要求的必要收益率不一致时，债券内在价值和票面价值也会不同，并存在以下规律：

当债券票面利率大于市场利率时，债券内在价值高于债券面值；

当债券票面利率等于市场利率时，债券内在价值等于债券面值；

当债券票面利率小于市场利率时，债券内在价值小于债券面值。

在实际生活中，由于发行债券的目的不同，债券的还本付息方式也会有所不同，如有的债券采用单利计息、到期时一次还本付息；有的债券采用零息方式；有的债券采用可赎回方式提前赎回；有的债券永无到期日，属于永久债券。下面再介绍几种实务中常见的不同债券的估价模型。

3）单利计息、到期时一次还本付息债券的估值模型

单利计息、到期时一次还本付息债券的估值模型为：

$$P_b = \frac{F \cdot i \cdot n + F}{(1 + r_b)^n} = (F \cdot i \cdot n + F) \cdot (P/F,\ r_b,\ n) \tag{6.9}$$

式中，i为债券的票面利率。

【例6-3】新华公司发行期限为3年的利随本清债券，债券面值为100元，票面利率为10%，不计复利。假设同期市场利率或投资要求的必要收益率为8%。试计算债券的内在价值。

解：由上述模型可知，公司债券的内在价值为：

$P_b = (F \cdot i \cdot n + F) \cdot (P/F,\ r_b,\ n)$

=（100×10%×3+100）×（P/F，8%，3）

=130×0.7938=103.19（元）

通过上述计算可知，公司可溢价发行债券。但作为投资者来说，其购买债券的价格不应高于103.19元，否则债券投资不能达到其投资要求的必要收益率。

4）贴现发行债券的估值模型

以贴现形式发行的债券，其本身没有票面利率，不向持有人支付利息，而是以低于票面价值的价格向投资者出售，到期时按面值还本。这类债券的估值模型为：

$$P_b = \frac{F}{(1 + r_b)^n} = F \cdot (P/F,\ r_b,\ n) \tag{6.10}$$

【例6-4】新华公司发行期限为10年的贴现债券，债券面值为100元，期内不计利息，到期按面值偿还。假设同期市场利率或投资要求的必要收益率为8%。试计算债券的内在价值。

由上述模型可知，公司债券的内在价值为：

$P_b = F \cdot (P/F,\ r_b,\ n)$

=100×（P/F，8%，10）

=100×0.4632=46.32（元）

通过上述计算可知，公司可折价发行债券，但作为投资者来说，其购买债券的价格不应高于46.32元，否则债券投资不能达到其投资要求的必要收益率。

5）可赎回债券的估值模型

可赎回债券在债券到期前，发行人可以以事先约定的赎回价格收回债券。如果债券未被赎回，其估值过程与一般债券就没有区别；如果被提前赎回，其内在价值就应该是持有期间的利息与赎回价格的现值之和。下面直接通过一个例题来看其估值过程。

【例6-5】大华公司按面值1 000元发行可赎回债券，票面利率12%，期限20年，每年付息一次，到期偿还本金。债券契约规定，5年后公司可以1 120元的价格赎回。假设市场利率或投资要求的必要收益率为10%。试计算债券的内在价值。

解：（1）若债券被赎回，债券价值为：

$$P_b = \sum_{t=1}^{5}\frac{1\,000 \times 12\%}{(1+10\%)^t} + \frac{1\,120}{(1+10\%)^5} = 1\,150.33\,(元)$$

（2）若债券没有被赎回，持有债券到期日时债券的价值为：

$$P_b = \sum_{t=1}^{20}\frac{1\,000 \times 12\%}{(1+10\%)^t} + \frac{1\,000}{(1+10\%)^{20}} = 1\,170.27\,(元)$$

差额19.94元，表示如果债券被赎回该公司将节约的数额。

6）永久债券的估值模型

永久债券是一种没有到期日、永续定期支付利息的债券。这种债券的现金流量实际上是一种永续利息年金。永久债券的内在价值就是其各期利息的现值。其估值模型为：

$$P_b = \frac{I}{r_b}$$

【例6-6】某永久债券，其面值为100元，票面利率为4%。假设同期市场利率或投资要求的必要收益率为8%，计算债券的内在价值。

解：由上述模型可知，债券的内在价值为：

$$P_b = \frac{I}{r_b} = \frac{100 \times 4\%}{8\%} = 50\ (元)$$

7）流通债券的估值

流通债券是指已发行并在二级市场上流通的债券。它们不同于新发行债券，其已在市场上流通了一段时间，可能已支付过利息，在估值时需要考虑的是该流通债券从估值时点到债券到期日的利息及本金收入折算到估值时点的现值。

流通债券的特点是：第一，到期时间小于债券发行在外的时间；第二，估值时点不在发行日，可以是任意时点，可能会产生“非整数计息期”问题。

流通债券的估值方法有两种：第一，以现在为折算时点，历年现金流量按非整数计息期折现；第二，先以估值时点后最近一次付息时间为折算时点，计算历次现金流量现值，然后再将其折算到估值时点。无论哪种方法，都需要计算非整数期的折现系数。

流通债券的估值除了可能会产生“非整数计息期”需要计算非整数期的折现系数外，其估值方法的本质与一般债券相同，在此不再赘述。

6.4 股票估价

6.4.1 股票的作用和特征

股票（Stock）是股份公司发给股东的所有权凭证，是股东借以取得股利、参与重大决策和选择管理层等权利的一种有价证券。股票的持有者即为该公司的股东，对该公司的财产享有要求权。

1）股票的作用

（1）股票是一种出资证明；

（2）凭借其拥有的股票来证明自己的股东身份，参加股东大会，选举董事会成员，对公司的重大经营和财务状况决策通过投票进行表决；

（3）股东凭借持有的股票数额参加公司的利润分配，在公司破产时享有剩余财产分配权。

2）股票的特征

（1）收益性

收益性是股票最基本的特征。持有股票的目的在于获取收益。股票的收益来源可以分成两类：一是发行股票的公司分配的利润，其实现形式是从公司领取股息和分享公司的红利；二是股票流通产生的买卖差价，又称为资本利得。

（2）风险性

风险性是指预期收益的不确定性。股票可能给它的持有者带来收益，但这种收益是不确定的，投资者能否获得预期的股息红利收益，完全取决于公司的盈利情况，股票的市场价格也会随公司内外部环境的变化而变化。可见，股票的风险性与收益性是并存的。

（3）流动性

流动性是指股票可以通过合法转让而变现的特性。股票持有人虽然不能直接从发行公司退股，但可以在股票交易市场上转让给其他投资者来变现，在收回投资的同时，将股票所代表的股东身份及其各种权益让渡给受让者。股票的流动性受市场深度和股票价格弹性等方面的影响。

（4）永久性

永久性是指股票所载有权利的有效性是始终不变的，是一种无限期的法律凭证。股票的有效期与股份公司的存续期相联系，两者是并存关系。股票持有者可以出售股票，转移股东身份，但是不能要求退股。对股份公司来说，通过发行股票筹集到的资金，在公司存续期间是一笔稳定的自有资本。

（5）参与性

参与性是指股票的持有者有权参与公司重大决策的特性。股东参与公司的重大决策的权利还要看其所持有的股票数量和比例，如果达到参与要求，就能够实质性地影响公司的决策。

6.4.2 股票的分类

1）按股东权利分类，可分为普通股、优先股和后配股

（1）普通股

普通股是指在公司的经营管理和盈利及财产的分配上享有普通权利的股份，代表满足所有债权偿付要求及在优先股东的收益权与求偿权要求后对企业盈利和剩余财产的索取权，是股份公司资本构成中最普通、最基本的股份，是股份企业资金的基础部分。

普通股的基本特点是其投资收益（股息和分红）不是在购买时约定，而是事后根据股票发行公司的经营业绩来确定。公司的经营业绩好，普通股的收益就高；反之，公司的经营业绩差，普通股的收益就低。普通股是股份公司资本构成中最重要、最基本的股份，亦是风险最大的一种股份，但又是股票中最基本、最常见的一种。在我国上交所与深交所上市的股票都是普通股。

一般可把普通股的特点概括为如下4点：

第一，持有普通股的股东有权获得股利，但必须是在公司支付了债息和优先股的股息之后才能分得。普通股的股利是不固定的，一般视公司净利润的多少而定。当公司经营有方，利润不断递增时，普通股能够比优先股多分得股利，股利率甚至可以超过50%；但赶上公司经营不善的年头，也可能连一分钱都得不到，甚至可能连本也赔掉。

第二，当公司因破产或歇业而进行清算时，普通股股东有权分得公司剩余资产，但普通股股东必须在公司的债权人、优先股股东之后才能分得财产，财产多时多分，少时少分，没有则只能作罢。由此可见，普通股股东与公司的命运更加息息相关，荣辱与共。当公司获得盈利时，普通股股东是主要的受益者；而当公司发生亏损时，他们又是主要的受损者。

第三，普通股股东一般都拥有发言权和表决权，即有权就公司重大问题进行发言和投票表决。普通股股东持有一股便有一股的投票权，持有两股者便有两股的投票权。任何普通股股东都有资格参加公司最高级会议——每年一次的股东大会，但如果不愿参加，也可以委托代理人来行使其投票权。

第四，普通股股东一般具有优先认股权，即当公司增发新普通股时，现有股东有权优先（可能还以低价）购买新发行的股票，以保持其对企业所有权的原百分比不变，从而维持其在公司中的权益。例如，某公司原有10 000股普通股，而你拥有100股，占1%，现在公司决定增发10%的普通股，即增发1 000股，那么你就有权以低于市价的价格购买其中1%即10股，以便保持你持有股票的比例不变。

当发行新股票时，具有优先认股权的股东既可以行使其优先认股权，认购新增发的股票，又可以出售、转让其认股权。当然，在股东认为购买新股无利可图，而转让或出售认股权又比较困难或获利甚微时，也可以听任优先认股权过期而失效。公司提供认股权时，一般规定股权登记日期，股东只有在该日期内登记并缴付股款，方能取得认股权而优先认购新股。通常这种登记在登记日期内购买的股票又称为附权股，相对地，在股权登记日期以后购买的股票就称为除权股，即股票出售时不再附有认股权。这样在股权登记日期以后购买股票的投资不再附有认股权，在股权登记日期以后购买股票的投资者（包括老股东）便无权以低价购进股票。此外，为了确保普通股股东的权益，有的公司还发认股权证，即

能够在一定时期（或永久）内以一定价格购买一定数目普通股份的凭证。一般公司的认股权证是和股票、债券一起发行的，这样可以更多地吸引投资者。

综上所述，由普通股的前两个特点不难看出，普通股的股利和剩余资产分配可能大起大落，因此，普通股股东所担的风险最大。既然如此，普通股股东当然也就更关心公司的经营状况和发展前景，而普通股的后两个特性恰恰使这一愿望变成现实——提供并保证了普通股股东关心公司经营状况与发展前景的权利的手段。然而还值得注意的是，在普通股和优先股向一般投资者公开发行时，公司应使投资者感到普通股比优先股能获得较高的股利，否则，普通股既在投资上冒风险，又不能在股利上比优先股多得，那么还有谁愿购买普通股呢？一般公司发行优先股，主要是以“保险安全”型投资者为发行对象，对于那些比较富有“冒险精神”的投资者，普通股才更具魅力。总之，发行这两种不同性质的股票，目的在于更多地吸引具有不同兴趣的资本。

（2）优先股

优先股是“普通股”的对称，是股份公司发行的在分配红利和剩余财产时比普通股具有优先权的股份。优先股也是一种没有期限的所有权凭证，优先股股东一般不能在中途向公司要求退股（少数可赎回的优先股例外）。优先股的主要特征有三：一是优先股通常预先确定股息收益率。由于优先股股息率事先固定，所以优先股的股息一般不会根据公司经营情况而增减，而且一般也不能参与公司的分红，但优先股可以先于普通股获得股息，对公司来说，由于股息固定，它不影响公司的利润分配。二是优先股的权利范围小。优先股股东一般没有选举权和被选举权，对股份公司的重大经营无投票权，但在某些情况下可以享有投票权。

优先股的索偿权先于普通股，而次于债权人，优先股的优先权主要表现在两个方面：第一，股息领取优先权。股份公司分派股息的顺序是优先股在前，普通股在后。股份公司不论其盈利多少，只要股东大会决定分派股息，优先股就可按照事先确定的股息率领取股息，即使普通股减少或没有股息，优先股亦应照常分派股息。第二，剩余资产分配优先权。股份公司在解散、破产清算时，优先股具有公司剩余资产的分配优先权，不过，优先股的优先分配权在债权人之后，而在普通股之前。只有还清公司债权人债务之后，还有剩余资产时，优先股才具有剩余资产的分配权。只有在优先股索偿之后，还有剩余资产时，普通股才参与分配。

优先股的种类很多，为了适应一些专门想获取某些优先好处的投资者的需要，优先股有各种各样的分类方式。其主要分类有以下4种：

第一，累积优先股和非累积优先股。累积优先股是指在某个营业年度内，如果公司所获的盈利不足以分派规定的股利，日后优先股的股东对往年未付给的股息，有权要求如数补给。对于非累积的优先股，虽然对于公司当年所获得的利润有优先于普通股获得分派股息的权利，但当该年公司所获得的盈利不足以按规定的股利分配时，非累积优先股的股东不能要求公司在以后年度中予以补发。一般来讲，对投资者来说，累积优先股比非累积优先股具有更大的优越性。

第二，参与优先股与非参与优先股。当企业利润增大时，除享受既定比率的利息外，还可以跟普通股共同参与利润分配的优先股，称为“参与优先股”。除了既定股息外，不再参与利润分配的优先股，称为“非参与优先股”。一般来讲，参与优先股较非参与优先股对投资者更为有利。

第三，可转换优先股与不可转换优先股。可转换的优先股是指允许优先股持有人在特定条件下把优先股转换成为一定数额的普通股。否则，就是不可转换优先股。可转换优先股是近年来日益流行的一种优先股。

第四，可收回优先股与不可收回优先股。可收回优先股是指允许发行该类股票的公司，按原来的价格再加上若干补偿金将已发行的优先股收回。当该公司认为能够以较低股利的股票来代替已发行的优先股时，就往往行使这种权利。反之，就是不可收回的优先股。

优先股的收回方式有3种：第一，溢价方式：公司在赎回优先股时，虽是按事先规定的价格进行，但由于这往往给投资者带来不便，因而发行公司常在优先股面值上再加一笔“溢价”。第二，公司在发行优先股时，从所获得的资金中提出一部分款项创立“偿债基金”，专用于定期地赎回已发行的一部分优先股。第三，转换方式：优先股可按规定转换成普通股。虽然可转换的优先股本身构成优先股的一个种类，但在国外投资界，也常把它看成是一种实际上的收回优先股方式，只是这种收回的主动权在投资者而不在公司里，对投资者来说，在普通股的市价上升时这样做才是十分有利的。

（3）后配股

后配股是在利益或利息分红及剩余财产分配时比普通股处于劣势的股票，一般是在普通股分配之后，对剩余利益进行再分配。如果公司的盈利巨大，后配股的发行数量又很有限，则购买后配股的股东可以取得很高的收益。发行后配股，一般所筹措的资金不能立即产生收益，投资者的范围又受限制，因此利用率不高。后配股一般在下列情况下发行：

第一，公司为筹措扩充设备资金而发行新股票时，为了不减少对旧股的分红，在新设备正式投用前，将新股票作后配股发行。

第二，企业兼并时，为调整合并比例，向被兼并企业的股东交付一部分后配股。

第三，在有政府投资的公司里，私人持有的股票股息达到一定水平之前，把政府持有的股票作为后配股。

2）按股票是否记名分类，可分为记名股、无记名股

（1）记名股

记名股在发行时，票面上记载有股东的姓名，并记载于公司的股东名册上。

记名股的特点就是除持有者和其正式的委托代理人或合法继承人、受赠人外，任何人都不能行使其股权。另外，记名股票不能任意转让，转让时，既要将受让人的姓名、住址分别记载于股票票面，又要在公司的股东名册上办理过户手续，否则转让不能生效。显然这种股票有安全、不怕遗失的优点，但转让手续烦琐。这种股票如果私自转让，如发生继承和赠予等行为时，必须在转让行为发生后立即办理过户等手续。

（2）无记名股

无记名股在发行时，票面上不记载股东的姓名。其持有者可自行转让股票，任何人一旦持有便享有股东的权利，无须再通过其他方式、途径证明自己的股东资格。这种股票转让手续简便，但也应该通过证券市场的合法交易实现转让。

3）按股票是否表明金额分类，可分为面值股和无面值股

（1）面值股

有票面金额的股票，简称面值股或金额股，是指在股票票面上记载一定的金额，如每股人民币1元、100元、200元等。面值股给股票定了一个票面价值，这样就可以很容易确定每一股份在该股份公司中所占的比例。

（2）无面值股

无面值股又称比例股或无面额股，是指在股票发行时无票面价值记载，仅表明每股占资本总额的比例。其价值随公司财产的增减而增减。因此，这种股票的内在价值总是处于变动状态。这种股票最大的优点就是避免了公司实际资产与票面资产的背离，因为股票的面值往往是徒有虚名，人们关心的不是股票面值，而是股票价格。发行这种股票对公司管理、财务核算、法律责任等方面要求极高，因此只有在美国比较流行，而不少国家根本不允许发行。

4）按投资主体分类，可分为国有股、法人股和社会公众股

（1）国有股

国有股是指有权代表国家投资的部门或机构以国有资产向公司投资形成的股份，包括以公司现有国有资产折算成的股份。由于我国大部分股份制企业都是由原国有大中型企业改制而来的，因此，国有股在公司股权中占有较大比例。

（2）法人股

法人股是指企业法人或具有法人资格的事业单位和社会团体以其依法可经营的资产向股份有限公司投资所形成的股份。根据法人股认购的对象，可将法人股进一步分为境内发起法人股、外资法人股和募集法人股三个部分。

（3）社会公众股

社会公众股是指我国境内个人和机构，以其合法财产向公司可上市流通股权部分投资所形成的股份。国家股东和法人股东要转让股权，可以在法律许可的范围内，经证券主管部门批准，与合格机构投资者签订转让协议，一次性完成大宗股权的转移。由于国家股和法人股占总股本的比例平均超过70%，在大多数情况下，要取得一家上市公司的控制股权，收购方需要从原国家股东和法人股东手中协议受让大宗股权。除少量公司职工股、内部职工股及转配股上市流通受一定限制外，绝大部分的社会公众股都可以上市流通交易。

5）按上市地点分类，可分为A股、B股、H股、N股、S股

这一区分主要依据股票的上市地点和所面对的投资者而定。

（1）A股

A股的正式名称是人民币普通股股票。它是由我国境内的公司发行，供境内机构、组织或个人（不含台、港、澳投资者）以人民币认购和交易的普通股股票。

（2）B股

B股的正式名称是人民币特种股股票。它是以人民币标明面值，以外币认购和买卖，在境内（上海、深圳）证券交易所上市交易的股票。根据中国证监会的有关规定，B股的投资者限于：外国的自然人、法人和其他组织；中国台湾、香港、澳门地区的自然人、法人和其他组织；定居海外的中国公民；境内居民个人（根据规定，目前我国的B股只对境

内的个人居民开放，境内法人机构尚不能投资B股）；中国证监会规定的其他投资人。

（3）H股、N股、S股

H股即注册地在内地、上市地在中国香港的外资股股票。香港的英文是Hong Kong，取其字首，在港上市外资股就叫做H股。依此类推，纽约的第一个英文字母是N，新加坡的第一个英文字母是S，纽约和新加坡上市的股票就分别叫做N股和S股。

6）按公司业绩分类，可分为绩优股和垃圾股

（1）绩优股

绩优股是指业绩优良公司的股票，但对于绩优股的定义国内外却有所不同。在我国，投资者衡量绩优股的主要指标是每股税后利润和净资产收益率。

一般而言，每股税后利润在全体上市公司中处于中上地位，公司上市后净资产收益率连续3年显著超过10%的股票当属绩优股之列。在国外，绩优股主要是指业绩优良且比较稳定的大公司股票。这些大公司经过长时间的努力，在行业内达到了较高的市场占有率，形成了经营规模优势，利润稳步增长，市场知名度很高。

绩优股具有较高的投资回报和投资价值。其公司拥有资金、市场、信誉等方面的优势，对各种市场变化具有较强的适应能力，绩优股的股价一般相对稳定且呈长期上升趋势。因此，绩优股总是受到投资者，尤其是从事长期投资的稳健型投资者的青睐。

（2）垃圾股

与绩优股相对应，垃圾股是指业绩较差的公司的股票。这类上市公司或者由于行业前景不好，或者由于经营不善等，有的甚至进入亏损行列。其股票在市场上的表现萎靡不振，股价走低，交投不活跃，年终分红也差。投资者在考虑选择这些股票时，要有比较高的风险意识，切忌盲目跟风投机。

6.4.3 股票的估价模型

从投资的角度看，股票投资是投资者进行证券投资的一个主要方面。对股票价值的正确估计，会影响投资者的投资成本，进而影响投资者的投资收益。股票是能够给投资者带来未来现金流量的凭证，股票估价主要是评估股票的内在价值，并据此对股票的市场价格作出评价。

1）股票一般估价模型

投资者进行股票投资的目的主要有两种：一种是作为一般的证券投资，获取股利收入及股票的买卖差价；另一种是通过购买某一公司的大量股票，达到控制该公司的目的。首先，从第一种投资的目的来看，按前面所讲的内在价值的含义，股票的内在价值应为持有期间股利的现值与转让价值的现值之和。用公式可表示为：

$$P_s = \sum_{t=1}^{n} \frac{D_t}{(1+k_s)^t} + \frac{P_n}{(1+k_s)^n} \qquad (6.11)$$

式中，P_s为股票的内在价值；P_n为未来出售时预计的转让价格；k_s为贴现率，一般采用当时的市场利率或投资人要求的必要报酬率；D_t为第t期的预期股利；n为预计持有股票的期数。

其次，从第二种投资的目的来看，股票的内在价值应为持有期间股利的现值之和，由于一般假定发行股票的企业是持续经营的，所以，持有股票的期数可以看成是永续的。用公式可表示为：

$$P_s=\sum_{t=1}^{\infty}\frac{D_t}{(1+k_s)^t} \tag{6.12}$$

实际上，从理论上说，第一种情况下的股票估值与第二种情况下的股票估值本质上是一样的，第一种情况下的股票估值模型可以转化为第二种情况下的股票估值模型。这是因为，第一种情况下的股票转让价格从理论上来说也是由转让股票的预期股利决定的。股票的预期转让价格可进一步表示为：

$$P_n=\sum_{t=1}^{\infty}\frac{D_t}{(1+k_s)^t}$$

所以，第一种情况下的股票估值可表示为：

$$\begin{aligned}P_s&=\sum_{t=1}^{n}\frac{D_t}{(1+k_s)^t}+\sum_{t=1}^{\infty}\frac{D_t}{(1+k_s)^n(1+k_s)^t}\\&=\sum_{t=1}^{n}\frac{D_t}{(1+k_s)^t}+\sum_{t=n+1}^{\infty}\frac{D_t}{(1+k_s)^t}\\&=\sum_{t=1}^{\infty}\frac{D_t}{(1+k_s)^t}\end{aligned}$$

所以，从理论上说，不管是何种目的投资股票，其估值的一般模型都可表示为：

$$P_s=\sum_{t=1}^{\infty}\frac{D_t}{(1+k_s)^t}$$

下面按照对股利常见的几种假设情况对股票估值模型进行进一步分析。

2）零成长股票的估值模型

假设未来股利保持不变，其支付过程是一个永续年金，则股票估值模型可简化为：

$$P_s=\sum_{t=1}^{\infty}\frac{D}{(1+k_s)^t}$$

$$=\frac{D}{k_s} \tag{6.13}$$

式中，D为预计未来每年支付的股利。

【例6-7】某投资者欲购买甲公司的股票，甲公司在未来无限期支付每股股利为3元，投资者要求的必要收益率为15%，试计算该股票的内在价值。

解：甲公司股票的内在价值为：

$$P_s=\frac{D}{k_s}=\frac{3}{15\%}=20\text{（元）}$$

这就是说，该股票每年给投资者带来3元收益，在投资者要求的必要收益率为15%的条件下，它对投资者来说相当于20元资本的收益，所以，其价值为20元。

当然，证券市场上股价不一定就是20元，还要看投资者对风险的态度及股票的供求关系等，可能高于或低于20元。

如果当时的市价不等于股票的内在价值，例如市价为19.5元或20.5元时，每年仍为固定股利3元，则其预期报酬率分别为：

$$k_s=\frac{D}{P_s}=\frac{3}{19.5}=15.38\%$$

或 $k_s=\frac{D}{P_s}=\frac{3}{20.5}=14.63\%$

可见，当市价低于股票价值时，预期报酬率高于必要报酬率；当市价高于股票价值时，预期报酬率低于必要报酬率。

3）固定成长股票的估值模型

公司的股利不应当是固定不变的，而应当不断成长，这是因为公司应该随着社会的发展不断发展壮大，逐步提高盈利能力，投资者随着社会发展也会有不断增长的报酬要求。各公司的成长率可能会有所不同，但就整体水平来说应当等于国民生产总值的成长率，或者说是真实的国民生产总值增长率加上通货膨胀率。

假设公司当前的股利为D_0，每年股利增长率为g，则第t年的股利为：

$D_t = D_0(1+g)^t$

根据股票内在价值的基本模型，固定成长股票的估值公式为：

$$P_s = \sum_{t=1}^{\infty}\frac{D_t}{(1+k_s)^t} = \sum_{t=1}^{\infty}\frac{D_0(1+g)^t}{(1+k_s)^t} = \sum_{t=1}^{\infty}\frac{D_0}{\left(1+\frac{k_s-g}{1+g}\right)^t} \tag{6.14}$$

当g为常数，且$k_s > g$时，公式（6.13）反映的是以$\frac{k_s-g}{1+g}$为折现率的永续年金的现值，所以，上式可简化为：

$$P_s = \frac{D_0}{\frac{k_s-g}{1+g}} = \frac{D_0(1+g)}{k_s-g} = \frac{D_1}{k_s-g} \tag{6.15}$$

式中，D_1为投资股票后预计第1年可获得的现金股利。

【例6-8】乙公司股票当前的股利为2.4元，预计以后每年按5%的增长率增长，投资者要求的必要收益率为15%。计算乙公司股票的内在价值。

解：乙公司股票的内在价值为：

$$P_s = \frac{D_1}{k_s-g} = \frac{2.4\times(1+5\%)}{15\%-5\%} = \frac{2.52}{10\%} = 25.2\text{（元）}$$

如果当时的市价不等于股票的内在价值，例如市价为24.5元或26.5元时，则其预期报酬率（不考虑购买股票的相关税费）分别为：

$$k_s = \frac{D_1}{P_s} + g = \frac{2.52}{24.5} + 5\% = 15.29\%$$

或 $$k_s = \frac{D_1}{P_s} + g = \frac{2.52}{26.5} + 5\% = 14.51\%$$

可见，不管股利支付形式如何，只要市价低于股票价值，预期报酬率就会高于必要报酬率；只要市价高于股票价值，预期报酬率就会低于必要报酬率。

4）非固定成长股票的估值模型

在现实生活中，公司的股利支付不是固定不变的，而是随着公司增长模式的特征而呈现一定的阶段性。由于在不同时期公司有着不同的增长率，所以，股利分阶段性增长的股票估值模型是较合理的估值模型。

股利分阶段性增长股票，其估值模型最常用的是两阶段增长模型。以股利增长率变化的时间点第n年为分阶点，分为两个阶段，即可得到两阶段增长模型的基本形式：

$$P_s=\sum_{t=1}^{n}\frac{D_t}{(1+k_s)^t}+\sum_{t=n+1}^{\infty}\frac{D_t}{(1+k_s)^t}$$

该模型经常进一部分为两种常见形式：一是假设第二阶段股利固定不变；二是假设第二阶段股利固定成长。

（1）假设第二阶段股利固定不变，即假设从第（n+1）年开始，股利固定不变，都与第n年股利相同，则两阶段的非固定成长股票的估值模型又可简化为：

$$P_s=\sum_{t=1}^{n}\frac{D_t}{(1+k_s)^t}+\frac{D_n}{k_s(1+k_s)^n}$$

（2）假设第二阶段股利固定成长，即假设从第（n+1）年开始，股利固定在第n年股利的基础上以固定成长率g增长，则两阶段的非固定成长股票的估值模型又可简化为：

$$P_s=\sum_{t=1}^{n}\frac{D_t}{(1+k_s)^t}+\frac{D_{n+1}}{(1+k_s)^n(k_s-g)}$$

$$=\sum_{t=1}^{n}\frac{D_t}{(1+k_s)^t}+\frac{D_n(1+g)}{(1+k_s)^n(k_s-g)}$$

【例6-9】丙公司股票在未来3年股利将高速增长，成长率为20%。在此后转为正常增长，增长率为12%。公司最近支付的股利是每股3元，投资者要求的必要报酬率为15%。计算丙公司股票的内在价值。

解：首先，计算非正常增长期的股利现值：

$$\frac{3\times(1+20\%)}{1+15\%}+\frac{3\times(1+20)^2}{(1+15\%)^2}+\frac{3\times(1+20\%)^3}{(1+15\%)^3}=3.6\times0.8696+4.32\times0.7561+5.184\times0.6575=9.81\text{（元）}$$

其次，计算第3年年末股票的内在价值：

$$\frac{D_4}{k_s-g}=\frac{D_3(1+12\%)}{k_s-g}=\frac{3\times(1+20\%)^3\times(1+12\%)}{15\%-12\%}=193.536\text{(元)}$$

计算其现值为：

193.536×（P/F，15%，3）=193.536×0.6575=127.25（元）

最后，计算丙公司股票目前的内在价值为：

9.81+127.25=137.06（元）

案例分析6-1

案例资料：

2004年年末，酝酿已久的3家外资机构在中国境内发行人民币债券的计划终于得到了财政部的批准。财政部已批准3家国际金融机构在中国境内发行总额为40亿元的人民币债券，这3家机构分别是：世界银行下属的国际金融公司、亚洲开发银行和日本的国际协力银行。提出发债申请的世界银行与亚洲开发银行都是资信极高的国际金融机构，而且都与中国政府有密切联系。2005年3月1日央行等四部委正式发布《国际开发机构人民币债券发行管理暂行办法》，对国际机构发行人民币债券进行规范。2005年9月28日，国际金融公司和亚洲开发银行夺得“熊猫债券”首发权，尽管“批文”刚刚拿到，但是两只熊猫债券的发行前准备工作已经基本成熟。据悉，这两只本币债券的发行量分别在10亿元人民币左右，合计在20亿元附近；债券品种设计为中长期，期限大约定为10年。世界银行与亚洲开发银行都公开表示，发行的人民币债券都将用于中国国内的贷款。

讨论题：

（1）“熊猫债券”是外国债券还是欧洲债券？

（2）外国债券与欧洲债券的区别是什么？

（3）持有“熊猫债券”的投资机构面临的风险是什么？

分析提示：

（1）“熊猫债券”是指国际多边金融机构在中国发行的人民币债券，属于外国债券。

（2）国际债券一般可以分为外国债券和欧洲债券两种。外国债券是指某一国借款人在本国以外的某一国家发行以该国货币为面值的债券；欧洲债券是指借款人在本国境外市场发行的，不以发行市场所在国的货币为面值的国际债券。

（3）“熊猫债券”发行人的信用等级受到所在国家主权信用等级的限制；受汇率波动、资本管制等因素影响；发行人面临全球行业风险或特定区域行业风险。

思考题

1.简述企业财务估值的原理。

2.如何进行现金流量的估算？

3.根据现值估价模型，简述影响债券价格的因素有哪些。

4.如何评估股票的价值和收益？

5.利用稳定增长模型对股票价值进行评估时应注意的问题有哪些？

章末习题

一、单项选择题

1.有一种5年期的国库券，其面值为1 000元，票面利率为12%，单利计息，到期时一次还本付息。假设必要报酬率为10%，其价值为（　　）元。

A.993.44　　B.1 066.67

C.833.33　　D.1 200

2.有一种债券，其面值为1 000元，票面利率为8%，每季度支付一次利息，5年到期。假设必要报酬率为12%，则该债券的价值为（　　）元。

A.924.28　　B.922.768

C.800　　D.851.25

3.有一种纯贴现债券，其面值为1 000元，期限为5年期。假设必要报酬率为10%，其价值为（　　）元。

A.500　　B.900

C.666.67　　D.620.9

4.投资者李某计划进行债券投资，选择了同一资本市场上的甲和乙两种债券。两种债券的面值、票面利率相同，甲债券将于一年后到期，乙债券到期时间还有半年。已知票面利率均小于市场利率。下列有关两债券价值的说法中正确的是（　　）。（为便于分析，假定两债券利息连续支付）

A.债券甲的价值较高　　B.债券乙的价值较高

C.两只债券的价值相同　　D.两只债券的价值不同，但不能判断其高低

5.下列有关股票概念的表述，正确的是（　　）。

A.股票按股东所享有的权利，分为可赎回股票和不可赎回股票

B.股票的价格由预期股利收益率和当时的市场利率决定，与其他因素无关

C.股利是公司对股东的回报，是公司税后利润的一部分

D.股票的价格受股票市场的影响，与公司经营状况无关

6.某种股票当前的市场价格是40元，上年每股股利是2元，预期的股利增长率是2%，则目前购买该股票的预期收益率为（　　）。

A.5%　　B.7.1%

C.10.1%　　D.10.25%

7.下列有关债券概念的说法，不正确的是（　　）。

A.面值代表发行人借入并承诺于未来某一特定日期偿付给债券持有人的金额

B.票面利率是指债券发行者预计一年内向投资者支付的利息占票面金额的比率

C.债券利息要根据债券面值和有效年利率来计算

D.债券的付息方式可能是半年一次、一年一次、到期日一次总付

8.债券价值的计算，所需要的折现率是（　　）。

A.票面利率

B.国债利率

C.市场利率或投资人要求的必要报酬率

D.股利支付率

9.下列关于股票的说法，错误的是（　　）。

A.股票的价格等于股票的价值

B.我国目前各公司发行的都是普通股股票

C.股票本身是没有价值的，它之所以有价格是因为它能给持有人带来预期收益

D.股票的价格会随着股票市场和公司经营状况的变化而升降

10.在股票估价的模型中，假设未来股利不变，其支付过程呈永续年金形式的是（　　）。

A.零增长股票价值模型　　B.固定增长股票价值模型

C.非固定增长股票价值模型　　D.股票估价的基本模型

11.以下关于债券说法正确的是（　　）。

A.不同于股票，投资债券没有任何风险

B.只有当持有至到期时，投资债券才没有任何风险

C.赎回权是到期条款中投资者可以行使的权利

D.回售权是到期条款中有利于投资者的条款

12.当其他因素不变时，当时的市场利率越高，债券的价值（　　）。

A.越小　　B.越大

C.不变　　D.无法确定

13.在票面利率及其他条件相同的情况下，半年付息一次的债券和一年付息一次的债券，其价格的关系为（　　）。

A.前者价格高　　B.后者价格高

C.两者价格相同　　D.不可比较

14.预计某公司明年每股将发放股利2元，假定该公司的股利年增长率为2%，市场平均报酬率为10%，则利用固定增长模型所测定的该公司股票价值为（　　）元。

A.12　　B.18

C.20　　D.25

15.下列不会影响债券内在价值的因素有（　　）。

A.票面价值与票面利率　　B.市场利率

C.到期日与付息方式　　D.购买价格

二、多项选择题

1.债券的价值会随着市场利率的变化而变化，下列说法正确的有（　　）。

A.若到期时间不变，当市场利率上升时，债券价值下降

B.债券当其票面利率大于市场利率时，债券发行时的价格低于债券的面值

C.若到期时间缩短，市场利率对债券价值的影响程度会降低

D.若到期时间延长，市场利率对债券价值的影响程度会降低

2. A债券票面年利率为10%，若半年付息一次，平价发行，则下列说法正确的有（　　）。

A.A债券的票面期间利率为5%　　B.A债券的年有效折现率为10.25%

C.A债券的折现率的期间利率为5%　　D.A债券的名义折现率为10%

3.对于连续支付利息的债券，下列说法正确的有（　　）。

A.当必要报酬率等于票面利率时，到期时间的缩短对债券价值没有影响，一直等于债券面值

B.当必要报酬率高于票面利率时，随着到期时间的缩短，债券价值逐渐升高，最终等于债券面值

C.当必要报酬率高于票面利率时，随着到期时间的缩短，债券价值逐渐降低，最终等于债券面值

D.当必要报酬率低于票面利率时，随着到期时间的缩短，债券价值逐渐降低，最终等于债券面值

4.投资者要求的报酬率是进行股票评价的重要标准。可以作为投资者要求报酬率的有

(　　)。

A.股票的长期平均收益率　　B.债券收益率加上一定的风险报酬率

C.市场利率　　D.债券利率

5.对于间隔一段时间支付一次利息的流通债券而言，下列说法正确的有（　　）。

A.如果折价发行，则发行后价值逐渐升高，在付息日由于割息而价值下降，然后又逐渐上升，总的趋势是波动式上升

B.如果溢价发行，则发行后价值逐渐升高，在付息日由于割息而价值下降，然后又逐渐上升，总的趋势是波动式下降

C.如果平价发行，则发行后价值逐渐升高，在付息日由于割息而价值下降，然后又逐渐上升，总的趋势是波动式保持不变

D.如果折价发行，虽然越临近付息日，利息的现值越大，但是债券价值不可能超过面值

6.下列说法正确的有（　　）。

A.股票价格由股票面值决定，二者不会分离

B.对于上市交易的股票而言，价格主要由预期股利和当时的市场利率决定

C.整个经济环境的变化和投资者心理也会对股价产生影响

D.股价分为开盘价、收盘价、最高价和最低价，投资人在进行股票估价时主要使用最低价

7.与股票内在价值呈反方向变化的因素有（　　）。

A.股利年增长率　　B.年股利

C.预期报酬率　　D.β系数

8.在下列各项中，能够影响债券内在价值的因素有（　　）。

A.当前的市场利率

B.债券的计息方式（单利还是复利）

C.票面利率

D.债券的付息方式（分期付息还是到期一次付息）

9.股票投资能够带来的现金流入量有（　　）。

A.资本利得　　B.股利

C.利息　　D.出售价格

10.如果不考虑影响股价的其他因素，零增长股票的价值与下列各项关系说法正确的有（　　）。

A.与市场利率成正比　　B.与市场利率成反比

C.与预期股利成正比　　D.与预期股利成反比

11.两只刚发行的平息债券，面值和票面利率相同，票面利率均高于必要报酬率，下列说法正确的有（　　）。

A.如果两债券的偿还期限和必要报酬率相同，那么利息支付频率高的债券价值低

B.如果两债券的偿还期限和必要报酬率相同，那么利息支付频率高的债券价值高

C.如果两债券的必要报酬率和利息支付频率相同，那么偿还期限长的债券价值高

D.如果两债券的必要报酬率和利息支付频率相同，那么偿还期限长的债券价值低

12.债券的付息方式可能有（　　）。

A.半年一次　　B.一年一次

C.到期日一次总付　　D.每季度支付一次

13.股票按股东所享有的权利可分为（　　）。

A.普通股　　B.记名股

C.可赎回股　　D.优先股

14.某债券的期限为5年，票面利率为8%，发行时的市场利率为10%，债券面值为1 000元，下列关于债券发行时价值的表达式正确的有（　　）。

A.如果每年付息一次，则债券价值＝80×（P/A，10%，5）＋1 000×（P/F，10%，5）

B.如果每年付息两次，则债券价值＝40×（P/A，5%，10）＋1 000×（P/F，10%，5）

C.如果每年付息两次，则债券价值＝40×（P/A，5%，10）＋1 000×（P/F，5%，10）

D.如果单利计息到期一次还本付息，按年复利折现，则债券价值＝1 400×（P/F，10%，5）

15.下列关于股票估价与债券估价模型的表述，正确的有（　　）。

A.股票和债券的价值等于期望未来现金流量的现值

B.普通股价值取决于持续到永远的未来期望现金流量

C.普通股未来现金流量必须以对公司未来盈利和股利政策的预期为基础进行估计

D.债券利息与股票股利不同的是债券利息可以税后支付

三、计算题

1.甲公司欲投资购买债券，打算持有至到期日，要求的必要收益率为6%（复利、按年计息），目前有两种债券可供挑选：

（1）A债券面值为1 000元，5年期，票面利率为8%，每年付息一次，到期还本，A债券是半年前发行的，现在的市场价格为1 050元，计算A公司债券目前的价值为多少？其是否值得购买？

（2）B债券面值为1 000元，5年期，票面利率为8%，单利计息，利随本清，目前的市场价格为1 050元，已经发行两年，计算B公司债券目前的价值为多少？其是否值得购买？

（3）若甲公司持有B公司债券2年后，将其以1 200元的价格出售，则投资报酬率为多少？

2.有一种面值为1 000元的债券，票面利率为8%，于2017年7月1日发行，2022年7月1日到期，半年支付一次利息（6月末和12月末支付），假设投资的必要报酬率为10%。要求：

（1）计算该债券在发行时的价值。

（2）计算该债券在2020年12月末，支付利息之前的价值。

（3）计算该债券在2021年1月初的价值。

（4）计算该债券在2020年9月1日的价值。

3.某投资者准备进行证券投资，现在市场上有以下几种证券可供选择：

（1）A股票，上年发放的股利为1.5元，以后每年的股利按5%递增，目前股票的市价

为15元。

（2）B债券，面值为1 000元，5年期，票面利率8%，单利计息，到期一次还本付息。复利折现，目前价格为1 080元，假设甲投资时离到期日还有两年。

（3）C股票，最近支付的股利是2元，预计未来2年股利将按每年14%递增，在此之后转为正常增长，增长率为10%，股票的市价为46元。

如果该投资者期望的最低报酬率为15%，请你帮他选择哪种证券可以投资（小数点后保留两位）。（P/F，15%，1）＝0.8696，（P/F，15%，2）＝0.7561。

二维码6：第6章习题答案

第7章/财务预测

学习目标：了解财务预测的概念和分类；理解财务预测的作用；了解财务预测的原则和程序；熟悉财务预测方法的含义与优缺点；熟悉资金需求量的预测方法和企业目标利润的预测方法。

7.1 财务预测概述

7.1.1 财务预测的概念

财务预测是根据财务活动的历史资料，考虑现实的要求和条件，对企业未来的财务活动和财务成果作出科学的预计和测算。财务预测是财务管理的环节之一，是财务决策的前提，也是财务预算的基础。企业进行财务预测主要是为了预测各项生产经营方案的经济效益，为决策提供可靠的依据；预计财务收支的发展变化情况，以确定经营目标，测定各项定额和标准，为编制计划、分解计划指标服务。财务预测体现了财务管理的事先性，帮助财务人员认识和控制未来财务预算的不确定性，使对未来的无知降到最低限度，使财务计划的预期目标与可能变化的周围环境和经济条件保持一致，并对财务计划的实施效果做到心中有数。

7.1.2 财务预测的作用

财务预测对于提高公司经营管理水平和经济效益有着十分重要的作用，具体表现在以下几个方面：

1）财务预测是经营决策的重要依据

企业决策是实现企业目标的重要环节，正确、科学的决策离不开科学的预测。在复杂多变的环境中，了解宏观环境及所在行业的现状和发展前景，结合企业自身情况，对未来作出科学预测，可以帮助企业作出最优选择，并规避风险，避免不必要的损失。例如，在企业出口业务中如果规定以外币结算，外币汇率的变化就会对企业经营产生重要影响。为了避免或降低汇率的不利影响，企业就需要对外汇汇率进行预测，提前实施保值措施。再如，企业进行经营决策时，必然要涉及成本费用、收益以及资金需要量等问题，而这些大多需要通过财务预测进行估算，财务预测直接影响到经营决策的质量。

2）财务预测使企业合理安排收支，提高资金使用效益

要做好资金的筹集和使用工作，不仅需要熟知企业过去的财务收支规律，还要善于预测企业未来的资金流量，即企业在计划期内有哪些资金流入和流出，收支是否平衡，要做

到“瞻前顾后”、长远规划，使财务管理工作处于主动地位。

3）财务预测可以根据环境变化预测不同的经营结果

财务预测可以根据企业所处环境的变化，不断修正其预测假设，得出相对准确的预测结果。企业管理层可以根据不同的预测结果了解企业在不同环境下的经营结果，预测企业目标实现的可能性。

7.1.3 财务预测的分类

财务预测有多种分类方式：

1）按财务预测所跨越的时间长度分为长期预测、中期预测和短期预测

短期预测是指对1年以内的财务变化及其趋势的预测，主要为编制年度计划、季度计划等短期计划服务。

中期预测主要是指对1年以上5年以下的财务变化及其趋势的预测，是长期预测的细化、短期预测的基础。

长期预测主要是指对5年以上的财务变化及其趋势的预测，主要为企业长期发展的重大决策提供财务依据。进行长期预测，经过一段时期后需要根据新的变化进行补充和修正。

2）按财务预测内容可分为资金需求量预测、成本费用预测、销售收入预测和利润预测

资金需求量预测主要预测企业为维持正常生产经营所需要的资金量。

成本费用预测是预测企业各相关因素变动对成本的影响。

销售收入预测是对企业新旧产品的预计销量及企业新的定价策略和水平的预测。

利润预测是对公司未来某一时期可实现的利润的预计和测算。它是按影响公司利润变动的各种因素，预测公司将来所能达到的利润水平。

3）按财务预测方法可分为定性预测方法和定量预测方法

定性预测方法是通过判断事物所具有的各种因素、属性进行预测的方法，它是建立在经验判断、逻辑思维和逻辑推理基础之上的。它的主要特点是利用直观的材料，依靠个人的经验的综合分析，对事物未来状况进行预测。常用的定性预测方法有专家会议法、德尔菲法、主观概率法等。

定量预测方法是通过分析事物各项因素、属性的数量关系进行预测的方法。它的主要特点是根据历史数据找出其内在规律，通过数学运算对事物未来状况进行数量预测。定量预测方法很多，应用比较广泛的有时间序列预测法、相关因素预测法、概率分析预测法等。

上述两类方法并不是相互孤立的，在进行财务预测时，经常要综合运用。

7.1.4 财务预测的程序

1）明确预测对象和目标

要进行财务预测，首先要明确预测对象和目标，然后才能根据预测的目标、内容和要求确定预测的范围和时间。

2）制订预测计划

预测计划包括预测工作的组织领导、人事安排、工作进度、经费预算等。

3）收集整理资料

资料收集是预测的基础。企业应根据预测的对象和目的，明确收集资料的内容、方式，然后进行资料收集。对收集到的资料要检查其可靠性、完整性和典型性，分析其可用程度及偶然事件的影响，做到去伪存真、去粗取精，并根据需要对资料进行归类和汇总。

4）确定预测方法

财务预测工作离不开使用科学的方法。企业应根据预测的目的以及取得的信息资料，选择适当的数理统计模型或逻辑思维方法，进行定量或定性预测。预测方法可以采用单一方法，也可以综合采用多种方法。

5）进行实际预测

运用所选择的科学预测方法进行财务预测，并得出初步的预测结果。预测结果可用文字、表格或图形等表示。

6）对预测的初步结果进行检验

预测是建立在对未来财务活动的设想和推断基础之上的，难免会与实际情况不一致。因此，需要对预测结果进行检验。分析评价的重点是影响未来发展的各因素的新变化。若实际情况与对未来的推断差异较大，使预测产生较大的误差，就应修正预测结果或重新进行预测，以确定最佳预测结果。

7.1.5 财务预测的原则

1）连续性原则

财务预测必须注重连续性，即必须以过去和现在的财务资料为依据来推断未来的财务状况。

2）关键因素原则

进行财务预测时，应首先集中精力于主要项目，而不必面面俱到，以节约时间和费用。

3）客观性原则

财务预测只有建立在客观性的基础上，才有可能得出正确结论。

4）科学性原则

进行财务预测时，一方面要使用科学方法（数理统计方法），另一方面要善于发现预测变量之间的相关性和相似性等规律，进行正确预测。

5）经济性原则

财务预测讲究经济性。因为财务预测涉及成本和收益问题，所以要力求花费最低的预测成本达到较为满意的预测质量。

7.2 财务预测方法

财务预测方法归纳起来可分两大类：定性预测方法和定量预测方法。

7.2.1 定性预测方法

掌握预测对象的必要信息与数据是进行预测的基础。但是，如果预测对象缺乏数据资料（包括历史的和现实的）或影响因素复杂，难以用数字描述，或难以对主要影响因素进行数量分析，定量预测往往无法进行，这时就需要使用定性预测方法进行预测。定性预测方法是常见的预测方法，着重对事物发展的性质、趋势和重大转折点进行预测。经常采用的定性预测方法有专家会议法、德尔菲法、主观概率法等。

1）专家会议法

专家会议法是指根据规定的原则选定一定数量的专家，按照一定的方式组织专家会议，发挥专家集体的智慧，对预测对象未来的发展趋势及状况作出判断的方法。

专家会议能够广泛收集专家意见，并有助于专家们交换意见，通过互相启发产生创造性思维。该方法耗时较少、耗费较小，可以在较短时间内得到富有成效的创造性成果，为决策提供预测依据。专家会议法的缺点是受到主观判断的影响较大，可能会产生多种观点，给决策带来困扰。此外，该方法受心理因素影响较大，可能会出现屈服于权威或服从大多数人意见、不愿意发表不同意见、不愿意轻易改变自己已经发表过的意见等情况。

2）德尔菲法

德尔菲法又名专家意见法或专家函询调查法，由美国兰德公司于1946年首先用于预测领域。德尔菲法本质上是一种反馈匿名函询法，其大致流程是分别将所需解决的问题单独发送到各位专家手中，征询意见，然后回收并汇总全部专家的意见，整理出综合意见。随后将该综合意见和预测问题再分别反馈给各位专家，再次征询意见。各位专家依据综合意见修改自己原有的意见，然后再汇总。经过多次反复，逐步取得比较一致的预测结果。在此过程中，各位专家之间不得互相讨论，不发生横向联系。与其他专家预测方法相比，德尔菲法具有反馈性、匿名性和统计性的特点。德尔菲法作为一种主观、定性的方法，不仅可以被用于预测领域，而且可以被广泛用于各种评价指标体系的建立和具体指标的确定。

德尔菲法可以加快预测速度，节约预测费用，并能获得各种不同但有价值的观点和意见。在历史资料不足或不可预测因素较多的情况下，该方法可以被用于企业长期预测以及新产品预测。德尔菲法集思广益，取各家之长，避各家之短，能充分发挥各位专家的作用，预测的准确率较高。但该方法预测过程比较复杂，花费时间较长。对于分地区的顾客群或产品的预测，专家意见可能不可靠，并有时可能不完整或不切实际。

3）主观概率法

主观概率法是分析者对分析事件发生的概率作出主观估计，或对事件变化动态作出心理评价，然后计算平均值，以此作为分析事件结论的一种定性分析方法。客观概率是根据事件发展的客观性统计出来的概率，而主观概率是人们凭经验或预感而估算出来的概率。主观概率是一种心理评价，判断中具有明显的主观性。对于同一事件，不同人对其发生的概率的判断是不同的。主观概率的测定因人而异，受人的心理因素影响较大，其判断的准确性主要取决于市场趋势分析者的经验、知识水平和对市场趋势分析对象的把握程度。在市场趋势分析期内供需状况比较正常的情况下，营销环境不出现重大变化，长期从事市场营销活动的人员和有关专家的经验与直觉往往是比较可靠的。主观概率法简便易行，但在使用时必须防止任意、轻率地由一两个人拍脑袋估测，要加强严肃性、科学性，提倡集体的思维判断。主观概率法一般和其他经验判断法结合运用。

定性预测方法注重事物发展在性质方面的预测，具有较大的灵活性，易于充分发挥人的主观能动作用，且简单、迅速，省时省力。其不足之处在于易受主观因素的影响，比较注重人的经验和主观判断能力，从而易受人的知识、经验和能力大小的限制，尤其是缺乏对事物发展作数量上的精确描述。

7.2.2 定量预测方法

定量预测是根据已掌握的比较完备的历史统计数据，运用一定的数学方法进行科学的加工整理，揭示有关变量之间的规律性联系，用于预测和推测未来发展变化情况的预测方法。虽然定量预测方法往往利用统计资料和数学模型来进行预测，但并不意味着定量预测方法完全排除主观因素，相反，主观判断在定量预测方法中仍起着重要的作用，只不过与定性预测方法相比，各种主观因素所起的作用小一些罢了。在进行财务预测时，定量预测方法和定性预测方法并不是相互孤立的，经常要综合运用。

定量预测方法很多，基本可分为两类：一类是时间序列预测法；另一类是因果关系预测法。时间序列预测法是根据指标本身的历史数据的变化趋势揭示市场的演变规律，并将之作为预测的依据，预测未来的变化。时间序列预测法包括趋势外推法、季节变动预测法和马尔可夫时间序列预测法等。因果关系预测法是利用事物发展的因果关系来推测事物发展趋势的方法，一般根据过去掌握的历史资料找出预测对象的变量与相关因素的变量之间的依存关系来建立相应的因果预测的数学模型，然后通过对数学模型的求解来进行预测。因果关系预测法包括回归分析预测法、经济计量模型、投入产出法等。下面将介绍常用的趋势外推法和回归分析预测法。

1）趋势外推法

趋势外推法是根据过去和现在的发展趋势推断未来的一种预测方法。该方法的基本原理是：事物发展过程一般都是渐进式的变化，而不是跳跃式的变化，即决定某事物过去发展的因素，在很大程度上也决定该事物未来的发展。掌握事物目前的发展规律，依据这种规律推导，就可以预测出它的未来趋势和状态。这种方法需要将历史资料按年或按月排成一个时间序列，从中找出预测对象发生变化的规律，再将其加以引申从而推断未来。

（1）简单平均法

简单平均法是一种简便的时间序列法，是以所有历史数据之和除以数据总点数，将求得的算术平均数作为预测值。这种预测方法简单，当预测对象变化较小且无明显趋势时，可采用此法进行短期预测。

计算公式：

预测对象预测值=预测对象以往若干期历史数据之和÷期数　　(7.1)

简单平均法的优点是计算简便，但该方法认为各历史数据发生的概率相同，因而不能反映预测对象的变化趋势，所以该方法只适合对比较稳定的企业或波动不大的预测对象使用。

（2）移动平均法

移动平均法是根据时间序列逐项推移，依次计算包含一定项数的序时平均数，以此进行预测的方法。移动平均法包括简单移动平均法和加权移动平均法。移动平均法是一种简单平滑预测技术，因此，当时间序列的数值由于受周期变动和随机波动的影响起伏较大，不易显示出事件的发展趋势时，使用移动平均法可以消除这些因素的影响。

①简单移动平均法

简单移动平均法是指对由移动期数的连续移动所形成的各组数据，使用算术平均法计算各组数据的移动平均值，并将其作为下一期预测值。其计算公式如下：

$$F_t=（A_{t-1}+A_{t-2}+A_{t-3}+\cdots+A_{t-n}）\div n \quad (7.2)$$

式中，F_t为对下一期的预测值；n为移动平均的时期个数；A_{t-k}为前k期实际值。

【例7-1】某企业主要产品2017年上半年的销售量分别是1 000件、1 050件、1 080件、1 070件、1 060件和1 090件。请预测2017年7月的销售量。

解：F_7=（1 000+1 050+1 080+1 070+1 060+1 090）÷6≈1 059（件）

1 059件是该企业6个月的平均销售量，如果判断影响该企业销售量的外界因素无重大变化，可以使用该平均数作为下个月的预测销售量。

简单移动平均法计算方便，当预测对象并无显著长期趋势变动和周期性变动时，采用此法可以得到让人基本满意的结果。该方法的缺点是对所有的观察值赋予同样的权重，与现实不符。为了克服此缺点，应按照观测值的重要性对其赋予不同的权重，这种方法就是加权移动平均法。

②加权移动平均法

加权移动平均法根据同一个移动段内不同时间的数据对预测值的影响程度，分别赋予不同的权重，再进行平均移动以预测未来值。加权移动平均法不像简单移动平均法那样，在计算平均值时对移动期内的数据同等看待，而是对固定期限内的每个变量值赋予不同的权重，即对近期数据赋予较大的权重，对较远期的数据赋予较小的权重。其原理是：历史各期产品需求的数据信息对预测未来期内的需求量的作用是不一样的，远离目标期的变量值的影响力相对较弱，故而赋予较低的权重；越是近期数据，影响力越强，应赋予较高的权重。这一做法可以弥补简单移动平均法视各期影响相同的不足。

加权移动平均法的计算公式如下：

$$F_t=w_1A_{t-1}+w_2A_{t-2}+w_3A_{t-3}+\cdots+w_nA_{t-n} \quad (7.3)$$

式中，w_n为第（t−1）期实际销售额的权重；n为预测的时期数；$w_1+w_2+\cdots+w_n=1$。

【例7-2】承接例7-1，对1~6月份的数据分别赋予权重：0.1、0.1、0.1、0.2、0.2、0.3，采用加权移动平均法预测7月份的销售量。

解：F_7=0.1×1 000+0.1×1 050+0.1×1 080+0.2×1 070+0.2×1 060+0.3×1 090=1 066（件）

因为加权移动平均法赋予4月份、5月份、6月份更高的权重，而本例中这三个月的销售数据均高于平均水平，所以计算结果要大于采用简单移动平均法计算的结果。

③指数平滑法

指数平滑法是在移动平均法的基础上发展起来的一种时间序列分析预测法，通过计算指数平滑值，配合一定的时间序列预测模型对预测对象的未来进行预测。其原理是，任何一期的指数平滑值都可视为前一期实际观察值与前一期指数平滑值的加权平均数。

简单移动平均法是对时间数列的过去数据一个不漏地全部加以同等利用；加权移动平均法则不太考虑较远期的数据，并赋予近期数据更大的权重；而指数平滑法则兼容了简单移动平均法和加权移动平均法的长处，使用了全部数据，但随着数据的远离，其权数逐渐收敛为零。

指数平滑法的计算公式如下：

$$F_t=\alpha\times F_{t-1}+(1-\alpha)\times A_{t-1} \tag{7.4}$$

式中：F_t为本期预测值；F_{t-1}为上期预测值；A_{t-1}为上期实际值；α为平滑指数。

【例7-3】承接例7-1，平滑系数为0.7，预测7月份的销售量。

解：某企业销售量预测表见表7-1。

表7-1 **某企业销售量预测表** 单位：件

月份 t	本期实际值 A_t (1)	(1-α)×上期实际值 (2)=(1-α)×上期(1)	上期预测值 F_{t-1} (3)=上期(5)	α×上期预测值 (4)=α×(3)	本期预测值 F_t (5)=(2)+(4)
1	1 000				1 000
2	1 050	300	1 000	700	1 000
3	1 080	315	1 000	700	1 015
4	1 070	324	1 015	710.5	1 034.5
5	1 060	321	1 034.5	724.15	1 045.15
6	1 090	318	1 045.15	731.61	1 049.61
7		327	1 049.61	734.73	1 061.73

该企业7月份销售量预测约为1 062件。

2）回归分析预测法

回归分析预测法是一种因果关系预测法，是通过分析事物间的因果关系和相互影响的程度建立适当的计量模型进行预测的方法。现实经济中，许多经济变量之间存在着固有关系，其中一些变量受另一些变量或因素的支配。我们把前一类变量称为因变量或被解释变量，后一类变量称为自变量或解释变量。回归分析模型就是反映被解释变量与解释变量之间的因果关系的分析式。

回归分析预测法的步骤如下：

（1）获取自变量和因变量的观测值；

（2）绘制观测值的散点图；

（3）初步判断自变量和因变量的函数关系，写出带未知参数的回归方程；

（4）利用最小二乘法求出回归方程中的未知参数，得到回归方程；

（5）判断回归方程的拟合度；

（6）将自变量的预测值代入回归方程，求出因变量的预测值，或将因变量的预测值代入回归方程，求自变量的预测值。

依据相关关系中自变量的个数不同分类，回归分析预测法可分为一元回归分析预测法和多元回归分析预测法。在一元回归分析预测法中，自变量只有一个，而在多元回归分析预测法中，自变量有两个以上。

在一元线性回归分析预测法中，只有一个自变量（影响因素）和一个因变量（预测值），并且假定两者之间存在线性关系，则双方的数量关系可以用下面的公式表示：

$$y=a+bx \tag{7.5}$$

式中，y表示预测值；x表示自变量，即影响因素；a表示直线截距；b表示直线斜率。

根据自变量和因变量的现有数据，利用最小二乘法，求出合理的回归系数a和b，使回归直线上各点至实际数据上的对应点之间的距离之和最小。由数学知识求得回归系数值为：

$$\begin{cases} a = \dfrac{\sum x_i^2 \sum y_i - \sum x_i \sum x_i y_i}{n\sum x^2 - (\sum x_i)^2} \\ b = \dfrac{n\sum x_i y_i - \sum x_i \sum y_i}{n\sum x^2 - (\sum x_i)^2} \end{cases} \tag{7.6}$$

将自变量或因变量的观测值代入已知的回归方程，就可以进行相应的预测。

定量预测的优点如下：（1）偏重于数量方面的分析，重视预测对象的变化程度，能作出变化程度在数量上的准确描述；（2）主要以历史统计数据和客观实际资料为预测依据，运用数学方法进行处理分析，受主观因素的影响较小；（3）可以利用现代化的计算方法来进行大量的计算工作和数据处理，求出适应项目进展的最佳数据曲线。其缺点是比较机械，不易灵活掌握，对信息资料质量要求较高。

定性预测和定量预测各有自己的优缺点，适合不同的情况。两者并不是相互排斥的，而是相互补充的，在实际预测过程中应该把两者正确地结合使用。

7.3 财务预测的应用

7.3.1 资金需要量预测

企业在运营过程中经常会遇到筹资问题。为了保证筹集资金的数量可以满足生产运营的需要，就需要对外部筹集资金的数量进行准确预测。资金需要量的预测有定性方法和定量方法两类。定性方法中可以采用德尔菲法，即先由熟悉财务情况和生产经营情况的专家根据过去所积累的经验进行分析判断并提出预测的初步意见，然后以座谈会或调查表的形式，对上述预测的初步意见进行修正补充。经过多次意见调查得出最终的结果。定性方法一般在企业缺乏完备历史资料的情况下采用。在企业存在历史数据的情况下一般采用定量方法。这里我们重点介绍定量方法。常用的资金需要量定量预测方法有因素分析法、销售百分比法和直线回归法。

1）因素分析法

因素分析法是企业根据预测年度的生产经营任务和加速资金周转的要求，对上期资金占用额进行调整，来预测资金需要量的一种方法。这种方法计算比较简单，容易掌握，但预测结果不太精确。该方法首先需要计算上期资金占用额，在此基础上剔除资金使用不合理的部分，并根据预测期的生产经营任务和加速资金周转的要求进行测算。其计算公式为：

$$\text{资金需要量} = \left(\text{上期资金平均占用量} - \text{不合理平均占用额}\right) \times \left(1 \pm \text{预测期销售变化率}\right) \times \left(1 \pm \text{预测期资本周转速度变动率}\right) \tag{7.7}$$

【例7-4】甲企业2017年资金实际平均占用量为5 000万元，其中因采购了质量不合格的材料浪费了200万元。预计2018年销售将增长5%，随着企业管理的改善，资金周转速度加快2%。请计算2018年甲企业的资金需要量。

解：资金需要量=（5 000-200）×（1+5%）×（1-2%）=4 939.2（万元）

2）销售百分比法

销售百分比法是根据销售量与资产负债表和利润表项目之间的比例关系，预测各项目短期资本需要量的方法。该方法的原理是当企业销售量增加时，需要投入更多的原材料等流动资产，甚至需要购买设备等固定资产，以扩大企业生产能力。生产能力的投入离不开资金的支持。企业的资金投入一部分来自企业内部（留存收益），一部分来自企业外部(外部筹资)。根据销售与资产、负债和利润的关系，可以计算出企业因销售增加而增加的资金需求和企业内源性筹资金额，从而可以得到企业对外部资金的需要量。

销售百分比法的优点在于能为财务管理提供短期预计的财务报表，以适应外部筹资的需要，且易于使用。其缺点在于，该方法以有关销售百分比为计算基础，倘若这些销售百分比与实际不符或发生变化，预测结果的准确性就会受到影响。因此，在有关因素发生变动时，必须调整原有的销售百分比。

应用销售百分比法的步骤如下：

（1）确定随销售额变化而变化的资产和负债项目；

（2）确定经营性资产与经营性负债与销售额的比例；

（3）确定因销售额增加而增加的留存收益数量；

（4）确定外部筹资金额：

外部资金需要量=资金需求总量-自然负债增加量-留存收益增加量

$$=（A/S_0）\Delta S-（L/S_0）\Delta S-M\times S_1\times b \tag{7.8}$$

式中，A为随销售量变化的资产；L为随销售量变化的负债；S_0为基期销售额；S_1为预测期销售额；ΔS为销售额的变化量；M为销售利润率；b为留存收益率。

【例7-5】宏宇公司2017年12月31日资产负债表（简表）见表7-2。该公司2017年销售额是2 000万元，实现利润159万元，留存收益率为67%。预计该公司2018年销售额将达到2 600万元。为应对销售增长，该公司应新增多少外部融资？

表 7-2 宏宇公司资产负债表（简表）

2017年12月31日

金额单位：万元

资产	金额	与销售额的比例（%）	负债和所有者权益	金额	与销售额的比例（%）
货币资金	200	10	短期借款	100	5
应收账款	500	25	应付账款	200	10
存货	700	35	应付债券	800	–
固定资产	1 000	–	实收资本	1 000	–
			留存收益	300	–
资产总计	2 400	70	负债和所有者权益总计	2 400	15

解：第一步，确定随销售额变化而变化的项目基期百分比。表7-2中，货币资金、应收账款和存货三类资产的金额会随着销售额的增加而增加，则随着销售额的增加而增加的资产与销售额的百分比（A/S_0）是70%；负债中短期借款、应付账款的金额会随着销售额的变化而变化，则随着销售额的变化而变化的负债与销售额的百分比（L/S_0）为15%。

第二步，确定需要增加的资金量。从表7-2可以看出，宏宇公司销售额每增加100元，需要增加资产投入70元（100×70%），所以随着2018年销售额增加600万元（2 600-2 000），公司资产应当增加420万元（600×70%）。公司短期负债随着公司销售额每增加100元而增加15元（100×15%），所以随着公司销售额增加600万元，短期负债会增加90万元（600×15%）。因此，公司需要的资金量是330万元（420-90）。

第三步，确定内部融资数量。公司利润率为7.95%（159÷2 000×100%），留存收益率为67%，所以2018年公司留存收益为138.49万元（2 600×7.95%×67%）。

第四步，确定外部筹资金额。显然公司内部留存收益不足以满足公司需求，其缺口就是公司需要外部融资的金额，即191.51万元（330-138.49）。

使用公式计算：

$$外部资金需要量=(A/S_0)\Delta S-(L/S_0)\Delta S-M\times S_1\times b$$
$$=70\%\times(2\,600-2\,000)-15\%\times(2\,600-2\,000)-7.95\%\times 2\,600\times 67\%$$
$$=191.51（万元）$$

3）直线回归法

直线回归法假定企业资金需求量与企业销售额之间存在某种线性关系，利用该线性关系预测资金需求量。该方法实际上是回归分析预测法的具体应用。回归分析预测法部分内容见7.2.2节。我们以一个例题来解释该方法的使用。

【例7-6】琴声公司历年销售额与资金占用量情况见表7-3，预计2018年销售额将达到1 000万元，请计算该公司2018年的资金需要量。[①]

表7-3 **琴声公司历年销售额与资金占用量** 单位：万元

年度	销售额	资金占用量
2013	150	2 000
2014	250	2 200
2015	400	2 500
2016	350	2 400
2017	550	2 800

解：第一步，假定公司销售额与资金占用量之间存在某种线性关系。假定资金需要量

① 资料来源 改编自：王月，初国清．财务管理［M］．北京：清华大学出版社，2011。

为因变量y，销售额为自变量x，双方之间的关系为：y=a+bx。

第二步，根据表7-3中的数据计算如下（见表7-4）：

表7-4　　回归分析计算表　　单位：万元

年度	销售额（x）	资金占用量（y）	xy	x^2
2013	150	2 000	300 000	22 500
2014	250	2 200	550 000	62 500
2015	400	2 500	1 000 000	160000
2016	350	2 400	840 000	122 500
2017	550	2 800	1 540 000	302 500
合计	$\sum x=1\,700$	$\sum y=11\,900$	$\sum xy=4\,230\,000$	$\sum x^2=670\,000$

第三步，将表7-4中的数据代入公式（7.6），计算线性模型的回归系数值：

$$\begin{cases} a = \dfrac{\sum x_i^2 \sum y_i - \sum x_i \sum x_i y_i}{n\sum x^2 - (\sum x_i)^2} = \dfrac{670\,000 \times 11\,900 - 1\,700 \times 4\,230\,000}{5 \times 670\,000 - 1\,700^2} = 1\,700 \\ b = \dfrac{n\sum x_i y_i - \sum x_i \sum y_i}{n\sum x^2 - (\sum x_i)^2} = \dfrac{5 \times 4\,230\,000 - 1\,700 \times 11\,900}{5 \times 670\,000 - 1\,700^2} = 2 \end{cases}$$

第四步，将计算结果代入模型，得到资金占用量和销售额的关系为：y=1 700+2x。

第五步，将2018年预测的销售额代入模型，得到2018年的资金需要量：

y=1 700+2x

=1 700+2×1 000

=3 700（万元）

7.3.2　利润预测

利润是企业销售收入扣除各种成本费用后的余额，是企业在一定时期内业务经营的最终成果，也是企业实现股东利益的基础。在某些契约以及企业对管理者和员工的激励制度中也往往使用利润指标。因此，对未来一定时期企业的盈利情况进行事先评价是企业改善生产经营、提高经济效益的重要手段，也是企业实现经营目标的重要环节。利润预测的方法有很多，如回归分析法、相关比率法、因素分析法和本量利分析法。这里我们仅介绍应用最为广泛的本量利分析法。

本量利分析是指成本、业务量与利润三者之间相互关系的分析。它是在成本性态分析的基础上发展起来的，既可用于成本预测，也可用于利润预测。在进行利润预测之前，我们先要了解本量利之间的关系。

1）本量利之间的关系

本量利之间的关系以成本与业务量之间的关系为基础，称为成本性态，即成本总额对业务量的依存关系。根据成本总额与业务量之间的数量关系，成本可以分为三类：固定成本、变动成本和混合成本。固定成本是指在一定时期内成本总额不随业务量的变化而变化的一类成本。这类成本的特点是虽然成本总额不会随业务量变化，但单位成本（成本总额/业务量）却随着业务量的增加而减少，随着业务量的减少而增加，如固定资产的折旧、管理人员的薪金等。变动成本是成本总额与业务量成正相关的一类成本。其特点是单位成本保持不变，但成本总额随着业务量的增减而增减，如直接材料费。混合成本则是指介于固定成本和变动成本之间的一类成本，其成本总额会随业务量的变化而变化，但不成正相关。一般可以按照一定的方法将混合成本分为变动成本和固定成本两部分。所以，全部成本可以看作由固定成本和变动成本组成。

企业的利润是收入与成本费用的差额，而成本费用可以分为固定和变动两个部分。所以，利润可以写作：

利润=销售收入-总成本

=销售收入-（固定成本+变动成本）

=单价×销量-（固定成本+单位变动成本×销量）　(7.9)

用I表示利润，P表示单价，Q表示销量，F表示固定成本，V表示单位变动成本，则上式可以写为：

$$I=P\times Q-(F+V\times Q)$$

$$=Q(P-V)-F \tag{7.10}$$

式中，P-V称为单位边际贡献，Q（P-V）称为边际贡献。公式（7.10）也可以看作：

利润=边际贡献-固定成本　(7.11)

2）利润的预测

根据本量利之间的关系，如果可以根据历史数据获得企业的单位变动成本、固定成本数据，并预测出企业未来的销售量和未来的产品单价，就可以预测出未来的企业利润。

【例7-7】雨燕公司生产一种产品，其售价为每台200元，发生固定成本10 000元，单位变动成本为每台80元，2018年计划销售该产品500台，那么雨燕公司可以获得多少利润？

解：边际贡献=销售收入-变动成本总额=200×500-80×500=60 000（元）

公司利润=边际贡献-固定成本=60 000-10 000=50 000（元）

或　公司利润=单价×销量-（固定成本+单位变动成本×销量）

=200×500-（10 000+80×500）

=50 000（元）

思考题

1.企业为什么要进行财务预测？

2.如何对财务预测进行分类？

3.企业可以采用哪些方法进行财务预测？这些方法的优缺点是什么，分别适用于何种情况？

章末习题

一、单项选择题

1.采用销售百分比法预测资金需要量时，下列项目中被视为不随销售收入的变动而变动的是（　　）。

A.现金　　B.应收账款

C.存货　　D.公司债券

2.在采用销售百分比法编制资产负债表时，资产负债表中与销售额成固定比例关系的项目是（　　）。

A.流动资产　　B.闲置固定资产

C.长期投资　　D.递延资产与其他资产

3.根据销售成本、销售量与利润三者之间内在联系预测利润的方法是（　　）。

A.因果分析法　　B.回归分析法

C.结构分析法　　D.本量利分析法

4.对企业未来的财务活动和财务成果作出科学的预计和测算的财务管理环节是（　　）。

A.财务预算　　B.财务控制

C.财务预测　　D.财务报告

5.如果预测对象缺乏数据资料，适合使用的财务预测方法是（　　）。

A.定性预测方法　　B.回归分析法

C.本量利分析法　　D.因素分析法

6.下列不属于定性预测方法的是（　　）。

A.专家会议法　　B.德尔菲法

C.座谈法　　D.回归分析法

7.分析者对分析事件发生的概率作出主观估计，然后计算平均值，以此作为分析事件结论的预测方法是（　　）。

A.专家会议法　　B.趋势外推法

C.座谈法　　D.主观概率法

8.一定时期内成本总额不随业务量改变的成本项目是（　　）。

A.折旧　　B.直接人工成本

C.直接材料成本　　D.给销售人员的业务提成

9.变动成本的单位成本随着业务量的增加而（　　）。

A.增加　　B.不变

C.减少　　D.不确定

10.固定成本的单位成本随着业务量的增加而（　　）。

A.增加　　B.不变

C.减少　　D.不确定

11.产品的单价减去单位变动成本，被称为（　　）。

A.单位利润　　B.利润总额

C.单位边际贡献　　D.边际贡献

12.（　　）=固定成本+利润。

A.收入　　B.变动成本

C.边际贡献　　D.毛利

13.根据销售收入与资产负债表和利润表项目之间的比例关系，预测各项目短期资本需要量的方法是（　　）。

A.本量利分析法　　B.因素分析法

C.销售百分比法　　D.回归分析法

14.假定企业资金需要量与企业销售额之间存在某种线性关系，利用该线性关系预测资金需要量的方法是（　　）。

A.本量利分析法　　B.因素分析法

C.销售百分比法　　D.线性回归法

15.利用成本、业务量与利润三者之间的关系进行利润预测的方法是（　　）。

A.因素分析法　　B.本量利分析法

C.销售百分比法　　D.直线回归法

二、多项选择题

1.财务预算的意义在于（　　）。

A.财务预算是经营决策的重要依据

B.财务预测使企业合理安排收支

C.财务预测可以根据环境变化预测不同的经营结果

D.财务预测是编制财务预算的依据

2.财务预测按所跨越的时间长度分为（　　）。

A.长期预测　　B.中期预测

C.短期预测　　D.资金需要量预测

E.成本费用预测　　F.销售收入预测

G.利润预测

3.财务预测按内容可分为（　　）。

A.长期预测　　B.成本费用预测

C.短期预测　　D.资金需要量预测

E.定量财务预测

4.财务预测按预测方法可分为（　　）。

A.定性预测方法　　B.中期预测

C.定量预测方法　　D.资金需要量预测

E.成本费用预测

5.属于定量预测方法的是（　　）。

A.德尔菲法　　B.时间序列预测法

C.相关因素预测法　　D.概率分析预测法

6.下列属于财务预测原则的是（　　）。

A.连续性原则　　B.关键因素原则

C.科学性原则　　D.经济性原则

E.客观性原则

7.下列属于定性预测方法的是（　　）。

A.专家会议法　　B.德尔菲法

C.座谈法　　D.回归分析法

E.趋势外推法

8.下列属于定量预测方法的是（　　）。

A.主观概率法　　B.趋势外推法

C.回归分析预测法　　D.本量利分析法

E.专家会议法

9.要计算边际贡献，需要知道（　　）。

A.单价　　B.单位变动成本

C.固定成本　　D.业务量

10.预测资金需要量使用的定量方法是（　　）。

A.本量利分析法　　B.德尔菲法

C.销售百分比法　　D.回归分析预测法

11.按照成本性态，成本可以分为（　　）。

A.固定成本　　B.混合成本

C.变动成本　　D.营业成本

E.期间费用

12.下列公式中正确的有（　　）。

A.利润=销售收入-（固定成本+变动成本）

B.利润=单价×销量-（固定成本+单位变动成本×销量）

C.利润=边际贡献-变动成本

D.利润=边际贡献-固定成本

13.下列关于混合成本的表述中，正确的有（　　）。

A.混合成本的成本总额不随业务量的变化而变化

B.混合成本的成本总额随着业务量的增加而增加

C.混合成本的单位成本是常数

D.混合成本可以分解为固定成本和变动成本

14.使用销售百分比法预测资金需要量时，下列各项中属于预测企业计划年度外部资本需要量计算公式涉及的因素有（　　）。

A.计划年度预计股利支付率　　B.计划年度预计销售收入

C.计划年度预计销售净利率　　D.可动用的内部融资

15.可以预测企业利润的方法有（　　）。

A.回归分析法　　　　B.相关比率法

C.因素分析法　　　　D.本量利分析法

三、计算题

1.某企业上年度资本实际平均占用量为15 000万元，其中不合理部分为200万元，预计本年度销售增长5%，资金周转速度加快2%。请预测本年度资金需要量。

2.特美公司2017年流动资产和固定资产均为500万元，销售收入为1 500万元，销售利润率为5%，该公司计划2018年销售收入达到2 000万元，并保持销售利润率不变。为实现这一目标，该公司预计流动资产将与销售收入同比增长，但固定资产总额保持不变。目前该公司有150万元的应付账款、200万元的长期负债，以及650万元的所有者权益，其中400万元为留存收益，公司计划2018年发放50万元的现金股利。请问特美公司2018年资金需要量总额（资产总额）是多少？2018年需要增加多少外部资金？

3.某企业生产一种产品，每月固定成本为45 000元，单价为20元/米，单位变动成本为10元/米，计划本月销售5 000米。请计算本月该产品的边际贡献。

4.科大公司生产一种产品，单价为10元/件，单位变动成本为5元/件，本月销售10 000件，每月的固定成本为20 000元。请问本月科大公司的利润是多少？

二维码7：第7章习题答案

第8章/ 财务决策

学习目标：熟悉企业财务决策的过程和分类，了解企业财务决策的价值标准及权衡；熟悉企业筹资的目的，掌握主要的筹资渠道和筹资方式，理解杠杆效应和最优资本结构；熟悉投资的目的和投资管理的流程，掌握主要的投资决策方法；理解企业营运资金的含义及营运资金管理策略；理解企业收益分配的程序，熟悉股利的形式和分配流程，掌握常见的股利分配政策。

8.1 财务决策概述

财务决策是指有关资金筹集、使用和分配等的决策。在市场经济条件下，财务管理的核心是财务决策。在财务预测的基础上所进行的财务决策，是编制财务预算、进行财务控制的基础。决策的成功是最大的成功，决策的失误是最大的失误，决策关系着企业的兴衰成败。

8.1.1 财务决策的过程

诺贝尔经济学奖获得者、著名决策理论学派的代表人物赫伯特·西蒙提出，决策的过程一般可分为四个阶段：

1）情报活动阶段

情报活动即调查环境并定义要决策的事件和条件。在这个阶段，要根据初步设想的目标获取决策所需要的有关信息，找出作出决策的依据。

2）设计活动阶段

设计活动即创造、制订和分析可能采取的方案。在这个阶段，要根据收集到的情报，以企业想要解决的问题为目标，设计出可能采取的方案，并评价方案的得失和利弊。在一般情况下，实现目标的方案不应只有一个，而应有两个或更多的可供选择的方案。为了探索可供选择的方案，有时需要研究与实现目标有关的限制性因素。在制订方案的过程中，寻求和辨认限制性因素是没有终结的。对于复杂的决策问题，有时需要依靠有关业务部门或参谋-决策机构，汇集各方面的专家，一同制订方案。

3）抉择活动阶段

抉择活动即从备选方案中选择一个行动方案。这个阶段包括方案论证和决策形成两个步骤。方案论证要根据当时的情况和对未来的预测以及一定的价值标准评价各方案，是对备选方案进行定量与定性的分析、比较和择优研究，并把经过优化选择的可行方案提供给决策者；决策形成是决策者对经过论证的方案进行最后的抉择。

4）审查活动阶段

审查活动即对过去的决策进行评价。方案选定后，即可付诸实施。在方案实施的过程中还要收集实施过程中的情报，根据实际发展进程和行动方案的比较，评价决策的质量即主观符合客观的程度，以便改进后续决策，作出继续执行、停止实施或修改后继续实施的决定。

事实上，这四个阶段并不是按顺序一次性完成的，经常需要返回到以前的阶段。例如，设计或抉择时会发现情报不充分，还要再收集情报；抉择时会发现原来设计的方案不够好，需要重新修改设计。这四个阶段中的每一个，都可以细分为同样的四个阶段。例如，收集情报阶段，包括了解收集情报的“情报”、“设计”收集情报的方案、“决定”如何收集情报、“评价”收集到的情报是否合乎需要这四个小阶段。

8.1.2 财务决策系统的构成要素

一个决策系统由五个要素构成：

1）决策者

决策者是决策的主体。决策者可以是一个人，也可以是一个集团——决策机构。关系团体利益的决策，逐步从个人决策转为集团决策，逐步从高度集中的决策转变为多层次的分散决策。

2）决策对象

决策对象是决策的客体，即决策想要解决的问题。构成决策对象的只能是决策者的行为可以施加影响的系统，决策者的意志不能改变的东西不能成为决策对象。

3）信息

信息包括企业内部功能的信息，以及企业外部环境的状态和发展变化的信息。决策时，保持信息的真实性和正确性是至关重要的。大部分决策错误都与信息失真有关。

4）决策的理论和方法

决策的理论和方法包括决策的一般模式、预测方法、定量分析和定性分析技术、决策方法论、数学和计算机应用等。有了正确的信息，只是具备了科学决策的前提，并不等于就能得出科学的结论。决策者还需要科学的理论指导，并运用恰当的方法来分析、推理和判断，才能找出好的方案。

5）决策结果

决策结果是指通过决策过程形成的、指导人的行为的行动方案。企业决策的结果通常要采用语言、文字、图表等明显的形式来表达。

上述五个要素相互联系、相互作用，组成一个决策系统。

8.1.3 财务决策的价值标准

财务决策的价值标准是指评价财务方案优劣的尺度，或者说是衡量目标实现程度的尺度，它用于评价财务方案价值的大小。

历史上首先使用的是单一价值标准，如最大利润、最高产量、最低成本、最大市场份额、最优质量、最短时间等。单一的决策标准给人们带来许多教训。例如，不顾安全生产，单纯追求产量和利润，结果发生严重事故，产量和利润反而会降下来；单纯追求短期利润，会使企业发展没有持续性，失去发展后劲甚至破产。多次失败教训使人们认识到要进行多目标综合决策。

人们在进行多目标综合决策时最先使用的是综合经济目标的办法，即以长期稳定的经济增长作为目标、以经济效益为尺度的综合经济目标作为价值标准。经济效益可以理解为投入产出的关系。将各种投入和产出都货币化，然后将两者进行比较。用这个办法取代急功近利的单一短期目标，使人们扩大眼界，较全面、长远地看问题。

这种把物质目标货币化并综合在一起的做法也遇到了困难。由于社会的、心理的、道德的、美学的等非经济目标日益受到重视，它们的实现程度对人类的生活质量发挥着越来越大的影响。人们企图把非经济目标转化为经济目标，但这只能在短期内有效，从长期来看是不行的。在财务领域，人们还没有解决非经济目标的货币化问题，也还不能把经济目标和非经济目标统一于一个价值标准。因此，在评价财务方案的最后阶段，总要加进各种非经济的或不可计量的因素，进行综合判断，选取行动方案。

8.1.4 财务决策的分类

财务决策有多种分类方法，每一种分类方法分别用来研究和解决不同的财务问题。

1）按照能否程序化，财务决策分为程序化财务决策和非程序化财务决策

程序化财务决策是指对重复出现的例行财务活动所作的决策。这类活动经常重复出现，有一定的规律，可以根据经验和习惯建立一定的程序，在问题出现时按既定程序执行，就可以解决问题，如订货、材料收发、银行贷款等。

非程序化财务决策是指对不重复出现、具有独特性的非例行财务活动所作的决策。例如，新融资方式的使用、新投资项目的决策、新产品的开发、工厂的扩建等，每次遇到的问题都与以前不同，不能程序化，只能针对具体问题，按照决策过程分别解决。

2）按照决策所处的条件，财务决策分为确定型财务决策、风险型财务决策和非确定型财务决策

确定型财务决策是指对未来情况完全掌握，每种方案只有一种结果的事件的决策，如在各种条件已知的情况下确定最优采购批量。

风险型财务决策是指对未来情况不完全掌握，每种方案会出现几种结果但可按概率确定的事件的决策。

非确定型财务决策是指对未来情况完全不掌握，每种方案会出现几种结果且其结果不能确定的事件的决策。

3）按照决策影响所及的时间长短，财务决策分为长期财务决策和短期财务决策

长期财务决策是指决策的影响所及超过一年的决策，如大多数改变生产能力的投资决策、长期资金的筹集决策等。

短期财务决策是指决策的影响所及不超过一年的决策，如对生产能力利用的决策、短期资金的筹集决策等。

4）按照决策所涉及的内容，财务决策分为筹资决策、投资决策、营运资金决策和利润分配决策

筹资决策是指有关资金筹措的决策，其要解决的问题是如何取得企业所需要的资金，

包括向谁、在什么时候、筹集多少资金等。

投资决策是指投资者为了实现其预期的投资目标，运用一定的科学理论、方法和手段，通过一定的程序，对若干可行性投资方案进行研究论证，从中选出最满意的投资方案的过程，包括资金对外投出和内部配置使用的决策。

营运资金决策是指对流动资产需要量及如何为需要的流动资产融资的决策，具体包括每一种流动资产及每一种流动负债的管理方式与管理策略的制定。

利润分配决策是指对有关股利分配事项的决策，企业取得的利润按照国家规定作相应的调整，依法缴纳所得税后，才能对税后净利润进行分配，企业在进行股利分配时，既要考虑到股东对近期利益的诉求，也要考虑到企业的长远发展需要。

在本章后面的内容中将对筹资决策、投资决策、营运资金决策和利润分配决策进行系统分析。

8.1.5 财务决策系统中的权衡

在财务决策中，决策者必须经常面对各种各样的决策问题。对于每一个决策问题，决策者都需要对与决策相关的正反两方面进行权衡，作出选择。这方面的事例可以说是数不胜数。

在筹资决策中，决策者面临的基本问题是资本成本和财务风险的权衡。我们一方面希望将资本成本降到最低，另一方面又希望财务风险最小。但这两者之间存在矛盾，因为债务资本的成本较低，权益资本的成本较高，为了追求较低的加权平均资本成本，必须增加债务资本的比例；但债务资本的增加又会导致财务风险的增大，使企业破产的可能性增大。对于这个决策问题，权衡的标准是什么呢？是追求较低的资本成本，还是控制财务风险？不同的企业或同一企业的不同决策者可能会有不同的抉择。负债比例本来就不太高的企业，可能会追求降低资本成本的目标；而已经高负债经营的企业则会选择控制财务风险作为目标。当然这里要考虑的因素还是很多的，如负债的抵税作用、财务杠杆利益、通货膨胀因素等。也许明智的决策者会说：我们选择企业价值最大化作为权衡的标准。这种说法在理论上无懈可击，但在实际操作中还是十分棘手的。在负债经营中还要进一步面对一些问题。例如，企业获得非流动负债还是流动负债？是通过银行借款、发行一般公司债券，还是发行可转换债券，抑或发行可分离债券？这里都存在着权衡的问题。

在投资决策中，决策者面临的基本权衡问题是收益和风险的权衡。我们不可能在不承担风险的情况下获得最大的收益，要获得较高的收益率，就必须承担较大的风险。权衡的标准可能是追求收益，也可能是控制风险。在不同的权衡标准下，决策的结果分别是：在能够承担的风险范围内，选择收益最大的方案；或者在取得一定的收益水平的前提下，选择风险最小的方案。

在营运资本决策中，决策者面临的基本权衡问题是资产的流动性与收益性的权衡以及流动资产融资的风险性与成本之间的权衡。如果企业的流动资产投资政策趋于保守，就会选择较高的流动资产水平，保证较好的流动性，但盈利能力也更低；如果企业偏向于更高的盈利能力而愿意承担风险，那么将保持一个低水平的流动资产。如果企业的流动资产融资政策趋于保守，则通常最小限度地使用短期筹资，由于长期筹资成本一般高于短期筹资成本，因此会导致融资成本较高、收益较低；如果企业的流动资产融资政策趋于激进，则通常使用更多的短期筹资，由于短期筹资成本一般低于长期筹资成本，因此会导致融资成本较低、收益较高，但会导致较低的流动比率和较高的流动性风险。

在收益分配决策中，决策者要解决的核心问题是企业实现的利润中有多少留存企业，用于企业今后的发展，有多少作为股利分配给投资者。此决策问题要考虑的利弊得失也相当复杂，如要考虑企业的发展前景，要考虑税收因素，要考虑外部的融资环境，还要考虑公司股票价格的市场表现等。面对错综复杂的利害关系，如何确定权衡的标准呢？其实这些利弊得失可以归结为一个主要的问题，即如何在股东的眼前利益和企业的长远发展之间进行权衡。

8.2 筹资决策

筹资是指通过一定渠道、采取适当方式筹措资金的行为与过程，是企业开展生产经营活动的首要环节。也就是说，企业根据自身的生产经营状况、资金拥有状况以及未来经营发展需要，通过科学的预测和决策，采用一定的方式，从一定的渠道组织资金的供应，以保证企业正常生产需要、经营管理活动需要的理财行为。

8.2.1 筹资的目的

资金是企业赖以生存和发展的前提，融资是企业资本运动的起点，企业必须筹集到生产经营活动必需的资金。由于企业的生产经营特点以及所处的阶段不同，其融资的目的也不同。

（1）满足正常生产经营活动的需要。企业建立初期，需要资金购置原材料、设备等生产要素及垫付营运资金。

（2）扩大经营规模的需要。企业进入成长期，往往因扩大生产经营规模或追加对外投资等需要筹集大量的资金。

（3）调整债务结构、到期偿债的需要。当企业的债务到期需要还本付息时，如果企业现有的支付能力不足以偿付到期旧债，将不得不新增融资偿还旧债，或者即使企业有足够的能力来清偿旧债，但如果原来的债务结构不合理，或原来的债务成本过高而现阶段又有新的成本较低的资金来源时，企业就有可能出于调整债务结构的目的重新举债。

8.2.2 企业筹资的渠道和方式

1）筹资渠道

筹资渠道是指客观存在的筹措资金的来源通道和方向。我国企业目前的融资渠道主要包括：

（1）国家财政资金。国家对企业的直接投资是国有企业的主要资金来源，特别是国有独资企业，其资本全部由国家投资形成。

（2）银行信贷资金。银行对企业的各种贷款是各类企业最重要的资金来源。

（3）非银行金融机构资金。非银行金融机构主要是指信托投资公司、保险公司、租赁公司、证券公司、投资公司等。从筹资角度来看，最基本的是利用租赁公司进行融资租赁业务，利用证券公司进行股票和债券的发行。随着企业进行股份制改革的深入，从这个渠道筹集的资金越来越多。

(4) 其他企业资金。企业在生产经营过程中往往形成一部分闲置资金，并出于一定的目的相互投资；另外，企业间也可能通过商业信用形成债权债务关系。

(5) 居民个人资金。随着理财观念的变化，人们手中的资金不再全部存入银行，由此出现了相当可观的游资。改革之初我国企业曾发行的职工股和如今改制后直接在股市发行的普通股都是吸纳这些资金的好方式。由于我国人口众多，居民手中的资金更是无法估量，这一块资金将成为企业筹资的重要来源。

(6) 企业自留资金。企业自留资金是指企业内部形成的资金，包括提取的公积金和未分配利润等。

2) 筹资方式

筹资方式是指可供企业在筹措资金时选用的具体筹资形式。我国企业目前的融资方式主要有：

(1) 吸收直接投资

吸收直接投资是指企业按照“共同投资、共同经营、共担风险、共享利润”的原则，直接吸收国家、法人、个人投入资金的一种筹资方式。

(2) 发行股票

发行股票是股份公司通过发行股票筹措权益性资本的一种融资方式。

(3) 利用留存收益

利用留存收益是企业将留存收益转化为投资的过程，它构成企业权益性资本的重要内容。

(4) 向银行借款

银行借款是企业向银行或非银行金融机构借入的需要还本付息的款项，有短期借款和长期借款之分。

(5) 利用商业信用

商业信用是指在商品交易中由于延期付款或预收货款所形成的企业间的借贷关系，是企业间的一种直接信用关系。

(6) 发行公司债券

发行公司债券是企业通过发行债券筹措债务性资本的一种融资方式。

(7) 融资租赁

融资租赁是指出租方根据承租方对供货商、租赁物的选择，向供货商购买租赁物，提供给承租方使用，承租方在契约或者合同规定的期限内分期支付租金的融资方式。

8.2.3　杠杆效应与资本结构

1) 资本成本

(1) 资本成本的含义

资本成本是公司筹集和使用资金付出的代价，包括资本筹集费和资本使用费两部分。资本筹集费是指在资本筹集过程中发生的各项费用，如向银行借款的手续费，发行股票的评估费、宣传费和承销费等。资本使用费是指在使用所筹集资本的过程中，向资本提供者支付的有关报酬，如银行借款的利息、股票的股利等。

资本成本也可表示为公司的投资者（包括股东和债权人）对投入公司的资本所要求的最低收益率或投资的机会成本，即投资于具有相同风险和期限的其他证券所能获得的期望收益率。

资本成本是公司接受不同来源的资本净额与预计的未来现金流出量的现值相等时的折现率。这里的资本净额是指公司收到的全部资本扣除各种融资费用后的剩余部分；未来现金流出量是指公司未来各年支付的利息、股利和本金等。资本成本的一般表达式为：

$$P_0(1-f)=\frac{CF_1}{(1+r)}+\frac{CF_2}{(1+r)^2}+\cdots+\frac{CF_n}{(1+r)^n} \tag{8.1}$$

式中，CF_n为第n期支付的资金使用费；r为资本成本；P_0为公司融资获得的资本总额；f为融资费用与融资总额的比率，简称融资费率。

（2）资本成本的作用

①资本成本是选择筹资方式、进行资本结构决策和选择追加筹资方案的依据。企业的资本可以从各种渠道如银行信贷资金、民间资金、企业资金等来源取得，其筹资的方式也多种多样，如吸收直接投资、发行股票、向银行借款等，但不管选择何种渠道，采用哪种方式，主要考虑的因素还是资本成本。通过不同渠道和方式所筹措的资本，将会形成不同的资本结构，由此产生不同的财务风险和资本成本。所以，资本成本也就成了确定最佳资本结构的主要因素之一。随着筹资数量的增加，资本成本将发生变化。当筹资数量增加到增资的成本大于增资的收入时，企业便不应再追加资本。因此，资本成本是限制企业筹资数额的一个重要因素。

②资本成本是评价投资项目、比较投资方案和进行投资决策的经济标准。资本成本实际上是投资者应当取得的最低报酬水平。只有在投资项目的收益高于资本成本的情况下，才值得为之筹措资本；反之，就应该放弃该投资机会。

③资本成本可以被作为评价整个企业经营业绩的基准。资本成本是企业使用资金应获得收益的最低界限。如果一定时期的综合资本成本率高于总资产报酬率，就说明企业资本的运用效益差，经营业绩不佳；反之亦然。

2）杠杆效应

（1）经营风险与经营杠杆

经营风险是指由于商品经营上的原因给公司的收益（指息税前收益）或收益率带来的不确定性。

经营杠杆是指由于固定成本的存在而导致息税前收益的变动率大于销售量变动率的杠杆效应。通常用经营杠杆系数来衡量经营杠杆的作用程度，一般而言，企业的经营杠杆系数越大，经营杠杆利益和经营风险就越高；反之亦然。

（2）财务风险与财务杠杆

财务风险也称筹资风险，是指举债经营给公司未来收益带来的不确定性。

财务杠杆是指由于固定筹资成本的存在而导致每股收益变动率大于息税前收益变动率的杠杆效应。财务杠杆的作用程度通常用财务杠杆系数来衡量。一般而言，企业的财务杠杆系数越大，财务杠杆利益和财务风险就越高；反之亦然。

（3）公司总风险与复合杠杆

公司总风险是指经营风险和财务风险之和。

复合杠杆也称总杠杆，是指由于固定生产成本和固定财务费用的共同存在而导致的每股收益变动率大于产销量变动率的杠杆效应。复合杠杆反映销售量与每股收益之间的关系，用于衡量销售量变动对普通股每股收益变动的影响程度。

3）资本结构决策

（1）资本结构的含义

资本结构是指公司长期资本中长期债务资本和权益资本的构成及其比例关系。资本结构决策就是要确定企业的最优资本结构，是企业财务决策的重要组成部分。

（2）最优资本结构

最优资本结构是指在一定条件下使企业资本成本最低、企业价值最大的资本结构。确定企业最优资本结构可以采取每股收益分析法、资本成本比较法和公司价值比较法等定量评价方法。

8.3 投资决策

投资是指企业投入财力，以期望在未来获取收益的一种经济行为。投资活动不仅从根本上决定了企业的盈利能力，也决定了企业的经营风险，它是构成现代企业财务管理的一项重要内容。

8.3.1 投资的目的

1）提高资金的使用效率，获得收益

通过投资构建和配置形成企业的各类资产，从事某类经营活动，获取未来的经济利益。通过投资形成经营能力，企业才能开展具体的经营活动，获取经营利润。那些以购买股票、债券等有价证券方式向其他单位的投资，可以通过取得股利或债券利息来获取投资收益，也可以通过转让证券来获取资本利得。

2）实现多元化经营，分散企业风险

企业通过分散资本的投向实行多元化经营，可以达到降低风险、避免损失的目的。通过长期股权投资，可以取得对其他企业的全部或部分控制权，以获得稳定的原材料供应，或者扩大市场占有率，取得局部垄断优势。

3）实现资本扩张和企业的战略转移

企业可以通过投资扩大经营规模或范围，甚至开拓新领域，或者通过收购兼并实现资本扩张和战略转移。

8.3.2 投资的方式

根据不同的分类标准，企业投资的方式可以分为不同的类型，具体如下：

1）直接投资和间接投资

这是按照投资行为的介入程度划分的。直接投资是指投资人直接将货币资金投入投资项目，形成实物资产或购买现有企业的资产的一种投资，其收益来源主要是资产或项目的直接经济效益。间接投资是指投资人以其资本购买股票、债券等有价证券的投资，其收入来源为间接取得的利息或股利收入。

2）长期投资和短期投资

这是按照投资期限或投资回收期的长短来划分的。长期投资是指投资期在一年以上的各类投资，如对长期金融资产和企业厂房设备的投资。短期投资是指预期在一年以内收回的各类投资，如各类短期证券的投资。

3）对内投资和对外投资

这是按照投资方向来划分的。对内投资是指将资金投放到企业内部，通过投资形成企业的资产，能加强投资人自身的经营实力。对外投资是指投资人将资金投入其他企业或购买各类金融资产。

8.3.3 投资管理流程

1）分析投资环境

企业必须考察各地区不同的投资环境，把资金投向有利的环境。投资环境包括法律环境、经济环境和文化环境等。

2）规划投资战略

企业在对投资战略进行规划时，需综合考虑竞争因素、风险因素、技术因素和人力资本等。

3）进行投资预算

投资预算是在可行性研究的基础上对企业固定资产的购置、扩建、改造、更新等编制的预算。投资预算具体反映在何时进行投资、投资多少、资金从何处取得、何时可获得收益、每年的现金净流量为多少、需要多长时间回收全部投资等。由于投资的资金来源往往是影响企业决策的限定因素之一，而对厂房和设备等固定资产的投资又往往需要很长时间才能收回，因此，投资预算应当力求与企业的战略以及长期计划紧密联系在一起。

4）投资风险分析

企业需要对投资项目的技术实施风险、组织管理风险、产业政策风险、财务风险和市场风险等进行定性和定量的分析。

5）评价投资收益

对投资收益的评价不仅包括对经济效益的评价，还包括对环境效益和社会效益的评价。

8.3.4 投资决策方法

对项目投资的评价，通常使用两类指标：一类是非贴现指标，即没有考虑货币时间价值因素的指标，主要包括投资回收期、会计收益率等；另一类是贴现指标，即考虑了货币时间价值因素的指标，主要包括净现值、净现值率、现值指数、内含报酬率等。

1）非贴现评价法

（1）投资回收期法

投资回收期又称全部投资回收期，简称回收期，是指以投资项目经营净现金流量抵偿原始总投资所需要的全部时间。当项目的投资回收期短于某个基准回收期时，该项目可行；否则，应拒绝该方案。

投资回收期法的优点是计算简单，易于理解；缺点是没有考虑货币时间价值和投资风险，也没有考虑回收期后的后续收益，有可能导致管理者的短视行为，忽视长期效益。

(2) 会计收益率法

会计收益率又称投资利润率，它在计算时使用会计报表上的数据，以及普通的会计收益和成本观念。投资利润率是指投资项目预期的年平均利润与总投资额的比率。这种方法是根据各方案的投资利润率的高低来进行决策评价的，计算简便，应用范围较广。

2) 贴现评价法

(1) 净现值法

所谓净现值，是指特定投资方案未来现金流入的现值与未来现金流出的现值之间的差额，记作NPV。净现值的基本计算公式为：

$$NPV=\sum_{t=0}^{n}\frac{NCF_t}{(1+i)^t}=\sum_{t=0}^{n}\frac{CI_t}{(1+i)^t}-\sum_{t=0}^{n}\frac{CO_t}{(1+i)^t} \tag{8.2}$$

式中，NCF_t为项目第t期的净现金流量；i为资本成本或期望报酬率；n为项目的寿命期；CI_t为项目第t期的现金流入；CO_t为项目第t期的现金流出。

如果计算出的净现值为正，则项目可行；反之，应拒绝该项目。净现值法考虑了货币时间价值和项目风险，但是不能比较不同规模或互斥项目的相对报酬率，且在实际工作中，贴现率较难确定。

(2) 现值指数法

现值指数（PI），又称获利指数，是指投资项目投产后的净现金流量的现值与初始投资的现值的比率。其计算公式为：

$$PI=\frac{\sum_{t=0}^{n}CI_t(1+i)^{-t}}{\sum_{t=0}^{n}CO_t(1+i)^{-t}} \tag{8.3}$$

若现值指数大于1，说明贴现后现金流入大于贴现后现金流出，该投资项目的报酬率大于预定的贴现率，项目是可行的；若现值指数小于1，说明贴现后现金流入小于贴现后现金流出，该投资项目的报酬率小于预定的贴现率，项目是不可行的。

现值指数法同净现值法一样，考虑了货币时间价值，同时，可以弥补净现值法在不同投资方案之间不能比较的缺陷，使投资方案可直接利用现值指数进行对比。它的缺点是无法反映项目的真实报酬率。

(3) 内含报酬率法

内含报酬率法是根据方案本身内含报酬率来评价方案优劣的一种方法。所谓内含报酬率（IRR），是指能够使未来现金流入量现值等于未来现金流出量现值的贴现率，或者说是使投资方案净现值为零的贴现率，又称内部收益率。其计算公式为：

$$\sum_{t=0}^{n}\frac{CI_t}{(1+IRR)^t}-\sum_{t=0}^{n}\frac{CO_t}{(1+IRR)^t}=0 \tag{8.4}$$

若内含报酬率大于企业所要求的最低报酬率（即净现值中所使用的贴现率），就接受该投资项目，且内含报酬率越高，方案越优；若内含报酬率小于企业所要求的最低报酬率，就放弃该项目。实际上，内含报酬率大于贴现率时接受一个项目，也就是接受了一个净现值为正的项目。

净现值法和现值指数法虽然考虑了货币时间价值，可以说明方案高于或低于某一特定的标准，但没有揭示方案本身可以达到的真实报酬率是多少。内含报酬率法是根据方案的现金流量计算出的，是方案本身的真实投资报酬率。

8.4 营运资金决策

营运资金，又称循环资本，是指一个企业维持日常经营所需的资金，其本质特征是流动性，通常是指流动资产减去流动负债后的差额。

8.4.1 营运资金管理目的

营运资金管理主要是对流动资产及为维持这些流动资产而进行的流动负债筹措活动的管理。一个企业要维持正常的运转就必须要拥有适量的营运资金，因此，营运资金管理是企业财务管理的重要组成部分。营运资金管理的主要目的如下：

（1）保持企业资金具有充分的流动性。企业拥有适度可变现的流动资金，不仅能维持企业的正常生产经营，保持企业良好的偿债能力，还可以增强企业的筹资能力。

（2）提高周转效率。通过对营运资金各个项目的管理，可以加速营运资金的周转速度，不断降低一定时期营运资金的持有数量，降低持有成本，最终达到提高企业盈利能力的目的。

8.4.2 营运资金管理策略

营运资金管理策略主要包括流动资产投资策略和流动资产融资策略。

1）流动资产投资策略

流动资产投资策略，也就是营运资金持有政策，就是要解决在总资产既定的情况下，流动资产与非流动资产的比例关系。流动资产投资策略可以分为保守型投资策略、冒险型投资策略和适中型投资策略三种。

（1）保守型投资策略。保守型投资策略的特点是企业持有的流动资产占总资产的比重较大，即企业用较多的现金、应收账款和存货来支持一定的销售额。这是一种低风险、低收益的营运资金持有政策。

（2）冒险型投资策略。冒险型投资策略是指在某一销售额水平下使流动资产的各项目降低到最低限度，企业持有的流动资产占总资产的比重较小。这是一种高风险、高收益的营运资金持有政策。

（3）适中型投资策略。适中型投资策略是指介于前两者之间的流动资产投资策略，它的风险和收益也介于前两种投资策略之间。

一般来说，企业资产的流动性与收益性成反比，流动资产的收益性差，固定资产的收益性好。如果采用冒险型投资策略，流动资金减少可降低资金占用成本，流动资产周转率提高可增加企业收益，投放于固定资产上的资本较多可提高资产报酬率，但企业保存的存货较少，可能会造成停工待料或产品脱销，也可能由于资金不足造成延付货款或不能偿还到期债务，还可能因为采用了严格的应收账款信用政策而使销售额下降；如果采用保守型投资策略，企业持有较多的现金、短期有价证券和存货，能较自如地支付到期债务，为应付不确定情况保留了大量资金，大大减少了生产中断、产品脱销、清偿债务等风险，但由于现金、短期有价证券的投资收益较低，加之存货占用使资金营运效率降低，从而降低了企业的盈利能力。

2）流动资产融资策略

（1）流动资产和流动负债分析

一般来说，我们经常按照周转时间的长短对企业的资金进行分类，即周转时间在一年以下的为流动资产，周转时间在一年以上的为非流动资产。对于流动资产，如果按照用途再作区分，可以进一步分为临时性流动资产和永久性流动资产。临时性流动资产是指那些受季节性、周期性影响的流动资产；永久性流动资产是指那些即使企业处于经营低谷也仍然需要保留的、用于满足企业长期稳定需要的流动资产。

企业的负债按照债务时间的长短，以一年为界限，分为流动负债和非流动负债。与流动资产按照用途划分的方法相对应，流动负债也可以分为临时性流动负债和自发性流动负债。临时性流动负债是指为了满足临时性流动资金需要所发生的负债。自发性流动负债是指直接产生于企业持续经营中的负债。

（2）流动资产融资策略

流动资产融资策略也就是营运资金筹集政策，就是要解决企业资金来源总额中流动负债与非流动负债间的比例关系问题。流动资产融资策略可以分为激进型融资策略、保守型融资策略和适中型融资策略三种。

①激进型融资策略。激进型融资策略是指企业用短期筹资来支持部分永久性流动资产，甚至用短期筹资来支持固定资产的融资政策。激进型融资策略是一种风险性和收益性均较高的营运资金筹集政策。其策略可用图8-1表示。

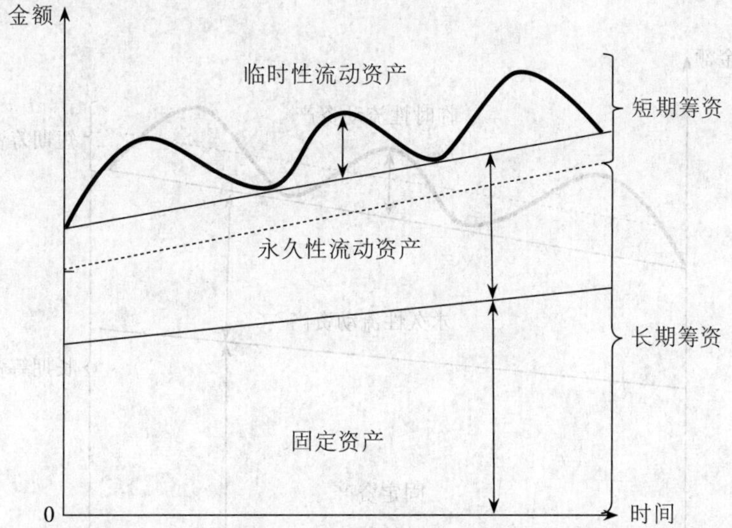

图8-1　激进型融资策略

②保守型融资策略。保守型融资策略是指企业用长期筹资来支持部分临时性流动资产、永久性流动资产和固定资产的融资政策。保守型融资策略是一种风险性和收益性均较低的营运资本融资政策。其策略可用图8-2表示。

③适中型融资策略。适中型融资策略也称配合型融资策略，是指企业用长期筹资来支持永久性流动资产和固定资产，用短期筹资来支持临时性流动资产的融资政策。一般来

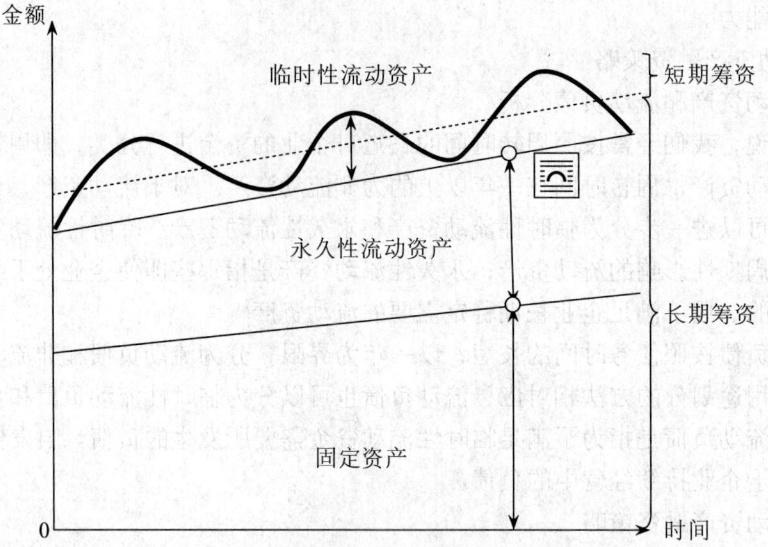

图 8-2　保守型融资策略

说，如果企业能够驾驭资金的使用，采用收益和风险配合得较为适中的配合型融资策略是有利的。但是在企业的经营活动中，由于各类资产使用寿命的不确定性，往往做不到资产与负债的完全配合。在企业的生产经营高峰期内，一旦企业的销售和经营不理想，未能取得预期的现金收入，便会面临偿还临时性负债的困难。因此，配合型融资策略是一种理想的、对企业有着较高资金使用要求的营运资金融资政策。其策略可用图 8-3 表示。

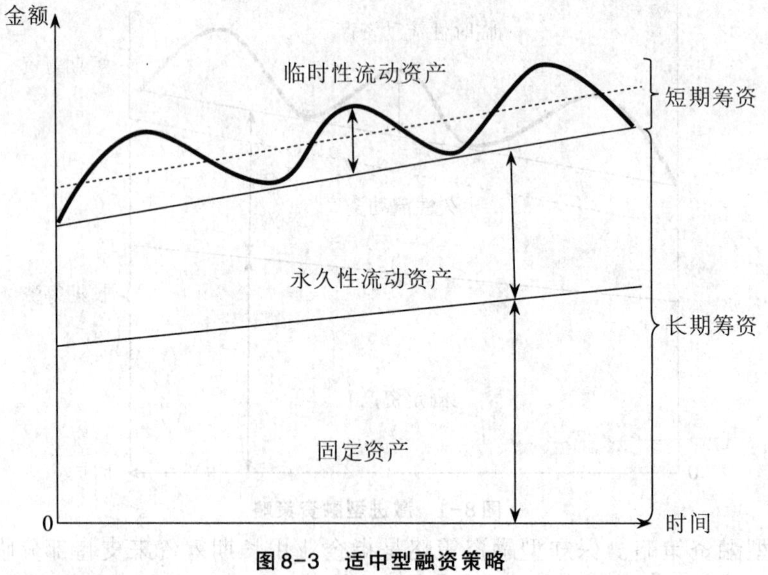

图 8-3　适中型融资策略

8.4.3　营运资金循环

营运资金循环是指企业的营运资金从现金投入生产经营开始到最终转化为现金为止的过程，是营运资金管理中重要的环节。营运资金循环图如图 8-4 所示。

营运资金循环=存货周转期+应收账款周转期=应付账款周转期+现金周转期

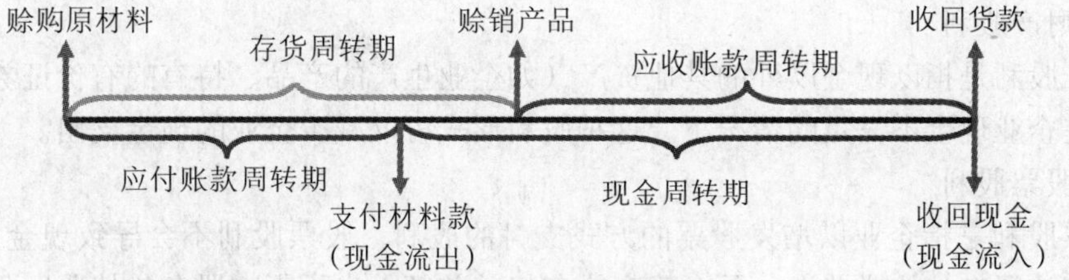

图 8-4　营运资金循环图

由此可见，营运资金循环通常与现金、存货、应收账款和应付账款的周转密切相关。可以通过以下途径提升企业的资金利用效率：第一，通过提高收现速度及加速现金循环来缩短应收账款周转期；第二，通过提高生产效率来缩短存货周转期；第三，通过延后账款的支付来延长应付账款递延支付的期间。

8.5　收益分配决策

收益分配是以价值形式反映企业生产经营成果的实现和分配，是连接两次资本运动过程的桥梁和纽带，它涉及企业各个利益主体之间的经济利益关系。

8.5.1　收益分配的程序

根据我国《公司法》的规定，公司税后利润分配的程序如下：

1）弥补企业以前年度亏损

企业的法定盈余公积不足以弥补以前年度亏损的，在提取盈余公积之前，应当先用当年的利润弥补亏损。企业发生年度亏损的，可以用下一年度的税前利润弥补；下一年度的税前利润不足以弥补的，可以连续5年用税前利润弥补，连续5年不足弥补的，用税后利润弥补。一般累计亏损未得到弥补前，不能向股东分派股利。

2）提取法定盈余公积

法定盈余公积按税后利润（弥补亏损后）的10%提取。累计提取的法定盈余公积总额已达注册资本的50%时，可以不再提取。

3）提取任意盈余公积

企业提取法定盈余公积后，企业章程对提取任意盈余公积有规定的，按规定提取任意盈余公积；企业章程没有规定的，可以根据股东会决议的比例提取任意盈余公积。

4）向股东（投资者）分配股利（利润）

企业税后利润弥补亏损、提取盈余公积的余额，再加上期初未分配利润，就是可供投资者分配的利润。企业按照所有者的出资比例或按股东的持股比例分配。企业向投资者分配多少利润，取决于企业的利润分配政策。

8.5.2　股利的形式

股利是指股份公司将公司盈利按照一定比率分配给股东的投资报酬，可以通过不同的方式进行。常见的股利分配形式包括以下几种：

1）现金股利

现金是最常见的股利分配方式，发放现金股利将同时减少资产负债表上的现金和所有者权益。现金股利的发放要求公司有足够的未分配利润和足够的现金。

2）财产股利

财产股利是指以现金以外的其他资产（如企业生产的产品、持有的有价证券等）支付股利。在企业现金不充足的情况下，这种股利形式可以减少企业的现金支出。

3）股票股利

股票股利是指企业以增发股票的方式支付的股利。股票股利不会导致现金流出企业，但会增加流通在外的股票数；不会改变股东权益总额，也不影响股东的持股比例，但会改变所有者权益的构成。

4）股票回购

股票回购是指上市公司从股票市场上将其发行在外的部分股票购回予以注销或作为库存股。股票回购作为股利支付方式，意味着投资者的股利将被资本利得取代。除了作为现金股利的替代形式，股票回购往往还有自己独特的目的，如优化资本结构、防止企业被敌意收购、提高每股收益、刺激股价回升等。

8.5.3 股利政策

股利政策是指公司股东大会或董事会对一切与股利有关的事项所采取的较具原则性的做法，是关于公司是否发放股利、发放多少股利以及何时发放股利等方面的方针和策略，所涉及的主要是公司对其收益进行分配还是留存用于再投资的策略问题。公司股利政策的制定，通常是综合考虑各种影响因素后进行的决策，不同的股利政策会对企业的财务管理目标产生较大的影响，常见的股利政策类型包括以下几种：

1）剩余股利政策

剩余股利政策是以首先满足公司资金需要为出发点的股利政策。在确定的目标资本结构下，公司净利润首先应满足盈利性较好的投资项目资本的需要，若有剩余，则可将剩余部分作为股利发放给股东。根据这一政策，公司按如下步骤确定其股利分配额：

（1）确定公司的最佳资本结构；

（2）确定公司下一年度的资金需求量；

（3）确定按照最佳资本结构，为满足资金需求所需增加的股东权益数额；

（4）将公司税后利润首先满足公司下一年度增加资金的需求，剩余部分用来发放当年的现金股利。

该股利政策的优点是能够保证再投资的需要，从而有助于降低再投资的资本成本，保持最佳的资本结构。不足之处在于，股利发放额每年随投资机会和盈利水平的变动而变动，造成股利与盈利水平脱节，不利于公司树立良好的形象。

2）固定股利政策

固定股利政策是将每年发放的股利固定在某一特定水平上并在较长的时期内保持不变，只有当公司认定未来盈余会显著地、持续地增长或下降时，才会调整股利发放额。

这一股利政策的优点在于，传递公司稳定发展的信号，有利于增强投资者的信心。其缺点在于，股利支付与公司盈利脱离，可能会给公司造成较大的财务压力，要求公司对未来的支付能力作出较好的判断。一般来说，公司确定的稳定股利额不应太高，要留有余地，以免造成公司无力支付的困境。

这一股利政策比较适用于成熟的、生产能力扩张需求较少、盈利充足并且获利能力比较稳定的公司。

3）固定股利支付率政策

固定股利支付率政策是指公司将每年净收益的某一固定百分比作为股利分派给股东，这一百分比通常称为股利支付率。

该股利政策的优点在于，使股利与公司盈余紧密配合，体现了多盈多分、少盈少分的股利分配原则，有利于投资者了解公司真实的收益情况。但是，这一政策将导致公司股利分配额的频繁变化，传递给外界的信息是公司不稳定，缺乏财务弹性；同时，实际操作中企业的固定股利支付率的确定难度大。

4）低正常股利加额外股利政策

低正常股利加额外股利政策是指公司在一般年份只支付固定的、数额较低的正常股利额，在企业盈利情况较好的年度向股东发放额外股利。

这一股利政策的优点在于，赋予公司较大的灵活性，既保证股利支付的稳定性，又能做到股利和盈余较好的配合。但是，当公司持续发放额外股利时，股东可能会误认为是正常股利，一旦公司停止支付额外股利，将会引起股东的不满。

低正常股利加额外股利政策适用于处于高速增长阶段的公司。公司在这一阶段迅速扩大规模，因而需要大量资金，且由于已经度过初创期，股东往往有分配股利的要求，而该政策能够很好地平衡资金需求和股利分配这两方面的要求。另外，对于那些盈利水平波动较大的公司来说，它无疑也是一种较为理想的股利支付政策。

8.5.4　股利分配的流程

股份公司的股利分配方案通常由公司董事会确定，然后提交股东大会或股东代表大会批准后才能生效实施。一般来说，股利发放在各国都有固定的程序，股利分配流程具体如下：

1）确定股利宣告日

股利宣告日是股东大会决议通过并由董事会宣布发放股利的日期。

2）确定股权登记日

股权登记日是公司登记应发放股利的股东名册的日期。由于工作和实施方面的原因，自公司宣布发放股利至公司实际将股利发出有一定的时间间隔。因为上市公司的股票在此时间间隔内处在不停的交易之中，公司股东会随股票交易而不断易人，为了明确股利的归属，公司需要确定股权登记日，凡在股权登记日之前（含登记日当天）列于公司股东名单上的股东，都将获得此次发放的股利，而在这一天之后才列于公司股东名单上的股东，将得不到此次发放的股利，股利仍归原股东所有。

3）确定除权除息日

除权除息日是股票的所有权和领取股息的权利分离的日期，在这一天购入公司股票的投资者不能享有已宣告发放的股利。由于股票交易与过户之间需要一定的时间，因此，只有在股权登记日之前一段时间前购买股票的投资者，才可能在股权登记日之前列于公司股东名单之上，并享有当期股利的分配权。在除息日之后购买的股票无权得到股利，因而称为除息股。除息日对股票的价格有明显的影响。在除息日之前进行的股票交易，股票价格中含有将要发放的股利的价值，在除息日之后进行的股票交易，股票价格中不再包含股利收入，因此其价格应低于除息日之前的交易价格。

4）确定股利发放日

股利发放日是公司按公布的分红方案向股权登记日在册的股东实际支付股利的日期。

思考题

1.财务决策一般要经过哪几个过程？

2.企业财务决策的分类方式有哪些？

3.企业为什么要筹资？企业筹资的渠道与方式有哪些？

4.什么是经营风险与经营杠杆？

5.什么是财务风险与财务杠杆？

6.什么是资本成本？什么是最优资本结构？

7.企业为什么要进行投资？

8.投资管理的流程是怎样的？

9.常用的投资决策方法有哪些？

10.企业营运资金的含义是什么？包括哪些内容？

11.企业营运资金的投资与融资策略各有哪些？

12.企业的收益一般应按怎样的程序进行分配？常见的股利分配政策有哪些？

章末习题

一、单项选择题

1.下列项目中不属于企业融资渠道的是（　　）。

A.国家财政资金　　B.银行信贷资金

C.非银行金融机构资金　　D.吸收直接投资

2.下列资金来源中属于股权资本的是（　　）。

A.优先股　　B.预收账款

C.融资租赁　　D.短期借款

3.下列项目中可以为企业筹集债务资金的是（　　）。

A.内部积累　　B.融资租赁

C.发行债券　　D.发行股票

4.下列指标的计算与行业基准收益率无关的是（　　）。

A.净现值　　B.净现值率

C.获利指数　　D.内部收益率

5.净现值、净现值率和获利指数共同的缺点是（　　）。

A.不能直接反映投资项目的实际收益率

B.不能反映投入与产出之间的关系

C.没有考虑资金的时间价值

D.无法利用净现金流量的信息

6.如果其他因素不变，一旦提高贴现率，下列指标中其数值将会变小的是（　　）。

A.净现值　　B.内含报酬率

C.平均报酬率　　D.投资回收期

7.如果企业经营在季节性低谷时除了自发性负债外不再使用短期借款，其所采用的营运资金融资政策属于（　　）。

A.配合型融资政策　　B.激进型融资政策

C.保守型融资政策　　D.配合型或保守型融资政策

8.公司为稀释流通在外的本公司股票价格，对股东支付股利的形式可选用（　　）。

A.现金股利　　B.财产股利

C.股票股利　　D.公司债股利

9.法定盈余公积在达到注册资本的（　　）时，可不再提取。

A.25%　　B.50%

C.80%　　D.100%

10.下列项目中不能用来弥补亏损的是（　　）。

A.资本公积　　B.盈余公积

C.税前利润　　D.税后利润

11.下列股利政策中，有利于稳定股票价格，但股利支付与盈余相脱节的是（　　）。

A.固定股利政策　　B.剩余股利政策

C.低正常股利加额外股利政策　　D.不规则股利政策

12.剩余股利政策的优点是（　　）。

A.有利于树立良好的形象　　B.有利于投资者安排收入和支出

C.有利于企业价值的长期最大化　　D.体现投资风险与收益的对等

13.（　　）适用于成熟的、盈利充足并且获利能力比较稳定的公司。

A.剩余股利政策　　B.固定股利政策

C.固定股利支付率政策　　D.低正常股利加额外股利政策

14.（　　）既可以在一定程度上维持股利的稳定性，又有利于企业的资本结构达到目标资本结构，使灵活性与稳定性较好地结合。

A.剩余股利政策　　B.固定股利政策

C.固定股利支付率政策　　D.低正常股利加额外股利政策

15.（　　）是领取股利的权利与股票相互分离的日期。

A.股利宣告日　　B.股权登记日

C.除息日　　D.股利支付日

二、多项选择题

1.财务决策按照决策所处的条件，分为（　　）。

A.确定型财务决策　　B.程序化财务决策

C.风险型财务决策　　D.非确定型财务决策

2.最优资金结构是指（　　）的资金结构。

A.企业价值最大　　B.加权平均资本成本最低

C.每股收益最大　　D.净资产值最大

3.资本成本包括用资费用和筹资费用两部分，其中属于用资费用的有（　）。

A.向股东支付的股利　　B.向债权人支付的利息

C.借款手续费　　D.债券发行费

4.与长期负债筹资相比，流动负债的特点包括（　　）。

A.速度快　　B.弹性大

C.成本低　　D.风险小

5.确定一个投资方案可行的必要条件有（　　）。

A.内含报酬率大于1　　B.净现值大于0

C.获利指数大于1　　D.内含报酬率不低于企业要求的最低报酬率

6.降低贴现率，下列指标会变大的有（　）。

A.净现值　　B.现值指数

C.内含报酬率　　D.投资回收期

7.根据投资的功能，可将投资动机划分为（　　）。

A.获利动机　　B.扩张动机

C.分散风险动机　　D.控制动机

8.下列投资决策指标中，属于贴现指标的有（　　）。

A.净现值　　B.现值指数

C.内含报酬率　　D.投资回收期

9.营运资金循环通常与（　　）的周转密切相关。

A.现金　　B.存货

C.应收账款　　D.应付账款

10.企业筹资的目的包括（　）。

A.满足正常生产经营活动的需要　　B.扩大经营规模的需要

C.调整债务结构的需要　　D.到期偿债的需要

11.下列各项中属于企业筹资方式的有（　）。

A.国家财政资金　　B.发行股票

C.吸收直接投资　　D.发行债券

12.关于股票股利的说法中正确的有（　）。

A.发放股票股利不会导致现金流出企业

B.发放股票股利不会引起所有者权益总额的变化

C.发放股票股利会引起所有者权益内部结构的变化

D.发放股票股利不会改变股东的持股比例

13.固定股利支付率政策的优点包括（　）。

A.使股利与企业盈余紧密配合　　B.体现投资风险与收益的对等

C.有利于稳定股票价格　　D.缺乏财务弹性

14.股利支付形式有多种，我国目前普遍采用的形式有（　　）。

A.现金股利　　　　B.实物股利

C.股票股利　　　　D.证券股利

15.关于股利政策，下列说法中正确的有（　　）。

A.剩余股利政策能保持理想的资本结构

B.固定股利政策下股利支付与公司盈利脱离，可能会给公司造成较大的财务压力

C.固定股利支付率政策有利于公司股票价格的稳定

D.低正常股利加额外股利政策既能保证股利支付的稳定，又能做到股利和盈余较好地配合

三、计算题

1.甲企业拟建造一项生产设备，预计建设期为1年，所需原始投资100万元于建设起点一次投入。该设备预计使用寿命为4年，使用期满报废清理时残值为5万元。该设备折旧方法采用双倍余额递减法。该设备投产后每年增加净利润30万元。假定适用的行业基准折现率为10%。要求：

（1）计算项目计算期内各年的净现金流量；

（2）计算该项目的净现值、净现值率、获利指数；

（3）利用净现值指标评价该投资项目的财务可行性。

2.某公司目标资本结构为权益资本占60%、负债占40%，本年度净利润为100万元，下年度计划固定资产投资120万元，该公司执行剩余股利政策。该公司需要留存的利润和发放的股利各是多少？需要对外筹资多少？

二维码8：第8章习题答案

第9章/ 财务预算

学习目标：了解预算的概念、性质和作用；掌握预算的分类；熟悉预算的编制方法；掌握财务预算的定义和编制的依据；掌握现金预算、预计利润表和预计资产负债表的内容。

财务预算是财务管理的必要环节，也是企业全面预算的一个重要组成部分。通过财务预算，可以明确企业目标，合理配置资源，便于进行业绩的考核与评价。本章将介绍预算管理的基本知识和财务预算的含义与内容，让大家对财务预算有一个整体认识。

9.1 预算概述

预算管理首先应用于政府部门，英国和美国早在18世纪为配合政府部门开支的需要就进行了预算管理，但直到20世纪初预算管理才应用于企业界。如今，预算管理已成为企业进行财务控制的常用手段之一，也是大型企业的标准作业程序。本节将介绍预算的概念、作用、分类以及预算的编制方法等基本知识。

9.1.1 预算的概念

预算是通过对企业内外部环境的分析，在预测与决策的基础上，用数量和金额形式反映企业未来一定时期的投资、生产经营及财务成果等一系列的计划和规划，是为实现企业目标而对各种资源和企业活动的详细安排。

企业编制预算是为了实现企业既定目标，因此预算必须与企业战略或目标保持一致。此外，预算是一种定量的详细计划，将对未来经济活动的安排用货币的形式表现出来，是安排未来企业活动的依据，所以数量化和可执行性是预算应具备的特征。

9.1.2 预算的性质和作用

1）预算可以明确企业目标，控制企业经营活动

企业的战略与整体目标通常是高度抽象的，很难落实到部门、班组与个人的工作中。预算是企业目标的具体化，它不仅明确了企业一定时期的经营总目标，也明确了各个部门的具体工作目标和努力方向，为企业提供了经营目标的一个全面框架。预算将企业的发展战略规划和具体行动方案紧密结合，从而实现“化战略为行动”，确保企业发展和经营目

标的实现。预算还可以控制企业的经营活动，防止实际运营背离战略目标而导致经营失败。将预算指标与实际经营情况进行比较，可以随时发现问题，纠正不良偏差，避免经营活动偏离预定轨迹。因此，预算具有规划、控制、引导企业经济活动的功能。

2）预算可以在企业内部各部门之间进行沟通与协调，提高运作效率

从系统论的观点看，局部的最优化不等同于总体的最优化。为了实现企业整体目标，需要各个职能部门密切配合、相互协调、统筹兼顾。通过对各部门预算的平衡，可以明确各单位的分工，减少各单位操作中的隔阂，防止部门之间出现不协调的现象，提高运作效率。在预算执行和平衡过程中，信息在不同层次、不同单位之间进行传递、协调，可以引导企业的整体活动，能有效地避免无序的部门行为。通过预算编制协调企业资源使其达到最优配置，并通过预算的执行控制、分析、调整使企业实现整体战略目标。

3）预算可以作为业绩考核的标准，起到激励作用

预算工作的完成可以为实际工作提供参照物。企业可以根据预算的完成情况，揭示各部门实际偏离预算的差异，并分析其原因。分析的结果不仅可以作为划清责任、评定业绩、实行奖惩的依据，还可以总结经验，帮助企业调整预算或改进本身的工作，从而调动员工的积极性，促使各部门为完成预算目标更加积极的工作。

9.1.3 预算的种类

1）从预算所涵盖的内容范围来看，分为业务预算、专门决策预算和财务预算

业务预算又称经营预算，是指与企业日常经营活动直接相关的经营业务的各种预算，包括销售预算、生产预算、直接材料消耗及采购预算、直接工资及其他直接支出预算、制造费用预算、产品生产成本预算、经营及管理费用预算等。业务预算通过实物量指标和价值量指标分别反映企业收入与费用的构成情况。

专门决策预算是指企业不经常发生的、一次性的重要决策预算。该种预算能直接体现决策的结果，它实际是中选方案的进一步规划。专门决策预算主要包括根据长期投资决策编制的资本支出预算，根据企业政策和对预算经营成果的预测而编制的股利发放额预算等，可以进一步分为资本支出预算和一次性专门预算两类。

财务预算是指企业在计划期内反映有关预计现金收支、财务状况和经营成果的预算。财务预算是全面预算体系中的最后环节，可以从价值方面总括地反映经营期专门决策预算与业务预算的结果。财务预算在预算管理体系中占有举足轻重的地位，它主要包括现金预算、预计利润表、预计资产负债表。

2）从预算编制的主体来看，分为部门预算和总预算

部门预算是以企业各分支机构、部门、单位等职能部门为主体或按不同的业务类别编制的预算，也就是总体预算中的各个组成部分。

总预算是指将各个部门预算进行汇总所形成的企业整体预算，这种预算通常由财务预算构成，具体包括现金预算、预计资产负债表、预计利润表等。

3）从预算所涵盖的时间范围来看，分为短期预算和长期预算

短期预算主要是指预算期间在一年以内的预算，可以是年度预算或者时间更短的季度预算或月度预算。年度预算的制定往往从上一年度开始，公司要对计划销售的各种产品的产量、价格以及相应的成本和需要筹集的资金情况制订详细的计划，并将这些计划以预算

的形式落实为各个责任中心的经营目标。在短期预算的编制过程中，需要管理人员对未来一年中的有关要素加以预计，并注意各要素之间的衔接。一般来说，短期预算又可以分为经营业务预算、财务预算等。

长期预算是指预算期间超过一年的预算。从长期预算在公司经营中所处的地位来看，它是制订公司战略性计划过程中的一个关键内容，是对战略性计划的分解。长期预算主要包括为实施公司战略而进行的研发预算、筹资预算和经营扩张所需的资本投资预算等。

预算编制的时间应当根据预算内容和实际需求而定，可以是一周、一个月、一个季度、半年、一年甚至若干年。在预算编制中，短期预算和长期预算应结合起来使用，可以采用滚动方式与年度预算相结合的方法。

案例分析9-1

全面预算管理在神斧集团的运用①

案例资料：

神斧民爆集团有限公司（以下简称神斧集团）成立于2007年4月，通过内部整合和外部收购扩张，集团得到了迅速发展。自2008年起，神斧集团开始推行财务预算。经过3年多的探索和完善，预算管理从财务预算向全面预算转变，从推行导入向逐步完善提高转变，形成了包括预算的组织、编制、执行、监控和考核等在内的较为完善的预算管理体系。

（1）预算管理分步实施，从财务预算向全面预算转变，从推行导入向逐步完善提高转变。神斧集团刚开始实行预算管理时，根据集团的组织体系和管理现状，经过反复的权衡，决定先从3个基础较好的生产型子公司和集团本部开始推行财务预算。财务预算推行的第一年，集团的单位产品成本有效控制在预算内，三项费用比上年节支900万元。从2009年起，集团扩大了预算管理的范围，将集团下属的4家生产型企业、2家民爆经营公司和1家研发公司纳入预算管理范围并将预算管理的内容进行了扩展。

（2）建立科学的预算管理制度，确保预算的稳步推行。规范预算管理行为、发挥预算管理职能要靠制度保障。集团制定了《全面预算管理暂行办法》，对预算的组织、编制、执行和考核做了详细的规定。在预算管理过程中，着力解决两大问题：一是预算管理和经营活动两张皮问题；二是预算管理中的不确定性问题。集团通过加强预算价格准备、实行集团内大宗原材料统一采购、充分发挥预算分析作用、增强预算柔性等办法来解决预算管理中的不确定性，增强预算管理的科学性。

（3）将资金统一管理与全面预算管理相结合。集团主要通过年度资金收支计划进行总额控制，根据各子公司编制的月度资金收支计划进行综合平衡；加强子公司财务负责人对资金计划的组织领导，严把资金计划关；要求各子公司完善资金计划的编制流程，掌握资金需求规律，制定科学合理的编制方法；通过建立资金计划执行情况的反馈制度，加强对子公司执行资金计划的监督力度。

① 资料来源　李树坤. 高校财务管理中财务控制方法的运用分析［J］. 经济师，2016（5）：103-104.

(4) 将大宗原材料集中采购体系与全面预算管理相结合。采购成本是企业生产直至销售环节中最主要的成本，其高低会直接影响到企业的最终获利情况。下属子公司所需的硝酸铵、高压聚乙烯等主要共性原材料由集团统一招标采购。大宗原材料集中采购体系的建立，解决了预算编制过程中主要原材料预算价格不确定性问题，同时也提高了集团与供应商的谈判和议价能力，降低了各子公司分散采购的订货成本、运输费用，最大限度地提高了资金使用效率。

讨论题：

(1) 神斧集团为什么要实行预算管理？

(2) 实行预算管理对集团产生了什么影响？

分析提示：

(1) 全面预算是一系列预算构成的体系，是企业根据战略规划、经营目标和资源状况，运用系统方法编制的企业整体经营、资本、财务等一系列业务管理标准和行动计划。

(2) 全面预算管理是企业集团实现资源整合、加强集权管理、实现母公司对子公司实施内部控制的重要手段，并被越来越多的企业集团作为开展集团化管理行之有效的突破口。

9.2 财务预算的内容及编制方法

9.2.1 财务预算的定义

在完成短期经营预算与长期资本预算的编制之后，就可以进行财务预算的编制。财务预算是一系列专门反映企业未来一定预算期内预计财务状况和经营成果以及现金收支等价值指标的各种预算的总称。财务预算与经营预算、资本预算、筹资预算共同构成企业的全面预算。财务预算是全面预算体系的最后环节，它从价值方面总括地反映企业业务预算与专门决策预算的结果，即业务预算和专门决策预算的数据都以货币金额的形式反映在财务预算之中。因此，财务预算就成为各项业务预算和专门决策预算的整体计划，故亦称为总预算。

9.2.2 财务预算的依据

财务预算是全面预算的最后一步，因此企业应当先编制经营预算、资本预算和筹资预算，最后进行财务预算的编制工作。财务预算需要以货币形态将短期经营计划、长期投资计划和企业为满足经营与投资需要而进行的筹资计划反映在预计财务报表中，因此短期经营预算和长期决策预算的内容就是企业编制财务预算的基础。如果企业的短期经营预算、长期决策预算编制不准确、不完整，财务预算就无法准确、全面地反映企业经营与投资计划将达到的结果。

9.2.3 财务预算的内容

财务预算由反映现金收支活动的现金预算和反映企业财务状况、财务成果的预计财务报表组成。

1）现金预算

现金预算是现金收支计划的汇总。编制现金预算的目的在于保证现金的充足并提高现金的使用效率，在资金不足时筹措资金，存在资金盈余时及时、充分利用资金。

2）预计财务报表

预计财务报表是财务预算的重要组成部分，主要包括预计利润表、预计资产负债表等。预计财务报表与公司对外报送的财务报表作用不同。企业对外报送的财务报表是根据企业实际发生的经营业务活动编制的，其目的是降低企业内外信息的不对称，让外部利益相关者了解企业状况以便作出决策。对外报送的报表具有强制性，其编报需要遵守会计准则及相关法律法规的要求。而预计财务报表的编制基础是企业计划而不是实际发生数据，其目的是控制企业资金、成本和利润总量以实现企业战略目标。预计财务报表与实际财务报表的内容、格式基本相同，但数据基础不同。

（1）预计利润表是在经营预算的基础上按照权责发生制原则编制的，其编制方法与编制一般财务报表中的利润表相同，但预计利润表揭示的并非企业历史业绩，而是企业未来的盈利状况。企业管理层可以根据预计利润表了解企业的经营结果与发展趋势，并适时调整其经营战略。

（2）预计资产负债表的编制是在预算期初资产负债表的基础上，根据经营预算、资本预算和现金预算的有关数据进行相应调整编制的。所以，它反映的不是企业实际的财务状况，而是执行企业计划后的后果。管理层可以据此采取措施，防止不良财务状况的出现，以保证企业目标的实现。

9.2.4 财务预算的编制方法

从财务预算编制的不同角度，可以将财务预算编制的方法分为若干类型。本节采取对比的方法介绍各种财务预算编制方法。不同财务预算编制方法具有自己的特点，也适应不同的编制环境。对财务预算编制方法的选择要考虑企业的环境特点和管理要求。

1）固定预算法和弹性预算法

财务预算编制按业务量的特征不同，可分为固定预算法和弹性预算法。

（1）固定预算法

固定预算法又称静态预算法，是指以预算期内正常的、可能实现的某一业务量水平（如生产量、销售量）为固定基础，不考虑可能发生的变动因素而编制预算的方法。它是最传统的也是最基本的预算编制方法。

固定预算法下，编制预算的业务量基础是事先假定的某一个业务量，不论预算期内业务量水平可能发生哪些变动，都只以事先确定的业务量水平作为编制预算的基础，因此该方法比较机械，无法随实际情况的变化而变化。并且，当实际的业务量与编制预算所依据的预计业务量发生较大差异时，有关预算指标的实际数与预算数就会因业务量基础不同而失去可比性。因此，按照固定预算方法编制的预算不利于正确地控制、考核和评价企业预算的执行情况。因此，固定预算法适用于经营业务稳定、产品产销量稳定，并能够准确预测产品需求及产品成本的企业。

（2）弹性预算法

弹性预算法又称变动预算法，是指在考虑预算期间企业生产经营活动的业务量可能发生变动的基础上，先预计各种不同业务量水平，然后根据预测的各种业务量水平编制预算的方法。由于这种预算可以反映不同业务量水平下的支出水平，具有一定的伸缩性，因而称为弹性预算法。

与固定预算法相比，弹性预算法能够反映预算期内可预见的多种业务量相对应的不同预算额，从而扩大了预算的适用范围，便于预算指标的调整。并且，弹性预算法弥补了固定预算法的缺陷，便于预算实际执行情况的考核与评价，可比性较强，能够更好地发挥预算的控制作用。

2）增量预算法和零基预算法

财务预算编制按预算编制的出发点不同，可分为增量预算法和零基预算法。

（1）增量预算法

增量预算法又称调整预算法，是指以基期的业务量水平和成本费用消耗水平为编制预算的基础，根据预算期业务量水平及有关影响成本因素的未来变动情况，通过对基期的指标数值进行增减调整来确定预算期指标数值的方法。

采用增量预算法编制预算，是建立在以下假定前提基础之上的：①现有的业务活动是企业必需的；②原有的各项开支都是合理的；③增加费用预算是值得的。

增量预算法的优点在于预算编制相对容易操作和理解，预算是稳定变化的，能够使部门经理在一个稳定的基础上进行部门的经营管理。增量预算法以过去的预算水平为基础，实际上就是承认过去预算发生的所有费用都是合理的，无须改进。因此，在增量预算法中会不加分析地全盘接受原有的成本开支，或按照主观臆断平均削减或只增不减，所以很容易造成预算不足或预算开支不合理，缺乏降低成本的动力。另外，该种预算编制方法假设经营活动以及工作方式都以相同的方式继续下去，但如果企业的生产经营活动发生重大变化，资源配置方式与成本耗费情况也发生较大的变化，增量预算法就无法与企业的实际情况相适应。

（2）零基预算法

零基预算法又称零底预算法，是指在编制成本费用预算时，不考虑以往会计期间所发生的费用项目或费用数额，而是使所有的预算支出均以零为出发点，一切从实际需要与可能出发，逐项审议预算期内各项费用的内容及开支标准是否合理，在综合平衡的基础上编制费用预算的方法。零基预算不受现有费用项目和开支水平制约，排除了过去和现实中存在的各种消极因素的影响，能够调动各方降低费用的积极性，有利于企业的发展。但是，该方法下预算编制工作量大，花费的时间和代价超过增量预算法。

零基预算法的编制步骤如下：

①划分和确定基层预算单位。企业各基层业务单位通常被视为能独立编制预算的基层单位。预算单位的确定没有硬性的规定，关键取决于在哪一层次上编制预算。

②编制本单位的费用预算方案。先由企业提出总体目标，然后各基层预算单位根据企业的总体目标和自身的责任目标，编制实现总体目标的费用预算方案。在方案中必须详细说明提出项目的目的、性质、作用，以及需要支出的费用数额。

③进行成本-效益分析。基层预算单位按下达的“预算年度业务活动计划”，确认预算期内需要进行的业务项目及其费用开支后，管理层对每一个项目的所需费用和所得收益

进行比较分析，权衡轻重，并进行排序。基层预算单位的业务项目一般分为三个层次：第一层次是必要项目，即非进行不可的项目；第二层次是需要项目，即有助于提高质量、效益的项目；第三层次是改善工作条件的项目。进行成本效益分析的目的在于判断基层预算单位各个项目费用开支的合理程度、先后顺序以及对本单位业务活动的影响。成本-效益分析是解决和处理各相关部门争夺经费的关键步骤。

④审核分配资金。根据预算项目的层次、等级和次序，按照预算期可动用的资金及其来源，依据项目的轻重缓急分配资金，落实预算。

⑤编制并执行预算。资金分配方案确定后，制定零基预算的正式稿，经批准后下达执行。执行中遇有偏离预算的地方要及时纠正，遇有特殊情况要及时修正，遇有预算本身问题要找出原因，总结经验加以提高。

3）定期预算法和滚动预算法

财务预算编制按预算期的时间特征不同，可分为定期预算法和滚动预算法。

（1）定期预算法

定期预算法也称阶段性预算法，是指在编制预算时以不变的会计期间作为预算期的一种编制预算的方法。定期预算法能够使预算期间与会计年度相配合，便于考核和评价预算的执行结果。但是，编制定期预算时往往会导致计划年度后半期的经济业务不够明确，只能提出一个大概的数字，指导性差。该预算方法灵活性差，当经营活动在预算期内发生重大变化时，预算不能随情况的变化及时调整，常会造成预算滞后过时。定期预算在执行一段时期后，往往会使管理人员只考虑剩余期间的经济活动，缺乏长期打算，从而使预算缺乏连续性。

（2）滚动预算法

滚动预算法又称连续预算法或永续预算法，是指按照“近细远粗”的原则，根据上一期的预算完成情况，调整和具体编制下一期预算，并将编制预算的时期不断延伸，逐期向后滚动，使预算期永远保持一个固定期间的预算编制方法。滚动预算的编制，可采用“长计划，短安排”的方式进行：在编制预算时，先按年度分季，并将其中第一季度按月划分，编制各月的详细预算，其他三个季度的预算可以编制得粗略一些，只列各季总数；到第一季度结束前，再将第二季度的预算按月细分；第三、四季度及下年度第一季度只列各季总数，依此类推，使预算不断地滚动下去（如图9-1所示）。预算按预算编制和滚动的时间单位不同，可分为逐月滚动、逐季滚动和混合滚动三种方式。

与传统的定期预算相比，滚动预算具有以下优点：

①及时性强。由于滚动预算能够根据实际情况及时调整和修订近期预算，因此预算更加切合实际，能够充分发挥预算的指导和控制作用。

②连续性、完整性和稳定性突出。与定期预算方法相比，滚动预算能够连续不断地规划未来的经营活动，不会造成人为间断，能使企业各级管理人员对未来永远保持一年时间的考虑和规划，从而保证企业的经营管理工作能够持续稳定的进行。

③透明度高。滚动预算的编制与企业日常管理紧密衔接，可以使管理人员始终掌握企业近期的动态变化，有利于管理人员对预算资料作经常性的分析研究，并根据当前的执行情况及时加以修订，保证企业的经营管理工作稳定而有秩序地进行。滚动预算的缺点在于编制工作量较大。

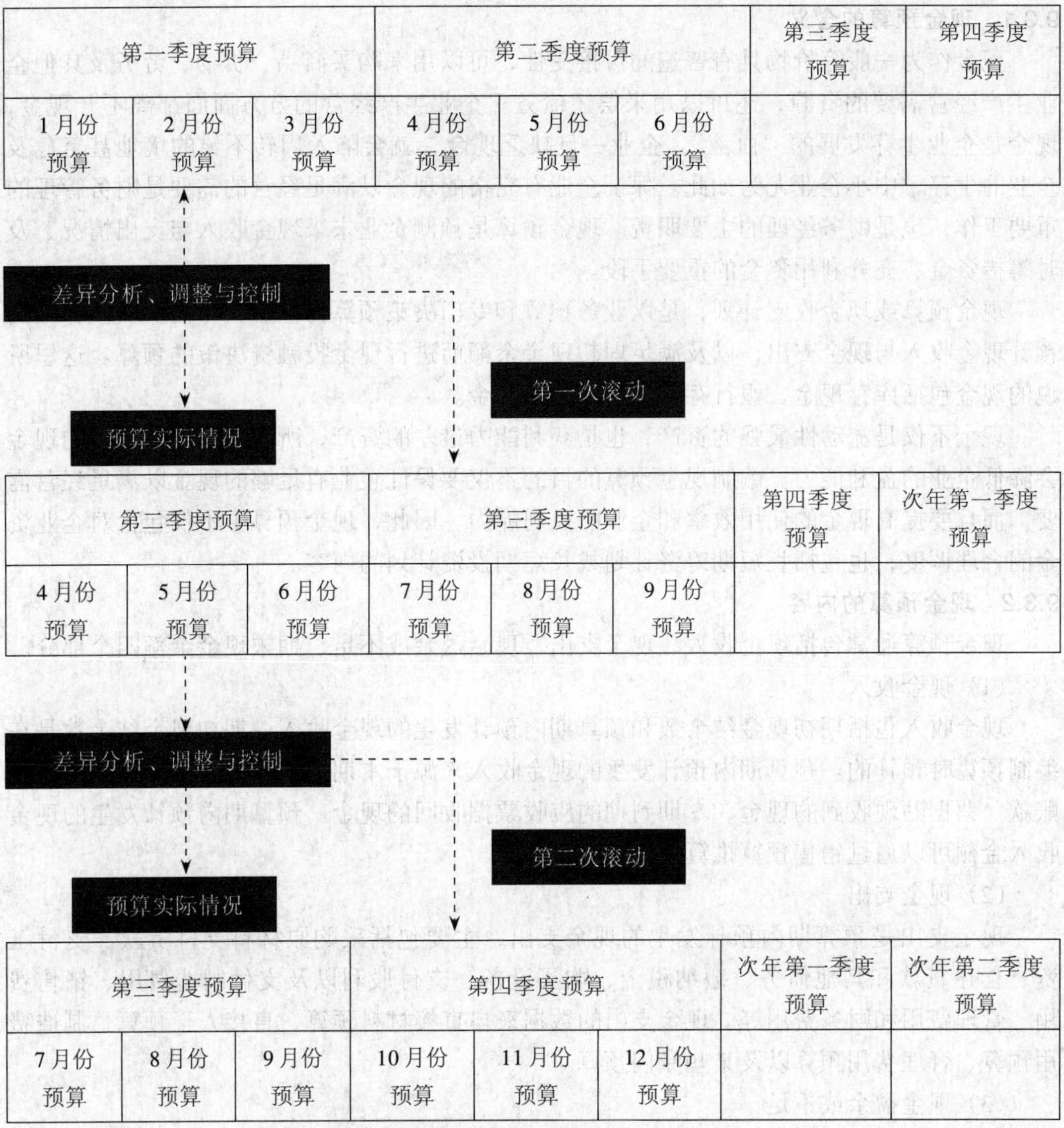

图9-1 滚动预算编制

随着科技的进步和竞争的加剧，消费者需求出现了新的变化，这对企业的财务管理工作提出了更高的要求。为了更好地满足企业管理的需求，预算管理开始与其他管理方式结合，出现了作业基础预算、标杆基础预算等新的预算管理方法。甚至针对预算管理存在的问题，出现了“超越预算管理”的管理方法。

9.3 现金预算的编制

财务预算包括现金预算和预计财务报表。预计财务报表的编制与实际财务报表的内容、格式基本相同，只是其数据基础不同，在此不再赘述。本部分将重点介绍现金预算的编制。

9.3.1 现金预算的含义

现金作为一般等价物具有普遍的可接受性，可以用来购买商品、货物、劳务及其他企业生产经营需要的资源，还可以用来偿还债务。企业生产经营的方方面面都离不开现金，现金是企业生存发展的“血液”。企业一旦缺乏现金，就会陷入周转不灵的境地甚至危及企业的生存，中小企业尤为如此。保证企业有充裕的现金以满足经营的需要是财务管理的重要工作，也是财务经理的主要职责。现金预算是预测企业未来现金收入与支出情况、及时筹措资金、充分利用资金的重要手段。

现金预算或现金收支计划，是以业务预算和专门决策预算为依据，专门反映预算期内预计现金收入与现金支出，以及满足理想现金余额而进行现金投融资决策的预算。这里所说的现金包括库存现金、银行存款和其他货币资金。

现金不仅是流动性最强的资产，也是获利能力最差的资产，所以企业持有过多的现金会降低企业的盈利能力。编制现金预算的目的不仅要保证企业有足够的现金以满足经营需要，而且要提高现金的使用效率和企业的盈利能力。因此，现金预算中不仅包含对企业资金的合理调度，也包括长短期筹资计划或长短期投资计划的内容。

9.3.2 现金预算的内容

现金预算通常包括现金收入、现金支出、现金盈余或不足、期末现金余额四个部分。

(1) 现金收入

现金收入包括期初现金结余数和预算期内预计发生的现金收入。期初现金结余数是在编制预算时预计的。预算期内预计发生的现金收入来源于本期销售收入、本期收到的应收账款、票据贴现收到的现金、本期到期的应收票据收回的现金。预算期内预计发生的现金收入金额可以通过销售预算推算得出。

(2) 现金支出

现金支出是预算期内预计发生的现金支出，主要包括采购原材料支付货款、支付工资、偿还贷款和其他债务、缴纳税金、购买设备、支付股利以及支付制造费用、销售费用、管理费用和财务费用等。现金支出的数据来自直接材料预算、直接人工预算、制造费用预算、管理费用预算以及某些专门预算。

(3) 现金盈余或不足

现金盈余或不足是企业预算期间内现金收支相抵后的余额。如果现金收入大于现金支出，称为现金盈余；如果现金收入小于现金支出，则是现金不足。如果存在现金盈余，企业需要对多余的现金进行短期投资或长期投资以提高企业盈利能力；如果存在现金不足，则需要通过增加债务、变现资产或增加权益投资的方式筹集资金。有关筹措资金的数据，可以从专门的筹资预算中获得。

(4) 期末现金余额

期末现金余额是预算期间的可动用现金总额减去现金支出总额，再减去资金投入或归还总额，或加上向银行借款或筹措资金总额的计算结果。它表示企业经过生产经营、投资和资金筹措后在预算期末应当持有的现金数量。期末现金余额一般与企业最佳现金持有量保持一致。

【例9-1】嘉年华公司2017年年初现金余额为5 000元，为了扩大生产规模，公司拟在

2017年第二季度购买设备一台，预计设备的购置与安装成本为110 000元。公司每半年支付股利8 000元，每季度支付的所得税费用约为5 000元。该企业预计从2017年起现金余额应保持在10 000元。当现金不足时，公司可以向银行借款；当现金富余时，归还借款。借款发生在每季度初，还款发生在每季度末，借款年利率为10%。预计公司每季度销售额都为300 000元，每季度经营性现金支出（直接人工、直接材料）为160 000元，管理费用与销售费用总额为150 000元。要求编制嘉年华公司的现金预算。

解：嘉年华公司现金预算见表9-1。

表9-1　**嘉年华公司现金预算**　单位：元

项目	第一季度	第二季度	第三季度	第四季度
期初现金余额（1）	5 000	10 000	10 000	10 000
+销售现金收入（2）	300 000	300 000	300 000	300 000
可供使用现金（3）=（1）+（2）	305 000	310 000	310 000	310 000
-各项现金支出（4）				
付现经营成本（5）	160 000	160 000	160 000	160 000
管理费用+销售费用（6）	150 000	150 000	150 000	150 000
所得税费用（7）	5 000	5 000	5 000	5 000
资本性支出（8）		110 000		
归还借款（9）		20 000	155 000	185 500
支付利息（10）=（9）×10%		2 000	15 500	18 550
股利支付（11）		8 000		8 000
现金盈余或不足（12）=（3）-（5）-（6）-（7）-（8）-（9）-（10）-（11）	-10 000	-145 000	-175 500	-216 550
银行借款（13）=（14）-（12）	20 000	155 000	185 500	226 550
期末现金余额（14）	10 000	10 000	10 000	10 000

公司的现金预算主要由四部分组成：现金收入、现金支出、现金盈余或不足、期末现金余额。

嘉年华公司的现金收入来源只有一个，即当期销售收入，加上公司当期期初的现金余额，构成了公司当期可以动用的全部现金来源。嘉年华公司第一季度期初现金余额为5 000元，第一季度实现的销售收入是300 000元，所以第一季度可使用的全部现金金额是305 000元（5 000+300 000）。公司最佳的现金持有量是10 000元，所以，第二季度、第三季度、第四季度期初的现金余额应是最佳现金持有量10 000元。加上每季度的销售收入，可以得到后三个季度公司的可供使用现金金额均为310 000元。

公司的现金支出包括许多内容。公司需要现金支付直接材料、直接人工（直接材料与直接人工被称为经营成本）、管理费用、销售费用、财务费用（管理费用、销售费用和财务费用三项构成期间费用，本例题中财务费用单独计算），公司还需要现金缴纳税金、发放股利，公司在扩大再生产时进行固定资产投资也离不开现金。以上内容构成了嘉年华公司的现金支出。嘉年华公司每季度的现金支出内容并不相同。例如，第一季度公司仅需要负担经营成本、部分期间费用（管理费用和销售费用，当期没有支付利息，所以不需考虑财务费用）和税金；第二季度公司除了负担以上成本费用支出外，还需要支付设备的购置和安装成本110 000元，归还上一季度借款的本金20 000元和利息2 000元、本年股利8 000元，第二季度的现金支出明显高于第一季度；第三季度的现金开支项目虽然少于第二季度，但第二季度借款金额较大，此笔借款的本金和利息需要在第三季度偿还，所以第三季度的现金支出也较高；第四季度因为偿还借款、支付股利等原因，其现金支出达到最高。可见，公司的现金支出受到经营活动规划的影响较大，可能会发生较大的波动。

现金盈余或不足是可供使用现金与现金支出的差额。当可供使用现金大于现金支出时，得到的是现金盈余，即产生了现金的闲置。此时，财务管理人员必须考虑如何对闲置资金加以运用，以提高资金使用效率。一般结合公司资金余缺进行短期或长期的投资。当可供使用现金小于现金支出时，公司面临现金不足，即公司现有资金无法满足按照计划开展经营活动的需要，公司需要进行筹资。在本例题中，嘉年华公司是通过短期借款的方式解决现金不足问题的。在现金不足时，需要向金融机构举借多少借款呢？借款之后公司不仅能够满足经营的需要，还需要满足对现金期末持有量的要求。嘉年华公司的季度末现金持有量应为10 000元，即公司在举借债务以满足经营活动和资本投资的需求后，应当还有10 000元现金的剩余。所以，公司借款数量应是资金缺口与公司期末应有的现金持有量之和。第一季度，公司资金缺口10 000元，加上公司应有的现金持有量10 000元，公司应借款20 000元（10 000+10 000）；第二季度，公司资金缺口145 000元，加上现金持有量10 000元，公司应借款155 000元；第三季度，公司资金缺口175 500元，加上现金持有量10 000元，公司应借款185 500元；第四季度，公司资金缺口216 550元，加上现金持有量10 000元，公司应借款226 550元。

思考题

1.预算在企业管理中能发挥什么作用？

2.编制预算的方法有哪些？其优缺点是什么？

3.现金预算与其他预算的关系是什么？

4.财务预算与业务预算的关系是什么？

章末习题

一、单项选择题

1.财务预算也称（　　）。

A.全面预算　　B.业务预算

C.辅助预算　　D.总预算

2.没有直接在现金预算中得到反映的是（　　）。

A.期初期末现金余额　　B.现金筹措及运用

C.预算期产量和销量　　D.预算期现金余缺

3.编制预算时，应考虑预算期内一系列可能达到的业务量水平的编制方法是（　　）。

A.增量预算　　B.滚动预算

C.弹性预算　　D.固定预算

4.在基期成本费用水平的基础上，结合预算期业务量及有关降低成本的措施，通过调整原有成本项目来编制预算的方法，称为（　　）。

A.弹性预算法　　B.零基预算发

C.增量预算法　　D.滚动预算法

5.相对于固定预算法而言，弹性预算法的优点是（　　）。

A.机动性强　　B.稳定性强

C.连续性强　　D.远期指导性强

6.滚动预算法的缺点是（　　）。

A.盲目性　　B.间断性

C.滞后性　　D.预算工作量较大

7.弹性预算法是为了克服（　　）的缺点而设计的。

A.增量预算法　　B.零基预算法

C.定期预算法　　D.固定预算法

8.下列各项中，可能会使预算期间与会计期间相分离的预算方法是（　　）。

A.增量预算法　　B.弹性预算法

C.滚动预算法　　D.零售预算法

9.下列各项中，属于财务预算的是（　　）。

A.销售预算　　B.现金预算

C.直接材料预算　　D.直接人工预算

10.下列各项中，不属于增量预算法的缺点的是（　　）。

A.保护落后　　B.工作量大

C.平均主义　　D.不利于企业未来发展

11.下列各项中，不属于财务预算内容的是（　　）。

A.预计资产负债表　　B.现金预算

C.预计利润表　　D.销售预算

12.财务预算中，用于反映企业预算期期末财务状况的财务报表是（　　）。

A.现金预算　　B.预计利润表

C.预计资产负债表　　D.预计现金流量表

13.下列各项中，综合性比较强的是（　　）。

A.费用预算　　B.销售预算

C.材料采购预算　　D.现金预算

14.使预算期间始终保持一个固定长度的预算是（　　）。

A.固定预算　　B.弹性预算

C.滚动预算　　D.零基预算

15.以固定业务量为依据编制的预算是（　　）。

A.固定预算　　B.弹性预算

C.滚动预算　　D.零基预算

二、多项选择题

1.与编制零基预算相比，编制增量预算的主要缺点包括（　　）。

A.可能会不加分析地保留或接受原有成本支出

B.可能按主观臆断平均削减原有成本支出

C.容易使不必要的开支合理化

D.预算适用范围宽

2.下列各项中，涉及现金收支的预算有（　　）。

A.销售预算　　B.生产预算

C.制造费用预算　　D.直接人工预算

3.现金预算一般包括（　　）。

A.期初现金余额　　B.现金收入

C.现金支出　　D.现金多余或不足

4.下列各项中，属于现金预算编制依据的有（　　）。

A.销售预算　　B.特种决策预算

C.日常业务预算　　D.预计资产负债表

5.固定预算方法的缺点有（　　）。

A.机械呆板　　B.预算工作量大

C.可比性差　　D.编制时间较长

6.下列各项中，属于财务预算的有（　　）。

A.现金预算　　B.生产预算

C.预计资产负债表　　D.预计利润表

7.下列各项中，属于滚动预算优点的有（　　）。

A.透明度高　　B.及时性强

C.连续性突出　　D.完整性突出

8.编制现金预算时，计算某期现金余缺必须考虑的因素有（　　）。

A.期初现金余额　　B.期末现金余额

C.当期现金支出　　　　　　　　　　　　D.当期现金收入

9.下列说法中，正确的有（　　）。

A.预算是企业战略的具体化，可以明确企业一定时期的经营总目标

B.预算在执行和平衡过程中可以促进信息在不同层次、不同部门之间的传递

C.预算可以作为业绩考核的标准，起到激励作用

D.预算是企业某一时期内资源和活动的详细安排，不需要与战略目标保持一致

10.从预算编制的主体来看，预算可以分为（　　）。

A.销售预算　　　　　　　　　　　　　B.部门预算

C.总预算　　　　　　　　　　　　　　D.财务预算

11.从预算所涵盖的时间范围来看，预算可以分为（　　）。

A.短期预算　　　　　　　　　　　　　B.长期预算

C.固定预算　　　　　　　　　　　　　D.费用预算

12.关于编制预算的方法，下列对应关系中正确的有（　　）。

A.固定预算法和弹性预算法　　　　　　B.静态预算法和连续计算法

C.定期预算法和滚动预算法　　　　　　D.增量预算法和固定预算法

13.下列关于财务预算的论述中，正确的有（　　）。

A.财务预算是财务预测的依据

B.财务预算能使决策目标具体化、系统化

C.财务预算可以从价值方面总括反映经营决策和业务预算的结果

D.财务预算是企业全面预算体系中的最后环节

14.下列说法中，不正确的有（　　）。

A.与定期预算法相比，弹性预算法具有预算范围宽和可比性强的优点

B.弹性预算法主要用于编制弹性成本费用预算

C.增量预算法是为克服零基预算法的缺点而设计的

D.财务预算也称总预算

15.下列各项中，属于现金预算范围的有（　　）。

A.经营性现金支出　　　　　　　　　　B.预算支付的借款利息

C.经营性现金收入　　　　　　　　　　D.资本性现金支出

三、计算题

某公司2017年的现金预算简表见表9-2。假定企业没有其他现金收支业务，也没有其他负债。预计2017年年末的现金余额为7 000万元。

表9-2　　**现金预算简表**　　单位：万元

项目	第一季度	第二季度	第三季度	第四季度
期初现金余额	6 000			
本期现金流入	45 000	48 000	E	50 000
本期现金支出	A	50 400	40 000	41 000

续表

项目	第一季度	第二季度	第三季度	第四季度
现金余缺	9 000	C	−1 800	G
资金筹措与运用	−2 000	1 800	6 000	H
取得借款		1 800		
归还借款	−2 000			
期末现金余额	B	D	F	I

要求：根据表中资料填写表中用字母表示的部分。

二维码9：第9章习题答案

第10章/财务控制

学习目标：了解财务控制的含义与种类；了解责任中心的含义；掌握责任中心的特征；掌握成本中心、利润中心和投资中心的含义和类型；了解成本中心、利润中心和投资中心的考核指标。

10.1 财务控制概述

企业财务管理活动分为财务预测、财务决策、财务预算、财务控制等几个环节。财务预测、财务决策、财务预算为财务活动指明了方向，为财务控制提供了依据，而财务控制则为财务管理目标的实现提供了保障，是确保实现理财目标的关键环节。

10.1.1 财务控制含义

财务控制是指对企业的资金投入及收益过程和结果进行衡量与校正，以确保实现企业目标以及为达到此目标所制订的财务计划。企业根据财务计划目标、财务制度及相关法规，将其与财务活动实际开展情况进行对比、检查，发现偏差及时纠正，使之符合财务目标。简单来说，财务控制就是发现偏差并纠正偏差的过程。

与其他控制手段相比，财务控制主要以价值形式为控制手段。财务控制的目标之一是实现财务预算目标。财务预算所包括的现金预算、预计资产负债表、预计利润表都是以价值形式反映的。此外，由于日常的财务活动过程主要表现为组织现金流量的过程，因此控制现金流量成为日常财务控制的主要内容，而财务控制必须借助价值手段进行控制。通过价值手段，企业可以将不同岗位、部门和不同层次的经济业务综合起来进行控制。

10.1.2 财务控制分类

1）按照财务控制的内容分类，分为一般控制和应用控制

一般控制是指各个应用系统均通用的控制，也叫基础控制或者环境控制，包括组织控制、人员控制、财务预算、业绩评价、财务记录等内容。这类控制并不直接作用于财务活动，而是通过应用控制对财务活动产生影响。

应用控制则指直接作用于企业财务活动的具体控制，也称为业务控制。这类控制是业务处理程序的组成部分。

2）按照财务控制的功能分类，分为预防性控制、侦查性控制、纠正性控制、指导性控制和补偿性控制

预防性控制是为了避免产生错误或尽量减少今后的更正性活动而采取的一种预防保证措施。单位的规章制度、工作程序、人员训练和培养计划等，在管理活动中都起着重要的预防控制的作用。

侦查性控制是指为及时识别已存在的财务危机、已发生的错弊和非法行为、增强识别风险和发现错弊机会的能力所进行的各种控制。侦查性控制主要解决“如果风险和错弊发生，如何识别”的问题。

纠正性控制是指为了发现工作中存在的问题并加以更正而进行的控制，其目的是发现行为的偏差并使行为或实施进程回到预先确定的或管理者所希望的水平。纠正性控制往往在出现偏差后进行，它的产生往往是由于管理者没有预见问题或者管理者认为某些事情在出现错误之后进行控制效果比较好。

指导性控制不是为了预防、检查和纠正不利的结果，而是为了实现有利的结果而采取的控制，例如管理层亲自指导各地区分支机构的经营活动。

补偿性控制是针对某些环节的不足或缺陷而采取的控制措施，其目的是排除损失、错误和舞弊，把风险水平限制在一定的范围内，如岗位轮换、不定期盘点、突击检查等。

3）按照财务控制的时间分类，分为事前控制、事中控制和事后控制

事前控制是在财务收支活动发生之前所进行的控制，如财务收支活动发生之前的审批制度、在购买固定资产之前要编制资本性支出预算等。

事中控制是指财务收支活动发生过程中所采取的控制。对经常性的、重复出现的业务，一般要求执行人员按规定的标准化程序来完成，以保证业务处理达到要求和目标，如对各项支出的去向或用途进行的监督、在预算执行过程中对实际情况进行的监督。

事后控制是指对财务收支活动的结果所进行的考核及其相应的奖罚，如在经营期末进行的绩效考核、对公司财务状况和经营状况进行的财务分析等。

4）按照财务控制的主体分类，分为出资者财务控制、经营者财务控制和财务部门的财务控制

出资者财务控制是为了实现其资本保值增值目标而对经营者的财务收支活动所进行的控制，如对成本开支范围的规定。

经营者财务控制是为了实现企业目标而对企业及各责任中心的财务收支活动所进行的控制。这种控制通过制定企业财务决策目标并采取相应措施的方式进行，如对企业筹资、投资、资本运营决策及其执行的控制。

财务部门的财务控制是财务部门为了有效地组织现金流动，通过编制现金预算、执行现金预算，对企业日常财务活动所进行的控制。

5）按照财务控制的依据分类，分为预算控制和制度控制

预算控制是根据预算规定的收入与支出标准，检查和监督各部门活动，以保证组织经营目标的实现，并使费用支出受到严格有效约束的过程。预算控制以预算的编制为基础，通过预算的执行来引导、控制企业的经营活动。在预算执行过程中对预算目标和实际执行情况的差距及原因进行分析，采取措施纠正企业经营行为，保证企业目标的实现。

制度控制是指通过制定企业内部规章制度，并以此为依据约束企业和各责任中心财务收支活动的一种控制形式。

6）按照财务控制的对象分类，分为收支控制和现金控制

收支控制是对企业和各责任中心的财务收入活动和财务支出活动所进行的控制。控制财务收支活动，旨在达到既定的收入目标以及降低成本、减少支出。

现金控制也称货币资金控制，是对企业和各责任中心的现金流入和现金支出所进行的控制。由于企业日常财务活动主要是现金收支，而企业的利润与现金净流入不相等，所以，需要对现金进行单独控制。现金控制有两个目标：一是要实现现金收支的基本平衡，防止现金短缺引发支付危机；二是提高现金的周转速度，减少现金沉淀。

7）按照财务控制的手段分类，分为定额控制与定率控制

定额控制也称绝对控制，是指对企业和各责任中心采用绝对额指标所进行的控制。一般情况下，对激励性指标采用最低限额的绝对指标进行控制，对约束性指标采用最高限额的绝对指标进行控制。比如，为了促进产品的销售，可以对销售部门规定完成销售量或销售收入的下限；为了降低原材料的消耗，可以规定单位产品耗用量的上限。

定率控制也称相对控制，是指对企业和各责任中心采用相对比率指标所进行的控制。在企业财务管理中，采用相对指标进行控制的财务指标很多，大多数财务指标可以用相对比率进行控制。相对控制能够反映投入与产出情况，可以用于规模不同的企业以及同一企业不同时期的比较，可比性较强。

10.2 财务控制方法

10.2.1 授权批准控制

授权是指授予相关人员对某项业务的决策作出决定的权力。批准是检查已确立的授权条件得到满足的实际步骤。授权批准控制就是指在某项财务活动发生之前，按既定的程序对其正确性、合理性、合法性加以核准并确定是否让其发生的控制。简单来说，就是单位内部某个部门或某个职员在处理经济业务时，必须经过授权批准才能进行，否则就无权处理。授权批准控制是一种事前控制，可以保证单位既定方针的执行，限制职权的滥用。

授权通常分为一般授权和特别授权。一般授权是指企业内部各级管理人员在其职责范围内，根据既定的预算、计划、制度等标准，对常规性的经济活动进行的授权。它所规范的主要是日常业务活动。例如，员工因公出差，只需部门负责人按照工作计划授权批准。特别授权是指对非经常经济行为进行专门研究作出的授权。特别授权的对象是某些例外的经济业务，往往没有预算、计划等标准作为依据，需要管理人员进行具体的分析研究。例如，公司并购活动、资产剥离、公司分立，这些活动均属于特殊事项，需要进行特别授权。

10.2.2 预算控制

预算控制是根据预先规定的各项经济业务的预算指标，检查和监督各部门活动，约束各部门费用支出，最终根据实际完成情况实施奖惩，以保证实现组织经营目标的控制方法。预算控制是管理控制中运用最广泛的一种控制方法。

预算的编制是控制活动的第一步，而预算本身又转化为控制标准。通过对比预算目标和各预算执行主体的实际业绩，能使经理人员随时了解各单位的实际经营情况。通过分析目标与实际的差异，揭示产生差异的原因，以便及时采取纠正措施，保证目标的实现。通过实际业绩与预算业绩的定期比较，可以最大限度地提高企业的经营效率。

10.2.3 资产安全控制

资产安全控制是指为确保资产的安全完整而采取的控制措施，主要包括限制接触、定期盘点、记录保护、财产保险、内部审计等。

1）限制接触

限制接触主要是指严格限制无关人员对资产的接近，只有经过授权批准的人员才能接触资产。限制对资产的接近可以减少或杜绝财产被挪用、贪污等现象发生，是一种划分责任、保证财产安全的重要措施。限制接触的对象主要包括货币资金、有价证券、存货等变现能力强的资产。比如，为了保证现金的安全，现金的收支管理工作应该限定于出纳人员，并配备保险柜等安全设施。对于有价证券等易变现的资产，一般应采用确保两个人同时接近财产的方式加以控制。为保证存货的安全完整，要设置专职的仓库管理人员和封闭的仓库区域。

2）定期盘点

定期盘点是指定期对实物资产进行盘点，并将盘点结果与会计记录进行比较。简言之，就是定期核对账存和实存，做到账实相符。通过定期盘点，能够及时发现财产管理工作中存在的问题，保护财产的安全完整，并且可以通过查明账实不符的原因，及时进行会计处理，从而保证会计资料的真实性和可靠性。

盘点时间、盘点人员、盘点方式要根据财产的特点来决定。通常采用“先盘点实物，再核对账册”的方式来防止盘盈资产流失。现金管理要求日清月结，出纳每日都应将现金日记账与保险柜所存现金进行核对；财务主管、内部审计人员及其他经授权的人员不定期、采用突击方式对现金进行盘点。对于银行存款，企业应指定出纳以外的专人不定期核对银行账户，每月至少核对一次（不能指定出纳来执行这一任务，防止其挪用银行存款后再采用修改对账单的方式进行对账，隐瞒真实的情况）。存货、固定资产的盘点应根据实际情况和管理需要，定期或不定期地进行盘点。盘点完成后要编制财产盘点表，如现金盘点表、银行存款余额调节表、有价证券盘点表、存货盘点表和固定资产盘点表等，对实物资产的盘盈盘亏情况经企业领导批准后处理。

3）记录保护

会计记录反映企业经济业务的发生、处理及结果，健全、有效的会计记录能够保护财产的安全性和完整性。企业需要设立财产的保管、记录和批准职务相互分离的工作岗位，并建立资产档案，及时记录资产的增减变动情况；应当加强财产所有权证的管理，财产所有权证最好由专人管理；对企业各种文件资料尤其是资产、财务、会计等资料应妥善保管，对某些重要资料应留有备份，以便在遭受意外损失或毁坏时恢复。

4）财产保险

保险是企业规避风险的常用手段。对重要资产进行投保，可以在实物受损后获得补偿，降低企业的损失。企业管理者应该根据单位的经营管理水平和经济业务的性质，作出保险覆盖率水平的决策，并随时检查保险覆盖率水平是否恰当。

5）内部审计

内部审计是企业内部一种独立客观的监督和评价活动，通过内部审计可以监督和评价财产控制的安全性、有效性和完整性。内部审计监督财产控制的内容主要包括：财产安全控制的相关岗位的设置情况，重点检查是否存在财产安全控制不相容职务混岗的现象；财产的安全保管措施是否有效，重点检查防火、防盗设施；财产安全保管措施授权批准制度的执行情况，重点检查授权批准手续是否健全、是否存在越权审批行为。通过内部审计的监督，可以发现企业在财产安全控制上的薄弱环节，为企业建立有效的财产安全控制提出建议。

10.2.4 限额控制

限额是指根据经验或科学计算而对某种行为的消耗、占用或产出所做的数量规定。在进行限额控制过程中，通过执行结果与所定限额的比较可以发现问题。例如，在材料领用中实行限额领料制，根据产品产量计算出应当使用的材料限额，控制材料的使用。将材料的实际使用数量与限额进行比较，分析差异及其产生原因，改进生产经营。在财务管理中，常用于调控财务行为的限额有收支总额、流动资金占用额、工资定额、利润总额、销售总额等。

限额控制的实施要求企业能及时、准确地获得反馈信息，便于将限额与实际情况进行比较，及时发现资产耗用中的问题并采取处理措施。因此，限额控制要求企业建立健全原始记录和财务资料的编制、审核、传递、反馈等工作，保证信息的及时收集与传递。限额控制的本质是对财务管理各方面的工作明确提出定量、定时的要求，各种物料、工时定额的制定是在历史数据的基础上进行科学的分析后得到的，可以让企业在成本费用最小的情况下保证企业生产经营目标的实现。但是，限额的制定是以企业经营环境比较稳定、企业行为具有历史延续性为前提的。如果技术进步、设备更新、客户需求变化、企业行为变化等原因使企业面临的内外环境发生较大变化，原有限额可能就不再适用，企业需要重新制定限额。

10.2.5 风险控制

企业在生产经营过程中不可避免地会遇到各种风险，风险发生必然会造成某种损失，妨碍企业目标的实现。因此，规避或降低风险，既是企业提高经济效益的手段，又是财务控制的重要方法之一。

风险控制是指在经营管理过程中，利用有关信息和特定手段，对企业经营活动施加影响或调节，尽可能地防止出现不利于企业经营目标实现的各种风险。对风险加以控制，要求企业树立风险意识，针对各风险控制点，建立风险管理系统，对风险进行识别、评估，采取相应的应对措施，最终达到规避或降低风险的目的。

10.2.6 检查控制

检查控制是指对内部财务控制制度的建立、完善、贯彻、执行情况进行的监督和检查，具体包括对财务控制的执行情况进行检查和评价，写出考察报告，并对各方面经济业务中出现的缺陷提出改进意见。

10.2.7 制度控制

制度控制是指按照国家和企业制定的法令、条例、制度、办法等进行的控制，主要包括财产物资、现金收支的管理和清查盘点制度以及责任制度、财务管理基本业务程序制度等。制度控制通常规定只能做什么、不能做什么，通常具有防护性特征。

责任制度是具体规定企业内部各个部门、各类人员的工作范围、应负责任及相应权力的制度。责任制度控制是以明确责任、检查和考核责任履行情况为主要内容的控制方法，要求将工作职责和权力、工作任务和方法以及纵向工作和横向工作结合起来。责任制度的具体形式主要有部门责任制和岗位责任制。

部门责任制是指按照企业各部门的职能明确责任、考核责任的制度。部门责任制的主要内容，就是要明确规定该部门的职责和权限，使各职能部门相互配合、相互协调，防止各部门相互推诿，只顾本部门利益而损害企业整体利益事件的发生。具体来说，就是要定任务、定人员、定责任、定权力、定考核。

岗位责任制是指按照岗位明确责任、考核责任的制度。建立岗位责任制的目的是使企业内部各级组织和人员都有明确而具体的职权范围和工作责任，以做到人人有专责、事事有人管，办事有标准、工作有检查。

案例分析10-1

高校财务管理中财务控制的方法[①]

案例资料：

我国高校已经进入国家财政支持与自我筹资的新型办学模式。为了实现高校经济效益和学校社会效益双丰收的目标，高校必须提高自身财务管理意识并采取有效的财务控制方法加强财务管理工作。高校的财务控制主要有筹集资金、资金投放和内部分配三项活动。

（1）高校筹集资金的财务控制

筹集资金是每一所高校财务管理中最基本的内容，因为只有拥有足够的资金才能确保办学目标的实现。一方面筹集的资金可以为学校提供办学的前提基础，另一方面高校筹集到的资金数量和资金结构又会直接影响学校的办学效益和质量。我国高校一般通过政府的财政投入、收取的学杂费、贷款、科研收入和社会捐赠等多种形式筹集资金。筹资数量、使用成本和对高校产生的负债率都会因资金来源的不同而不同。在筹集资金时，高校要根据自身的办学规模、资产总额等因素来预测筹资。合理的预测筹资包括资金的需求量、资金的来源结构、筹资时间和使用成本四个方面。

（2）高校资金投放的财务控制

高校筹集资金的最终目的是把资金投入教学活动、管理活动等需要的领域中，以促进学校的发展。但是，高校的资金投放目的和投放对象与企业不同，企业是为了更大的利润而将资金投入利润高的领域，而高校则是为了培养人才、提升高校在社

① 李树坤. 高校财务管理中财务控制方法的运用分析［J］. 经济师，2016（5）：103-104.

会中的服务职能。因此，高校会把筹集的资金投放到教学、科研和后勤保障等活动上。高校在控制资金投放时需要做好资金的需求预测控制，可以采取销售预测法，通过调查学校规模，如教学设施、学生人数、教职工人数和当前学校办学的负债额度，求出资金需求与现实占有资金量之间的差额，从而确定所需的筹资数量。实现资金的优化配置是资金投放决策的目的和归宿。高校是培养人才、开展科研活动的场所，所以高校的资金应当投向能满足其社会职能的领域，如聘请优秀教师、购买必要的教学设备和科研设备。优化资金投放配置还要在资金投放的结构上加以控制。事有轻重缓急，对学校各方面均匀投放资金显然不合适。在资金投放结构上加以控制，可以提高高校资金的使用效率。

(3) 高校内部分配的财务控制

高校的内部分配在分配方式、比例和标准上都与企业的分配不同。高校内部分配的资产具有国有性质。高校内部的分配活动根据个人对高校教学作用的大小进行分配，不能像企业一样根据所有者所占的比例进行分配。教职工的工资不属于高校内部分配的范围，高校的内部分配主要用于教职工的补贴、教学奖励和其他支出。

高校的财务控制就是要处理好筹集资金、资金投放、内部分配三者的链式关系。高校可以通过采用上述财务控制机制最终促进其健康发展。

讨论题：

本文中高校采取的财务控制方式有哪些？

分析提示：

(1) 从高校资金管理目标入手。

(2) 从资金筹资、使用和分配三个方面思考可以采取的控制方法。

10.3 责任控制

随着企业经营业务的增多和复杂化程度的提高，企业高层管理者不可能负责所有经营业务，企业的日常经营决策权不断地被下放给各部门或地区的经营管理机构。这种分权的管理方式可以提高组织的决策效率，但与此同时，企业的经营责任也落实到各级管理部门，使各级管理部门在分享经营决策权的同时对部门经营承担相应的责任。承担与经营决策权相适应的经济责任的部门就是“责任中心”。

责任中心是为了完成某种责任而设置的特定部门，其责任人被赋予一定的管理权限，并承担相应的经济责任。责任中心可以是一个人、一个班组、一个车间、一个部门，也可以是一个分公司或一个子公司，甚至是整个企业。责任中心通常具有以下特征：(1) 责任中心是一个责权利相结合的实体，承担与其经济决策权相适应的经济责任。责任中心被赋予经济决策权时，就必须对其决策的“恰当性”负有经济责任，要完成相应的财务指标，规定相应的业绩考核标准和利益分配标准。(2) 责任中心的目标与企业的整体目标相协调。无论是集权管理还是分权管理，其最终目标都是为了实现企业的整体目标。将经营决策权授予各管理人员及部门，实际上就是将企业的整体目标分解为各责任中心的具体目标。由于这种目标的分解是在系统思想指导下进行的，因而各责任中心的目标与企业的整体目标是一致的。(3) 责任中心具有承担责任的条件：一方面是指责任中心具有承担经济责任的能力，能够支配一定的资源；另一方面是指责任中心一旦不能履行经济责任，也能对其经济后果承担责任。根据责任中心的授权范围和责任对象的特点，责任中心可以分为三类：成本中心、利润中心和投资中心。

10.3.1 成本中心

1）成本中心的含义和类型

成本中心是指只对成本或费用负责的责任中心。成本中心的范围最广，只要有成本费用发生的地方，都可以建立成本中心，上到企业整体、下到班组和个人都可以作为成本中心。

成本中心不具有销售权和投资决策权，所以不能形成收入和利润，因此仅对其职责范围内发生的成本或费用负责。因此，成本中心的目标就是在保质保量完成生产任务的前提下控制和降低成本费用。

成本中心可以分为基本成本中心和复合成本中心。前者没有下属成本中心，如一个工段是一个成本中心，后者有若干个下属成本中心。基本成本中心对其可控成本向上一级责任中心负责。

成本中心还可以分为技术性成本中心和酌量性成本中心。技术性成本是指发生的数额可以通过技术分析相对可靠地估算出来的成本，如产品生产过程中发生的直接材料、直接人工、间接制造费用等。技术性成本在投入量与产出量之间有着密切联系，可以通过弹性预算予以控制。酌量性成本是指其是否发生以及发生数额的多少是由管理人员的决策所决定的一类成本，主要包括各种管理费用和某些间接成本项目，如研究开发费用、广告宣传费用、职工培训费用等。酌量性成本在投入量与产出量之间没有直接关系，其控制应着重于预算总额的审批。

2）成本中心的控制要求

(1) 成本中心的责任成本必须是可控成本

成本依据其责任主体是否能够控制，分为可控成本与不可控成本。责任中心能够控制其是否发生以及发生数额的成本就是责任中心的可控成本，不能控制其是否发生及发生数额的成本是责任中心的不可控成本。成本是否可控与成本中心所处的管理层级高低、控制范围大小有关。对一个企业整体而言，所有成本都是可控的，但对一个部门、车间、班组和个人而言，有些成本是可控的，有些成本是不可控的。一项成本对某个成本中心而言是不可控成本，但对另外一个成本中心而言可能就是可控成本。

对一个成本中心而言，不可控成本的发生与其数额大小是无法控制的，无法体现成本中心的工作好坏，只具有参考意义。要衡量和评价成本中心的业绩，应当以可控成本为依据。各成本中心在完成其工作任务的同时，应当采取有效措施控制和降低各项可控成本，对不可控成本因非其力所能及就不能提出控制要求。

(2) 成本中心的责任划分必须明确

成本中心在企业一般是按生产的组织方式来划分的，它可以贯穿从上到下各个生产组织层次。在生产组织中有些组织的职责划分比较明确，但有些不够明确。为了保证责任制的有效性，成本中心的责任划分应当明确，确保成本中心划分责任有明确的界限。

(3) 建立责任成本核算体系

由于责任成本与产品成本核算是两个体系，因此成本中心应当建立责任成本核算体系。在进行责任成本核算时，要采用适合责任成本核算的原始凭证，采集相关信息，对各成本中心实际成本消耗情况进行记录、核算和汇总，准确反映各成本中心的责任成本。

3) 成本中心的考核指标

成本中心的责任比较单一，主要集中于目标成本的完成情况，包括成本（费用）变动额和成本（费用）变动率两项指标：

成本（费用）变动额=实际责任成本（费用）－预算责任成本（费用） (10.1)

成本（费用）变动率=成本（费用）变动额÷预算责任成本（费用）×100% (10.2)

10.3.2 利润中心

1) 利润中心的含义

利润中心是指既对成本负责又对收入和利润负责的责任中心，它有独立或相对独立的收入和生产经营决策权。这类责任中心往往处于企业内部较高的层次，具有独立的经营权，在企业内部可以视同一个独立的经营个体，如分厂、分公司或辅助生产部门以及封闭式生产车间等具有独立经营权的各部门等。与成本中心相比，利润中心的权力更大、责任更重。

2) 利润中心的类型

利润中心分为自然利润中心和人为利润中心两种。

自然利润中心是指在外部市场上销售产品或提供劳务取得实际收入、给企业带来利润的利润中心。这类利润中心一般是企业内部的独立单位，具有很强的独立经营权，可以直接与外部市场发生业务联系，自行进行材料采购、生产决策、价格制定和产品销售，如企业内部的事业部。

人为利润中心是指在企业内部按照内部结算价格将产品或劳务提供给本企业其他责任中心取得收入、实现内部利润的责任中心。这类利润中心的产品主要在本企业内部转移，一般不与外部市场发生业务联系，它们或者只有少量对外销售，或者全部对外销售均由企业专设的销售机构完成，如生产半成品的生产车间、动力部门、维修部门等。人为利润中心需要具备两个条件：一是向其他责任中心提供产品或劳务；二是能够规定一个适当的内部转移价格。因为人为利润中心在企业内部转移产品或服务时可以“取得”收入，因此可以评价其收益，因此，企业大多数生产半成品或提供劳务的成本中心可以被改造为人为利润中心。

3) 利润中心的考核指标

因为利润中心没有责任和权力决定该中心资产的投资水平，因而利润指标就是利润中心的主要考核指标。经济主体的利润受到收入和成本费用的影响，所以在计算利润中心的利润时，需要考虑两个方面：一是利润指标中的成本应如何计算；二是在利润中心之间转移的商品应当如何计价。

(1) 利润指标中的成本计算

计算利润指标中的成本，有两种处理方式可供选择：一是只计算可控成本，不计算不可控成本，即不分摊共同成本。这种方式计算的利润并不是通常意义上的利润，而是某种边际贡献。根据扣除的可控成本性质不同，边际贡献分为通常意义上的边际贡献、部门可控边际贡献和部门税前经营利润。部门收入减去部门变动成本，得到“边际贡献”；部门收入减去变动成本和可控固定成本，得到“部门可控边际贡献”；部门收入减去变动成本、可控固定成本和不可控固定成本，得到“部门税前经营利润”。二是不仅计算可控成本，也计算不可控成本。在变动成本法下，先用收入减去变动成本，得到边际贡献，再减去全部固定成本，得到部门税前经营利润。在完全成本法下，收入减去销售成本和期间费用，直接得到部门税前经营利润。

（2）内部转移价格

内部转移价格又称调拨价格，就是指企业内各部门之间由于相互提供产品、半成品或劳务而引起的相互结算、相互转账所需要的一种计价标准。因为转移产品的价格会影响购买方分部的成本和销售方分部的收入，影响双方的利润，所以转移定价常常成为极其敏感的问题。

企业制定合理的内部转移价格可以防止成本转移带来的部门间责任转嫁，使每个利润中心都能作为独立组织进行业绩评价，有利于分清各责任中心的成绩和不足。并且，内部转移价格可以作为一种价格机制，引导各部门作出明智的决策，生产部门据此确定生产数量，采购部门据此确定采购数量。

①以市场为基础的转移价格。在中间产品存在完全竞争的市场条件下，一般采用市场价格作为内部转移价格。采用市场价格法可以解决各部门间可能产生的冲突，帮助企业作出明智的决策，生产部门有权选择其产品是内部转移还是卖给外部市场，而采购部门也有权自主决定。采用市场价格，相当于在企业内部引进市场机制，使其中每个利润中心实质上都成为独立机构，各自经营，促使其更好地发挥生产经营主动性，最终通过利润指标来评价与考核它们的经营成果。市场价格能够比较客观地计量各责任中心的业绩，但容易波动，并且企业的很多中间产品或服务不存在外部交易市场，将市场价格作为内部转移价格会受到限制。

②以成本为基础的转移价格。该定价方法包括完全成本法、成本加成法、变动成本加固定费用法等。这里的成本，不是采取公司的实际成本而是标准成本，以避免把转出部门经营管理中的低效率和浪费转嫁给转入部门。这种方法应用简单，以现成的数据为基础。但标准成本的制定会有偏差，不能促进企业控制生产成本，容易忽视竞争性的供需关系。

③协商价格。协商价格是以外部市场价格为起点，参考独立企业之间或企业与无关联的第三方之间发生类似交易时的价格，共同协商确定一个双方都愿意接受的价格作为内部转移价格。协商价格在各部门独立自主制定价格的基础上，充分考虑了企业的整体利益和供需双方的利益，并保留了部门经理的自主权。这种方法如运用恰当，将会发挥很大的作用。但在协商过程中可能会浪费经理人员的大量精力，并且协商价格可能会因部门经理缺少协商谈判技巧而扭曲，业绩的衡量不能反映部门的实际经营状况与管理水平。

④双重内部转移价格。双重内部转移价格是指对产成品、半成品的供应和耗用单位分

别采用不同的内部转移价格作为计价基础。当转移价格的定价在交易过程中没有给卖方部门带来利润时，转移价格的定价将起不到鼓励内部交易的作用。若采用双重转移价格，能够使卖方部门获利而使买方部门仅负担成本，可以更好地满足买卖双方在不同方面的需要，激励双方在生产经营方面充分发挥主动性和积极性。并且，转移价格主要运用于业绩评价和考核，因而双方采用的价格无须一致。

（3）利润中心的考核指标

利润中心的考核指标主要是利润，但由于成本计算方式不同，利润指标有不同的表现形式。

（1）当利润中心只计算可控成本，不计算共同成本或不可控成本时，其考核指标是边际贡献：

边际贡献=销售收入-变动成本（包括销货成本和变动费用） (10.3)

（2）当利润中心计算共同成本或不可控成本，并采取变动成本法计算成本时，其考核指标包括：

部门可控边际贡献=边际贡献-可控固定成本 (10.4)

部门税前经营利润=部门可控边际贡献-不可控固定成本 (10.5)

因为部门负责人可以控制某些固定成本，并且在固定成本和变动成本的划分上有一定的选择余地，所以，以边际贡献作为业绩评价指标不够全面，不能真实地反映部门负责人的贡献。并且，以边际贡献作为评价依据，可能导致部门降低变动成本的支付，增加固定成本，成本总额并不能降低。因此，评价指标中应当包含可控固定成本。

部门可控边际贡献可以反映部门负责人在其权限和控制范围内有效使用资源的能力，是评价部门负责人业绩的最佳指标。

部门税前经营利润指标能够反映部门对公司利润和管理费用的贡献，在决定部门的取舍及在部门间分配资源时可以提供有用的信息，所以该指标更适用于评价部门贡献，但不适用于评价部门经理。

10.3.3 投资中心

1）投资中心的含义

投资中心是指既对成本、收入和利润负责，又对投资效果负责的责任中心。投资中心是最高层次的责任中心，它拥有制定价格、确定产品和生产方法等短期经营决策权，以及投资规模和投资类型等投资决策权，同时也承担最大的责任。投资中心必然是利润中心，但利润中心并不都是投资中心，这是因为利润中心没有投资决策权，而且在考核利润时也不考虑所占用的资产。

2）投资中心的考核指标

投资中心的目标是确保投资的安全及投资收益率，保证企业规模和经营的不断发展。因此，除考核利润指标外，投资中心还要考核能集中反映利润与投资额之间关系的指标，主要包括投资报酬率和剩余收益。

（1）投资报酬率

投资报酬率又称投资收益率，是指投资中心税前经营利润与平均净经营资产之间的比率。其计算公式为：

$$部门投资报酬率=部门税前经营利润÷部门平均净经营资产 =\frac{部门税前经营利润}{部门销售收入}\times\frac{部门销售收入}{部门平均净经营资产} =投资周转率×部门税前经营利润率 \tag{10.6}$$

投资报酬率是一种投入产出比，反映投资中心资产的综合利用能力。企业可以通过增收节支、提高资产利用效率等提高投资报酬率。例如，通过将资源投放到利润率高的部门，能够提高整个企业的投资报酬率。投资报酬率指标剔除了投资规模的影响，可以用于规模不同的企业、部门之间的横向比较，便于企业管理层进行决策。而且，该指标是依据现有的会计资料计算的，比较客观；它可以进一步分解为资产的明细项目和收支的明细项目，从而对整个部门的经营状况作出评价；用该指标评价各个部门的业绩，促使其提高本部门的投资报酬率，有助于提高整个公司的投资报酬率。但是，投资报酬率的缺点也十分明显。为了提高部门报酬率，部门负责人会放弃那些低于本部门平均报酬率但高于资本成本的投资项目，导致决策的次优化。

（2）剩余收益

剩余收益概念来源于经济学中的经济利润。经济利润要求从企业收入中扣除所有投入生产要素的成本，而剩余收益则是指从投资中心获得的利润中扣减其投资额（或资产占用额）的资本成本后的余额。其计算公式为：

部门剩余收益=部门税前经营利润-部门平均净经营资产应计报酬

=部门平均净经营资产×投资报酬率-部门平均净经营资产×要求的税前报酬率

=部门平均净经营资产×（投资报酬率-要求的税前报酬率） (10.7)

剩余收益不同于会计收益。会计收益是按公认会计原则计算的归属于企业所有者的剩余收益。在扣除项目中包括企业为组织生产经营活动而耗费的物质成本和人工成本，包括因为借入资金而向债权人支付的利息，但不包括所有者的资本成本。剩余收益考虑了形成部门资产的所有资本的使用成本，从部门利润中不但扣除了债务资本的资本成本，还扣除了股权资本的资本成本，衡量了投入资本产出的利润超过资本成本的剩余收益。

剩余收益指标的优点之一在于能够反映投入产出的关系，使个别投资中心的利益与整个企业的利益统一起来，避免决策的次优化问题。优点之二在于允许使用不同的风险调整资本成本。不同的投资活动会产生不同的风险，资本提供者要求根据承担的风险水平不同获得不同的投资收益。因此，在不同风险的投资项目中，资本成本的大小应根据投资风险进行调整。在企业中，不同部门可能涉及不同的行业，或者涉及同一行业的不同投资中心，因其资产构成、管理效率的差异，也存在不同的风险。剩余收益指标可以对不同部门或不同资产采用不同的资本成本率，使收益的评价更加灵活。

剩余收益的缺陷在于，作为一个绝对数指标，剩余收益的大小与部门投资额有关，无法反映部门投入产出的效率，不便于不同部门之间的比较。此外，该指标在计算时依赖于会计数据的质量，如果会计信息的质量低劣，必然导致低质量的剩余收益和业绩评价。

思考题

1.企业为什么要进行财务控制？

2.企业进行财务控制的方法有哪些？

3.什么是责任中心？有几种责任中心？其责任与权力有什么区别？对不同的责任中心进行考核，其侧重点有什么不同？

章末习题

一、单项选择题

1.只对成本或费用负责的责任中心是（　　）。

A.成本中心　　B.收入中心

C.利润中心　　D.投资中心

2.具有独立或相对独立的收入和生产经营权，并对成本、收入和利润负责的责任中心是（　　）。

A.成本中心　　B.财会中心

C.利润中心　　D.投资中心

3.下列各项中，属于人为利润中心的是（　　）。

A.分公司　　B.分店

C.海外子公司　　D.车间

4.公司制企业的下列各责任中心中，可以作为投资中心的是（　　）。

A.个人　　B.班组

C.生产车间　　D.子公司

5.利润中心的考核指标是（　　）。

A.成本（费用）变动额　　B.投资报酬率

C.成本（费用）变动率　　D.部门可控边际贡献

6.企业内部对产成品、半成品的供应和耗用单位分别采用不同的内部转移价格，这种转移价格是（　　）。

A.协商价格　　B.以成本为基础的转移价格

C.以市场为基础的转移价格　　D.双重内部转移价格

7.边际贡献减去可控固定成本的差被称为（　　）。

A.部门不可控边际贡献　　B.部门可控边际贡献

C.部门税前经营利润　　D.部门税后净利润

8.责任中心的收入减去变动成本，再减去可控固定成本和不可控固定成本，可以得到（　　）。

A.部门可控边际贡献　　B.边际贡献

C.部门税前经营利润　　D.部门税后净利润

9.在经济活动开始之前，企业进行不同方案的选择、可行性研究的控制方法是（　　）。

A.事前控制　　B.事中控制

C.事后控制　　D.资金控制

10.在下列内部转移价格中，既能较好地满足供应方和使用方的不同需求，又能激励双方积极性的是（　　）。

A.协商价格　　B.以成本为基础的转移价格

C.以市场为基础的转移价格　　D.双重内部转移价格

11.销售收入减去销货成本和变动费用的差被称为（　　）。

A.部门可控边际贡献　　B.边际贡献

C.部门税前经营利润　　D.部门税后净利润

12.不属于按照财务控制的主体分类的是（　　）。

A.出资者财务控制　　B.经营者财务控制

C.财务部门的财务控制　　D.预算控制

13.财务控制按照对象分类，可以分为收支控制和（　　）。

A.一般控制　　B.应用控制

C.预防性控制　　D.现金控制

14.财务控制按照控制手段分类，可以分为定额控制和（　　）。

A.利润控制　　B.定率控制

C.事后控制　　D.成本控制

15.下列属于成本中心必须控制和考核的指标是（　　）。

A.产品成本　　B.期间成本

C.不可控成本　　D.责任成本

二、多项选择题

1.财务控制按照内容分类，可以分为（　　）。

A.一般控制　　B.应用控制

C.预防性控制　　D.补偿性控制

E.制度控制

2.关于投资报酬率指标的说法中，正确的有（　　）。

A.可以评价和考核投资中心的业绩

B.可以评价和考核投资中心的资源使用效率

C.可以说明利润中心对投资者权益的贡献程度

D.可以说明成本中心的成本控制情况

3.财务控制按照时间分类，可以分为（　　）。

A.事前控制　　B.事中控制

C.预防性控制　　D.事后控制

E.纠正性控制

4.财务控制按照功能分类，可以分为（　　）。

A.指导性控制　　B.补偿性控制

C.预防性控制　　D.侦查性控制
E.纠正性控制
5.常用的财务控制方法有（　　）。
A.授权批准控制　　B.预算控制
C.资产安全控制　　D.限额控制
E.风险控制
6.属于资产安全控制的有（　　）。
A.限制接触　　B.定期盘点
C.记录保护　　D.财产保险
E.内部审计
7.企业的责任中心通常包括（　　）。
A.成本中心　　B.收入中心
C.利润中心　　D.投资中心
8.成本应依据其责任主体是否能够控制，分为（　　）。
A固定成本　　B.变动成本
C.可控成本　　D.不可控成本
9.成本中心的考核指标是（　　）。
A.成本（费用）变动额　　B.投资报酬率
C.成本（费用）变动率　　D.剩余收益
10.利润中心分为（　　）。
A.大利润中心　　B.自然利润中心
C.人为利润中心　　D.事业部利润中心
11.属于投资中心需要考虑的指标有（　　）。
A.可控成本　　B.收入、利润
C.投资报酬率　　D.剩余收益
12.不可以作为投资中心的有（　　）。
A.分厂　　B.生产车间
C.海外事业部　　D.销售部
13.下列关于人为利润中心的表述中，正确的有（　　）。
A.一般具有独立的经营权
B.工业企业的大部分成本中心可以转为人为利润中心
C.内供产品的转移价格可以合理确定
D.不直接对外提供产品，只对内提供产品
14.剩余收益是评价投资中心业绩的指标之一。下列关于剩余收益指标的说法中，正确的有（　　）。
A.剩余收益可以根据现有财务报表资料直接计算
B.剩余收益可以引导部门负责人采取与企业整体利益一致的决策
C.计算剩余收益时，对不同部门可以使用不同的资本成本

D.剩余收益指标可以直接用于不同部门之间的业绩比较

15.财务控制按照控制的依据分类，可以分为（　　）。

A.一般控制　　　　B.制度控制

C.预防性控制　　　　D.预算控制

E.纠正性控制

三、计算题

1.某投资中心的平均经营净资产为100 000元，税前经营利润为18 000元，企业为该投资中心规定的投资报酬率为15%。

要求：计算该投资中心的投资报酬率和剩余收益。

2.某总公司加权平均投资利润率为18%，其所属A投资中心的平均经营净资产为400万元，税前经营利润为100万元。现该投资中心有一投资项目，投资额为50万元，预计投资报酬率为20%。该公司要求的最低投资报酬率为其加权平均投资报酬率。

要求：

（1）如果不考虑投资项目，计算A投资中心目前的投资报酬率。

（2）如果按投资报酬率来衡量，A投资中心是否愿意接受这一投资项目？

（3）接受投资项目前后的剩余收益分别是多少？如果按剩余收益来衡量，A投资中心应否接受这一投资项目？

二维码10：第10章习题答案

第11章/增长管理

学习目标：通过本章的学习，熟悉企业实现增长的方式；理解可持续增长的含义及可持续增长率的计算；熟悉基于可持续增长的增长管理方法与策略。

11.1 可持续增长

由于企业要以发展求生存，销售增长是任何企业都无法回避的问题。但重要的是，即使增长没有带给股东任何的或者是很少的价值，许多管理人员似乎也对增长有一种偏爱。从财务角度看，企业增长离不开资金的增长。在销售增长时企业往往需要补充资金，这主要是由于销售的增加通常会引起存货和应收账款等资产的增加。销售增长得越多，需要的资金越多。快速增长会使一个公司的资源变得相当紧张，即使增长的资金不是问题，其他因素也可使公司价值下降。例如，扩张可能导致管理者没有充足的精力来监督和管理公司的运营；它可能会超出公司的分销能力或质量控制能力，只有当管理层意识到这一结果并且积极采取措施加以应对时才可能不会因快速增长导致公司破产。另一方面，增长太慢的公司往往会成为敏锐的收购者们收购的猎物。仔细分析一下资本市场，你会发现因为增长过快而导致破产的公司数量与因为增长太慢而破产的公司数量几乎一样多。因此，增长及其管理是财务发展战略中值得重视的课题。本节主要从资金的角度讲述增长及其管理问题。

从资金来源上看，企业增长的实现方式有三种：

（1）完全依靠内部资金增长。有些小企业无法取得借款，有些大企业不愿意借款，它们主要是靠内部积累实现增长。内部的财务资源是有限的，完全依靠内部积累往往无法筹集到数量较多的资金，这会限制企业的发展。

（2）主要依靠外部资金增长。从外部筹资，包括增加债务和股东投资。主要依靠外部资金实现增长往往是不能持久的。增加负债会使企业的财务风险和借款成本增加，筹资能力下降，最终会使借款能力完全丧失。增加股东投资，可能会分散公司控制权，也可能会稀释每股盈余，只有当追加的投资有更高的回报率时，才能增加股东财富。并不是所有的增长都是有价值的增长。

（3）平衡增长，也称可持续增长。可持续增长就是保持目前的财务结构和与此有关的财务风险，按照股东权益的增长比例增加负债，以此支持销售增长。这种增长，一般不会消耗企业的财务资源，是一种可持续的增长。

11.1.1 内涵增长率

内涵增长率就是公司不寻求外部融资时所能达到的最大增长率。直观来看，这是公司通过将盈余再投资所能达到的最大增长率。对于不分配现金股利的公司而言，它的内涵增长率就是资产的回报率，这个比率告诉我们仅利用净利润公司可以按怎样的速度增加其资产。如果公司将部分净利润作为股利发放，那么内涵增长率将降低到其留存收益所支持的资产增长速度。基于上述分析，内涵增长率一般可按下式计算：

$$\text{内涵增长率}=\frac{\text{净利润}}{\text{期初资产}}\times(1-\text{股利支付率})=\text{ROA}\times\text{留存收益率} \quad (11.1)$$

式中：ROA为资产收益率。

11.1.2 可持续增长率

1）稳态下的可持续增长率模型

稳态下的可持续增长率允许一定程度的外部融资。它假设公司不发行新股，并且管理者希望维持现有的债务股权比率。该比率表明，公司依靠留存收益再投资以及其留存收益所能支持的债务，可以达到怎样的增长速度。在不改变经营效率和财务政策的情况下，限制资产增长的是股东权益的增长率。稳态下的可持续增长率一般可按下式计算：

$$\text{可持续增长率}=\frac{\text{净利润}}{\text{期初股东权益}}\times(1-\text{股利支付率})=\text{ROE}\times\text{留存收益率} \quad (11.2)$$

式中：ROE为权益收益率。

由于，$\text{ROE}=\frac{\text{净利润}}{\text{期初股东权益}}=\frac{\text{本期净利润}}{\text{本期销售收入}}\times\frac{\text{本期销售收入}}{\text{期末总资产}}\times\frac{\text{期末总资产}}{\text{期初股东权益}}$

所以，可持续增长率=销售净利率×总资产周转率×权益乘数×留存收益率 (11.3)

式中："总资产周转率"是按"期末总资产"计算的；"权益乘数"是按"期末总资产"和"期初股东权益"计算的。

可持续增长率也可全部用期末数和本期发生额计算，而不是用期初数计算。其计算公式如下：

$$\text{可持续增长率}=\frac{\text{留存收益率}\times\text{销售净利率}\times\text{权益乘数}\times\text{总资产周转率}}{1-\text{留存收益率}\times\text{销售净利率}\times\text{权益乘数}\times\text{总资产周转率}} \quad (11.4)$$

式中："总资产周转率"是按"期末总资产"计算的；"权益乘数"是按"期末总资产"和"期末股东权益"计算的。

【例11-1】甲公司有股东权益14 000万元人民币，债务6 000万元人民币，预测本年净利润为2 800万元人民币。公司当前支付的现金股利为净利润的20%。试计算公司的内涵增长率与可持续增长率。

解：根据上面分析的公式，计算如下：

$$\text{ROA}=\frac{\text{净利润}}{\text{期初资产}}\times100\%=\frac{2\,800}{20\,000}\times100\%=14\%$$

$$\text{ROE}=\frac{\text{净利润}}{\text{期初股东权益}}\times100\%=\frac{2\,800}{14\,000}\times100\%=20\%$$

留存收益率=1-股利支付率=1-20%=80%

内涵增长率=ROA×留存收益率=14%×80%=11.2%

可持续增长率=ROE×留存收益率=20%×80%=16%

【例11-2】假设乙公司有关财务数据如下：期初权益资本为100万元人民币，期初负债为80万元人民币，上一年度销售收入为300万元人民币，留存收益比率为70%，销售净利率为4%，按期末负债与股东权益计算的负债产权比率为80%，按期末总资产计算的总资产周转率为1.6667。

假设乙公司保持目前的经营效率和财务政策不变，根据上面的稳态模型计算乙公司的可持续增长率为：

$$\text{可持续增长率}=\frac{70\%\times 4\%\times(1+80\%)\times 1.6667}{1-70\%\times 4\%\times(1+80\%)\times 1.6667}=9.17\%$$

2）动态的可持续增长率模型

要研究脱离稳态模型并假设变量每年都发生变化的情况，必须采用不同的方法建立可持续增长模型。James C.Vorne（詹姆斯·C.范霍恩）在稳态模型的基础上扩展了有关假设条件，引入了基期销售额S_0和基期股东权益Eq_0，并将其作为建立模型的基础。此外，其用股利发放的绝对数替代股利支付率来反映股利政策，并允许在给定年度出售普通股。根据上述变化的假设，其提出了今后一年的可持续增长率的计算公式如下：

$$SGR=\left[\frac{(Eq_0+NewEq-Div)\left(1+\frac{D}{Eq}\right)\left(\frac{S}{A}\right)}{1-\left[\left(\frac{Np}{S}\right)\left(1+\frac{D}{Eq}\right)\left(\frac{S}{A}\right)\right]}\right]\left(\frac{1}{S_0}\right)-1 \tag{11.5}$$

式中：NewEq为新筹集的权益资本；Div为年支付股利的绝对数；S/A为总资产周转率；Np/S为销售净利率；D/Eq为负债和产权比率。

【例11-3】假设乙公司有关财务数据如【例11-2】所示。假设现在总资产销售额比率由60%变为55%（总资产周转率为1.8182），销售净利率由4%提高到5%，负债产权比率由80%上升到100%。假设股利分配额由3.93万元（对应着原来70%的留存收益比率）上升到4万元，则今后一年的可持续增长率为：

$$SGR=\frac{(100-4)\times(1+1)\times 1.8182}{1-5\%\times(1+1)\times 1.8182}\times\frac{1}{300}-1=42.22\%$$

可持续增长率的巨大增长是由于经营效率的改进和负债产权比率的提高，从而产生了更多的留存收益和更高的负债。必须认识到如此高的销售增长率只可能持续一年。即使经营效率持续改进，仍必须不断提高负债比率才能保持42.22%的可持续增长率。而负债比率的改变影响所有资产，并非只影响与增长率有关的资产。

下面举例作一说明。假设负债和产权比率保持在100%，其他比例保持不变。当年年底，股东权益和销售额将提高到：

$$S_1=300\times(1+42.22\%)=426.66\,(\text{万元})$$

$$Eq_1=300\times(1+42.22\%)\times 5\%-4+100=117.333\,(\text{万元})$$

第二年的可持续增长率变为：

$$SGR=\frac{(117.33-4)\times(1+1)\times 1.8182}{1-5\%\times(1+1)\times 1.8182}\times\frac{1}{426.66}-1=18.06\%$$

动态的可持续增长率模型增加了可持续增长率分析的适用范围。从公式可以看出，在一个变化的环境中可以年复一年地产生可持续增长率。某一年较高的可持续增长率并不一定意味着该比率将来仍会这么高。实际上，除非其他变量也在同一方向进一步变化，否则，这种高增长率不可能持久。从这个意义上讲，它代表了一次性的事件。任何过快的增长都会引发后续的低增长。

11.2 基于可持续增长的增长管理

通过上面的分析可以看出，可持续增长率是公司当前经营效率和财务政策决定的内在增长能力，实际增长率是本年销售额比去年销售额的增长百分比。在不增发新股的情况下，它们之间有如下联系：

（1）如果某一年的经营效率和财务政策与上年相同，则今年实际增长率与去年的实际增长率以及本年的可持续增长率相同。这种增长状态是一种相对平衡的增长。

（2）如果某一年的与经营效率和财务政策相关的四个财务比率有一个或者多个数值比去年增长，则今年实际增长率就会超过去年的实际增长率以及本年的可持续增长率。由此可见，超常增长是改变财务比率的结果，而不是持续当前状态的结果。企业不可能每年都提高相关的四个财务比率，也就不可能使超常增长持续下去。

（3）如果某一年的与经营效率和财务政策相关的四个财务比率有一个或者多个数值比去年下降，则今年实际增长率就会低于去年的实际增长率以及本年的可持续增长率。这是超常增长之后的必然结果，公司对此需事先有所准备。如果不愿意接受这种现实，继续勉强维持当前的超常增长，现金周转危机很快就会来临。

（4）如果公司的四个财务比率已经达到公司的目标水平或极限水平，单纯的销售增长无助于增加股东财富，将是一种无效的增长。销售净利率和资产周转率的乘积是资产净利率，它体现了企业运用资产获取收益的能力，决定于企业的经营效率。至于采用“薄利多销”还是“厚利少销”的策略，是经营政策选择问题。“留存收益率”和“权益乘数”的高低是财务政策选择问题，取决于人们对收益和风险的权衡。因此，企业综合效率和承担风险的能力，决定了企业的增长速度。实际上在技术和管理水平一定的情况下，当公司发展进入成熟期后，公司的销售净利率和资产周转率具有相对的稳定性，通过提高这两个比率支持高增长，会受到技术和管理水平的制约。财务杠杆和股利分配率作为一种财务政策会受到资本市场的制约，也需要具备相对的连续性、稳定性，通过提高这两个比率支持高增长，也只能是一次性临时解决办法，不可能持续使用。公司必须在增长与经营效率和财务资源间找好平衡，才能保持稳定增长。

在增发新股的情况下，增加的权益资金会增加企业的融资能力，为企业的超常增长提供财务资源。但是发行新股也有许多不利之处，如股票发行有很多限制条件，很多企业可能不具备其中的条件；股票发行的代价很高，发行成本通常在筹集金额的5%到10%，而这一比例对于小规模发行甚至更高；发行股票可能会分散控制权，而且会稀释每股盈余；如果追加投资没有更高的回报率，股票发行可能会降低股东财富。所以，利用发行股票支持企业的超常增长，必须慎重，应进一步综合考虑增发新股后权益资金变化对企业综合效率和承担风险能力的影响，关键是追加投资能否增加企业的价值和股东财富。

实际上一个理智的公司在增长率问题上并没有很大的回旋余地，尤其是从长期来看更是如此。一些企业由于发展过快陷入危机甚至破产，另一些企业由于增长太慢遇到困难甚至被其他企业收购。这说明不当的增长足以毁掉一个企业。

11.2.1 增长过快或实际增长超过可持续增长的公司的管理

对于快速扩张的企业来说，增长过快是可持续增长问题的关键。通过前面的分析我们可以看出，由于技术和管理条件的限制，提高经营效率并非总是可行的，而改变财务政策也会受到很多约束并不见得总是明智的，所以，一个公司完全可能因为只从自身利益考虑而增长过快。部分原因在于这些公司的主要管理人员把增长看成是必须最大化的事情，他们的理由很简单，随着增长的提高，企业的市场价值与利润也必将增加，而很少考虑财务后果。他们没有认识到，即使在有利可图的情况，增长越快，他们需要的现金也越多。虽然可以通过提高债务杠杆或者发行股票来满足这种需要，但最终负债会达到极限、股票发行难以实现。这类公司的管理人员对于超过公司可持续增长率之上增长所导致的财务问题，必须事先预计并加以解决。

首先，要判断这种状况将会持续多久。假如公司随着成熟期的接近，增长率在不远的将来可能会下降，则这只是一个过渡性问题，通过再增加借款就可能解决。随着成熟期的到来，当实际增长率跌落在可持续增长率之下时，公司将从曾经的现金吸收者转变为现金的创造者，从而可以偿还贷款。而对于长期的可持续增长问题，通过我们前面所讲述的可持续增长模型的分析，则考虑以下某些策略的组合将是可行的：发行新股、调整财务政策、调整生产经营或者兼并等。

1）发行新股

如果一个公司愿意而且有条件通过发行新股来筹集新的权益资本，则它的可持续增长问题就可迎刃而解。所增加的资本以及由此可能增加的借贷，都为进一步增长提供了资金来源。这种策略的问题在于，对于许多公司来说无法利用。在我国，资本市场还不是很发达，要在资本市场发行新股，特别是上市，需要具备比较苛刻的条件和等待较长的时间及花费较高的费用，这对许多公司来说是无法做到的。

2）调整财务政策

调整财务政策主要通过减少股利支付比率和提高财务杠杆来实现。

（1）减少股利支付比率

通过增加生产经营中的留存收益比率，即减少股利支付比率，来提高可持续增长率。但是公司的股利支付比率存在一个零的下限，而且也要考虑股利变动对股票价格及股东收入和税负的影响。

（2）提高财务杠杆

提高财务杠杆则增加了公司每一元留存收益所能增加的负债数量。不过，提高财务杠杆、增加负债筹资有许多限制，每一个公司都存在一个由债权人施加的、用于限制公司所能采用的财务杠杆数量的负债容量。而且，随着财务杠杆的提高，股东和债权人承担的风险与新增资本的抵押成本也一起增加了。

3）调整生产经营

除了财务政策的调整之外，公司还可以通过几方面的生产经营调整来管理快速增长。调整生产经营主要是通过提高资产周转率和销售利润率或者直接减少现金支出、增加现金收入来实现的。具体可以有以下策略：有益的剥离、供货渠道的调整、定价调整等。

（1）有益的剥离

这种策略认识到当一个公司把资源分散到较多产品或服务上时，它可能没办法在任何市场上进行有效竞争，所以，最好是把收益仅敷支出的项目卖掉，再把资金投资到剩下的生产经营里。

有益的剥离可从两个方面解决可持续增长问题：第一，通过出售收益仅敷支出的项目直接产生现金；第二，通过摒弃某些增长资源以减少实际的销售增长，从而减少这些增长需要的现金。

有益的剥离对于单一产品的公司同样也是可行的。这种策略是把拖欠付款的客户或周转缓慢的库存剥离掉。这样做可从三个方面解决可持续增长问题：第一，释放现金，用来支持新的增长；第二，提高资产周转率；第三，减少销售，降低销售增长率。由于信用条款变得苛刻以及库存选择的减少会吓跑一些客户，从而带来销售的减少。

（2）供货渠道的调整

供货渠道包括是否进行公司内部制造或向外部市场购买的决策。通过多进货和少自制，把本来会在自制生产活动中占用的资产解套出来，从而提高了资产周转率，以提高其可持续增长率。

有效供货的关键在于确定公司独特的“核心能力”在哪里。如果一定的生产活动在不危及公司核心能力的情况下能让他人来做，这些生产活动就应该成为供货渠道调整的对象。

（3）定价调整

由于许多商品具有价格弹性，价格和数量之间就存在着一种明显的反向关系。当一个公司的销售增长相对于其筹资能力或财务资源而言明显偏高时，就可以通过提高价格以减少增长。这样一方面通过减少销售增长以减少现金的需求；另一方面，假如较高的价格增加了利润率，价格的提高就可提高公司的可持续增长率。

4）兼并

当其他办法都失败时，可能就需要考虑兼并的策略了。有两类公司有能力提供所需要的现金。一类是在交易中以“现金牛”出名的成熟期的公司，它们正在为多余的现金流量寻找有利可图的投资；另一类是相对保守，但能够给双方的结合带来变现性和借贷能力的财务公司。收购其他公司或被其他公司收购皆是解决增长问题的一剂猛药，不过，最好是在公司仍然有较强的财务能力时就当机立断，而不是等到过度的增长造成财务危机时再说。

11.2.2 增长太慢或实际增长低于可持续增长的公司的管理

增长太慢或实际增长低于可持续增长的公司面临的问题不是想尽各种办法筹措新的资金、不断努力地为增长投入资源，而是怎样处理超过公司需要的利润问题。这似乎是一个愉快而令人嫉妒的问题，但对于越来越多的企业而言，这是一个非常现实和有时让人害怕的问题。

解决增长不足的问题的第一步是要判断这种状况是暂时的还是长期的。如果这种情况是暂时的，管理层只要简单地积累资源以寄希望于未来的增长即可。如果困难是长期的，问题变成缺乏增长的是整个行业还是公司独有的情形。假如是后者，就应该在公司内寻找不充分增长的理由和新增长的可行渠道。要是这样的话，管理层必须仔细考虑自己的业绩，以发现和消除对公司增长的内部制约，这是一个包括组织变动以及开发费用增加在内的艰苦的过程。在这一痛苦的过程中，引进的增长策略在头几年就必须卓有成效，否则管理层将会被迫转向其他、经常是更为极端的解决方法。

当一个公司无法从自身创造出充分增长时，其有三种选择：忽略问题、把钱退还给股东或者买入增长。

1）忽略问题

这种做法通常表现为以下两种形式之一：一种形式是尽管缺乏吸引人的收益，管理层仍继续投资于它原来的核心生产经营领域；另一种形式是公司简单地高枕无忧、什么也不做。这两种做法的问题都在于，没有妥善利用的资源压低了公司的股票价格，从而使公司成为收购者一个确实可实现和吸引人的目标。一旦被收购，第一项要被重新调配的就是公司的管理人员。即使恶意收购没有发生，董事会也会更可能解雇经营不善的管理人员。

一种反映投资与增长之间关系特征的方法是区分有效增长与无效增长。有效增长是指公司的投资活动所产生的收益超过包括所动用的所有资本成本在内的成本时的增长。这种增长对股东有利，能增加股东财富，且在资本市场上得到了较高的股票价格，又减少了被收购的威胁。无效增长涉及那些收益等于或低于成本的投资活动。由于自欺欺人的投资活动随处可见，所以，无效增长的策略简便易行。假如其他方法皆无计可施，公司还可以支付高价购买其他公司的销售与资产。此种策略既能消耗掉多余的现金又能把公司变大。不过如此包装的效果只是掩盖了无效增长浪费有价值资源的事实。况且资本市场在区分有效增长与无效增长方面越来越有效，加之，资本市场会惩罚后者。无效增长策略最终的教训就是公司和管理层必须以有利于股东的方式行事，所有其他形式的增长都是一种圈套和一种错觉，是自欺欺人。

2）把钱退还给股东

解决闲置资源问题最为直接有效的办法就是通过增加股利或股票回购把钱还给股东。尽管这种解决问题的办法正变得越来越普遍，不过基于下述几个方面的原因，它们仍然没有被纳入许多高级管理人员的策略选择范围内：一个原因是增加股利投资者可能要缴纳较高的个人所得税。所以，即使公司不太好的投资也可能比增加股利对股东来说更有吸引力。另一个原因是许多管理人员对支付大量股利或者股票回购的做法有抵触，因为这种做法暗示着失败。股东把他们资本投资获利的责任委托给管理人员，而管理层把钱退还给股东，这给人一种他们无力执行基本的管理职能的感觉。所以，即使是不合算，高级管理人员通常也选择增长，并不顾及公司的长期生存性。

3）买入增长

当增长松弛下来时，企业要冒失去经营管理精英和被收购的风险，出于挽留人才精英和对收购者惧怕等的考虑，管理人员对过多现金流量的反应通常是买入增长，如在其他生产经营行业搞多元化。他们有计划地在其他更有活力的行业里寻找物有所值的增长机会。出于时间因素的考虑，他们的做法通常包括收购现有的企业而不是从头做起。

高增长和低增长公司经常通过兼并来解决它们各自的增长管理问题，从而使一个企业产生的多余的现金能够用于为其他快速增长的企业提供资金。但是从现实的并购实践来看，多数买来的增长明显不如把钱还给股东。多半情况下，由于资本市场的有效性，潜在收购的超级增长前景完全反映在目标公司的股票价格上，所以，在支付了一大笔溢价给其他公司后，购买方就只剩下平平常常或者更差的投资了。这是在买入增长时必须考虑的。

案例分析11-1

秦池酒厂盛衰史

案例资料：

秦池酒厂是山东省临朐县的一家生产“秦池”牌白酒的企业。1995年厂长赴京参加中央电视台黄金时段广告“标王”竞标，以6 666万元人民币的价格夺得“标王”，在全国引起极大轰动，一时间“秦池”牌白酒成为家喻户晓的品牌，身价倍增，秦池酒厂也因此一夜成名，订单雪片般地飞来，在短短的一个多月内，秦池酒厂就签订了4亿元的销售合同，两个多月秦池酒厂的销售收入就达到2.18亿元，实现利税6 800万元，相当于秦池酒厂建厂以来前55年的总和，至1995年6月底，订单已排到了年底。

尝到甜头后的秦池酒厂，不久又作出了惊人之举。1996年11月8日下午，中央电视台传来一个令全国震惊的消息，在全国白酒行业无论是厂名还是品牌并不起眼的秦池酒厂以3.2亿元人民币的“天价”，买下中央电视台黄金时间段的广告权，从而成为令人为之炫目的两届“标王”连任者，一时间，全国上下刮起了“秦池”风，就连在全国享有极高知名度的四川白酒企业（如沱牌酒厂）的高层管理者们都感到汗颜，惊呼“狼来了！”正如秦池酒厂高层人士的预期，巨大的广告投入确实给秦池酒厂带来了“惊天动地”的效益，1996年秦池酒厂的销售收入达到9.5亿元，此时，秦池酒厂的老总们可谓是踌躇满志，秦池风光无限。

秦池成名之前作为一家县级企业，其总资产规模和生产能力有限。面对成为“标王”之后滚滚而来的订单，不可能弃之不管，但仅凭现有的生产能力又难以应付，为满足客户的需求，秦池酒厂必须扩大生产规模，这就需要对现有的厂房设备进行更新或扩建、引进新设备。巨大的广告费用和企业生产规模的扩大都需要大量的资金，限于当时的条件，秦池酒厂只有向银行贷款，按当时的银行政策，此类贷款往往是短期贷款。贷款使企业的负债比率提高，生产规模的扩大使企业总资产中的固定资产比例提高。扩大生产规模，大规模提高生产能力，并不能产生立竿见影的效果，因为，即使企业完全有能力扩大生产规模，但无论是设备、厂房的购建，还是白酒的酿造，都需要一定的时间周期。为满足眼前客户的订单，秦池酒厂在扩大生产规模的同时，想到了另外一条解决燃眉之急的捷径，那就是与周边地区的白酒企业横向联合或收购其他企业的白酒进行勾兑，但无论怎么做，两者都很难保证产品的质量。

俗话说，“天有不测风云，人有旦夕祸福”，让秦池酒厂始料不及的是，1997年市场风云突变，白酒这一诱人的市场，高额的利润，引来无数的竞争者，很多白酒企业效仿秦池酒厂，一时间全国白酒生产企业大增，数量达4万余家。这4万余家企业所产的白酒量远远大于销量，约有50%的产量过剩，与此同时，洋酒也悄然进入酒业市场，使白酒在酒业消费中的比重下降，秦池酒厂的市场份额面临着严峻的考验。与此同时，秦池酒厂又陷入了品牌危机，1996年12月《××参考报》上4篇关于秦池酒厂沿川藏公路两侧收购散装酒勾兑“秦池”的报道，不仅使秦池陷入巨大的媒体危机之中，而且使刚树立的“秦池”形象遭受了损害，在一定程度上影响了其市场份额。

讨论题：

（1）可持续增长理论对企业的增长管理有何现实意义？

（2）结合案例分析增长过快对企业的危害？

（3）结合所学增长管理的知识对秦池酒厂的盛衰进行评述。

分析提示：

（1）从财务角度看，企业增长离不开资金的增长，因为增长过快与增长太慢而导致破产的公司数量几乎一样多。增长及其管理是财务发展战略中值得重视的重要课题。可持续增长是有资金保障的增长，是可以带来股东同步财富增长的有效增长。长期以来，我国企业不重视对增长的管理，往往只注重销售的增长。

（2）秦池酒厂通过两度夺得中央电视台黄金时段广告“标王”，在全国引起极大轰动，秦池酒厂一夜成名，订单雪片般地飞来，带来了销售的极大增长，订单的数量远远超出了资产规模和生产能力。巨额广告支出和固定资产上的投资所需资金要求企业通过银行贷款解决，按当时的银行政策，此类贷款往往为短期贷款，这就造成了银行的短期贷款被用于资金回收速度较慢、周期较长的长期性资产上，形成了“短贷长投”的资金缺口压力。在流动资产相对不足从而使企业现金流动能力产生困难的同时，年内到期的巨额银行短期贷款又要求偿还，从而陷入了“到期债务要偿还而企业又无偿还能力”的财务困境。

增长过快的危害在于，由于技术和管理条件的限制，提高经营效率并非总是可行的，而改变财务政策也会受到很多约束并不见得总是明智的，所以，一个公司完全可能因为只从自身利益考虑而增长过快使资金陷入困境。

（3）一个企业要长期发展，仅仅停留在数量指标上，不深入思考企业的信念、长期生存和发展的基础，以及自己的核心能力和竞争优势是难以持久的。尽管秦池酒厂夺得中央电视台黄金时段广告“标王”，但秦池最突出的矛盾已不是市场开发能力的不足，而是秦池酒厂的生产能力不足，即面临着改进生产工艺、扩大生产规模、提高秦池酒内在质量的迫切问题，但由于资金、技术和管理条件的限制不是短期内可以解决的，增长必须与自身的资金、技术和管理条件相适应，才可能长久。

思考题

1.简述企业增长管理的现实意义。

2.什么是可持续增长率？如何计算可持续增长率？

3.可持续增长率对企业的增长管理有何指导意义？

4.对增长过快或实际增长超过可持续增长的公司有哪些管理策略。

5.对增长太慢或实际增长低于可持续增长的公司有哪些管理策略。

6.谈谈你对加强企业增长管理的认识。

章末习题

一、单项选择题

1.“可持续增长率”和“内涵增长率”的共同点是（　　）。

A.都不改变资本结构　　B.都不发行股票

C.都不从外部举债　　D.都不改变股利支付率

2.在企业盈利的情况下，下列说法中正确的是（　　）。

A.资产销售百分比提高，可持续增长率提高

B.资产周转率提高，可持续增长率降低

C.产权比率提高，可持续增长率提高

D.销售净利率提高，可持续增长率降低

3.（　　）是一种可持续的增长方式。

A.完全依靠内部资金增长　　B.主要依靠外部资金增长

C.主要依靠内部资金增长　　D.平衡增长

4.下列各项中能够改变经营效率的是（　　）。

A.增发股份　　B.改变资产负债率

C.改变销售净利率　　D.改变利润留存率

5.假设市场是充分的，企业在经营效率和财务政策不变时，同时筹集权益资本和增加借款，以下指标不会增长的是（　　）。

A.销售收入　　B.税后利润

C.销售增长率　　D.权益净利率

6.在企业按内涵增长率增长的条件下，下列说法中正确的是（　　）。

A.增发新股　　B.资产负债率下降

C.不增加借款　　D.资本结构不变

7.在“可持续的增长率”条件下，正确的说法有（　　）。

A.假设不增发新股　　B.假设不增加借款

C.财务杠杆和财务风险降低　　D.资产净利率会增加

8.企业2017年的可持续增长率为10%，股利支付率为50%，若预计2018年不增发新

股并保持目前的经营效率和财务政策，则2018年股利的增长率为（　）。

A.10%　　B.5%

C.15%　　D.12.5%

9.在计算可持续增长率时，下列说法不正确的是（　）。

A.不增发新股，意味着股东权益本期增加等于本期形成的留存收益，即留存收益本期增加额

B.总资产周转率=本期销售/平均总资产

C.资本结构不变意味着资产负债率不变

D.经营效率体现于资产周转率和销售净利率，财务政策体现于资产负债率和留存收益率

10.从资金来源上看，关于企业增长的实现方式，下列说法不正确的是（　）。

A.完全依靠内部资金增长　　B.完全依靠外部资金增长

C.主要依靠外部资金增长　　D.平衡增长

11.如果某一年的可持续增长率公式中的4个财务比率有一个或多个数值增加，则本年的实际增长率就会（　）。

A.低于本年的可持续增长率　　B.超过本年的可持续增长率

C.超过上年的可持续增长率　　D.低于上年的可持续增长率

12.某企业2017年年末的所有者权益为1 600万元，可持续增长率为10%。2018年的销售增长率等于可持续增长率，净利润为400万元，则2018年的股利支付率是（　）。

A.60%　　B.40%

C.50%　　D.30%

13.关于可持续增长率，以下说法错误的是（　）。

A.利润率越高，销售增长越快　　B.用于分红的利润越少，销售增长越快

C.资产效率越高，销售增长越快　　D.杠杆越低，销售增长越快

14.在估计可持续增长率时，通常假设内部融资的资金来源主要是（　）。

A.留存收益　　B.净资本

C.增发股票　　D.增加负债

15.提高可持续增长率的方法有提高经营效率和改变财务政策，其中改变财务政策具体包括（　）。

A降低成本，提高价格　　B.降低营运资金，剥离部分资产

C.停止支付股利，增加借款比例　　D.降低成本，改变供货渠道

二、多项选择题

1.如果希望提高销售增长率，即计划销售增长率高于可持续增长率，则可以通过（　）。

A.按照资本结构同时筹集权益资本和增加借款

B.降低股利支付率

C.提高销售净利率

D.提高资产周转率

2.在不增发新股的情况下，如果某一年的经营效率和财务政策与上年相同，则下列等式成立的是（　　）。

A.本年的实际增长率=下年的可持续增长率

B.本年的实际增长率=上年的可持续增长率

C.本年的实际增长率=本年的可持续增长率

D.本年的可持续增长率=下年的可持续增长率

3.在不增发新股的情况下，如果某年的可持续增长率计算公式中的4个财务比率有一个或多个数值增长，则（　　）。

A.本年实际增长率超过本年的可持续增长率

B.本年的可持续增长率超过上年的可持续增长率

C.本年的实际增长率超过上年的可持续增长率

D.本年的可持续增长率超过上年的实际增长率

4.销售增长引起净资产同步增长，需要同时具备的条件是（　　）。

A.资产周转率不变　　B.资产周转率提高

C.资产负债率不变　　D.销售利润率提高

5.在可持续增长率的假设条件中，财务政策不变的含义是（　　）。

A.资产负债率不变　　B.销售增长率=资产增长率

C.不增加负债　　D.股利支付率不变

6.影响可持续增长率指标的因素有（　　）。

A.销售利润率　　B.财务杠杆

C.留存收益率　　D.资产周转率

7.在不增发新股和回购股票的情况下，本年的经营效率和财务政策与去年相同，企业本年的股东权益增长率为10%，以下说法中，正确的有（　　）。

A.企业本年的销售增长率为10%　　B.企业本年的可持续增长率为10%

C.企业本年的总资产增长率为10%　　D.企业上年的可持续增长率为10%

8.下列关于可持续增长率与其影响因素之间关系的叙述，正确的有（　　）。

A.股利支付率提高，可持续增长率提高

B.产权比率提高，可持续增长率提高

C.销售净利率提高，可持续增长率提高

D.资产销售百分比提高，可持续增长率提高

9.以下关于企业增长的说法，正确的有（　　）。

A.企业增长的财务意义是资金增长，在销售增长时企业往往需要补充资金

B.完全依靠内部资金增长往往会限制企业的发展，无法充分利用扩大企业财富的机会

C.主要依靠外部资金增长是企业可以采用的一种持久的增长策略

D.平衡增长一般不会消耗企业的财务资源

10.关于内涵增长率，下列说法正确的有（　　）。

A.假设不发行新股　　B.假设不增加借款

C.资产负债率不变　　D.假设不使用负债资金

11.下列关于可持续增长率的说法中，错误的有（　　）。

A.可持续增长率是指企业仅依靠内部筹资时，可实现的最大销售增长率

B.可持续增长率是指不改变经营效率和财务政策时，可实现的最大销售增长率

C.在经营效率和财务政策不变时，可持续增长率等于实际增长率

D.在可持续增长状态下，企业的资产、负债和权益保持同比例增长

12.假设企业本年的经营效率、资本结构和股利支付率与上年相同，目标销售收入增长率为30%（大于可持续增长率），则下列说法中正确的有（　　）。

A.本年权益净利率为30%　　B.本年净利润增长率为30%

C.本年新增投资的报酬率为30%　　D.本年筹措了新的外部股权资金

13.下列属于受到资本市场制约只能临时解决问题，但能达到支持企业有效增长的措施是（　　）。

A.提高留存收益率　　B.提高销售净利率

C.提高权益乘数　　D.提高总资产周转率

14.甲公司无法取得外部融资，只能依靠内部积累增长。在其他因素不变的情况下，下列说法中正确的有（　　）。

A.销售净利率越高，内涵增长率越高

B.净经营资产周转次数越多，内涵增长率越高

C.经营负债销售百分比越高，内涵增长率越高

D.股利支付率越高，内涵增长率越高

15.在可持续增长的情况下，下列等式正确的有（　　）。

A.销售收入增长率等于资产增长率　　B.股东权益增加等于留存收益增加

C.销售收入增长率等于股东权益增长率　　D.股利增长率等于销售收入增长率

二维码11：第11章习题答案

第12章/
财务管理的体制与组织

学习目标：通过本章的学习，了解企业财务管理体制；理解企业财务分层分权管理；掌握企业内部财务管理集权式、分权式和综合式。

12.1 企业财务管理体制

企业财务管理体制是现代企业制度的重要方面，在企业财务制度体系中起着非常重要的作用，主要解决企业财务行为和财务管理问题等。

12.1.1 企业财务管理体制的概念

财务管理就其本质而言是对各种财务关系的处理。各种财务关系的处理必须有一定的规则，当这种规则制度化时，就形成了财务管理体制。

1）企业财务管理体制的含义

企业财务管理体制是由企业管理当局制定的，从总体上对企业内部有关部门财务责任、权力和利益以及这三者之间关系进行规范和处理的一项基本制度，是处理以企业财务部门为主体，财务部门与企业内部各部门之间财力和财权分配关系的制度。按照现代企业制度的要求，企业财务管理体制必须以产权管理为核心、以财务管理为主线、以财务制度为依据，体现现代企业制度特别是现代企业产权制度的思想。

2）企业财务管理体制的作用

企业财务管理体制是企业的一项基本制度，在企业财务制度体系中起统驭作用，是其他财务制度的基本依据，其主要作用有：

（1）提供持续的制度化的激励机制与约束机制。通过利益激励和权力分配来调动企业内部的积极性、主动性和创造性，通过责任约束来制约和保证企业内部各方面按照规定的标准相对独立地从事理财活动，防止不良行为的发生。

（2）提高财务工作的质量和效率。合理的财务管理体制可以规范人们之间的相互关系，为企业内部创造良好的制度环境，保障各项工作顺利进行，提高企业经济效益。

（3）降低财务管理费用。通过财务管理体制的合理设计，可以降低企业财务管理行为中的交易费用，为企业各项经营管理活动提供有效服务，降低财务活动的不确定性风险。

3）企业财务管理体制的建立

建立企业财务管理体制，主要应规范企业对外的财务行为和财务关系以及企业内部的财务运行方式和财务关系，确定企业财务法规制度体系。企业应按照自身的产权制度和组织形式，在所有权和经营权分离的原则下，确立自主经营、自负盈亏的财务管理模式。在遵守公司法、合伙企业法、证券法、税法等对企业资金的筹集、投资方向以及利润分配等相关规定的基础上，还要建立和明确以下制度内容：

（1）企业资本金制度。企业资本金供应的来源、渠道，各种资本金的筹集方式，筹资成本，股票、债券等的发行与流通，各类企业出资的最低限额，资本金登记制度，资本金保全和保值增值的要求等。

（2）固定资产折旧制度。固定资产的划分标准和资金来源，计提折旧的固定资产的范围和分类，折旧年限，计提折旧的方法，加速折旧的应用，固定资产后续支出折旧问题等。

（3）成本开支范围制度。企业各类支出的计列方式，明确允许计入成本、期间费用的支出的范围和标准，还要规范成本的计算方法。

（4）建立利润分配制度。销售收入实现标准、利润构成、利润总额和所得税税后利润中允许调整和扣除的项目、税后利润中盈余公积的提留项目和比例、向投资者分配利润的顺序等。

12.1.2　财务管理体制的选择

企业财务管理体制按照不同的标准可进行不同的分类，企业在选择适合自身财务管理体制时，应充分考虑其组织形式，并应坚持一些必要的标准。

1）财务管理体制的分类

企业的财务管理体制按照不同的标准可进行不同的分类，常见的分类有：

（1）财务管理体制按其涉及的范围，可分为宏观财务管理体制和微观财务管理体制。宏观财务管理体制是国家规范企业经济关系和经济行为的制度约束，财务管理主体是国家，对象是全社会各类经济组织和企事业单位的财务活动；微观财务管理体制泛指企业、事业、团体等独立核算的法人和非法人单位的财务管理体制，处理企业同内外各方面利益相关者集团和个人之间财务关系的制度规范，财务管理主体是企业。企业财务管理工作要适应、遵从和接受宏观财务管理体制的约束。

（2）财务管理体制按财务管理的内容，可分为资金管理体制、成本管理体制和利润分配管理体制等。企业财务管理的对象是企业的资金运动及其规律，企业的生产经营过程实际上就是筹集资金、使用资金和分配资金的过程，因而资金管理体制、成本管理体制和利润分配管理体制是企业财务管理体制的重要组成内容。

2）财务管理体制的选择标准

企业财务管理体制构建与企业组织形式有直接关系。一般来说，独资和合伙制企业的产权关系明确，财务关系简单，其财务管理体制也相对简单；而公司制企业财务管理体制的选择不仅要考虑企业的规模、产权关系，还要考虑企业管理体制等具体情况。企业在选择财务管理体制时应考虑以下标准：

（1）是否有利于企业建立有效的财务管理运行机制。企业在建立财务管理体制时，无论其机构如何设置，人员如何分配，管理权限如何设置，最重要的是其财务管理运行机制是否灵活有效，是否畅通无阻和运行自如。

(2) 是否有利于调动企业管理者的积极性。有效的企业财务管理体制，应能够把个人利益同企业总体目标结合，把个人利益同企业经济效益联系，更好地为实现企业目标服务。

(3) 是否有利于强化内部管理。成功的财务管理体制将有利于企业内外各种经济关系的协调，有利于企业内部各种管理工作的强化。

(4) 是否有利于企业经济效益的提高。企业任何管理活动都是为其最终目标——经济效益——服务的，财务管理体制的构建也不例外，有效的财务管理体制会促进企业经济效益的提高。

3) 企业内部财务管理体制

构建企业内部财务管理体制，是要规定企业内部各项财务活动的运行方式，确定企业内部各级、各部门之间的财务关系。它要与企业总体财务管理体制相适应，同时根据企业规模的大小、工作基础的强弱研究确定。

在小型企业，通常采用一级核算方式。财务管理权集中于厂部，厂部统一安排资金、处理财务收支、核算成本和盈亏；二级单位一般只负责管理、登记所使用的财产、物资，记录直接开支的费用，不负责管理资金，不核算成本和盈亏，不进行收支结算。大中型企业通常采用二级核算方式。除了厂部统一安排各项资金、处理财务收支、核算成本和盈亏以外，二级单位要负责管理一部分资金，核算成本，有的还要计算盈亏，相互之间的经济往来要进行计价结算，对于资金、成本等要核定计划指标，定期进行考核。

在实行厂内经济核算制的条件下确定企业内部财务管理体制，主要应考虑以下几方面内容：

(1) 资金管理办法，资金运用和审批权限。大型企业资金一般按谁使用谁管理的原则，实行归口分级管理办法；小型企业则可以根据自己的具体情况，考虑资金的统一管理。

(2) 收支管理办法。企业应将车间等部门作为利润中心，分别计算各利润中心的收入与支出，使之对比收支，确定经营成果。

(3) 内部结算价格的制定。企业建立内部结算中心，其内部各单位的经济往来应有一个合理的内部结算价格，并采用一定的结算凭证办理严格的结算手续，以分清经济责任，加强经济核算，考核各单位业绩。

(4) 奖惩制度。奖惩制度即要处理好集权和分权的关系，要严格分清企业内部各单位的经济责任。

企业内部的财务管理体制，应根据各企业的条件加以确定，采用的具体形式也可以多样化。在经营层面的权力安排上，有的集权程度可以高些，有的则分权程度可以高些。

12.1.3 财务管理制度

1) 财务管理制度的含义

财务管理制度是规范财务主体的财务行为及财务关系的一系列规则。财务管理制度按制定主体的不同可分为广义的财务管理制度和狭义的财务管理制度。广义的财务管理制度是由国家权力机构、政府有关部门和企业制定的，用来规范财务主体同外部及内部各相关部门间财务关系的法律规范的总称；狭义的财务管理制度又称企业财务制度，是指由企业根据所处的外部环境及生产经营特点和管理的需要而制定的、要求企业全体成员必须遵守的、用来规范企业内部财务行为及财务关系的一系列规则、制度的总称。

2）财务管理制度的分类

企业财务管理制度的内容是多方面的，可以按不同的标准对其进行分类。

(1) 按照管理的对象和作用范围，企业财务管理制度可分为筹资管理制度、投资管理制度、资产管理制度、成本费用管理制度和收入利润管理制度等。筹资管理制度主要规定企业的资本构成、筹资方式与渠道、审批程序、责任归属、权利义务以及资本保值增值、使用和核算等；投资管理制度主要规定企业对外投资的预测和决策程序、风险控制与收益评估程序等内容；资产管理制度主要规定企业货币资金、存货及固定资产、无形资产等的管理办法、程序、权限和责任等；成本费用管理制度主要规定成本费用的预测、计划、审批、考核和分析等的管理办法、程序等内容；收入利润管理制度主要规定收入利润的预测，日常管理及货款的结算，收款政策与利润分配的方式、方法和程序以及结存利润的使用范围、标准、审批程序及责任等。

(2) 按照管理的环节，企业财务管理制度可分为财务预算和计划制度、财务控制与分析制度、财务考核与评价制度、财务监督与检查制度等。这类制度主要确定企业财务活动的目标和方向，规范财务管理程序，协调各个环节财务行为和财务关系，选择恰当的理财方式和方法以及对理财结果进行考核、评价，确定奖惩的具体制度。

12.2 企业财务分层分权管理

财务的分层分权管理是针对公司制企业而言的。在公司制的企业组织形式下，股东大会、董事会总经理、财务经理三者瓜分了企业的全部财权，使企业的财权分属于不同的财务主体，每一个财务主体为维护其自身利益，必然要行使其自身的管理权利，这就是财务的分层分权管理，其具体分为出资者财务、经营者财务和财务经理财务。

12.2.1 出资者财务

产权关系明晰是现代企业制度的基本特征，从公司治理结构看，股东（大会）、董事会、经理层分别在公司内部拥有相互联系又相互制约的权、责、利关系，这就要求公司具有独立于出资者的法人地位，出资者保留了终极所有权，企业得到了法人所有权和经营权。在这种情况下，出资者就和董事会及经理层之间形成了公司财务的第一个层次——出资者财务。出资者财务约束机制的目标是要求企业管理层提供真实、完整、及时的会计信息，监督管理层的经营管理行为，作出正确的投资决策，实现资本的保值增值。

1）出资者财务的主体

出资者财务的主体是企业的出资方，是相对于企业而言独立的财务主体。投资者对企业投资后就成为受资企业的所有者，有其自身独特的财务活动和财务利益。出资者财务的主体可以是一个对外投入资本的企业，也可以是自然人，根据其出资多少分别享有对受资企业的不同权益。

2）出资者财务的目标

出资者财务的一般目标可以概括为实现其投入资本的最大化增值，即股东财富最大化。出资者在选择经营者时会以其能否实现企业财富的增长、能否最大限度地增加股东财富为标准；在评价和考核经理业绩时，也主要以股东财富的保值或增值情况为依据。

3）出资者财务的职能

（1）决策职能。出资者财务的决策职能包括两个方面：自身决策和参与决策。一方面，投资者作为独立财务主体，能自主决定投资总额和方向；另一方面，出资者投入资金变为受资企业的所有者后，通过股东会参与公司重大事项的决策，最终实现投入资本的不断增加。

（2）监督职能。拥有更多管理知识和能力的职业经理人成为出资者的受托人来经营企业，但由于出资者和经营者目标利益的不完全一致，导致他们在很多方面存在分歧，客观上要求所有权对经营权进行有效的监督，以提高经营者的经营效率，并保证出资者对经营者的有效控制。出资者监督权的行使除了依靠股东会、代表股东利益的董事会、监事会以及聘请的注册会计师外，还可以通过财务总监来实施。

4）出资者财务的财务活动

出资者财务的财务活动包括以下两个方面：

（1）自身的财务活动，主要有投资活动、收益获取与再投资活动等。出资者投资活动主要包括制订合理的资金投放计划，对资金的投入量及投资资本结构合理规划；对受资企业的状况和宏观经济形势进行分析，对受资企业获利能力、未来发展前景等进行合理预测；制定恰当的投资策略，在风险既定的情况下获取较高的投资收益。出资者收益获取与再投资活动是指从受资企业获取投资收益；将部分实现的利润留存，满足受资企业扩大再生产的要求。

（2）对受资企业财务的再管理活动。出资者投入资本之后，由于不直接监管所出资本，不参与企业的经营管理，所以为保证其收益的权利，一定会利用其所有权对受资企业的经营活动进行再管理。其再管理活动主要表现在三个方面：重大的财务决策参与权，经理人任免权，所有者财务监督与考核权。

12.2.2 经营者财务

在企业法人内部，董事会行使法人财产权和直接经营权，全面而直接地参与对企业重大财务事项的决策和管理，从而具有财务自主权。一方面，由于出资者财务管理是一种监控机制而不是决策机制，资本保值增值的目标主要是通过经营者所实际控制的资金运行来实现的，以完成出资者的委托；另一方面，董事会和企业经理人员之间发生相应的委托代理关系，董事会通过各种手段控制和协调其中的经济利益关系，以保证企业经营目标的实现。所以，这又形成以董事会为管理主体的企业财务层次——经营者财务。董事会财务约束机制的目标主要是保证计划、投资方案、财务预决算方案、利润分配方案等的科学、合理、有效的实施，完成出资者的委托责任，实现企业价值最大化。

1）经营者财务的主体

经营者财务是企业法人财产权的理财主体，即企业的财务主体。经营者在接受出资者委托后，为实现出资者下达的各项经济技术指标，要科学合理使用投资者投入的资金，有效利用负债带来的杠杆效益，减少财务风险；通过对包括出资者投入资本在内的全部法人资本的直接经营，通过协调企业与投资人、债权人、政府及其他利益相关者的关系，实现资本增值。

2）经营者财务的目标

经营者接受出资者的委托从事企业的生产经营活动，要求其必须以出资者的利益为己任，努力实现出资者的财务目标，实现出资者投入资本的保值增值，这是经营者财务的核心或首要目标。经营者只有努力实现出资者的投资目标，完成出资者对其经济利益的要求，才能够使其自身的财务利益得到满足。

但经营者不是出资者，他们有着自身特定的理财目标，在追求既定的财务收益之外，往往还会追求一些非财务利益的满足，如豪华的办公设施，气派的业务旅行和商业应酬，以及对权势、地位、声誉的追求等。

3）经营者财务的职能

经营者财务的职能即企业财务管理的职能，表现为决策、组织、协调和控制。

(1) 决策职能。经营者财务决策职能是对所有者财务战略决策思想的落实和具体化，是带有局部性的具体决策，相对于所有者财务决策职能而言更直接、更具体。如对投资决策而言，经营者财务主要负责日常的、不涉及企业生死存亡的、非重大项目的决策；对于重大的投资项目，经营者主要提供可供选择的项目或方案，为出资者进行决策提供参考和帮助。

(2) 组织职能。组织职能是指经营者负担起组织企业法人资本运作的职责，从所有者和债权人处取得全部法人资本，并使之不断循环周转，不断提高自有资本利润率。

(3) 协调和控制职能。协调职能是指经营者处理好与所有者、债权人、财税部门、内部职工各方面的关系，使各项工作有序和谐，提高运营效率。经营者财务主要侧重两方面的协调：一是外部协调，即协调企业与所有者、债权人、上下游企业、财税部门、社会监督部门、中介机构等的关系，意在树立企业的良好形象；二是内部协调，即协调企业内部各部门工作、业务上的关系，以减少内部摩擦，提高运营效率。控制职能是指对实际资本运动结果脱离规定目标的偏差进行的干预和纠正，以便使实际结果达到所有者下达的目标。

4）经营者财务的财务活动

经营者财务的财务活动，即企业日常的财务管理活动，包括实施具体的财务战略、进行合理的财务组织、有效地控制和批准预算、动态地协调以及聘任和解聘财务经理等内容。其中，具体的财务战略又包括资金的筹集和使用、投资决策、成本费用管理、收入利润管理和分配决策等事项。

12.2.3　财务经理财务

出资者的最终目标要通过董事会的财务决策、组织和协调来实现，而经营者财务的决策和协调又要通过财务经理和财务人员的具体操作来落实。企业经理人员由董事会委托，财务经理和财务人员行使的是财务决策事项的执行权与日常管理权，这样就形成了传统意义上的第三层次的以财务经理为管理主体的企业财务层次——财务经理财务。

1）财务经理财务的主体

企业经营效益最大化目标的实现，虽然有赖于出资者对企业实施有效的监督和控制，有赖于经营者对财务的决策与协调职能的发挥，但它们都需要通过财务经理和财务主管人员的日常运作与管理来实施。财务经理财务的主体是企业的财务经理和财务主管人员。

2）财务经理财务的目标

财务经理财务的一般目标是建立经营风险控制系统、保护企业财产安全完整、确保国家有关法律法规和企业内部规章制度的贯彻执行，实现董事会的财务管理战略和财务决策。财务经理是财务日常管理的具体实施者，具体财务目标在财务人员看来，等同于现金性收益最大化。这是因为：首先，股东投入公司的资本，大多数表现为股东购买公司股票所支付的现金，或其他能够量化或转化为现金的资产，股东放弃现时消费而投资于企业，其动机是期望未来能取得高于现时投资及消费机会成本的投资回报。其次，现金作为一种交换媒介和一般等价物是最为灵活的支付方式，用它作为未来消费的等价物也是必然的。如果股东未来所得到的不是现金，而是从公司分得的账面利润，对股东并没有实际好处。最后，尽管股东通过股票投资，分得公司现金股利或取得资本利得，但是资本利得的高低完全取决于前期现金股利的高低。

3）财务经理财务的职能

财务经理财务的职能主要为建议和执行、组织记录。

（1）建议和执行职能。财务经理财务是企业财务决策的日常执行财务，其最主要的职能之一就是建议和执行。其具体内容包括建议和具体制定并执行公司内部财务管理机构的设置方案；建议财务人员人选，并决定其考核标准和报酬事项；建议和执行对外投资和其他并购方案，建议和执行企业内部中型投资和日常小额投资方案；建议和具体制定企业内部财务制度，并执行已审批的财务制度；建议和执行公司增减注册资本的方案以及配股方案，资本结构的调整，债券发行和债转股事宜，企业负债的规模、形式及上市事宜；建议和执行利润分配方案和亏损弥补方案；建议和执行公司合并分立、变更改组、解散清算等方案；建议和执行重大的固定资产购置和出售方案，日常资产交易和处置方案，组织并报告年末资产清查情况；执行通过审批的财务预算；执行已审核的资金调度和结算计划，领导财务公司（资金中心）对资金进行统一管理；执行成本费用开支的有关规定。

（2）组织记录职能。组织记录是财务经理财务的又一重要职能，具体内容包括组织编制月度、季度、年度财务预算和年终决算方案；组织记录企业的经营成果和财务状况，组织并报送财务报告等。另外，财务经理财务的职能还包括下达和落实成本费用等考核指标，根据财务分析报告对员工进行评价等。

4）财务经理财务的财务活动

财务经理财务是经营者财务的操作性财务，注重日常财务管理。其主要的管理对象是短期资产的效率和短期债务的清偿。财务经理财务的财务活动可规定为如下几项：处理与银行的关系，进行日常的现金管理，负责筹资工作的具体落实，进行信用管理，负责利润的分配事项，组织开展财务预测、财务计划和财务分析工作。其主要管理特征偏重于进行日常管理、执行决策与预算、进行财务控制等。

12.3 企业内部财务管理方式

企业规模和经营性质不同以及负责人的管理理念和思路不同，会使不同企业采用不同的财务管理方式。企业财务管理方式按财务管理权限的分配情况，可分为集权式财务管理方式、分权式财务管理方式以及集权和分权结合的综合式财务管理方式。

12.3.1 集权式财务管理方式

在经济信息系统不发达的情况下，集权式财务管理方式往往只在小型企业实施。但随着网络经济的到来，一些大中型、多层级的企业集团也开始采用这种财务管理方式。

1）集权式财务管理方式的含义

集权式财务管理方式是一种高度集中的财务管理模式，将企业资金、成本、利润及其分配的控制权高度集中在公司最高管理层，公司的中、下层没有任何决策、支配和控制的权利，只有有限的管理权限。

在经济信息系统不发达的时期，集权式财务管理方式往往只在小型企业实施。但随着网络经济时代的到来，计算机网络大大缩短了企业在空间和时间上的距离，使无论多么分散的空间距离和多么复杂的管理问题，都能迅速转换为即时信息，并在瞬间完成其传递，使得集权式财务管理方式也开始为大中型、多层级的企业集团所采用。

2）集权式财务管理方式的特点

在集权式财务管理方式下，企业总部统一进行资金调度，统一负责对外筹资、投资决策及资金管理，统一处理财务收入，统一分配财务成果、核算成本和盈亏；总部统一编制各项财务计划，并于年初下发到各部门和各单位，组织分解落实，责成其按计划执行；总部统一与财政、银行、其他企业进行业务上的往来，统一对国家纳税，企业所属内部各单位的各种税款列支全部列转到总部，由总部统一办理纳税申报；企业财务人员归属企业总部统一管理，属下各单位的财务人员由总部统一派驻；企业内部各部门之间的材料调拨、产品和劳务转移等经济往来由总部统一进行核算。在这种方式下，企业内部各部门、各层次的财务管理权限相对较小，一般只负责管理、登记所使用的财产、物资，记录直接开支的费用。

3）集权式财务管理方式的优缺点

集权式财务管理方式的优点主要表现在以下方面：

（1）有利于企业集中财权，可保证企业的整体运营，发挥整体效益；

（2）由于资金统一调度，因而资金占用相对较少，提高了企业的资金运营效率；

（3）有利于更好地实施财务监督和控制；

（4）有利于经济责任制的严格考核，减少效益流失；

（5）有利于简化纳税环节，采取合理的避税措施。

这种财务管理方式的弊端表现在：

（1）企业总部及上层管理人员过多，容易产生相互推诿、相互扯皮的现象；

（2）由于基层的财务信息需层层汇总上报，使企业整体决策效率不高甚至质量下降；

（3）使下属单位虽承担一定的责任，但未获得相应的权力，降低其工作积极性；

(4) 下属单位无成本核算，导致其与整个单位的经济责任不清；

(5) 对企业总部的财务管理能力要求较高，一般的企业不易达到。

12.3.2 分权式财务管理方式

分权式财务管理方式可以充分调动下属部门的工作积极性，具有一定的优点，为很多大中型企业所采用。

1）分权式财务管理方式的含义

采用分权式财务管理方式的企业，其财务管理权限采取统一领导、分口分级的管理形式，下属单位有相对独立的资金和资产，能独立核算盈亏。分口分级管理即按照管理物资和管理资金相结合的要求，合理安排企业内部各单位在资金、成本、收入等管理上的责、权、利关系。具体来说，分口分级管理是指在企业统一领导下，由财务部门负责将各项财务指标分解为小指标逐级落实到各部门、各层次，并规定各单位完成指标的权利和经济利益。很多大中型企业采取分权式财务管理方式。

2）分权式财务管理方式的特点

在分权式财务管理方式下，企业总部对内将人财物、产供销的行政权在一定程度上下放到下属单位，总部主要负责规划、统筹和协调；各二级核算单位独立在银行开户、独立办理纳税申报和缴纳税款；总部统一控制工资总额，统一制定工资奖金分配原则，分配形式和数额由下属单位自己确定；下属单位可对外签订合同，直接进行销售、采购、办理结算，组织生产，拥有向银行借款的权利；下属单位之间因进行劳务或产品转移而发生的经济业务往来，由各单位按内部价格进行结算，内部价格由总部统一制定，也可由下属单位制定后经总部审核后确定。

3）分权式财务管理方式的优缺点

分权式财务管理方式的优点表现为：

(1) 有利于下属各单位及时发现问题，提高解决问题的效率；

(2) 有利于调动各级管理者的管理积极性；

(3) 便于把企业内部各部门的资金、成本同工作业绩挂钩，实现责、权、利的统一。

这种财务管理方式的缺点表现为：

(1) 不利于企业统一处理对外关系和统一研究战略规划；

(2) 资金占用量大，资金使用效率低下；

(3) 削弱了对下属单位的考核效果；

(4) 容易导致经济活动的不规范，成本开支失控，财务监督不力，筹资决策失误等，增加了公司整体的资金风险。

12.3.3 综合式财务管理方式

综合式财务管理方式将集权和分权相结合，有着上述两种财务管理方式不可比拟的优点，但哪些权利应该集中、哪些权利应该分散区别起来有一定困难，从而影响了其在企业的普及度。

1）综合式财务管理方式的含义

综合式财务管理方式是将集权管理与分权管理相结合的管理方式，其核心观念是将一部分非常重要的权限集中在企业总部，将另一部分非重大的权限分散在企业内部的各个单位。它是一种较为理想的财务管理方式，按照集权和分权相结合的管理思想，把财务大权统一掌握在管理层，便于统一调拨、统一融通、统一使用资金，有利于提高资金的利用效率，控制经营者及各单位的风险，同时对成本管理实行分级管理、分口把关，把成本管理和成本控制变成全企业的共识，抓住成本管理的要害。

2）综合式财务管理方式的特点

在综合式财务管理方式下，企业总部作为独立法人统一经营和统一核算，统一向国家纳税；由总部统一向银行和金融机构办理借款、融资业务，并由总部统一归还；总部统一管理各项资金，统一经营销售，统一进行会计核算和计算盈亏；下属单位按委托法人进行管理，有一定的由总部核定的流动资金和固定资产，除自有资金外的流动资金由总部统一筹措并分配，下属单位按一定利率向总部支付利息；下属单位有自行采购权；下属单位之间发生的产品或劳务的交换均按内部结算价格进行结算；下属单位提取的折旧由总部统一用于对其进行技术改造和设备更新；下属单位独立进行成本核算、计算盈亏，实现的利润由总部统一分配。

3）综合式财务管理方式的优缺点

综合式财务管理方式将集权和分权相结合，有着上述两种财务管理方式不可比拟的优点，主要表现为：

（1）有利于综合吸收集权和分权的优势，克服过度集权或过度分权的弊端；

（2）有利于提高企业整体经济效益，增强其在竞争中的实力和应变能力；

（3）能够有效地调动下属单位的工作积极性并实现自我约束，有利于企业整体发展；

（4）避免了以放代管的消极作用。

设计这种财务管理方式的关键，是要在总部保留的权利和下放给各下属单位的权利之间进行恰当的分配，并合理调节各部门的经济责任和经济利益，保证责、权、利分配得当。

12.3.4　企业财务管理方式的选择

企业财务管理方式既要和企业的组织形式相结合，也要考虑企业的规模、经营特点等，根据具体情况选择。一般来说，独资企业、合伙企业，其经营者即为所有者，无疑都要选择高度集权式的财务管理方式；公司制企业在选择财务管理方式时，都要根据企业的规模、经营特点和市场环境，结合企业的组织形式，有针对性地选择集权式或分权式或集权分权相结合的综合式财务管理方式；单体制的企业一般宜选择集权式财务管理方式，企业集团则一般多选择分权式财务管理方式。

12.4　企业财务管理机构

由于企业领导人对财务管理工作的重视程度不同，企业财务管理工作的基础不同，财务人员的素质不同等原因，企业财务管理机构的设置也会存在一定的差异：有的企业采用财务会计机构合一的设置方式，有的企业则采用财务会计机构分设的设置方式。

12.4.1　财务会计机构统一

目前，在我国很多企业中，财务和会计通常不加区分，财务机构与会计机构合设为一个部门，统称为“财会处”或“财务处”或“会计处”等。这一制度安排使财务管理的职能被弱化，几乎是形同虚设。财会合一的组织机构实质上是计划经济体制下的产物。在计划经济体制下，企业不是独立的财务主体，没有财务决策的自主权，企业财务管理主要从属于财政。企业没有设置独立的财务管理机构，合设的财会机构实际上是以会计工作为主的。

随着我国已逐步建立了市场经济体制，企业成为自主经营、自负盈亏的市场主体，有了自主筹集和使用资金以及自主进行利润分配的权利，企业的财务活动正在变得日益复杂，资本链条变长、管理跨度变宽、筹资渠道及方式日益多样化，企业要处理的财务关系也更加复杂，在财会机构合设的模式下，财务与会计职责不明的弊端也越来越明显。因此，财务机构与会计机构分设就显得尤为必要。

12.4.2 财务会计机构分设

财务机构与会计机构分设，首先有助于明确财务目标和会计目标，提高二者的专业化程度，更好地实现二者的职能，加强会计基础工作和财务制度建设，同时促进财务工作与会计工作的互相服务、互相监督。其次，财务机构与会计机构分设有利于避免财务管理工作受企业外部因素的过多干扰，保证企业真正行使理财自主权，提高企业财务管理水平，将在一定程度上改善我国企业“重会计核算，轻财务管理”的财务工作现状。

根据西方发达国家的经验，在企业总经理领导下可设置财务副总经理来管理财务与会计工作。在财务副总经理下设财务处和会计处，分别由财务主任和会计主任担任主管人员，其下再根据工作内容设置若干专业科室。企业财务会计管理机构的设置如图12-1所示。

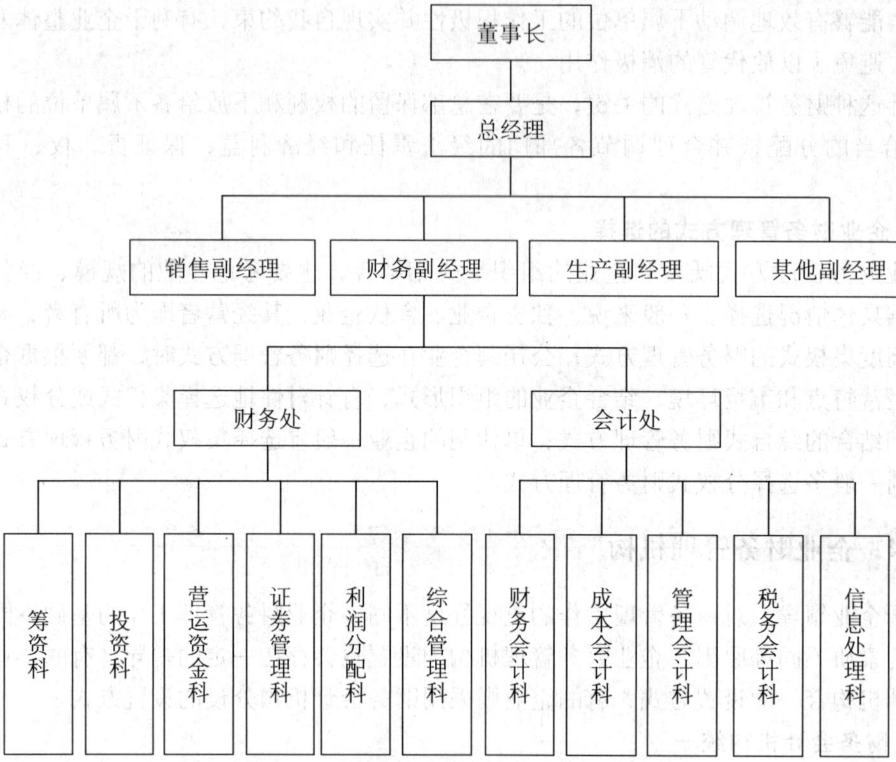

图12-1 企业财务会计管理机构的设置

根据国外经验，结合我国的具体情况，财务处和会计处的分工可设置如下：

财务处的主要工作为：筹集资金；负责固定资产投资；负责营运资金管理；负责证券的投资与管理；负责利润的分配；负责财务预测、财务计划和财务分析工作。

会计处的主要工作为：按照企业会计准则的要求编制对外财务报告；按照内部管理的要求编制内部会计报表；进行成本核算工作；负责纳税的计算和申报；执行内部控制制度，保护企业财产；办理审核报销等其他有关会计核算工作。

会计和财务机构分别设置、分别规定职责范围，才能明确会计工作和财务工作各自的主攻方向，各司其职，而不致顾此失彼，削弱任何一方的工作。

财务机构和会计机构分别设置后，二者还必须为提高企业经济效益这一共同目标而相互配合，密切协作。会计处要及时向财务处提供真实可靠的会计信息，并利用其所掌握的会计信息参与企业的财务计划和财务分析工作，对企业财务活动进行监督，为经营决策服务；财务处则要充分利用会计处提供的会计信息和其他有关资料，搞好财务预测、财务决策、财务计划和财务分析工作，依据日常核算资料及时调度资金，要将财务预测、计划所确定的具体财务指标及时提供给会计处，作为其日常控制、监督的依据。

思考题

1.企业财务管理体制应按什么原则设置？

2.什么是企业财务的分层分权管理？简述出资者财务、经营者财务和财务经理财务的主要内容。

3.企业内部财务管理方式主要有哪些？各有什么优缺点？

4.一般的工商企业为什么要分别设置“财务部”和“会计部”？“财务部”和“会计部”的主要业务分别有哪些？

5.财务管理者应该奉行什么样的职业道德？

6.企业财务部需要设置哪些岗位？这些岗位的职责主要是什么？

章末习题

一、单项选择题

1.企业财务管理体制是明确企业各财务层级的财务权限、责任和利益的制度，其核心问题是（　　）。

A.明确企业各财务层级的责任和利益　　B.配置财务管理权限

C.制定财务管理的实现机制　　D.设计财务管理的运行模式

2.关于企业财务管理体制的集权与分权的特征，下列说法正确的是（　　）。

A.分权管理有利于降低资本成本

B.集权可以使信息传递与过程控制的相关成本得以节约

C.集权可能带来财务决策效率的提高

D.分权可能导致财务资源利用效率的下降

3.以董事会为管理主体的企业财务层次是（　　）。

A.出资者财务　　B.经营者财务

C.财务经理财务　　D.集权式

4.在集权与分权相结合的财务管理方式下，下列选项不属于应集中的权利是（　　）。

A.筹资、融资权　　B.业务定价权

C.财务机构设置权　　D.收益分配权

5.经营者财务的管理对象是（　　）。

A.资本　　B.法人资产

C.现金流转　　D.成本费用

6.财务部财务经理财务控制的依据是（　　）。

A.财务预算与计划　　B.财务预决算

C.公司章程　　D.融投资政策

7.财务部财务经理的财务控制重点是（　　）。

A.投资效率　　B.筹资效率

C.营运效率　　D.现金效率

8.企业对各所属单位在所有重大问题的决策和处理上实行高度集权，各所属单位则对日常经营活动具有较大的自主权，该企业采用的财务管理体制是（　　）。

A.集权型　　B.分权型

C.集权与分权相结合型　　D.集权与分权相制约型

9.贾某新创办了丙公司，规模比较小，贾某负责了公司大大小小的事务。丙公司的财务管理方式是（　　）。

A.集权式财务管理方式　　B.分权式型财务管理方式

C.集权与分权相结合式财务管理方式　　D.以上均错误

10.下列关于集中与分散的“成本”和“利益”的说法正确的是（　　）。

A.集中的“成本”主要是各所属单位积极性的损失和财务资源利用效率的下降

B.分散的“成本”主要是可能发生的各所属单位财务决策目标及财务行为与企业整体财务目标的背离以及财务资源利用效率的下降

C.集中的“利益”主要是提高财务决策效率和调动各所属单位的积极性

D.分散的“利益”主要是容易使企业财务目标协调和提高财务资源的利用效率

11.可以使信息传递与过程控制等相关成本得以节约，并能大大提高信息的决策价值与利用效率的是（　　）财务管理方式。

A.集权式　　B.分权式

C.集权与分权相结合式　　D.M式

12.某企业集团经过多年的发展，已初步形成从原料供应、生产制造到物流服务上下游密切关联的产业集群，当前集团总部管理层的素质较高，集团内部信息化管理的基础较好。据此判断，该集团最适宜的财务管理体制类型是（　　）。

A.集权式　　B.分权式

C.自主式　　D.集权与分权结合式

13.有关财务管理体制的集权与分权的选择，下列说法不正确的是（　　）。

A.企业各所属单位之间业务联系越密切，就越有必要采用相对集中的财务管理体制

B.需要考虑集中与分散的“成本”和“利益”差异

C.较高的管理水平有助于企业更多地分散财权

D.需要考虑企业与各所属单位之间的资本关系

14.由于采用新的财务管理体制，导致各所属单位积极性损失，同时财务决策效率下降，这里是属于（　　）。

A.集中的“成本”　　B.分散的“成本”

C.集中的“利益”　　D.分散的“利益”

15.按照现代企业制度的要求，企业财务管理体制必须以（　　）为核心。

A.财务管理　　B.财务制度

C.财务决策　　D.产权管理

二、多项选择题

1.企业进行集权或分权财务管理体制的选择时，应考虑的因素包括（　　）。

A.企业的规模　　B.企业的经营特点

C.市场环境　　D.企业组织形式

2.企业的财务管理体制按照财务管理体制涉及的范围，可分为（　　）。

A.资金管理体制　　B.成本管理体制

C.宏观财务管理体制　　D.微观财务管理体制

3.下列关于综合式财务管理方式的优点说法正确的是（　　）。

A.有利于综合吸收集权和分权的优势，克服过度集权或过度分权的弊端

B.有利于提高企业整体经济效益，增强其在竞争中的实力和应变能力

C.能够有效地调动下属单位工作积极性并实现自我约束，有利于企业整体发展

D.避免了以放代管的消极作用

4.集权与分权相结合式财务管理体制将企业内重大决策权集中于企业总部，而赋予各所属单位自主经营权。下列关于该体制的说法中，正确的有（　　）。

A.该体制应该集中制度制定权，筹资、融资权，固定资产购置权，财务机构设置权等

B.该体制的实质是分权下的集权，各所属单位对日常经营活动具有较大的自主权

C.该体制的核心内容是企业总部应做到制度统一、资金集中、信息集成和人员委派

D.该体制应该分散经营自主权、人员管理权、业务定价权、费用开支审批权

5.集权与分权相结合型财务管理体制意在以企业发展战略和经营目标为核心，将企业内重大决策权集中于企业总部，而赋予各所属单位自主经营权。下列关于该体制特点的说法正确的有（　　）。

A.在管理上，利用企业的各项优势，对全部权限集中管理

B.在管理上，利用企业的各项优势，对部分权限集中管理

C.在经营上，不能调动各所属单位的生产经营积极性

D.在经营上，充分调动各所属单位的生产经营积极性

6.下列关于集权型财务管理体制的表述中，正确的有（　　）。

A.采用该体制，企业总部财务部门在特定情况下，可以直接参与各所属单位的执行过程

B.采用该体制，有利于在整个企业内部优化配置资源，有利于实行内部调拨价格

C.采用该体制，可能导致资本成本增大、费用失控、利润分配无序

D.采用该体制，集权过度会使各所属单位缺乏主动性、积极性，丧失活力

7.下列有关财务管理体制的说法中，正确的有（　）。

A.集权型财务管理体制下，企业总部财务部门不但参与决策和执行决策，在特定情况下还直接参与各所属单位的执行过程

B.分权型财务管理体制下，各所属单位在人、财、物、供、产、销等方面有决定权

C.集权与分权相结合型财务管理体制下，企业对各所属单位在所有重大问题的决策与处理上实行高度分权

D.集权与分权相结合型财务管理体制可以充分调动各所属单位的生产经营积极性

8.下列关于集权与分权相结合型财务管理体制的特点，说法正确的有（　）。

A.对各所属单位在所有重大问题的决策与处理上实行高度集权

B.各所属单位对日常经营活动具有较大的自主权

C.各所属单位在人、财、物、供、产、销等方面有决定权

D.各所属单位执行企业总部的各项指令

9.企业采取集权与分权相结合型财务管理体制时，通常需要集中的权利不包括（　）。

A.融资、筹资权　　B.经营自主权

C.业务定价权　　D.费用开支审批权

10.某企业集团选择集权与分权相结合的财务管理体制，下列各项中，通常应当集权的有（　）。

A.收益分配权　　B.财务机构设置权

C.对外担保权　　D.子公司业务定价权

11.企业财务管理体制可分为三种类型：集权型财务管理体制、分权型财务管理体制、集权与分权相结合型财务管理体制。下列关于这三种财务管理体制的优缺点的说法中，正确的有（　）。

A.集权型财务管理体制可充分展示其一体化管理的优势，使决策的统一化、制度化得到有力的保障

B.分权型财务管理体制有利于分散经营风险，促使所属单位管理人员和财务人员的成长

C.集权型财务管理体制，在经营上，可以充分调动各所属单位的生产经营积极性

D.集权与分权相结合型财务管理体制，在管理上，可以利用企业的各项优势，对部分权限集中管理

12.采用过度集权和过度分散都会产生相应的成本，下列属于集中所产生的成本有（　）。

A.各所属单位积极性的损失

B.各所属单位资源利用效率的下降

C.各所属单位财务决策效率的下降

D.各所属单位财务决策目标及财务行为与企业集体财务目标的背离

13.采用集权模式会产生集中的利益，主要有（　　）。

A.有助于企业财务目标的协调

B.有利于提高财务决策效率

C.有利于调动各所属单位的积极性

D.有利于提高财务资源的利用效率

14.甲企业采用分权型财务管理体制，可能导致的问题有（　　）。

A.费用失控

B.资金管理分散

C.资本成本增大

D.利润分配无序

15.企业财务管理体制应遵循的原则有（　　）。

A.与现代企业制度的要求相适应的原则

B.明确企业对各所属单位管理中的决策权、执行权与监督权三者相结合的原则

C.明确财务综合管理和分层管理思想的原则

D.与企业组织体制相适应的原则

二维码12：第12章习题答案

附录A/
资金时间价值系数表

附表一 复利终值系数表（F/P，i，n）

期数	1%	2%	3%	4%	5%	6%	7%	8%	9%	10%
1	1.0100	1.0200	1.0300	1.0400	1.0500	1.0600	1.0700	1.0800	1.0900	1.1000
2	1.0201	1.0404	1.0609	1.0816	1.1025	1.1236	1.1449	1.1664	1.1881	1.2100
3	1.0303	1.0612	1.0927	1.1249	1.1576	1.1910	1.2250	1.2597	1.2950	1.3310
4	1.0406	1.0824	1.1255	1.1699	1.2155	1.2625	1.3108	1.3605	1.4116	1.4641
5	1.0510	1.1041	1.1593	1.2167	1.2763	1.3382	1.4026	1.4693	1.5386	1.6105
6	1.0615	1.1262	1.1941	1.2653	1.3401	1.4185	1.5007	1.5869	1.6771	1.7716
7	1.0721	1.1487	1.2299	1.3159	1.4071	1.5036	1.6058	1.7138	1.8280	1.9487
8	1.0829	1.1717	1.2668	1.3686	1.4775	1.5938	1.7182	1.8509	1.9926	2.1436
9	1.0937	1.1951	1.3048	1.4233	1.5513	1.6895	1.8385	1.9990	2.1719	2.3579
10	1.1046	1.2190	1.3439	1.4802	1.6289	1.7908	1.9672	2.1589	2.3674	2.5937
11	1.1157	1.2434	1.3842	1.5395	1.7103	1.8983	2.1049	2.3316	2.5804	2.8531
12	1.1268	1.2682	1.4258	1.6010	1.7959	2.0122	2.2522	2.5182	2.8127	3.1384
13	1.1381	1.2936	1.4685	1.6651	1.8856	2.1329	2.4098	2.7196	3.0658	3.4523
14	1.1495	1.3195	1.5126	1.7317	1.9799	2.2609	2.5785	2.9372	3.3417	3.7975
15	1.1610	1.3459	1.5580	1.8009	2.0789	2.3966	2.7590	3.1722	3.6425	4.1772
16	1.1726	1.3728	1.6047	1.8730	2.1829	2.5404	2.9522	3.4259	3.9703	4.5950
17	1.1843	1.4002	1.6528	1.9479	2.2920	2.6928	3.1588	3.7000	4.3276	5.0545
18	1.1961	1.4282	1.7024	2.0258	2.4066	2.8543	3.3799	3.9960	4.7171	5.5599
19	1.2081	1.4568	1.7535	2.1068	2.5270	3.0256	3.6165	4.3157	5.1417	6.1159
20	1.2202	1.4859	1.8061	2.1911	2.6533	3.2071	3.8697	4.6610	5.6044	6.7275
21	1.2324	1.5157	1.8603	2.2788	2.7860	3.3996	4.1406	5.0338	6.1088	7.4002
22	1.2447	1.5460	1.9161	2.3699	2.9253	3.6035	4.4304	5.4365	6.6586	8.1403
23	1.2572	1.5769	1.9736	2.4647	3.0715	3.8197	4.7405	5.8715	7.2579	8.9543
24	1.2697	1.6084	2.0328	2.5633	3.2251	4.0489	5.0724	6.3412	7.9111	9.8497
25	1.2824	1.6406	2.0938	2.6658	3.3864	4.2919	5.4274	6.8485	8.6231	10.8347
26	1.2953	1.6734	2.1566	2.7725	3.5557	4.5494	5.8074	7.3964	9.3992	11.9182
27	1.3082	1.7069	2.2213	2.8834	3.7335	4.8223	6.2139	7.9881	10.2451	13.1100
28	1.3213	1.7410	2.2879	2.9987	3.9201	5.1117	6.6488	8.6271	11.1671	14.4210
29	1.3345	1.7758	2.3566	3.1187	4.1161	5.4184	7.1143	9.3173	12.1722	15.8631
30	1.3478	1.8114	2.4273	3.2434	4.3219	5.7435	7.6123	10.0627	13.2677	17.4494

续表

期数	11%	12%	13%	14%	15%	16%	17%	18%	19%	20%
1	1.1100	1.1200	1.1300	1.1400	1.1500	1.1600	1.1700	1.1800	1.1900	1.2000
2	1.2321	1.2544	1.2769	1.2996	1.3225	1.3456	1.3689	1.3924	1.4161	1.4400
3	1.3676	1.4049	1.4429	1.4815	1.5209	1.5609	1.6016	1.6430	1.6852	1.7280
4	1.5181	1.5735	1.6305	1.6890	1.7490	1.8106	1.8739	1.9388	2.0053	2.0736
5	1.6851	1.7623	1.8424	1.9254	2.0114	2.1003	2.1924	2.2878	2.3864	2.4883
6	1.8704	1.9738	2.0820	2.1950	2.3131	2.4364	2.5652	2.6996	2.8398	2.9860
7	2.0762	2.2107	2.3526	2.5023	2.6600	2.8262	3.0012	3.1855	3.3793	3.5832
8	2.3045	2.4760	2.6584	2.8526	3.0590	3.2784	3.5115	3.7589	4.0214	4.2998
9	2.5580	2.7731	3.0040	3.2519	3.5179	3.8030	4.1084	4.4355	4.7854	5.1598
10	2.8394	3.1058	3.3946	3.7072	4.0456	4.4114	4.8068	5.2338	5.6947	6.1917
11	3.1518	3.4786	3.8359	4.2262	4.6524	5.1173	5.6240	6.1759	6.7767	7.4301
12	3.4985	3.8960	4.3345	4.8179	5.3503	5.9360	6.5801	7.2876	8.0642	8.9161
13	3.8833	4.3635	4.8980	5.4924	6.1528	6.8858	7.6987	8.5994	9.5964	10.6993
14	4.3104	4.8871	5.5348	6.2613	7.0757	7.9875	9.0075	10.1472	11.4198	12.8392
15	4.7846	5.4736	6.2543	7.1379	8.1371	9.2655	10.5387	11.9737	13.5895	15.4070
16	5.3109	6.1304	7.0673	8.1372	9.3576	10.7480	12.3303	14.1290	16.1715	18.4884
17	5.8951	6.8660	7.9861	9.2765	10.7613	12.4677	14.4265	16.6722	19.2441	22.1861
18	6.5436	7.6900	9.0243	10.5752	12.3755	14.4625	16.8790	19.6733	22.9005	26.6233
19	7.2633	8.6128	10.1974	12.0557	14.2318	16.7765	19.7484	23.2144	27.2516	31.9480
20	8.0623	9.6463	11.5231	13.7435	16.3665	19.4608	23.1056	27.3930	32.4294	38.3376
21	8.9492	10.8038	13.0211	15.6676	18.8215	22.5745	27.0336	32.3238	38.5910	46.0051
22	9.9336	12.1003	14.7138	17.8610	21.6447	26.1864	31.6293	38.1421	45.9233	55.2061
23	11.0263	13.5523	16.6266	20.3616	24.8915	30.3762	37.0062	45.0076	54.6487	66.2474
24	12.2392	15.1786	18.7881	23.2122	28.6252	35.2364	43.2973	53.1090	65.0320	79.4968
25	13.5855	17.0001	21.2305	26.4619	32.9190	40.8742	50.6578	62.6686	77.3881	95.3962
26	15.0799	19.0401	23.9905	30.1666	37.8568	47.4141	59.2697	73.9490	92.0918	114.4755
27	16.7387	21.3249	27.1093	34.3899	43.5353	55.0004	69.3455	87.2598	109.5893	137.3706
28	18.5799	23.8839	30.6335	39.2045	50.0656	63.8004	81.1342	102.9666	130.4112	164.8447
29	20.6237	26.7499	34.6158	44.6931	57.5755	74.0085	94.9271	121.5005	155.1893	197.8136
30	22.8923	29.9599	39.1159	50.9502	66.2118	85.8499	111.0647	143.3706	184.6753	237.3763

续表

期数	21%	22%	23%	24%	25%	26%	27%	28%	29%	30%
1	1.2100	1.2200	1.2300	1.2400	1.2500	1.2600	1.2700	1.2800	1.2900	1.3000
2	1.4641	1.4884	1.5129	1.5376	1.5625	1.5876	1.6129	1.6384	1.6641	1.6900
3	1.7716	1.8158	1.8609	1.9066	1.9531	2.0004	2.0484	2.0972	2.1467	2.1970
4	2.1436	2.2153	2.2889	2.3642	2.4414	2.5205	2.6014	2.6844	2.7692	2.8561
5	2.5937	2.7027	2.8153	2.9316	3.0518	3.1758	3.3038	3.4360	3.5723	3.7129
6	3.1384	3.2973	3.4628	3.6352	3.8147	4.0015	4.1959	4.3980	4.6083	4.8268
7	3.7975	4.0227	4.2593	4.5077	4.7684	5.0419	5.3288	5.6295	5.9447	6.2749
8	4.5950	4.9077	5.2389	5.5895	5.9605	6.3528	6.7675	7.2058	7.6686	8.1573
9	5.5599	5.9874	6.4439	6.9310	7.4506	8.0045	8.5948	9.2234	9.8925	10.6045
10	6.7275	7.3046	7.9259	8.5944	9.3132	10.0857	10.9153	11.8059	12.7614	13.7858
11	8.1403	8.9117	9.7489	10.6571	11.6415	12.7080	13.8625	15.1116	16.4622	17.9216
12	9.8497	10.8722	11.9912	13.2148	14.5519	16.0120	17.6053	19.3428	21.2362	23.2981
13	11.9182	13.2641	14.7491	16.3863	18.1899	20.1752	22.3588	24.7588	27.3947	30.2875
14	14.4210	16.1822	18.1414	20.3191	22.7374	25.4207	28.3957	31.6913	35.3391	39.3738
15	17.4494	19.7423	22.3140	25.1956	28.4217	32.0301	36.0625	40.5648	45.5875	51.1859
16	21.1138	24.0856	27.4462	31.2426	35.5271	40.3579	45.7994	51.9230	58.8079	66.5417
17	25.5477	29.3844	33.7588	38.7408	44.4089	50.8510	58.1652	66.4614	75.8621	86.5042
18	30.9127	35.8490	41.5233	48.0386	55.5112	64.0722	73.8698	85.0706	97.8622	112.4554
19	37.4043	43.7358	51.0737	59.5679	69.3889	80.7310	93.8147	108.8904	126.2422	146.1920
20	45.2593	53.3576	62.8206	73.8641	86.7362	101.7211	119.1446	139.3797	162.8524	190.0496
21	54.7637	65.0963	77.2694	91.5915	108.4202	128.1685	151.3137	178.4060	210.0796	247.0645
22	66.2641	79.4175	95.0413	113.5735	135.5253	161.4924	192.1683	228.3596	271.0027	321.1839
23	80.1795	96.8894	116.9008	140.8312	169.4066	203.4804	244.0538	292.3003	349.5935	417.5391
24	97.0172	118.2050	143.7880	174.6306	211.7582	256.3853	309.9483	374.1444	450.9756	542.8008
25	117.3909	144.2101	176.8593	216.5420	264.6978	323.0454	393.6344	478.9049	581.7585	705.6410
26	142.0429	175.9364	217.5369	268.5121	330.8722	407.0373	499.9157	612.9982	750.4685	917.3333
27	171.8719	214.6424	267.5704	332.9550	413.5903	512.8670	634.8929	784.6377	968.1044	1192.5333
28	207.9651	261.8637	329.1115	412.8642	516.9879	646.2124	806.3140	1004.3363	1248.8546	1550.2933
29	251.6377	319.4737	404.8072	511.9516	646.2349	814.2276	1024.0187	1285.5504	1611.0225	2015.3813
30	304.4816	389.7579	497.9129	634.8199	807.7936	1025.9267	1300.5038	1645.5046	2078.2190	2619.9956

附表二 复利现值系数表（P/F，i，n）

期数	1%	2%	3%	4%	5%	6%	7%	8%	9%	10%
1	0.9901	0.9804	0.9709	0.9615	0.9524	0.9434	0.9346	0.9259	0.9174	0.9091
2	0.9803	0.9612	0.9426	0.9246	0.9070	0.8900	0.8734	0.8573	0.8417	0.8264
3	0.9706	0.9423	0.9151	0.8890	0.8638	0.8396	0.8163	0.7938	0.7722	0.7513
4	0.9610	0.9238	0.8885	0.8548	0.8227	0.7921	0.7629	0.7350	0.7084	0.6830
5	0.9515	0.9057	0.8626	0.8219	0.7835	0.7473	0.7130	0.6806	0.6499	0.6209
6	0.9420	0.8880	0.8375	0.7903	0.7462	0.7050	0.6663	0.6302	0.5963	0.5645
7	0.9327	0.8706	0.8131	0.7599	0.7107	0.6651	0.6227	0.5835	0.5470	0.5132
8	0.9235	0.8535	0.7894	0.7307	0.6768	0.6274	0.5820	0.5403	0.5019	0.4665
9	0.9143	0.8368	0.7664	0.7026	0.6446	0.5919	0.5439	0.5002	0.4604	0.4241
10	0.9053	0.8203	0.7441	0.6756	0.6139	0.5584	0.5083	0.4632	0.4224	0.3855
11	0.8963	0.8043	0.7224	0.6496	0.5847	0.5268	0.4751	0.4289	0.3875	0.3505
12	0.8874	0.7885	0.7014	0.6246	0.5568	0.4970	0.4440	0.3971	0.3555	0.3186
13	0.8787	0.7730	0.6810	0.6006	0.5303	0.4688	0.4150	0.3677	0.3262	0.2897
14	0.8700	0.7579	0.6611	0.5775	0.5051	0.4423	0.3878	0.3405	0.2992	0.2633
15	0.8613	0.7430	0.6419	0.5553	0.4810	0.4173	0.3624	0.3152	0.2745	0.2394
16	0.8528	0.7284	0.6232	0.5339	0.4581	0.3936	0.3387	0.2919	0.2519	0.2176
17	0.8444	0.7142	0.6050	0.5134	0.4363	0.3714	0.3166	0.2703	0.2311	0.1978
18	0.8360	0.7002	0.5874	0.4936	0.4155	0.3503	0.2959	0.2502	0.2120	0.1799
19	0.8277	0.6864	0.5703	0.4746	0.3957	0.3305	0.2765	0.2317	0.1945	0.1635
20	0.8195	0.6730	0.5537	0.4564	0.3769	0.3118	0.2584	0.2145	0.1784	0.1486
21	0.8114	0.6598	0.5375	0.4388	0.3589	0.2942	0.2415	0.1987	0.1637	0.1351
22	0.8034	0.6468	0.5219	0.4220	0.3418	0.2775	0.2257	0.1839	0.1502	0.1228
23	0.7954	0.6342	0.5067	0.4057	0.3256	0.2618	0.2109	0.1703	0.1378	0.1117
24	0.7876	0.6217	0.4919	0.3901	0.3101	0.2470	0.1971	0.1577	0.1264	0.1015
25	0.7798	0.6095	0.4776	0.3751	0.2953	0.2330	0.1842	0.1460	0.1160	0.0923
26	0.7720	0.5976	0.4637	0.3607	0.2812	0.2198	0.1722	0.1352	0.1064	0.0839
27	0.7644	0.5859	0.4502	0.3468	0.2678	0.2074	0.1609	0.1252	0.0976	0.0763
28	0.7568	0.5744	0.4371	0.3335	0.2551	0.1956	0.1504	0.1159	0.0895	0.0693
29	0.7493	0.5631	0.4243	0.3207	0.2429	0.1846	0.1406	0.1073	0.0822	0.0630
30	0.7419	0.5521	0.4120	0.3083	0.2314	0.1741	0.1314	0.0994	0.0754	0.0573

续表

期数	11%	12%	13%	14%	15%	16%	17%	18%	19%	20%
1	0.9009	0.8929	0.8850	0.8772	0.8696	0.8621	0.8547	0.8475	0.8403	0.8333
2	0.8116	0.7972	0.7831	0.7695	0.7561	0.7432	0.7305	0.7182	0.7062	0.6944
3	0.7312	0.7118	0.6931	0.6750	0.6575	0.6407	0.6244	0.6086	0.5934	0.5787
4	0.6587	0.6355	0.6133	0.5921	0.5718	0.5523	0.5337	0.5158	0.4987	0.4823
5	0.5935	0.5674	0.5428	0.5194	0.4972	0.4761	0.4561	0.4371	0.4190	0.4019
6	0.5346	0.5066	0.4803	0.4556	0.4323	0.4104	0.3898	0.3704	0.3521	0.3349
7	0.4817	0.4523	0.4251	0.3996	0.3759	0.3538	0.3332	0.3139	0.2959	0.2791
8	0.4339	0.4039	0.3762	0.3506	0.3269	0.3050	0.2848	0.2660	0.2487	0.2326
9	0.3909	0.3606	0.3329	0.3075	0.2843	0.2630	0.2434	0.2255	0.2090	0.1938
10	0.3522	0.3220	0.2946	0.2697	0.2472	0.2267	0.2080	0.1911	0.1756	0.1615
11	0.3173	0.2875	0.2607	0.2366	0.2149	0.1954	0.1778	0.1619	0.1476	0.1346
12	0.2858	0.2567	0.2307	0.2076	0.1869	0.1685	0.1520	0.1372	0.1240	0.1122
13	0.2575	0.2292	0.2042	0.1821	0.1625	0.1452	0.1299	0.1163	0.1042	0.0935
14	0.2320	0.2046	0.1807	0.1597	0.1413	0.1252	0.1110	0.0985	0.0876	0.0779
15	0.2090	0.1827	0.1599	0.1401	0.1229	0.1079	0.0949	0.0835	0.0736	0.0649
16	0.1883	0.1631	0.1415	0.1229	0.1069	0.0930	0.0811	0.0708	0.0618	0.0541
17	0.1696	0.1456	0.1252	0.1078	0.0929	0.0802	0.0693	0.0600	0.0520	0.0451
18	0.1528	0.1300	0.1108	0.0946	0.0808	0.0691	0.0592	0.0508	0.0437	0.0376
19	0.1377	0.1161	0.0981	0.0829	0.0703	0.0596	0.0506	0.0431	0.0367	0.0313
20	0.1240	0.1037	0.0868	0.0728	0.0611	0.0514	0.0433	0.0365	0.0308	0.0261
21	0.1117	0.0926	0.0768	0.0638	0.0531	0.0443	0.0370	0.0309	0.0259	0.0217
22	0.1007	0.0826	0.0680	0.0560	0.0462	0.0382	0.0316	0.0262	0.0218	0.0181
23	0.0907	0.0738	0.0601	0.0491	0.0402	0.0329	0.0270	0.0222	0.0183	0.0151
24	0.0817	0.0659	0.0532	0.0431	0.0349	0.0284	0.0231	0.0188	0.0154	0.0126
25	0.0736	0.0588	0.0471	0.0378	0.0304	0.0245	0.0197	0.0160	0.0129	0.0105
26	0.0663	0.0525	0.0417	0.0331	0.0264	0.0211	0.0169	0.0135	0.0109	0.0087
27	0.0597	0.0469	0.0369	0.0291	0.0230	0.0182	0.0144	0.0115	0.0091	0.0073
28	0.0538	0.0419	0.0326	0.0255	0.0200	0.0157	0.0123	0.0097	0.0077	0.0061
29	0.0485	0.0374	0.0289	0.0224	0.0174	0.0135	0.0105	0.0082	0.0064	0.0051
30	0.0437	0.0334	0.0256	0.0196	0.0151	0.0116	0.0090	0.0070	0.0054	0.0042

续表

期数	21%	22%	23%	24%	25%	26%	27%	28%	29%	30%
1	0.8264	0.8197	0.8130	0.8065	0.8000	0.7937	0.7874	0.7813	0.7752	0.7692
2	0.6830	0.6719	0.6610	0.6504	0.6400	0.6299	0.6200	0.6104	0.6009	0.5917
3	0.5645	0.5507	0.5374	0.5245	0.5120	0.4999	0.4882	0.4768	0.4658	0.4552
4	0.4665	0.4514	0.4369	0.4230	0.4096	0.3968	0.3844	0.3725	0.3611	0.3501
5	0.3855	0.3700	0.3552	0.3411	0.3277	0.3149	0.3027	0.2910	0.2799	0.2693
6	0.3186	0.3033	0.2888	0.2751	0.2621	0.2499	0.2383	0.2274	0.2170	0.2072
7	0.2633	0.2486	0.2348	0.2218	0.2097	0.1983	0.1877	0.1776	0.1682	0.1594
8	0.2176	0.2038	0.1909	0.1789	0.1678	0.1574	0.1478	0.1388	0.1304	0.1226
9	0.1799	0.1670	0.1552	0.1443	0.1342	0.1249	0.1164	0.1084	0.1011	0.0943
10	0.1486	0.1369	0.1262	0.1164	0.1074	0.0992	0.0916	0.0847	0.0784	0.0725
11	0.1228	0.1122	0.1026	0.0938	0.0859	0.0787	0.0721	0.0662	0.0607	0.0558
12	0.1015	0.0920	0.0834	0.0757	0.0687	0.0625	0.0568	0.0517	0.0471	0.0429
13	0.0839	0.0754	0.0678	0.0610	0.0550	0.0496	0.0447	0.0404	0.0365	0.0330
14	0.0693	0.0618	0.0551	0.0492	0.0440	0.0393	0.0352	0.0316	0.0283	0.0254
15	0.0573	0.0507	0.0448	0.0397	0.0352	0.0312	0.0277	0.0247	0.0219	0.0195
16	0.0474	0.0415	0.0364	0.0320	0.0281	0.0248	0.0218	0.0193	0.0170	0.0150
17	0.0391	0.0340	0.0296	0.0258	0.0225	0.0197	0.0172	0.0150	0.0132	0.0116
18	0.0323	0.0279	0.0241	0.0208	0.0180	0.0156	0.0135	0.0118	0.0102	0.0089
19	0.0267	0.0229	0.0196	0.0168	0.0144	0.0124	0.0107	0.0092	0.0079	0.0068
20	0.0221	0.0187	0.0159	0.0135	0.0115	0.0098	0.0084	0.0072	0.0061	0.0053
21	0.0183	0.0154	0.0129	0.0109	0.0092	0.0078	0.0066	0.0056	0.0048	0.0040
22	0.0151	0.0126	0.0105	0.0088	0.0074	0.0062	0.0052	0.0044	0.0037	0.0031
23	0.0125	0.0103	0.0086	0.0071	0.0059	0.0049	0.0041	0.0034	0.0029	0.0024
24	0.0103	0.0085	0.0070	0.0057	0.0047	0.0039	0.0032	0.0027	0.0022	0.0018
25	0.0085	0.0069	0.0057	0.0046	0.0038	0.0031	0.0025	0.0021	0.0017	0.0014
26	0.0070	0.0057	0.0046	0.0037	0.0030	0.0025	0.0020	0.0016	0.0013	0.0011
27	0.0058	0.0047	0.0037	0.0030	0.0024	0.0019	0.0016	0.0013	0.0010	0.0008
28	0.0048	0.0038	0.0030	0.0024	0.0019	0.0015	0.0012	0.0010	0.0008	0.0006
29	0.0040	0.0031	0.0025	0.0020	0.0015	0.0012	0.0010	0.0008	0.0006	0.0005
30	0.0033	0.0026	0.0020	0.0016	0.0012	0.0010	0.0008	0.0006	0.0005	0.0004

附表三 年金终值系数表（F/A，i，n）

期数	1%	2%	3%	4%	5%	6%	7%	8%	9%	10%
1	1.0000	1.0000	1.0000	1.0000	1.0000	1.0000	1.0000	1.0000	1.0000	1.0000
2	2.0100	2.0200	2.0300	2.0400	2.0500	2.0600	2.0700	2.0800	2.0900	2.1000
3	3.0301	3.0604	3.0909	3.1216	3.1525	3.1836	3.2149	3.2464	3.2781	3.3100
4	4.0604	4.1216	4.1836	4.2465	4.3101	4.3746	4.4399	4.5061	4.5731	4.6410
5	5.1010	5.2040	5.3091	5.4163	5.5256	5.6371	5.7507	5.8666	5.9847	6.1051
6	6.1520	6.3081	6.4684	6.6330	6.8019	6.9753	7.1533	7.3359	7.5233	7.7156
7	7.2135	7.4343	7.6625	7.8983	8.1420	8.3938	8.6540	8.9228	9.2004	9.4872
8	8.2857	8.5830	8.8923	9.2142	9.5491	9.8975	10.2598	10.6366	11.0285	11.4359
9	9.3685	9.7546	10.1591	10.5828	11.0266	11.4913	11.9780	12.4876	13.0210	13.5795
10	10.4622	10.9497	11.4639	12.0061	12.5779	13.1808	13.8164	14.4866	15.1929	15.9374
11	11.5668	12.1687	12.8078	13.4864	14.2068	14.9716	15.7836	16.6455	17.5603	18.5312
12	12.6825	13.4121	14.1920	15.0258	15.9171	16.8699	17.8885	18.9771	20.1407	21.3843
13	13.8093	14.6803	15.6178	16.6268	17.7130	18.8821	20.1406	21.4953	22.9534	24.5227
14	14.9474	15.9739	17.0863	18.2919	19.5986	21.0151	22.5505	24.2149	26.0192	27.9750
15	16.0969	17.2934	18.5989	20.0236	21.5786	23.2760	25.1290	27.1521	29.3609	31.7725
16	17.2579	18.6393	20.1569	21.8245	23.6575	25.6725	27.8881	30.3243	33.0034	35.9497
17	18.4304	20.0121	21.7616	23.6975	25.8404	28.2129	30.8402	33.7502	36.9737	40.5447
18	19.6147	21.4123	23.4144	25.6454	28.1324	30.9057	33.9990	37.4502	41.3013	45.5992
19	20.8109	22.8406	25.1169	27.6712	30.5390	33.7600	37.3790	41.4463	46.0185	51.1591
20	22.0190	24.2974	26.8704	29.7781	33.0660	36.7856	40.9955	45.7620	51.1601	57.2750
21	23.2392	25.7833	28.6765	31.9692	35.7193	39.9927	44.8652	50.4229	56.7645	64.0025
22	24.4716	27.2990	30.5368	34.2480	38.5052	43.3923	49.0057	55.4568	62.8733	71.4027
23	25.7163	28.8450	32.4529	36.6179	41.4305	46.9958	53.4361	60.8933	69.5319	79.5430
24	26.9735	30.4219	34.4265	39.0826	44.5020	50.8156	58.1767	66.7648	76.7898	88.4973
25	28.2432	32.0303	36.4593	41.6459	47.7271	54.8645	63.2490	73.1059	84.7009	98.3471
26	29.5256	33.6709	38.5530	44.3117	51.1135	59.1564	68.6765	79.9544	93.3240	109.1818
27	30.8209	35.3443	40.7096	47.0842	54.6691	63.7058	74.4838	87.3508	102.7231	121.0999
28	32.1291	37.0512	42.9309	49.9676	58.4026	68.5281	80.6977	95.3388	112.9682	134.2099
29	33.4504	38.7922	45.2189	52.9663	62.3227	73.6398	87.3465	103.9659	124.1354	148.6309
30	34.7849	40.5681	47.5754	56.0849	66.4388	79.0582	94.4608	113.2832	136.3075	164.4940

续表

期数	11%	12%	13%	14%	15%	16%	17%	18%	19%	20%
1	1.0000	1.0000	1.0000	1.0000	1.0000	1.0000	1.0000	1.0000	1.0000	1.0000
2	2.1100	2.1200	2.1300	2.1400	2.1500	2.1600	2.1700	2.1800	2.1900	2.2000
3	3.3421	3.3744	3.4069	3.4396	3.4725	3.5056	3.5389	3.5724	3.6061	3.6400
4	4.7097	4.7793	4.8498	4.9211	4.9934	5.0665	5.1405	5.2154	5.2913	5.3680
5	6.2278	6.3528	6.4803	6.6101	6.7424	6.8771	7.0144	7.1542	7.2966	7.4416
6	7.9129	8.1152	8.3227	8.5355	8.7537	8.9775	9.2068	9.4420	9.6830	9.9299
7	9.7833	10.0890	10.4047	10.7305	11.0668	11.4139	11.7720	12.1415	12.5227	12.9159
8	11.8594	12.2997	12.7573	13.2328	13.7268	14.2401	14.7733	15.3270	15.9020	16.4991
9	14.1640	14.7757	15.4157	16.0853	16.7858	17.5185	18.2847	19.0859	19.9234	20.7989
10	16.7220	17.5487	18.4197	19.3373	20.3037	21.3215	22.3931	23.5213	24.7089	25.9587
11	19.5614	20.6546	21.8143	23.0445	24.3493	25.7329	27.1999	28.7551	30.4035	32.1504
12	22.7132	24.1331	25.6502	27.2707	29.0017	30.8502	32.8239	34.9311	37.1802	39.5805
13	26.2116	28.0291	29.9847	32.0887	34.3519	36.7862	39.4040	42.2187	45.2445	48.4966
14	30.0949	32.3926	34.8827	37.5811	40.5047	43.6720	47.1027	50.8180	54.8409	59.1959
15	34.4054	37.2797	40.4175	43.8424	47.5804	51.6595	56.1101	60.9653	66.2607	72.0351
16	39.1899	42.7533	46.6717	50.9804	55.7175	60.9250	66.6488	72.9390	79.8502	87.4421
17	44.5008	48.8837	53.7391	59.1176	65.0751	71.6730	78.9792	87.0680	96.0218	105.9306
18	50.3959	55.7497	61.7251	68.3941	75.8364	84.1407	93.4056	103.7403	115.2659	128.1167
19	56.9395	63.4397	70.7494	78.9692	88.2118	98.6032	110.2846	123.4135	138.1664	154.7400
20	64.2028	72.0524	80.9468	91.0249	102.4436	115.3797	130.0329	146.6280	165.4180	186.6880
21	72.2651	81.6987	92.4699	104.7684	118.8101	134.8405	153.1385	174.0210	197.8474	225.0256
22	81.2143	92.5026	105.4910	120.4360	137.6316	157.4150	180.1721	206.3448	236.4385	271.0307
23	91.1479	104.6029	120.2048	138.2970	159.2764	183.6014	211.8013	244.4868	282.3618	326.2369
24	102.1742	118.1552	136.8315	158.6586	184.1678	213.9776	248.8076	289.4945	337.0105	392.4842
25	114.4133	133.3339	155.6196	181.8708	212.7930	249.2140	292.1049	342.6035	402.0425	471.9811
26	127.9988	150.3339	176.8501	208.3327	245.7120	290.0883	342.7627	405.2721	479.4306	567.3773
27	143.0786	169.3740	200.8406	238.4993	283.5688	337.5024	402.0323	479.2211	571.5224	681.8528
28	159.8173	190.6989	227.9499	272.8892	327.1041	392.5028	471.3778	566.4809	681.1116	819.2233
29	178.3972	214.5828	258.5834	312.0937	377.1697	456.3032	552.5121	669.4475	811.5228	984.0680
30	199.0209	241.3327	293.1992	356.7868	434.7451	530.3117	647.4391	790.9480	966.7122	1181.8816

续表

期数	21%	22%	23%	24%	25%	26%	27%	28%	29%	30%
1	1.0000	1.0000	1.0000	1.0000	1.0000	1.0000	1.0000	1.0000	1.0000	1.0000
2	2.2100	2.2200	2.2300	2.2400	2.2500	2.2600	2.2700	2.2800	2.2900	2.3000
3	3.6741	3.7084	3.7429	3.7776	3.8125	3.8476	3.8829	3.9184	3.9541	3.9900
4	5.4457	5.5242	5.6038	5.6842	5.7656	5.8480	5.9313	6.0156	6.1008	6.1870
5	7.5892	7.7396	7.8926	8.0484	8.2070	8.3684	8.5327	8.6999	8.8700	9.0431
6	10.1830	10.4423	10.7079	10.9801	11.2588	11.5442	11.8366	12.1359	12.4423	12.7560
7	13.3214	13.7396	14.1708	14.6153	15.0735	15.5458	16.0324	16.5339	17.0506	17.5828
8	17.1189	17.7623	18.4300	19.1229	19.8419	20.5876	21.3612	22.1634	22.9953	23.8577
9	21.7139	22.6700	23.6690	24.7125	25.8023	26.9404	28.1287	29.3692	30.6639	32.0150
10	27.2738	28.6574	30.1128	31.6434	33.2529	34.9449	36.7235	38.5926	40.5564	42.6195
11	34.0013	35.9620	38.0388	40.2379	42.5661	45.0306	47.6388	50.3985	53.3178	56.4053
12	42.1416	44.8737	47.7877	50.8950	54.2077	57.7386	61.5013	65.5100	69.7800	74.3270
13	51.9913	55.7459	59.7788	64.1097	68.7596	73.7506	79.1066	84.8529	91.0161	97.6250
14	63.9095	69.0100	74.5280	80.4961	86.9495	93.9258	101.4654	109.6117	118.4108	127.9125
15	78.3305	85.1922	92.6694	100.8151	109.6868	119.3465	129.8611	141.3029	153.7500	167.2863
16	95.7799	104.9345	114.9834	126.0108	138.1085	151.3766	165.9236	181.8677	199.3374	218.4722
17	116.8937	129.0201	142.4295	157.2534	173.6357	191.7345	211.7230	233.7907	258.1453	285.0139
18	142.4413	158.4045	176.1883	195.9942	218.0446	242.5855	269.8882	300.2521	334.0074	371.5180
19	173.3540	194.2535	217.7116	244.0328	273.5558	306.6577	343.7580	385.3227	431.8696	483.9734
20	210.7584	237.9893	268.7853	303.6006	342.9447	387.3887	437.5726	494.2131	558.1118	630.1655
21	256.0176	291.3469	331.6059	377.4648	429.6809	489.1098	556.7173	633.5927	720.9642	820.2151
22	310.7813	356.4432	408.8753	469.0563	538.1011	617.2783	708.0309	811.9987	931.0438	1067.2796
23	377.0454	435.8607	503.9166	582.6298	673.6264	778.7707	900.1993	1040.3583	1202.0465	1388.4635
24	457.2249	532.7501	620.8174	723.4610	843.0329	982.2511	1144.2531	1332.6586	1551.6400	1806.0026
25	554.2422	650.9551	764.6054	898.0916	1054.7912	1238.6363	1454.2014	1706.8031	2002.6156	2348.8033
26	671.6330	795.1653	941.4647	1114.6336	1319.4890	1561.6818	1847.8358	2185.7079	2584.3741	3054.4443
27	813.6759	971.1016	1159.0016	1383.1457	1650.3612	1968.7191	2347.7515	2798.7061	3334.8426	3971.7776
28	985.5479	1185.7440	1426.5719	1716.1007	2063.9515	2481.5860	2982.6444	3583.3438	4302.9470	5164.3109
29	1193.5129	1447.6077	1755.6835	2128.9648	2580.9394	3127.7984	3788.9583	4587.6801	5551.8016	6714.6042
30	1445.1507	1767.0813	2160.4907	2640.9164	3227.1743	3942.0260	4812.9771	5873.2306	7162.8241	8729.9855

附表四 年金现值系数表（P/A，i，n）

期数	1%	2%	3%	4%	5%	6%	7%	8%	9%	10%
1	0.9901	0.9804	0.9709	0.9615	0.9524	0.9434	0.9346	0.9259	0.9174	0.9091
2	1.9704	1.9416	1.9135	1.8861	1.8594	1.8334	1.8080	1.7833	1.7591	1.7355
3	2.9410	2.8839	2.8286	2.7751	2.7232	2.6730	2.6243	2.5771	2.5313	2.4869
4	3.9020	3.8077	3.7171	3.6299	3.5460	3.4651	3.3872	3.3121	3.2397	3.1699
5	4.8534	4.7135	4.5797	4.4518	4.3295	4.2124	4.1002	3.9927	3.8897	3.7908
6	5.7955	5.6014	5.4172	5.2421	5.0757	4.9173	4.7665	4.6229	4.4859	4.3553
7	6.7282	6.4720	6.2303	6.0021	5.7864	5.5824	5.3893	5.2064	5.0330	4.8684
8	7.6517	7.3255	7.0197	6.7327	6.4632	6.2098	5.9713	5.7466	5.5348	5.3349
9	8.5660	8.1622	7.7861	7.4353	7.1078	6.8017	6.5152	6.2469	5.9952	5.7590
10	9.4713	8.9826	8.5302	8.1109	7.7217	7.3601	7.0236	6.7101	6.4177	6.1446
11	10.3676	9.7868	9.2526	8.7605	8.3064	7.8869	7.4987	7.1390	6.8052	6.4951
12	11.2551	10.5753	9.9540	9.3851	8.8633	8.3838	7.9427	7.5361	7.1607	6.8137
13	12.1337	11.3484	10.6350	9.9856	9.3936	8.8527	8.3577	7.9038	7.4869	7.1034
14	13.0037	12.1062	11.2961	10.5631	9.8986	9.2950	8.7455	8.2442	7.7862	7.3667
15	13.8651	12.8493	11.9379	11.1184	10.3797	9.7122	9.1079	8.5595	8.0607	7.6061
16	14.7179	13.5777	12.5611	11.6523	10.8378	10.1059	9.4466	8.8514	8.3126	7.8237
17	15.5623	14.2919	13.1661	12.1657	11.2741	10.4773	9.7632	9.1216	8.5436	8.0216
18	16.3983	14.9920	13.7535	12.6593	11.6896	10.8276	10.0591	9.3719	8.7556	8.2014
19	17.2260	15.6785	14.3238	13.1339	12.0853	11.1581	10.3356	9.6036	8.9501	8.3649
20	18.0456	16.3514	14.8775	13.5903	12.4622	11.4699	10.5940	9.8181	9.1285	8.5136
21	18.8570	17.0112	15.4150	14.0292	12.8212	11.7641	10.8355	10.0168	9.2922	8.6487
22	19.6604	17.6580	15.9369	14.4511	13.1630	12.0416	11.0612	10.2007	9.4424	8.7715
23	20.4558	18.2922	16.4436	14.8568	13.4886	12.3034	11.2722	10.3711	9.5802	8.8832
24	21.2434	18.9139	16.9355	15.2470	13.7986	12.5504	11.4693	10.5288	9.7066	8.9847
25	22.0232	19.5235	17.4131	15.6221	14.0939	12.7834	11.6536	10.6748	9.8226	9.0770
26	22.7952	20.1210	17.8768	15.9828	14.3752	13.0032	11.8258	10.8100	9.9290	9.1609
27	23.5596	20.7069	18.3270	16.3296	14.6430	13.2105	11.9867	10.9352	10.0266	9.2372
28	24.3164	21.2813	18.7641	16.6631	14.8981	13.4062	12.1371	11.0511	10.1161	9.3066
29	25.0658	21.8444	19.1885	16.9837	15.1411	13.5907	12.2777	11.1584	10.1983	9.3696
30	25.8077	22.3965	19.6004	17.2920	15.3725	13.7648	12.4090	11.2578	10.2737	9.4269

续表

期数	11%	12%	13%	14%	15%	16%	17%	18%	19%	20%
1	0.9009	0.8929	0.8850	0.8772	0.8696	0.8621	0.8547	0.8475	0.8403	0.8333
2	1.7125	1.6901	1.6681	1.6467	1.6257	1.6052	1.5852	1.5656	1.5465	1.5278
3	2.4437	2.4018	2.3612	2.3216	2.2832	2.2459	2.2096	2.1743	2.1399	2.1065
4	3.1024	3.0373	2.9745	2.9137	2.8550	2.7982	2.7432	2.6901	2.6386	2.5887
5	3.6959	3.6048	3.5172	3.4331	3.3522	3.2743	3.1993	3.1272	3.0576	2.9906
6	4.2305	4.1114	3.9975	3.8887	3.7845	3.6847	3.5892	3.4976	3.4098	3.3255
7	4.7122	4.5638	4.4226	4.2883	4.1604	4.0386	3.9224	3.8115	3.7057	3.6046
8	5.1461	4.9676	4.7988	4.6389	4.4873	4.3436	4.2072	4.0776	3.9544	3.8372
9	5.5370	5.3282	5.1317	4.9464	4.7716	4.6065	4.4506	4.3030	4.1633	4.0310
10	5.8892	5.6502	5.4262	5.2161	5.0188	4.8332	4.6586	4.4941	4.3389	4.1925
11	6.2065	5.9377	5.6869	5.4527	5.2337	5.0286	4.8364	4.6560	4.4865	4.3271
12	6.4924	6.1944	5.9176	5.6603	5.4206	5.1971	4.9884	4.7932	4.6105	4.4392
13	6.7499	6.4235	6.1218	5.8424	5.5831	5.3423	5.1183	4.9095	4.7147	4.5327
14	6.9819	6.6282	6.3025	6.0021	5.7245	5.4675	5.2293	5.0081	4.8023	4.6106
15	7.1909	6.8109	6.4624	6.1422	5.8474	5.5755	5.3242	5.0916	4.8759	4.6755
16	7.3792	6.9740	6.6039	6.2651	5.9542	5.6685	5.4053	5.1624	4.9377	4.7296
17	7.5488	7.1196	6.7291	6.3729	6.0472	5.7487	5.4746	5.2223	4.9897	4.7746
18	7.7016	7.2497	6.8399	6.4674	6.1280	5.8178	5.5339	5.2732	5.0333	4.8122
19	7.8393	7.3658	6.9380	6.5504	6.1982	5.8775	5.5845	5.3162	5.0700	4.8435
20	7.9633	7.4694	7.0248	6.6231	6.2593	5.9288	5.6278	5.3527	5.1009	4.8696
21	8.0751	7.5620	7.1016	6.6870	6.3125	5.9731	5.6648	5.3837	5.1268	4.8913
22	8.1757	7.6446	7.1695	6.7429	6.3587	6.0113	5.6964	5.4099	5.1486	4.9094
23	8.2664	7.7184	7.2297	6.7921	6.3988	6.0442	5.7234	5.4321	5.1668	4.9245
24	8.3481	7.7843	7.2829	6.8351	6.4338	6.0726	5.7465	5.4509	5.1822	4.9371
25	8.4217	7.8431	7.3300	6.8729	6.4641	6.0971	5.7662	5.4669	5.1951	4.9476
26	8.4881	7.8957	7.3717	6.9061	6.4906	6.1182	5.7831	5.4804	5.2060	4.9563
27	8.5478	7.9426	7.4086	6.9352	6.5135	6.1364	5.7975	5.4919	5.2151	4.9636
28	8.6016	7.9844	7.4412	6.9607	6.5335	6.1520	5.8099	5.5016	5.2228	4.9697
29	8.6501	8.0218	7.4701	6.9830	6.5509	6.1656	5.8204	5.5098	5.2292	4.9747
30	8.6938	8.0552	7.4957	7.0027	6.5660	6.1772	5.8294	5.5168	5.2347	4.9789

续表

期数	21%	22%	23%	24%	25%	26%	27%	28%	29%	30%
1	0.8264	0.8197	0.8130	0.8065	0.8000	0.7937	0.7874	0.7813	0.7752	0.7692
2	1.5095	1.4915	1.4740	1.4568	1.4400	1.4235	1.4074	1.3916	1.3761	1.3609
3	2.0739	2.0422	2.0114	1.9813	1.9520	1.9234	1.8956	1.8684	1.8420	1.8161
4	2.5404	2.4936	2.4483	2.4043	2.3616	2.3202	2.2800	2.2410	2.2031	2.1662
5	2.9260	2.8636	2.8035	2.7454	2.6893	2.6351	2.5827	2.5320	2.4830	2.4356
6	3.2446	3.1669	3.0923	3.0205	2.9514	2.8850	2.8210	2.7594	2.7000	2.6427
7	3.5079	3.4155	3.3270	3.2423	3.1611	3.0833	3.0087	2.9370	2.8682	2.8021
8	3.7256	3.6193	3.5179	3.4212	3.3289	3.2407	3.1564	3.0758	2.9986	2.9247
9	3.9054	3.7863	3.6731	3.5655	3.4631	3.3657	3.2728	3.1842	3.0997	3.0190
10	4.0541	3.9232	3.7993	3.6819	3.5705	3.4648	3.3644	3.2689	3.1781	3.0915
11	4.1769	4.0354	3.9018	3.7757	3.6564	3.5435	3.4365	3.3351	3.2388	3.1473
12	4.2784	4.1274	3.9852	3.8514	3.7251	3.6059	3.4933	3.3868	3.2859	3.1903
13	4.3624	4.2028	4.0530	3.9124	3.7801	3.6555	3.5381	3.4272	3.3224	3.2233
14	4.4317	4.2646	4.1082	3.9616	3.8241	3.6949	3.5733	3.4587	3.3507	3.2487
15	4.4890	4.3152	4.1530	4.0013	3.8593	3.7261	3.6010	3.4834	3.3726	3.2682
16	4.5364	4.3567	4.1894	4.0333	3.8874	3.7509	3.6228	3.5026	3.3896	3.2832
17	4.5755	4.3908	4.2190	4.0591	3.9099	3.7705	3.6400	3.5177	3.4028	3.2948
18	4.6079	4.4187	4.2431	4.0799	3.9279	3.7861	3.6536	3.5294	3.4130	3.3037
19	4.6346	4.4415	4.2627	4.0967	3.9424	3.7985	3.6642	3.5386	3.4210	3.3105
20	4.6567	4.4603	4.2786	4.1103	3.9539	3.8083	3.6726	3.5458	3.4271	3.3158
21	4.6750	4.4756	4.2916	4.1212	3.9631	3.8161	3.6792	3.5514	3.4319	3.3198
22	4.6900	4.4882	4.3021	4.1300	3.9705	3.8223	3.6844	3.5558	3.4356	3.3230
23	4.7025	4.4985	4.3106	4.1371	3.9764	3.8273	3.6885	3.5592	3.4384	3.3254
24	4.7128	4.5070	4.3176	4.1428	3.9811	3.8312	3.6918	3.5619	3.4406	3.3272
25	4.7213	4.5139	4.3232	4.1474	3.9849	3.8342	3.6943	3.5640	3.4423	3.3286
26	4.7284	4.5196	4.3278	4.1511	3.9879	3.8367	3.6963	3.5656	3.4437	3.3297
27	4.7342	4.5243	4.3316	4.1542	3.9903	3.8387	3.6979	3.5669	3.4447	3.3305
28	4.7390	4.5281	4.3346	4.1566	3.9923	3.8402	3.6991	3.5679	3.4455	3.3312
29	4.7430	4.5312	4.3371	4.1585	3.9938	3.8414	3.7001	3.5687	3.4461	3.3317
30	4.7463	4.5338	4.3391	4.1601	3.9950	3.8424	3.7009	3.5693	3.4466	3.3321

附录B/
标准正态分布表

$$\Phi(x)=\int_{-\infty}^{x}\frac{1}{\sqrt{2\pi}}e^{-\frac{t^2}{2}}dt=P(X\leqslant x) \qquad \Phi(-x)=1-\Phi(x)$$

x	0.0	0.01	0.02	0.03	0.04	0.05	0.06	0.07	0.08	0.09
0.0	0.5000	0.5040	0.5080	0.5120	0.5160	0.5199	0.5239	0.5279	0.5319	0.5359
0.1	0.5398	0.5438	0.5478	0.5517	0.5557	0.5596	0.5636	0.5675	0.5714	0.5753
0.2	0.5793	0.5832	0.5871	0.5910	0.5948	0.5987	0.6026	0.6064	0.6103	0.6141
0.3	0.6179	0.6217	0.6255	0.6293	0.6331	0.6368	0.6404	0.6443	0.6480	0.6517
0.4	0.6554	0.6591	0.6628	0.6664	0.6700	0.6736	0.6772	0.6808	0.6844	0.6879
0.5	0.6915	0.6950	0.6985	0.7019	0.7054	0.7088	0.7123	0.7157	0.7190	0.7224
0.6	0.7257	0.7291	0.7324	0.7357	0.7389	0.7422	0.7454	0.7486	0.7517	0.7549
0.7	0.7580	0.7611	0.7642	0.7673	0.7703	0.7734	0.7764	0.7794	0.7823	0.7852
0.8	0.7881	0.7910	0.7939	0.7967	0.7995	0.8023	0.8051	0.8078	0.8106	0.8133
0.9	0.8159	0.8186	0.8212	0.8238	0.8264	0.8289	0.8355	0.8340	0.8365	0.8389
1	0.8413	0.8438	0.8461	0.8485	0.8508	0.8531	0.8554	0.8577	0.8599	0.8621
1.1	0.8643	0.8665	0.8686	0.8708	0.8729	0.8749	0.8770	0.8790	0.8810	0.8830
1.2	0.8849	0.8869	0.8888	0.8907	0.8925	0.8944	0.8962	0.8980	0.8997	0.9015
1.3	0.9032	0.9049	0.9066	0.9082	0.9099	0.9115	0.9131	0.9147	0.9162	0.9177
1.4	0.9192	0.9207	0.9222	0.9236	0.9251	0.9265	0.9279	0.9292	0.9306	0.9319
1.5	0.9332	0.9345	0.9357	0.9370	0.9382	0.9394	0.9406	0.9418	0.9430	0.9441
1.6	0.9452	0.9463	0.9474	0.9484	0.9495	0.9505	0.9515	0.9525	0.9535	0.9535
1.7	0.9554	0.9564	0.9573	0.9582	0.9591	0.9599	0.9608	0.9616	0.9625	0.9633
1.8	0.9641	0.9648	0.9656	0.9664	0.9672	0.9678	0.9686	0.9693	0.9700	0.9706
1.9	0.9713	0.9719	0.9726	0.9732	0.9738	0.9744	0.9750	0.9756	0.9762	0.9767
2	0.9772	0.9778	0.9783	0.9788	0.9793	0.9798	0.9803	0.9808	0.9812	0.9817
2.1	0.9821	0.9826	0.9830	0.9834	0.9838	0.9842	0.9846	0.9850	0.9854	0.9857
2.2	0.9861	0.9864	0.9868	0.9871	0.9874	0.9878	0.9881	0.9884	0.9887	0.9890
2.3	0.9893	0.9896	0.9898	0.9901	0.9904	0.9906	0.9909	0.9911	0.9913	0.9916
2.4	0.9918	0.9920	0.9922	0.9925	0.9927	0.9929	0.9931	0.9932	0.9934	0.9936
2.5	0.9938	0.9940	0.9941	0.9943	0.9945	0.9946	0.9948	0.9949	0.9951	0.9952
2.6	0.9953	0.9955	0.9956	0.9957	0.9959	0.9960	0.9961	0.9962	0.9963	0.9964
2.7	0.9965	0.9966	0.9967	0.9968	0.9969	0.9970	0.9971	0.9972	0.9973	0.9974
2.8	0.9974	0.9975	0.9976	0.9977	0.9977	0.9978	0.9979	0.9979	0.9980	0.9981
2.9	0.9981	0.9982	0.9982	0.9983	0.9984	0.9984	0.9985	0.9985	0.9986	0.9986
x	0	0.1	0.2	0.3	0.4	0.5	0.6	0.7	0.8	0.9
3	0.9987	0.9990	0.9993	0.9995	0.9997	0.9998	0.9998	0.9999	0.9999	1.0000

主要参考文献

[1] 王化成. 20世纪西方财务管理的五次浪潮 [N]. 中国财经报，1997-11-08.
[2] 汤谷良. 财务管理案例 [M]. 2版. 北京：北京大学出版社，2012.
[3] 李维安. 公司治理学 [M]. 3版. 北京：高等教育出版社，2016.
[4] 王化成. 基础财务管理 [M]. 4版. 北京：首都经济贸易大学出版社，2014.
[5] 朱学军. 公司治理结构对企业财务管理的影响 [M]. 北京：经济日报出版社，2014.
[6] 王月，初国清. 财务管理 [M]. 北京：清华大学出版社，2011.
[7] 李永梅，张艳红，汪军. 财务预测理论与实务 [M]. 上海：立信会计出版社，2005.
[8] 何利光. 全面预算管理在神斧集团的运用 [J]. 会计之友，2011 (12)：51-52.
[9] 李树坤. 高校财务管理中财务控制方法的运用分析 [J]. 经济师，2016 (5)：103-104.
[10] 刘淑莲. 财务管理 [M]. 4版. 大连：东北财经大学出版社，2017.
[11] 刘淑莲. 财务管理学 [M]. 2版. 北京：中国人民大学出版社，2016.
[12] 荆新，王化成，刘俊彦. 财务管理学 [M]. 7版. 北京：中国人民大学出版社，2015.
[13] 孙茂竹，范歆. 财务管理学 [M]. 4版. 北京：中国人民大学出版社，2015.
[14] 王满，程廷福. 财务管理基础 [M]. 大连：东北财经大学出版社，2015.
[15] 杨淑娥. 财务管理学 [M]. 2版. 北京：高等教育出版社，2014.
[16] 张先治，任翠玉. 财务管理学 [M]. 北京：北京交通大学出版社，2014.
[17] 郭复初，王庆成. 财务管理学 [M]. 4版. 北京：高等教育出版社，2014.
[18] 杨雄胜. 财务管理原理 [M]. 北京：北京师范大学出版社，2007.
[19] 王庆成，孙茂竹. 基础财务管理 [M]. 北京：首都经济贸易大学出版社，2009.
[20] 戴书松. 财务管理基础 [M]. 2版. 北京：中国金融出版社，2015.
[21] 耿灿. 财务管理概论 [M]. 北京：中国财政经济出版社，2017.
[22] 张先治，牛彦秀. 财务学 [M]. 3版. 大连：东北财经大学出版社，2017.
[23] 中国注册会计师协会. 财务成本管理 [M]. 北京：中国财政经济出版社，2017.

［24］郑志刚. 从万科到阿里：分散股权时代的公司治理［M］. 北京：北京大学出版社，2017.

［25］华生. 万科模式：控制权之争与公司治理［M］. 北京：东方出版社，2017.

［26］财政部会计资格评价中心. 财务管理［M］. 北京：经济科学出版社，2017.

［27］王娜，吴凤菊. 财务管理原理［M］. 南京：南京大学出版社，2014.

［28］耿灿. 财务管理概论［M］. 北京：中国财政经济出版社，2017.

［29］吴晓求. 证券投资学［M］. 北京：中国人民大学出版社，2015.

［30］姜楠. 资产评估原理［M］. 3版. 大连：东北财经大学出版社，2015.

［31］希金斯. 财务管理分析［M］. 沈艺峰，等，译. 10版. 北京：北京大学出版社，2015.

［32］罗斯. 公司理财（精要版）［M］. 谭跃，周卉，丰丹，译. 10版. 北京：机械工业出版社，2014.

［33］范霍恩，瓦霍维奇. 财务管理基础［M］. 刘曙光，等，译. 13版. 北京：清华大学出版社，2010.

［34］爱默瑞，芬尼特. 公司财务管理［M］. 荆新，王化成，李焰，译. 北京：中国人民大学出版社，1999.

［35］布洛克. 财务管理基础［M］. 王静，等，译. 14版. 北京：中国人民大学出版社，2010.

［36］布里格姆，休斯顿. 财务管理［M］. 佟岩，译. 12版. 北京：中国人民大学出版社，2014.

［37］伯克，等. 公司理财基础（精要版）［M］. 姜英兵，译. 大连：东北财经大学出版社，2012.

［38］罗宾斯，库尔特. 管理学［M］. 刘刚，等，译. 13版. 北京：中国人民大学出版社，2017.

［39］派克，尼尔. 公司财务与投资：决策与战略［M］. 孔宁宁，译. 4版. 北京：中国人民大学出版社，2017.